Grunewald/Gussone (Hg.), Das Bild der heiligen Hedwig in Mittelalter und Neuzeit

Schriften des Bundesinstituts
für ostdeutsche Kultur und Geschichte

Band 7

R. OLDENBOURG VERLAG MÜNCHEN 1996

ECKHARD GRUNEWALD /
NIKOLAUS GUSSONE (HG.)

DAS BILD
DER HEILIGEN HEDWIG
IN MITTELALTER UND NEUZEIT

R. OLDENBOURG VERLAG MÜNCHEN 1996

Die Deutsche Bibliothek – CIP-Einheitsaufnahme

Das Bild der heiligen Hedwig in Mittelalter und Neuzeit / Eckhard Grunewald/Nikolaus Gussone (Hg.). – München: Oldenbourg, 1996
(Schriften des Bundesinstituts für ostdeutsche Kultur und Geschichte ; Bd. 7)
ISBN 3-486-56178-2
NE: Grunewald, Eckhard [Hrsg.]; Bundesinstitut für ostdeutsche Kultur und Geschichte <Oldenburg> : Schriften des Bundesinstituts …

Satz und Druck: Hubert & Co., Göttingen

ISBN 3-486-56178-2

Inhaltsverzeichnis

Vorwort 7

Winfried Irgang
Die heilige Hedwig – ihre Rolle in der schlesischen Geschichte 23

Gisela Muschiol
Zur Typologie weiblicher Heiliger vom frühen Mittelalter bis zur „Legenda maior" 39

Wojciech Mrozowicz
Eine unbekannte „Vita beate Hedewigis" aus den Sammlungen der Universitätsbibliothek Breslau/Wrocław 55

Marion Karge
„Ein buch von sant hedwigen gemalet". Die Hedwig-Handschriften in der Bibliothek der Grafen von Oettingen-Wallerstein 79

Jan Harasimowicz
Die heilige Hedwig von Schlesien aus evangelischer Sicht 89

Eckhard Grunewald
Eichendorff, Montalembert und die heilige Hedwig. Von den Schwierigkeiten des Umgangs mit einer mittelalterlichen Heiligen im 19. Jahrhundert 117

Romuald Kaczmarek
Das Bild der heiligen Hedwig. Zeugnisse in der Kunst vom 13. bis zum 18. Jahrhundert 137

Jakub Kostowski
Das Breslauer Triptychon der Hedwigslegende. Herkunft und Ikonographie 159

Jan Gromadzki
Die Miniaturen des Hedwig-Bilderzyklus im sog. Hornig-Kodex der Breslauer Universitätsbibliothek 183

Rudolf Walter
Musikalische Kompositionen zur Verehrung der heiligen Hedwig aus Schlesien 195

Kurt Dröge
Zur Entwicklung des Hedwigsbildes in den Hedwigskreisen von 1947 bis 1993 225

Paul Mai
Die Entwicklung der Hedwigswallfahrten in Deutschland nach 1945 . . 247

Vorwort

Im Jahre 1353 – 110 Jahre nach dem Tod der hl. Hedwig – hielt Ludwig I. (um 1311–1398), Herzog von Liegnitz und Brieg, zum erstenmal die illustrierte Prachthandschrift in Händen, die bis zum heutigen Tag das Bild der Heiligen am nachhaltigsten geprägt und ihren Ruhm am weitesten – bis ins ferne Kalifornien – verbreitet hat. Ludwig konnte mit dem von ihm in Auftrag gegebenen Werk zufrieden sein: Die Handschrift bot in kalligraphisch großzügiger und philologisch weithin korrekter Wiedergabe alle ihm erreichbaren Texte und Dokumente zu Leben und Verehrung Hedwigs als Heilige – von der um 1300 entstandenen „Vita beate Hedwigis" („Legenda maior" und „Legenda minor") bis zur Kanonisationsbulle und Predigt Papst Clemens' IV. bei der Heiligsprechung, allen vorangestellt das „Genealogia"-Kapitel („Tractatus sive speculum genealoye sancte Hedwigis"), eine familiengeschichtliche Übersicht über die Vorfahren der Heiligen und ihre Nachkommen bis in die dritte Generation[1].

Der Kodex, der nach seinem jahrhundertelangen Aufenthaltsort im nordwestböhmischen Schlackenwerth (Ostrov) in der Forschung allgemein den Namen Schlackenwerther Kodex führt (auch wenn er heute im J. Paul Getty Museum Malibu/Kalifornien aufbewahrt wird), erwies sich vom Inhalt wie von Format und Aufmachung, Schriftbild und Bildschmuck her als überaus würdiges Werk – würdig sowohl der darin verherrlichten Heiligen als auch des fürstlichen Stifters, der sich *in persona* auf Blatt 12^{v} gemeinsam mit seiner Gemahlin Agnes von Sagan zu Füßen der heiligen Vorfahrin hatte abbilden und im Explizit der Hedwigslegende namentlich hatte ‚verewigen' lassen: „Explicit legenda maior et minor de sancta Hedwigi anno Domini millesimo trecentesimo quinquagesimo tercio consumata, conparata

1 Zum Inhalt der Handschrift vgl. Joseph Gottschalk: Die älteste Bilderhandschrift mit den Quellen zum Leben der hl. Hedwig, im Auftrage des Herzogs Ludwig I. von Liegnitz und Brieg im Jahre 1353 vollendet. In: Aachener Kunstblätter 34 (1967), S. 61–161, hier S. 85–87; Der Hedwigs-Codex von 1353. Sammlung Ludwig. Hg. von Wolfgang Braunfels. Bd. 1: Faksimile der vollständigen Handschrift. Bd. 2: Texte und Kommentare. Mit Beiträgen von Wolfgang Braunfels, Josef Krása, Klaus Kratzsch und Peter Moraw. Berlin 1972, Bd. 2, S. 10.

autem per inclitum ducem dominum Lodewicum ducem Slesie et dominum Legniczensem in honore beate Hedwigis quondam ducisse Slesie tociusque Polonie"[2].

Es ist nicht zu übersehen: Mit der Bezeichnung ‚dux Slesie et dominus Legniczensis' suchte der Stifter des Kodex an die Herrschaftstradition der hl. Hedwig, der einstigen ‚ducissa Slesie tociusque Polonie', anzuknüpfen. Ebensowenig zu übersehen ist freilich die erhebliche Diskrepanz zwischen den beiden Titeln, die einen beträchtlichen Rückgang des territorialen Besitzes wie der politischen Macht der schlesischen Piasten seit den Zeiten Hedwigs signalisiert[3].

Der ‚Sic transit gloria mundi'-Gedanke, der sich hier dem heutigen Betrachter aufdrängen mag, scheint Ludwig I. von Liegnitz und Brieg jedoch nicht bewegt zu haben. Die repräsentative Form und opulente Ausstattung des Kodex lassen eher auf das Gegenteil schließen. In der Tat ist Ludwigs politisches Denken und Handeln in dieser Zeit nicht durch resignative Rückschau geprägt, es ist weit eher bestimmt durch den Willen, seinen Besitz zu konsolidieren und seinen politischen Einfluß Schritt für Schritt auszudehnen.

Gerade im Jahr 1353 erreichte Ludwigs öffentliches Ansehen einen Höhepunkt durch die Vermählung seiner Verwandten Anna von Schweidnitz[4] mit Kaiser Karl IV. In einer Doppelfeier wurden am 28. Juli 1353 im Prager Dom Anna von Schweidnitz „zur Königin von Böhmen gekrönt und [Ludwigs älteste Tochter] Margarete von Liegnitz und Brieg mit Albrecht I. von Niederbayern getraut"[5].

Der Hedwigskodex darf so als Dokument eines neuen Selbstbewußtseins gewertet werden, eines Selbstbewußtseins, das sich nicht zuletzt aus der auf Hedwig gründenden Geblütsheiligkeit[6] herleitet. Der Gedanke der Heiligkeit des Ge-

---

2 Hedwigs-Codex von 1353 (wie Anm. 1), Bd. 2, S. 163.

3 Der Machtverlust der schlesischen Piasten war vornehmlich durch fortwährende Gebietsaufteilungen im Rahmen der Erbfolge bedingt: „Die Teilungen unter alle Söhne gingen immer weiter, so daß die einzelnen Herrschaftsgebiete klein wurden und an Bedeutung einbüßten" (vgl. Gottschalk: Bilderhandschrift [wie Anm. 1], S. 67).

4 Vgl. Joseph Gottschalk: Anna von Schweidnitz, die einzigea Schlesierin mit der Kaiserinnenkrone (1353–1362). In: Jahrbuch der schlesischen Friedrich-Wilhelms-Universität zu Breslau 17 (1972), S. 25–42.

5 Gottschalk: Bilderhandschrift (wie Anm. 1), S. 74. Zur Propagierung des Hedwigskults durch Karl IV. vgl. ders.: Eine Biographie der hl. Hedwig in alttschechischer Sprache (um 1355). In: Bernhard Stasiewski (Hg.): Beiträge zur schlesischen Kirchengeschichte. Gedenkschrift für Kurt Engelbert (Forschungen und Quellen zur Kirchen- und Kulturgeschichte Ostdeutschlands 6). Köln, Wien 1969, S. 233–244.

6 Zur Herrscher- und Geblütsheiligkeit vgl. Karl Hauck: Geblütsheiligkeit. In: Bernhard Bischoff / Suso Brechter (Hg.): Liber floridus. Mittellateinische Studien. Festschrift für Paul Lehmann. St. Ottilien 1950, S. 187–240; André Vauchez: „Beata stirps": Sainteté et lignage en occident aux XIIIe et XIVe siècles. In: Georges Duby / Jacques Le Goff (Hg.): Famille et parenté dans l'occident médiéval (Collection de l'École Française de

schlechts der Piasten dokumentiert sich im Kodex an verschiedenen Stellen: Im Gegensatz zu den älteren Handschriften der Hedwigslegende, die das „Genealogia"-Kapitel (sofern sie es überhaupt aufnehmen) auf die letzten Seiten plazieren, wird diese familiengeschichtliche Übersicht in der Schlackenwerther Handschrift programmatisch an den Anfang gerückt. Der Hedwig-Bilderzyklus seinerseits wird durch eine Stammbaumzeichnung eröffnet, die in allen früheren Handschriften am Schluß der Textsammlung erscheint (mitunter auch ganz fehlt). Diese stemmatologische Übersicht wird zudem erstmals – über die Angaben des „Genealogia"-Kapitels hinausgehend – bis in die zeitgenössische Generation der Hedwigsnachkommen weitergeführt: Ludwig figuriert so als Ururgroßenkel der Heiligen.

Der Gedanke der fortwirkenden Geblütsheiligkeit, der sich hier eher indirekt niederschlägt, wird explizit formuliert in einem Schreiben des Breslauer bischöflichen Pronotars Nikolaus von Posen aus der Zeit um 1369/70, das dem Kodex in Kopie als Nachtrag beigegeben wurde[7]. Der nach allen Regeln der panegyrischen Rhetorik konzipierte Brief – wohl von Ludwig selbst in Auftrag gegeben oder zumindest angeregt – verbindet einen Lobpreis der hl. Hedwig mit einer Preisrede auf deren Nachkommen, in der es abschließend heißt:

> Constat siquidem vos, principem clarissimum dominum Bregensem, hoc generoso sanguine traxisse originem. Non dubium, quin propago tam sanguinis eximii sue nobilitatis more procedens in posteros similia, saltem in parte, in vos sanctimonie et virtutis insignia derivaverit. Vos quoque illius merita et virtutum preconia in omnibus precipue vos urgentibus tanto efficacius proficere faciant, quanto eam tamquam cognatam vestram dominam et patronam amplioribus venerati estis et veneramini studiis servitutum.

> Es steht fest, daß Ihr, erlauchter Fürst und Herr von Brieg, aus diesem edlen Geschlecht hervorgegangen seid. Unzweifelhaft überträgt die Abkunft von so auserwähltem Blut, das sich auf die Nachkommen vererbt, wenigstens zum Teil die Kennzeichen ihrer [Hedwigs] Heiligkeit und ihrer Tugenden. Euch mögen die Verdienste ihres Strebens in allem, was an Euch herantritt, um so erfolgreicher zum Ziel führen, je mehr Ihr Eure verwandte Herrin und Patronin mit eifrigem, vielfachem Dienste verehrt habt und verehrt[8].

Es bedeutete freilich eine Verkennung der Person Ludwigs, wollte man sein Interesse an der hl. Hedwig allein auf solche (familien)politischen Motive zurück-

---

Rome 30). Rom 1977, S. 397–407; Robert Folz: Les saintes reines du Moyen Age en occident (VIe-XIIIe siècles) (Subsidia Hagiographica 76). Brüssel 1992, bes. S. 129–144 (Sainte Hedwige).

7 Vgl. Joseph Klapper: Der „Brief des Nikolaus von Posen", ein Lobpreis auf St. Hedwig. In: Archiv für schlesische Kirchengeschichte 15 (1957), S. 36–43.

8 Hedwigs-Codex von 1353 (wie Anm. 1), S. 222.

führen. Die Besinnung auf das Herkommen war unlösbar verknüpft mit einer intensiven persönlichen Verehrung der Heiligen[9]: Bereits 1349 hatte Ludwig die Schloßkapelle in Lüben der hl. Hedwig gewidmet (und sich und seine Gemahlin als Stifter am Tympanon über dem Eingang darstellen lassen)[10]. Zwanzig Jahre später (1369) stiftete er in seiner Residenz Brieg den Bau der großen Hedwigskirche mit angeschlossenem Kollegiatskapitel[11], die er in seinem Testament überaus großzügig bedachte - „um St. Hedwigs willen, die mir [...] oft aus großen Nöten geholfen hat"[12] - und in deren Gruft er sich auch begraben ließ. Schon lange vor seinem Tod - wohl bald nach 1369 - trennte er sich von seiner illustrierten Prachthandschrift der Hedwigslegende und übergab sie dem Brieger Stift, in dessen Bibliothek sie bis in die Zeit der Reformation verblieb[13].

„In honorem St. Trinitatis et beatae Hedwigis, patronae et ducissae terrarum Silesiae et progenitricis principis memorate"[14] ließ Ludwig 1369 seine große Brieger Hedwigsstiftung weihen. Politische Frömmigkeit, Stolz auf das Herkommen und persönliche Pietät gingen bei der Verehrung der adligen Familienheiligen eine untrennbare Einheit ein. Diese Gemengelage der Interessen ist bei der Propagierung des Kults und bei der Kodifizierung der Legende der hl. Hedwig nicht erst im 14. Jahrhundert, sondern schon von Anfang an zu beobachten. Daß dabei neben den religiösen und politischen Erwägungen der schlesischen Piasten auch gleichgerichtete Ambitionen der sich auf Hedwig als Gründerin berufenden Trebnitzer Klostergemeinschaft ihren Niederschlag fanden, versteht sich von selbst, wenn man bedenkt, daß Hedwigs „Tochter, Enkeltöchter und sonstige weibliche Nachkommen alle Äbtissinnen des von ihr gegründeten Zisterzienserinnenklosters

9 Zur Herrscherfrömmigkeit im 14. Jahrhundert vgl. Franz Machilek: Privatfrömmigkeit und Staatsfrömmigkeit. In: Kaiser Karl IV. Staatsmann und Mäzen. Hg. von Ferdinand Seibt. München 1978, S. 87-101.

10 Die Inschrift am Portal der Kapelle lautet: „Anno domini 1349 fundata est haec capella a duce Ludwico Domino Legnicensi in honorem Corporis et Sangwinis Domini nostri Jesu Christi et Hedwigis et Marie Magdalene" (zit. nach Gottschalk: Bilderhandschrift [wie Anm. 1], S. 82). - Zum Verhältnis von Stifterbild und Memoria vgl. Christine Sauer: Fundatio und Memoria. Stifter und Klostergründer im Bild. 1100 bis 1350 (Veröffentlichungen des Max-Planck-Instituts für Geschichte 109). Göttingen 1993.

11 „Hic dominus Ludwicus specialem devocionem habens in sanctum Johannem baptistam, patronum ecclesie Wratislaviensis et beatam Hedwigim, quondam ducissam Polonie [...] ad reverenciam et honorem ipsorum pulcerrimam fundavit et dotavit in Brega collegiatam ecclesiam canonicorum secularium et ibidem mansionarios, omnes libras de domina decantantes diebus singulis, deputavit" (Chronica principum Poloniae. In: Scriptores rerum Silesiacarum. Hg. von Gustav Adolf Stenzel. Bd. 1. Breslau 1835, S. 38-172, hier S. 145 f.).

12 Testament Ludwigs vom 4. April 1396, zit. nach: Gottschalk: Bilderhandschrift (wie Anm. 1), S. 79.

13 Zur Geschichte der Handschrift vgl. ebd., S. 61-63.

14 Ebd., S. 78.

Trebnitz" waren. Die von der Familie „beanspruchte inhärente Heiligkeit" wurde so „in einer Art ‚Matrilinearität' weitergegeben"[15].

In der Berufung auf Hedwig fanden sich die schlesischen Piasten wie die Mitglieder der Klostergemeinschaft von Trebnitz zusammen; aus der verehrenden Erinnerung an die Heilige bezogen sie einen wesentlichen Teil ihrer (Gruppen-) Identität. „Gedenken, *memoria,* war ein konstitutives Element mittelalterlicher Gruppenbildung. Hieraus erklärt sich [...] die Pflege der Memoria in allen Gruppen, die durch die Bindung der Verwandtschaft, der Freundschaft oder der Genossenschaft konstituiert wurden"[16]. Gerade das Totengedenken wirkt in besonderer Weise gemeinschaftsstiftend: „In der erinnernden Rückbindung an die Toten vergewissert sich eine Gemeinschaft ihrer Identität. In der Verpflichtung auf bestimmte Namen steckt immer auch das Bekenntnis zu einer soziopolitischen Identität"[17].

Für die Identitätsstiftung durch kollektive Besinnung auf das „Herkommen"[18] standen einer Familie im Mittelalter verschiedene Modelle zur Verfügung. Die

15 Gábor Klaniczay: Legenden als Lebensstrategien: Mitteleuropäische weibliche Heilige im Spätmittelalter. In: Ders.: Heilige, Hexen, Vampire. Vom Nutzen des Übernatürlichen (Kleine kulturwissenschaftliche Bibliothek 31). Berlin 1991, S. 13–104, hier S. 18 f. – Zu den politischen Aspekten der Heiligsprechung und Heiligenverehrung allgemein vgl. Pierre Delooz: Sociologie et canonisations (Collection Scientifique de la Faculté de Droit de l'Université de Liège 30). Lüttich, den Haag 1969; Michael Goodich: The Politics of Canonization in the Thirteenth Century: Lay and Mendicant Saints. In: Saints and their Cults. Studies in Religious Sociology, Folklore and History. Hg. von Stephen Wilson. Cambridge 1983, S. 169–187; Jürgen Petersohn (Hg.): Politik und Heiligenverehrung im Hochmittelalter (Vorträge und Forschungen. Hg. vom Konstanzer Arbeitskreis für mittelalterliche Geschichte 42). Sigmaringen 1994.

16 Gerd Althoff: Zur Verschriftlichung von Memoria in Krisenzeiten. In: Dieter Geuenich / Otto Gerhard Oexle (Hg.): Memoria in der Gesellschaft des Mittelalters (Veröffentlichungen des Max-Planck-Instituts für Geschichte 111). Göttingen 1994, S. 56–73, hier S. 58. – Zum Phänomen der Memoria vgl. Mary J. Carruthers: The Book of Memory. A Study of Memory in Medieval Culture (Cambridge Studies in Medieval Literature). Cambridge u. a. o. J.; Karl Schmid / Joachim Wollasch (Hg.): Memoria. Der geschichtliche Zeugniswert des liturgischen Gedenkens im Mittelalter. München 1984; Karl Schmid (Hg.): Gedächtnis, das Gemeinschaft stiftet. München, Zürich 1985; James Fentress / Chris Wickham: Social Memory. Oxford UK, Cambridge USA [2]1994.

17 Jan Assmann: Das kulturelle Gedächtnis. Schrift, Erinnerung und politische Identität in frühen Hochkulturen. München 1992, S. 63.

18 Zum Phänomen des Herkommens vgl. Jan-Dirk Müller: Gedechtnus. Literatur und Hofgesellschaft um Maximilian I. (Forschungen zur Geschichte der älteren deutschen Literatur 2). München 1982, S. 80–95, 190–203; Klaus Graf: Exemplarische Geschichten. Thomas Lirers „Schwäbische Chronik" und die „Gmünder Kaiserchronik" (Forschungen zur Geschichte der älteren deutschen Literatur 7). München 1987, S. 21 f., 115–128; Arnold Angenendt: Der eine Adam und die vielen Stammväter. Idee und Wirklichkeit der *Origo gentis* im Mittelalter. In: Peter Wunderli (Hg.): Herkunft und

geläufigste Form war gewiß die erinnernde Vergegenwärtigung einer unter profanem oder religiösem Aspekt herausragenden Gestalt der Familiengeschichte. Großer Beliebtheit erfreute sich daneben die „Ansippung"[19] an prominente Persönlichkeiten der Geschichte (im weitesten Sinne) wie etwa die genealogische Berufung auf Aeneas[20] oder Karl den Großen[21], deren Geschichte als Teil des eigenen Herkommens gedeutet wurde[22]. Schließlich finden sich immer wieder Versuche der genealogischen Anknüpfung an mythische Gestalten der keltisch-germanischen Vorzeit: So leiteten sich die Herren von Lusignan in Westfrankreich von der schlangenschwanzigen Merfei Melusine her[23]; und berühmte Geschlechter wie die des Gottfried von Bouillon, der Herzöge von Brabant oder der Grafen (und später Herzöge) von Kleve reklamierten für sich den Schwanritter als Stammvater[24].

Der Unterschied zwischen den mit historischen Personen wie Karl dem Großen oder der hl. Hedwig verknüpften Familientraditionen und den phantastischen Genealogien[25], die an mythischen Gestalten festgemacht werden, ist so groß nicht, wie er zunächst erscheinen mag.

Die kollektiven Erinnerungen sind in jedem Fall an das Medium der Erzählung gebunden[26]. Zur literarischen Kodifizierung familiengeschichtlich bedeutsamer

---

Ursprung. Historische und mythische Formen der Legitimation. Akten des Gerda Henkel Kolloquiums [...] 13. bis 15. Oktober 1991. Sigmaringen 1994, S. 27–52.

19 Zum Phänomen Ansippung vgl. Hauck: Geblütsheiligkeit (wie Anm. 6) und Angenendt: Der eine Adam (wie Anm. 18).

20 Zur Trojaner-Genealogie vgl. František Graus: Troja und trojanische Herkunftssage im Mittelalter. In: Willi Erzgräber (Hg.): Kontinuität und Transformation der Antike im Mittelalter (Veröffentlichung der Kongreßakten zum Freiburger Symposion des Mediävistenverbandes). Sigmaringen 1989, S. 25–43; Jörn Garber: Trojaner – Römer – Franken – Deutsche. „Nationale" Abstammungstheorien im Vorfeld der Nationalstaatsbildung. In: Klaus Garber (Hg.): Nation und Literatur im Europa der Frühen Neuzeit. Akten des 1. Internationalen Osnabrücker Kongresses zur Kulturgeschichte der Frühen Neuzeit. Tübingen 1989, S. 108–163.

21 Vgl. zuletzt: Karl der Große als vielberufener Vorfahr. Sein Bild in der Kunst der Fürsten, Kirchen und Städte. Hg. von Lieselotte E. Saurma-Jeltsch. Sigmaringen 1994.

22 Vgl. Arnold Angenendt: Der eine Adam (wie Anm. 18), bes. S. 42–46.

23 Vgl. hierzu die grundlegende Studie von Claude Lecouteux: Mélusine et le Chevalier au Cygne. Paris 1982; zuletzt Anna Mühlherr: ‚Melusine' und ‚Fortunatus'. Verrätselter und verweigerter Sinn (Fortuna vitrea 10). Tübingen 1993.

24 Vgl. J. F. D. Blöte: Das Aufkommen des clevischen Schwanritters. In: Zeitschrift für deutsches Altertum 42 (1898), S. 1–53. Zur Schwanrittersage allgemein Thomas Cramer: Lohengrin. Edition und Untersuchung. München 1971, S. 46–129; Claude Lecouteux: Zur Entstehung der Schwanrittersage. In: Zeitschrift für deutsches Altertum 107 (1978), S. 18–33.

25 Vgl. Horst Brunner: Genealogische Phantasien. Zu Konrads von Würzburg ‚Schwanritter' und ‚Engelhard'. In: Zeitschrift für deutsches Altertum 110 (1981), S. 274–299.

26 Neben der Erinnerung mittels Literatur wurde die Memoria durch ‚Realien' gepflegt.

Personen und ihres Lebens und Wirkens stand einem mittelalterlichen Autor nur ein begrenzter Vorrat tradierter Themen und Strukturen, Formeln und Motive zur Verfügung. So orientieren sich etwa die Erzählungen von mythischen Ahnherren oder Ahnfrauen mit Vorliebe an dem international verbreiteten Modell der „gestörten Mahrtenehe“, d. h. der (unglücklichen) ehelichen Verbindung eines Menschen mit einem übernatürlichen Wesen, die an bestimmte magische Bedingungen geknüpft ist (z. B. Frage- oder Sichtverbot) und die bei deren Verletzung unwiderruflich endet[27]. Die Ausrichtung genealogischer Erzählungen an einem allgemein bekannten Muster wie dem der „gestörten Mahrtenehe“ unterstreicht für den zeitgenössischen Hörer oder Leser keineswegs die Fiktionalität des Erzählten[28], sie bekräftigt vielmehr den Wahrheitsanspruch der Geschichte, der gerade durch die von der Tradition sanktionierte Erzählstruktur bestätigt wird.

Gleichfalls in eine lange Tradition eingebettet sind die Erzählmuster, die für die Kodifizierung der Lebensgeschichte heiliger und heiligmäßiger Personen zur Verfügung stehen: Typisierende Modelle wie das der *imitatio Christi* und der *vita apostolica* oder Motive wie das des *alter David* oder der *altera Sara* (wie in der Hedwigslegende[29]) wirken struktur- und handlungsbestimmend[30]. Auch hier, im

---

Auch hier zeigen sich Parallelen zwischen ‚heiliger‘ und ‚profaner‘ (Familien-)Tradition, etwa zwischen Hedwigs- und Schwanritterkult: Der an den mythischen Stammvater des Geschlechts gemahnende (im 14. Jahrhundert wiederaufgebaute) sog. Schwanenturm der Klever Burg (vgl. Blöte: Schwanritter [wie Anm. 24], S. 10) findet seine Entsprechung in dem (im 15. Jahrhundert umgebauten und im frühen 16. Jahrhundert mit Fresken ausgeschmückten) sog. Hedwigsturm des Liegnitzer Schlosses (vgl. Harasimowicz: Die heilige Hedwig [in diesem Band], S. 90 f.).

27 Zum Thema der „gestörten Mahrtenehe“ vgl. Friedrich Panzer (Hg.): Merlin und Seifrid de Ardemont von Albrecht von Scharfenberg, in der Bearbeitung Ulrich Füetrers (Bibliothek des Literarischen Vereins Stuttgart 227). Tübingen 1902, S. LXXII-LXXX.

28 Zum Problem ‚Dichtung‘ und ‚Wahrheit‘ in (spät)mittelalterlichen Geschlechtermythen vgl. Jan-Dirk Müller: Melusine in Bern. Zum Problem der „Verbürgerlichung“ höfischer Epik im 15. Jahrhundert. In: Literatur – Publikum – historischer Kontext. Hg. von Gert Kaiser (Beiträge zur älteren deutschen Literaturgeschichte 1). Bern, Frankfurt/Main, Las Vegas 1977, S. 29–77; Xenja von Ertzdorff: Die Fee als Ahnfrau. Zur ‚Melusine‘ des Thüring von Ringoltingen. In: Festschrift für Hans Eggers. Sonderheft der Beiträge zur Geschichte der deutschen Sprache und Literatur 94 (1972), S. 428–457.

29 „Legenda maior“ (Cap. 1): „ut altera Sara in timore domini“.

30 Zu den Stereotypen der Legendendichtung vgl. Peter Toldo: Leben und Wunder der Heiligen im Mittelalter. In: Studien zur vergleichenden Literaturgeschichte 1 (1901), S. 320–345; 2 (1902), S. 87–103, 304–353; 4 (1904), S. 49–85; 5 (1905), S. 337–353; Heinrich Günter: Psychologie der Legende. Studien zu einer wissenschaftlichen Heiligen-Geschichte. Freiburg i. Br. 1949. – Zu Hagiographie und Heiligenverehrung allgemein: Sophronius Clasen OFM: Das Heiligkeitsideal im Wandel der Zeiten. Ein Literaturbericht über Heiligenleben des Altertums und Mittelalters. In: Wissenschaft und Weisheit 33 (1970), S. 46–64, 132–164; Michael Goodich: Vita perfecta: The Ideal of

legendarischen Kontext, sind die stofflichen und motivischen Parallelen zum Alten und Neuen Testament oder zu älteren Heiligenviten[31] kein Signal für Fiktionalität des Dargestellten, der Rückgriff auf die von der Tradition vorgegebenen Erzählmodelle unterstreicht vielmehr wieder die Wahrheit des Erzählten: Man „erwartet gerade typische Verhaltensweisen und Lebensläufe, welche die Bedeutung sofort durchscheinen lassen. Typisch sind deshalb die Lebensläufe der Heiligen, typisch sind die Tugenden (oft katalogmäßig aufgezählt) und die Wunder, typisch ist das selige Ende"[32].

Die spätestens seit der Aufklärung gestellte Frage nach dem historischen ‚Kern' sagen- oder legendenhafter Erzählungen hat bis in unser Jahrhundert wenig an Attraktivität eingebüßt. Die Suche nach den geschichtlichen ‚Tatsachen', die sich unter der sagen- oder legendenhaften ‚Schale' verbergen (sollen), dauert an. Die einschlägigen Bemühungen können aber kaum zu befriedigenden Ergebnissen führen, ist doch bei den mittelalterlichen Sagen und Legenden ein anderes Wahrheitsverständnis in Rechnung zu stellen, als es den Suchstrategien der heute die Texte analysierenden Historiker zugrunde liegt[33].

Sainthood in the Thirteenth Century (Monographien zur Geschichte des Mittelalters 25). Stuttgart 1982; André Vauchez: La sainteté en occident aux derniers siècles du Moyen Age d'après les procès de canonisation et les documents hagiographiques (Bibliothèque des Écoles Françaises d'Athènes et de Rome 241). Rom 1988; Marc van Uytfanghe: Le culte des saints et l'hagiographie face à l'Écriture: Les avatars d'une relation ambiguë. In: Santi e demoni nell'alto medioevo occidentale (secoli V–XI) (Settimane di Studio del Centro Italiano di Studi sull'Alto Medioevo 36, 1). Spoleto 1989, S. 155–204; Arnold Angenendt: Heilige und Reliquien. Die Geschichte ihres Kultes vom frühen Christentum bis zur Gegenwart. München 1994.

31 Vgl. hierzu Joseph Gottschalk (Der historische Wert der Legenda maior de beata Hedwigi. In: Archiv für schlesische Kirchengeschichte 20 [1962], S. 84–125), der u. a. auf die Verarbeitung von drei „Wanderlegenden" in der Hedwigslegende verweist (S. 112–115).

32 Siegfried Ringler: Zur Gattung Legende. Versuch einer Strukturbestimmung der christlichen Heiligenlegende des Mittelalters. In: Peter Kesting (Hg.): Würzburger Prosastudien II. Untersuchungen zur Literatur und Sprache des Mittelalters. Kurt Ruh zum 60. Geburtstag (Medium Aevum. Philologische Studien 31). München 1975, S. 255–270, hier S. 261. – Trotz aller Topik sind zeittypische Varianten festzustellen, die die Heiligkeit als „historische Variable" erkennen lassen; vgl. hierzu Peter Dinzelbacher: Heiligkeit als historische Variable. Zur Einführung. In: Ders. und Dieter R. Bauer (Hg.): Heiligenverehrung in Geschichte und Gegenwart. Ostfildern 1990, S. 10–17.

33 Zum Wahrheitsverständnis mittelalterlicher Hagiographie vgl. Klaus Schreiner: „Discrimen veri ac falsi". Ansätze und Formen der Kritik in der Heiligen- und Reliquienverehrung des Mittelalters. In: Archiv für Kulturgeschichte 48 (1966), S. 1–53; ders.: Zum Wahrheitsverständnis im Heiligen- und Reliquienwesen des Mittelalters. In: Saeculum 17 (1966), 131–169; Friedrich Lotter: Methodisches zur Gewinnung historischer Erkenntnisse aus hagiographischen Quellen. In: Historische Zeitschrift 229 (1979), S. 298–356; Baudouin de Gaiffier: Hagiographie et historiographie. Quelques aspects

Der Befund wird noch komplizierter. Denn nicht nur die mittelalterlichen Berichte vom Leben und Wirken herausragender Persönlichkeiten wurden nach traditionellen literarischen Mustern modelliert, sondern es bestand unter den Zeitgenossen – vor allem im späteren Mittelalter – auch eine ausgeprägte Neigung, das Leben selbst nach literarischen Vorgaben zu stilisieren: Der Orientierung an König Artus und seiner Tafelrunde auf profaner Seite[34] entsprach im religiösen Bereich die Ausrichtung des Lebens nach dem Muster der Bibel (charakteristisch ist der wörtliche Nachvollzug des Neuen Testaments bis hin zur Stigmatisierung bei Franz von Assisi) oder nach dem Modell der Heiligenviten (etwa bei Margareta von Ungarn, die durch die Vita Thomas Beckets angeregt wurde, „sich in Sackleinen zu kleiden und den Märtyrertod zu ersehnen“[35]). Wird nun ein solches von literarischen Vorbildern geprägtes (Heiligen-)Leben in einer ihrerseits nach traditionellen literarischen Mustern geformten Legende gespiegelt, so erreicht die literarische Stilisierung eine Dimension, die jede Suche nach dem historischen ‚Kern‘ des betreffenden Textes illusorisch erscheinen läßt.

Bei seinen Arbeiten an der Biographie Ludwigs des Heiligen kam denn auch Jacques Le Goff nicht umhin, sich „jene Frage zu stellen, die jeder Historiker, der die Biographie einer historischen Persönlichkeit schreibt – zumal bei sehr weit zurückliegenden Epochen – sich stellen muß: Hat der heilige Ludwig überhaupt existiert? Ist er vielleicht nichts weiter als eine bloße Summe von Topoi?“ Und er gelangte zu dem paradox anmutenden Schluß: „Diesen idealen christlichen König anhand von normativen Texten (Fürstenspiegel, Hagiographien usw.) zu beschreiben heißt, den heiligen Ludwig selbst zu beschreiben. Die Individualität des Königs und das königliche Modell, so wie es in den Dokumenten beschrieben ist, sind ein und dasselbe“[36].

In unserem Zusammenhang: Genealogische Familiensagen (wie die Erzählung vom Schwanritter) und Legenden von heiliggesprochenen Vorfahren (wie die Hedwigsvita) weisen nicht nur unter funktionsgeschichtlichem Aspekt – im Sinne der Identitätsstiftung durch kollektive Gedächtniskultur – mehr Gemeinsames als

---

du problème. In: La storiografia altomedioevale 1 (Settimane di Studio del Centro Italiano di Studi sull'Alto Medioevo 17,1). Spoleto 1976, S. 139–166, 179–196; Friedrich Prinz: Der Heilige und seine Lebenswelt. Überlegungen zum gesellschafts- und kulturgeschichtlichen Aussagewert von Viten und Wundererzählungen. In: Santi e demoni (wie Anm. 30), S. 285–318.

34 Zum Phänomen Dichtung als Vorbild vgl. Joachim Bumke: Höfische Kultur. Literatur und Gesellschaft im hohen Mittelalter. 2 Bde. München 1986 u. ö., Bd. 2, S. 439–446, 831 (mit weiterführender Literatur).

35 Klaniczay: Legenden (wie Anm. 15), S. 25.

36 Jacques Le Goff: Wie schreibt man eine Biographie? In: Fernand Braudel u. a.: Der Historiker als Menschenfresser. Über den Beruf des Geschichtsschreibers (Wagenbach Taschenbuch 187). Berlin 1990, S. 103–112, hier S. 109.

Trennendes auf; Familiensage und Familienlegende haben vor allem teil an derselben – nicht zuletzt durch die traditionellen Erzählmuster abgesicherten – Wahrheit', sie sind ,im Wahren'[37] des damaligen historischen Diskurses, der den sagenhaften Stammvater ebenso umschließt wie die legendenhafte Familienheilige.

Die funktionsgeschichtlichen und poetologischen Parallelen zwischen Familiensage und Familienlegende erscheinen augenfällig, doch lassen sich die beiden Textsorten nicht ohne weiteres als profane und religiöse Seite ein und derselben Medaille werten. Sie unterscheiden sich maßgeblich in dem Punkt, den der Alttestamentler Hermann Gunkel 1917 als „Sitz im Leben" bezeichnet hat: Die Berufung auf mythische Vorfahren mochte für die betreffende Familie den Reiz des Exklusiven in sich bergen, aber immer schwebte über diesen ,vorzeitlichen' Sagengestalten das kirchliche Verdikt, es handle sich hier um Lügengespinste oder – wenn wahr – um seelengefährdendes Teufelswerk[38]. Die Autoren der Familiensagen sahen sich (schließlich sollten ihre Erzählungen den Ruf der Auftraggeber nicht schädigen) immer wieder zu ausgeklügelten Rechtfertigungsstrategien gezwungen – wie etwa Thüring von Ringoltingen in seiner „Melusinen"-Übersetzung von 1456: „[...] denn auch David in dem psalter spricht: Mirabilis deus in operibus suis, got ist wunderbar in synen wercken; das bewiset sich eygentlichen an dysser frömder figur und hystorie"[39].

Die Sagen verharren – auch wenn sie in ein christliches ,Weltbild' integriert sind – auf einer innerweltlich-,horizontalen' Erzähl- und Argumentationsebene. Die Legenden hingegen verweisen auf eine transzendente Ordnung, sie „sind gleichsam ,vertikal' direkt auf ein Höheres bezogen"[40].

Es ist ein Unterschied, ob sich ein Herzog von Kleve oder Brabant die Geschichte des Schwanritters kodifizieren läßt, der (angeblich) vor Jahrhunderten einmal eine kurze Episode der Familiengeschichte geprägt hat und dann für immer verschwand, oder ob Ludwig von Liegnitz und Brieg den Auftrag zur Herstellung eines Hedwigskodex erteilt, zu Ehren seiner heiligen Vorfahrin, die ihm „oft aus großen Nöten geholfen hat" und noch immer segensreich auf das Leben ihrer Nachkommen einwirkt. Für die gläubigen Leser liegt die Relevanz der Legende (im Gegensatz zur Sage) darin begründet, „daß sie Heilstatsachen darstellt, deren

---

37 Vgl. Michel Foucault: Die Ordnung des Diskurses (Fischer Taschenbuch 10083). Frankfurt/Main 1991, S. 24.

38 Vgl. hierzu Eckhard Grunewald: „Der túfel in der helle ist úwer schlaf geselle". Heidnischer Elbenglaube und christliches Weltverständnis im ,Ritter von Staufenberg'. – In: Peter Dinzelbacher / Dieter R. Bauer (Hg.): Volksreligion im hohen und späten Mittelalter. Paderborn 1990, S. 129–143.

39 Thüring von Ringoltingen: Melusine. Nach den Handschriften kritisch hg. von Karin Schneider (Texte des späten Mittelalters 9). Berlin 1958, S. 37.

40 Ringler: Zur Gattung Legende (wie Anm. 32), S. 264.

Existenz bzw. Kenntnis für diese Leser *unmittelbar bedeutungsvoll und verwertbar* ist und über den Wert bloßer Information hinausgeht“[41].

Die Bedeutung der Legende liegt also in ihrer Wirkmächtigkeit für die Gegenwart der Rezipienten begründet. Hieraus resultiert auch die spezifische Darstellungsweise dieser Textsorte, die „auf jedes bloße Abbilden von Realität verzichtende Verbildlichung von Spirituellem“[42], „die sinnbildlich die höhere und wahre ‚Realität‘ durchscheinen läßt“[43]:

> Die Bilder der Legende sind deshalb nicht naturgetreue Abbildungen, die auf völlige Vorstellbarkeit zielen, sondern eine Verbildlichung von Spirituellem, fern jeder bloß äußeren Realität. Modellhaft, auf alles Unwesentliche verzichtend, wirken sie durch ihre geistig-symbolische Bedeutung. Sie entziehen sich dabei aber nicht den Sinnen, sondern bleiben ihnen jederzeit greifbar: als Bilder, in denen eine tiefere Bedeutung geschaut wird[44].

Von welcher Seite wir uns auch der hl. Hedwig und ihrer Legende nähern, immer müssen wir feststellen, daß sich kein verläßlicher Weg öffnet, an den historischen ‚Kern‘ der Berichte über die Heilige heranzukommen. Dies ist kein Grund zur Resignation, sondern sollte nur den Blick für die verbleibenden Möglichkeiten einer Annäherung schärfen. Wenn für uns die hl. Hedwig nur als eine Figur der Legende, als ein Objekt und Produkt ihrer Rezeptions- und Wirkungsgeschichte präsent ist (jeder andere Zugang würde visionäre Kräfte voraussetzen), dann stellt sich um so dringender die Frage nach dem Prozeß der Legendenbildung und -tradition und – weiter gefaßt – nach der Geschichte der Verehrung dieser Heiligen, nach ihren Ursachen und Entwicklungen, Implikationen und Zielen, Medien und Formen. Aus diesem Grund lautet der Titel des vorliegenden Sammelbandes auch „Das Bild der heiligen Hedwig in Mittelalter und Neuzeit“ und rückt den rezeptions- und wirkungsgeschichtlichen Aspekt in den Vordergrund der Betrachtung.

*

41 Hans-Peter Ecker: Die Legende. Kulturanthropologische Annäherung an eine literarische Gattung (Germanistische Abhandlungen 76). Stuttgart, Weimar 1993, S. 149; vgl. ders.: Auf neuen Wegen zu einer alten Gattung. Was kann eine kulturanthropologisch orientierte Legendentheorie leisten? In: Jahrbuch für Internationale Germanistik 25/2 (1993), S. 8–29, hier S. 23.

42 Theodor Wolpers: Die englische Heiligenlegende des Mittelalters. Eine Formgeschichte des Legendenerzählens von der spätantiken lateinischen Tradition bis zur Mitte des 16. Jahrhunderts (Buchreihe der Anglia 10). Tübingen 1964, S. 29.

43 Ringler: Gattung Legende (wie Anm. 32), S. 260.

44 Ebd., S. 261 f.

Der Band wird mit einer historischen Studie über die Rolle Hedwigs in der Geschichte Schlesiens eröffnet. Nach einer umfassenden Sichtung der Überlieferung gelangt Winfried Irgang zu dem Ergebnis, daß die „Urkunden aus der Lebenszeit Hedwigs [...] in gar keiner Weise geeignet (sind), ihr eine besondere Rolle in der schlesischen Geschichte zuzuweisen, geschweige denn den Grund für ihre Verehrung als Heilige erkennen zu lassen". Überraschend konturenarm bietet sich das Bild der Herzogin in den historischen Dokumenten bis ins fünfte Jahrzehnt des 13. Jahrhunderts dar: Hedwig tritt deutlich hinter die starke Persönlichkeit ihres Gatten Heinrich I. zurück; sie erscheint lediglich als Fürstin mit umfangreichen Besitzungen und einem eigenen Hofstaat sowie als Wohltäterin für kirchliche Einrichtungen und hebt sich somit nicht von anderen Fürstinnen ihrer Zeit ab. In den späteren hagiographischen Schriften (vor allem in der um 1300 entstandenen „Legenda maior") dominieren dann eindeutig typisierende Züge heiligmäßiger Lebensführung wie Askese, karitatives Wirken oder vorbildlicher Lebenswandel.

Diesen Gedanken greift Gisela Muschiol auf und verweist auf die Statik der Typologie männlicher wie weiblicher Heiliger (*vir Dei/famula Dei*) in den Viten des Mittelalters bis hin zur „Legenda maior": „Angesichts des langen Zeitraums vom 6. bis ins 13. Jahrhundert, angesichts der vielfältigen gesellschaftlichen, politischen und religiösen Veränderungen des Lebensalltags, zeigt sich ein erstaunlich konstantes Bild von der Wirkmächtigkeit weiblicher Heiliger." Die Dienerin Gottes steht hier ihren männlichen Kollegen in keiner Weise nach, sondern vollbringt wie diese Heilungen, Totenerweckungen, Exorzismen, Wunder jeder Art nach dem ‚jesuanischen Programm', basierend auf der gleichen Lebensführung: Askese, *imitatio Christi* und *vita apostolica.* „Unter Berufung auf die Religion, unter Berufung auf die Nachfolge Christi" gelingen der *famula Dei* dabei vielfach „Ausbrüche aus den für sie vorgesehenen weiblichen Rollen ihrer Zeit".

Auf einen reichen Bestand (in ihrer Mehrzahl noch unausgewerteter) handschriftlicher Quellen zur hl. Hedwig und ihrer Verehrung weist Wojciech Mrozowicz hin. Von den rund 65 in der Universitätsbibliothek Breslau/Wrocław aufbewahrten Texten entfallen 13 auf die „Legenda maior", 28 auf kürzere, von der „Legenda maior" abhängige Hedwigsviten; die übrigen Handschriften enthalten Lektionen und Kurzbiographien, die sich von der „Legenda minor" herleiten, sowie eine Vielzahl Hedwigspredigten. Besondere Aufmerksamkeit gilt dabei der Handschrift einer wenig bekannten „Vita sancte Hedewigis" aus der ehem. Milichschen Bibliothek Görlitz, deren Entstehung mit der intendierten Ausbreitung des Hedwigskults in die Diözese Meißen in Verbindung gebracht werden kann. Der Text wird hier erstmals publiziert.

Der Geschichte der mittelalterlichen Hedwig-Rezeption außerhalb Schlesiens geht Marion Karge nach – am Beispiel der schwäbischen Grafen von Oettingen, in deren Bibliothek sich zwei Handschriften (eine lateinische und eine deutsche) der „Vita beate Hedwigis" aus dem 15. Jahrhundert befanden (heute in der Universitätsbibliothek Augsburg). Die Verfasserin zeigt die dynastischen Verflechtungen des schwäbischen Grafengeschlechts mit der Familie der hl. Hedwig auf. Es gelingt ihr, neben familienpolitischen (Geblütsheiligkeit) auch privat-religiöse (Patronatsbedürfnis) Motive des Hedwigskults der Oettinger zu ermitteln.

Jan Harasimowicz widmet sich den konfessionsbedingten Problemen des Umgangs der schlesischen Protestanten mit Hedwig als einer katholischen Heiligen. Er zeigt auf, daß die im spätmittelalterlichen Schlesien weitverbreitete Hedwigsverehrung im kirchlichen Bereich wie in der piastischen Familientradition auch nach der Reformation nicht abriß. Hedwig war sogar wiederholt Gegenstand protestantischer Predigten, wenn hierbei auch die der Lutherschen Lehre entgegenstehenden Züge ihrer Person und Lebensführung weitgehend ausgeklammert wurden. Von entscheidender Bedeutung für die Ausprägung des evangelischen Hedwigsbildes war die erste gedruckte Geschichte Schlesiens „Gentis Silesiae annales" von Joachim Cureus (1571), der in einem Hedwig gewidmeten Kapitel eine Neuinterpretation ihrer Vita vornahm. Die „andaechtige Hedwig" (so die spätere bündige Formel des auf Cureus gründenden Chronisten Friedrich Lucae) wurde zur Identifikationsfigur der Schlesier über alle konfessionellen Grenzen hinweg.

Die Schwierigkeiten, die sich einem katholischen Schriftsteller des 19. Jahrhunderts beim Verfassen einer modernen Heiligenbiographie in den Weg stellten, zeigt Eckhard Grunewald am Beispiel des Eichendorffschen Textfragments „Die heilige Hedwig" auf. Neben individuellen künstlerischen Problemen war es vor allem die kaum mehr verbindlich zu beantwortende Frage nach der zeitgemäßen Darstellung einer mittelalterlichen Heiligen, die den Dichter im Jahre 1857 scheitern ließ. Eichendorffs „Hedwig"-Fragment wird so zum Symptom der Krise der christlichen Literatur in nachaufklärerisch-säkularisierter Zeit.

Die Untersuchungen zur Entwicklung des Bildes der heiligen Hedwig in der Kunst eröffnet Romuald Kaczmarek mit einem Überblick über die Geschichte der Hedwig-Ikonographie vornehmlich anhand von Bildzeugnissen des 13. bis 18. Jahrhunderts, mit Ausblicken auf die Folgezeit. Das Spektrum reicht von der Hedwig-Darstellung am Grabmal Papst Clemens' IV. in S. Francesco in Gradi um 1270 bis hin zur Rekonstruktion des Kopfes der Heiligen (anhand der Schädelknochen) durch den Anatomen und Anthropologen Zbigniew Rajchel aus dem Jahre 1993. Neben den Bildnissen der Heiligen selbst stellt der Verfasser auch „Baudenkmäler und plastische Werke" vor, „die von Hedwig gestiftet wurden, sowie Kunstwerke, die durch ihre Entstehungszeit oder der Legende nach mit ihrer Person verbunden sind" und so die Wirkungsgeschichte der Heiligen dokumentieren.

Jakub Kostowski geht der Geschichte und Ikonographie des um 1440 entstandenen und in den 50er Jahren des Jahrhunderts umgestalteten Hedwig-Triptychons aus der ehem. Breslauer Bernhardinkirche nach. Er zeigt die Prinzipien der Umgestaltung und den Funktionswandel des Altars im Zuge seiner Übertragung aus der Breslauer Franziskanerkirche in das Bernhardinkloster um die Mitte des 15. Jahrhunderts auf. Die Erweiterung des Bildprogramms (auf den Rückseiten der Altarflügel) hatte vor allem das Ziel, den Kult Heinrichs II. des Frommen zu verbreiten und seine Heiligsprechung zu erwirken: „Heinrich wird dabei als Kreuzritter und Wohltäter der Franziskaner zum Kreis der Heiligen und Patrone des Ordens gezählt, welcher im Einklang mit der antihussitischen und antitürkischen Agitation des hl. Johannes Capestrano einen ideellen Kreuzzug gegen die Ungläubigen führte."

Jan Gromadzki untersucht die neben dem Schlackenwerther Kodex wohl bedeutendste illustrierte Handschrift der Hedwigslegende, den sog. Hornig-Kodex aus dem Jahre 1451 (Kod. IV F 192 der Universitätsbibliothek Breslau/Wrocław) als Dokument des Hedwigskults im Breslau des 15. Jahrhunderts. Bei der Analyse des Bilderzyklus konstatiert der Autor einen für die schlesische Kunstentwicklung der Zeit charakteristischen Konservativismus, den er aus dem historisch-politischen Umfeld erklärt: „Das lange Überdauern dieser Stilrichtung [des sog. ‚schönen' Stils] und die langsame Übernahme von Impulsen aus den europäischen Kunstzentren erklärt sich zu einem gewissen Grad aus der schwierigen Situation in der Zeit der Hussitenkriege und der Kämpfe um das Erbe der Luxemburger."

Die Geschichte der Hedwigsverehrung in der Kirchenmusik Schlesiens skizziert Rudolf Walter – von der zweiten Hälfte des 13. Jahrhunderts bis zur Gegenwart, von der ersten mittelalterlichen Hedwigssequenz bis zu Monika Brückners 1979 veröffentlichten Orgelvariationen über das Wallfahrtslied „Jetzt, Christen, stimmet an". Der Verfasser geht den weitverstreuten Spuren musikalischer Hedwigsverehrung nach und entdeckt neben Orgelkompositionen vor allem Messen, Vespern, Reimoffizien, Kantaten und Lieder zu Ehren der Heiligen – ein reiches Spektrum, in dem nur ein repräsentatives Oratorium fehlt: „Doch das schlesische Volksoratorium ‚Die heilige Hedwig' blieb und bleibt Wunsch und Aufgabe der Zukunft!"

Zwei volkskundliche Studien zu Hedwigsbild und Hedwigskult der Schlesier nach 1945 schließen den Band ab:

Kurt Dröge zeichnet die Entwicklung und den Funktionswandel des Bildes der Heiligen in den Hedwigskreisen von 1947 bis 1993 nach. Er analysiert die (nach innen) „integrative, identitätsstiftende", aber (gegenüber der neuen Umwelt) vielfach auch „desintegrierende oder sogar separierende" Funktion des Hedwigsbildes dieser katholischen Vereinigung, die sich „von Beginn an als Heimat- und Glaubenswerk der Vertriebenen, später und mit zunehmender Tendenz auch als Kulturwerk" verstand und die heute im Begriff ist, „Geschichte zu werden". Er gelangt zu dem Schluß: „Das Hedwigsbild wird in den Kreisen, die nicht länger Bestand haben, zu einem retrospektiven, erinnerungsgeprägten, abgeschlossenen, in denjenigen aber, die sich in den letzten Jahren geöffnet haben für die ganze Pfarrgemeinde oder sogar darüber hinaus, zu einem perspektivreichen und weiterführenden."

Der Entwicklung der Hedwigswallfahrten in Deutschland nach 1945, als einem „Teilaspekt innerhalb des Gesamtphänomens ‚Flüchtlings- und Vertriebenenwallfahrten'", geht Paul Mai nach. Seine Aufmerksamkeit gilt besonders den Wallfahrten nach Andechs, Hildesheim, Heinsberg, Köln und Frankfurt/Main. Der Verfasser stellt die seelsorgerische, soziale und politische Bedeutung der Wallfahrten für die Vertriebenen heraus, konstatiert ein Nachlassen der Wallfahrtsbegeisterung bei zunehmender Integration in der Bundesrepublik und fragt nach den Möglichkeiten des Überlebens der „neuen, nach 1945 entstandenen Hedwigswallfahrtsstätten in der Bundesrepublik" angesichts der „Zugkraft des alten [seit 1989/90 wieder allgemein zugänglichen] Hedwigsheiligtums in Trebnitz" – „eine Frage, die die Zukunft beantworten wird".

*

Der vorliegende Band enthält die Ergebnisse der vom 22. bis 24. Oktober 1993 vom Bundesinstitut für ostdeutsche Kultur und Geschichte (Oldenburg) und dem Haus der Bayerischen Geschichte (München) im Kloster Andechs veranstalteten Tagung „Das Bild der heiligen Hedwig in Mittelalter und Neuzeit". Über den Kreis der Referentinnen und Referenten hinaus, die ihre Vorträge dankenswerterweise für den Druck zur Verfügung gestellt haben, konnten weitere Autorinnen und Autoren gewonnen werden, die das thematische Spektrum des Sammelbandes in willkommener Weise ergänzen[45]. Allen Verfasserinnen und Verfassern sei an dieser Stelle für ihre engagierte Mitarbeit und ihre vielfältigen Hinweise und Anregungen herzlich gedankt.

Oldenburg und Ratingen, 16. Oktober 1995

Eckhard Grunewald
Nikolaus Gussone

45 Der Band berücksichtigt bei weitem nicht alle Facetten des Bildes der hl. Hedwig in Mittelalter und Neuzeit. Der wissenschaftlichen Bearbeitung harren noch Themen wie: Die hl. Hedwig in der schlesischen Historiographie; Die Hedwigskathedrale in Berlin als Kristallisationspunkt von Religion und Politik; Die Hedwigsdarstellungen des 19. Jahrhunderts zwischen ikonographischer Tradition und dem Versuch der Erneuerung christlicher Kunst; Die hl. Hedwig in der Propaganda um die oberschlesische Volksabstimmung 1921; Das Hedwigsjahr 1943; Die hl. Hedwig als Gegenstand der (populären) Belletristik.

Winfried Irgang

Die heilige Hedwig – ihre Rolle in der schlesischen Geschichte*

Auf den ersten Blick scheint die Aufgabe, die Rolle der hl. Hedwig in der schlesischen Geschichte darzustellen bzw. mit anderen Worten: die geschichtliche Gestalt der schlesischen Landesheiligen zu präsentieren, verhältnismäßig leicht zu erfüllen zu sein, sind doch allein in den letzten drei Jahrzehnten vier umfassende wissenschaftliche Monographien über das Leben Hedwigs erschienen[1], deren umfangreichste, die älteste – und immer noch beste – von Joseph Gottschalk, mit weit über 300 Seiten nahezu zu einer „Geschichte Schlesiens [...] in der Zeit von 1150–1300“[2] geworden ist. Hinzu kommt eine fast unüberschaubare Vielzahl von älteren Abhandlungen sowie von Detailuntersuchungen; in dem 1971 erschienenen 1. Band der „Hagiografia polska“ umfaßt die Bibliographie zum Artikel „Jadwiga Śląska“ allein über 10 Seiten[3], und inzwischen sind zahlreiche neue Titel hinzugekommen. Man müßte also vermuten, daß eine gewisse Schwierigkeit für die Bewältigung dieser Aufgabe eher in einer sinnvollen Beschränkung innerhalb der ganzen Fülle liegen sollte als in der Armut der Quellen. Und dennoch ist – bei genauerem Hinsehen – gerade letzteres der Fall.

Um diesen scheinbaren Widerspruch aufzulösen, müssen wir uns zuerst mit der Frage der Quellen beschäftigen. Ganz unabhängig von den in der Geschichtswissenschaft üblichen quellenkundlichen Unterschieden ist zu Beginn zu differenzie-

* Geringfügig veränderte und um Anmerkungen ergänzte Fassung des am 22. Oktober 1993 in Kloster Andechs gehaltenen Vortrags. Es werden folgende Siglen verwendet:
ASKG = Archiv für schlesische Kirchengeschichte
MPH (s. n.) = Monumenta Poloniae Historica (series nova)
SUb = Schlesisches Urkundenbuch
Z. = Zeitschrift des Vereins für Geschichte (und Alterthum) Schlesiens.

1 Joseph Gottschalk: St. Hedwig, Herzogin von Schlesien. Köln, Graz 1964; Ewald Walter: Studien zum Leben der hl. Hedwig Herzogin von Schlesien. Stuttgart, Aalen 1972; Benigna Suchoń: Święta Jadwiga. Księżna Śląska. In: Nasza Przeszłość 53 (1980), S. 1–132; Antoni Kiełbasa: Święta Jadwiga Śląska. Warszawa 1990.

2 Gottschalk: St. Hedwig (wie Anm. 1), S. XII.

3 Hagiografia polska. Słownik bio-bibliograficzny. Bd. 1. Poznań, Warszawa, Lublin 1971, S. 457–485.

ren in Quellen, die bis zum Tode Hedwigs am 14. Oktober 1243 entstanden sind, und in Quellen, die erst nach diesem Datum geschaffen wurden. Nur erstere, die primären Nachrichten aus der Lebenszeit der Fürstin, bieten ja die absolute Gewähr der Unabhängigkeit von hagiographischen Intentionen, Legendenbildungen oder sonstigen Beeinflussungen, die sich allein schon durch die Kenntnis von der Heiligsprechnung ergeben könnten. Beginnend mit der Kanonisationsbulle des Papstes Clemens IV. vom 26. März 1267, die auf den heute nicht mehr erhaltenen Akten des Kanonisationsprozesses seit 1262 und – höchstwahrscheinlich – einer eigens zu diesem Zweck nach Rom gesandten, ebenfalls nicht überlieferten kurzen Vita beruht, dürfen alle späteren Nachrichten nur mit der gebotenen Vorsicht als historische Quelle für unsere Fragestellung verwendet werden. Dies gilt in besonderem Maße für die sog. Hedwigslegende, die „Vita beate Hedwigis" eines unbekannten schlesischen Geistlichen aus dem Jahre 1300[4]; sie schöpft nach den Angaben ihres Verfassers ebenfalls aus den Akten des Kanonisationsprozesses, die im Kloster Trebnitz aufbewahrt wurden (vermutlich also heute gleichfalls verlorenen Abschriften), und aus mündlichen Berichten von Kennern des Kanonisationsprozesses sowie aus einer Schrift des Leubuser Zisterziensers Engelbert[5]. Keine einzige dieser Vorlagen stammt somit aus der Lebenszeit Hedwigs. Bei einigen anderweitig nachprüfbaren Angaben weist diese älteste überlieferte Hedwigslegende, Prototyp aller späteren Überarbeitungen und Hauptquelle für alle Forscher, gravierende Fehler auf[6] – ein weiterer Grund, sie für unsere Überle-

4 Beste kritische Ausgabe bis jetzt von Aleksander Semkowicz in MPH 4. Lwów 1884, S. 510–642; eine neue Edition unter Heranziehung aller Redaktionen ist ein dringendes Desiderat. Eine mustergültige Edition der im Codex von 1353 enthaltenen Textfassung liegt von Peter Moraw vor in: Der Hedwigs-Codex von 1353. Sammlung Ludwig. Hg. v. Wolfgang Braunfels. Bd. 2. Berlin 1972, S. 71–155 (mit dt. Übersetzung).

5 Zur Person dieses Engelbert vgl. zuletzt Konstanty Klemens Jażdżewski: Lubiąż. Losy i kultura umysłowa śląskiego opactwa cystersów (1163–1642). Wrocław 1992, S. 97f. Die überwiegende Mehrzahl der Forscher vertritt die Auffassung, daß es sich bei dieser Schrift um eine Lebensbeschreibung Hedwigs, wahrscheinlich ein Exemplar der nach Rom übersandten „Vita" gehandelt habe; vgl. neben der in Anm. 1 genannten Literatur u. a. Joseph Gottschalk: Der historische Wert der Legende maior de beata Hedwigi. In: ASKG 20 (1962), S. 84–125, bes. S. 92ff., 111–116, sowie Jażdżewski. Die Textstelle „Preterea frater Engelbertus [...] in sua compilacione de hac sancta posuit quedam notabilia [...]" (MPH 4, S. 511) ist freilich keineswegs eindeutig. Der scharfsinnige Rechtshistoriker Heinrich von Loesch (Zum Chronicon Polono-Silesiacum, in: Z. 65 [1931], S. 218–238, hier S. 231) hat unter dieser „compilatio" ein Sammelwerk von erbaulichen Erzählungen vermutet, es aber auch für möglich gehalten, daß damit das „Chronicon Polono-Silesiacum" gemeint sei. Diese Frage verdient eine erneute sorgfältige Untersuchung.

6 Vgl. Gottschalk: Der historische Wert (wie Anm. 6), S. 120; die dortige Aufzählung ist freilich nicht vollständig, grob fehlerhaft ist beispielsweise auch die Hedwigs Vater Berthold beigegebene Titulatur.

gungen vorläufig außer Betracht zu lassen. Ebenso sind alle anderen, zumeist noch späteren Quellen sorgfältig auf ihre Glaubwürdigkeit und ihren Wert zu überprüfen und erst sozusagen in einem zweiten Durchgang heranzuziehen.

Wenden wir uns also zunächst den Zeugnissen aus der Lebenszeit dieser Herzogin von Schlesien zu und hier wiederum zuerst den Urkunden, die durch ihren Bezug auf rechtliche Sachverhalte in besonderem Maße geeignet sind, Formen der Machtausübung, der Machtteilhabe, von Besitz, besonderen Rechten oder von sonstigen mit der Ausübung von Einfluß verbundenen Kriterien zu dokumentieren, die ja im Mittelpunkt unserer Frage nach der geschichtlichen Rolle steht. In den weit über 50 Urkunden, die von ihrem Gatten, Herzog Heinrich I. von Schlesien, von 1202 bis 1238 überliefert sind, begegnet Hedwigs Name lediglich ein einziges Mal, in Dokumenten des Bischofs Lorenz von Breslau wird sie zweimal erwähnt, in Urkunden des großpolnischen Herzogs Władysław Odonicz – in Schlesien betreffenden Angelegenheiten – tritt sie zweimal als Zeugin auf, und schließlich ist von Hedwig selbst eine Urkunde überliefert[7]. Dies ist im Vergleich zu den Verhältnissen an anderen Fürstenhöfen keineswegs besonders bemerkenswert, und auch inhaltlich bieten die Dokumente nichts Außergewöhnliches (im Sinne unserer Fragestellung): Die Herzogin erscheint als Donatorin von bzw. als Konsensgeberin zu Schenkungen an die Kirche in Form von Gütern und Zehnten, ein für die damalige Zeit gewissermaßen alltäglicher Vorgang. Die Dokumente belegen für sie den Besitz beträchtlicher Eigengüter bzw. von vermögensrechtlichen Ansprüchen, die vermutlich als Morgengabe und als Witwengut – durch Schenkung ihres Gatten – anzusehen sind[8]. In keinem einzigen Fall wird die Herzogin als Stifterin einer Kirche oder eines Klosters bezeichnet, ja im Hinblick auf das Zisterzienserinnenkloster Trebnitz, immer wieder mit Vorliebe als ihre Gründung angesehen, wird ausdrücklich mehrfach allein Heinrich als Fundator genannt[9]. Die Urkunden aus der Lebenszeit Hedwigs sind somit in gar keiner Weise geeignet, ihr eine besondere Rolle in der schlesischen Geschichte zuzuweisen, geschweige denn den Grund für ihre Verehrung als Heilige erkennen zu lassen. Dies gilt im übrigen auch noch für die erste Urkunde nach ihrem Tod – vermutlich aus dem Jahr 1252 –, in der sie Erwähnung findet, worin dem Kloster

7 SUb I: 971–1230. Bearb. von Heinrich Appelt. Wien, Köln, Graz 1963–1971, Nr. 287; 164, 288; 116, 117; SUb II: 1231–1250. Bearb. von Winfried Irgang. 1977, Nr. 234.

8 Gottschalk: St. Hedwig (wie Anm. 1), S. 6–9, 116. In einem weiteren Stück (SUb I 195) werden noch andere Dörfer als Eigentum Hedwigs gekennzeichnet. Vgl. auch Teresa Dunin-Wąsowicz: Une sainte duchesse et le pouvoir économique au XIIIe siècle: Hedwige de Silésie et son domaine. In: La femme au moyen-âge. Éd. par Michel Rouche et Jean Heuclin. Maubeuge 1990, S. 381–394.

9 So z. B. SUb I 78, 83, 84, 93 u. a.

Trebnitz gestattet wird, die Jahrestage der Äbtissin Gertrud und von deren Vater, Mutter und Bruder zu begehen - ein völlig normales Totengedenken also[10].

Wenden wir uns nach diesem ernüchternden Befund nunmehr den zeitgenössischen erzählenden Quellen zu, von denen freilich für unsere Zwecke nur eine recht kleine Anzahl in Frage kommt. In Schlesien selbst ist in diesem Zeitraum noch keine Chronik geschrieben worden, und klösterliche Annalen, von denen es sicherlich schon einige gegeben hat, sind uns nur mit späteren Ergänzungen überliefert[11], so daß sie strenggenommen erst im Zusammenhang mit den nach 1243 bzw. 1267 entstandenen Quellen herangezogen werden dürften. Es kann aber bereits hier gesagt werden, daß sie für unsere spezifische Fragestellung keine wesentlichen Angaben enthalten, sondern sich allenfalls auf die (mehr oder weniger richtig genannten) Daten von Hedwigs Tod, Kanonisation oder Translation oder auf Verwandtschaftsbezeichnungen (als Gattin, Mutter u. a.) beschränken[12]. Vergleichbares gilt auch für die Annalen aus den benachbarten polnischen Teilfürstentümern; in den vor 1267 entstandenen Teilen der Annalen der Domkapitel von Krakau, von Gnesen und von Posen sowie in den sog. „Annales Silesiae superioris" werden zwar Heinrich I. und Heinrich II. von Schlesien erwähnt, nicht aber Hedwig[13]. In der vermutlich um 1220 entstandenen „Genealogia Wettinensis" - Hedwig stammte mütterlicherseits aus dem Hause Wettin - und in der großen Weltchronik des französischen Zisterziensers Alberich von Trois-Fontaines (†um 1252), in der auf die Genealogie der Andechs-Meranier eingegangen wird, erscheint sie - jeweils ohne direkte Namensnennung - nur ganz knapp als Gattin Herzog Heinrichs[14]. Lediglich in einem einzigen zeitgenössischen Werk finden sich mehr als derart dürre, vom genealogischen und biographischen Standpunkt freilich wertvolle Angaben: in den „Libri VIII miraculorum", die der Zi-

10 SUb III: 1251-1266. Bearb. von Winfried Irgang. Köln, Wien 1984, Nr. 53. Die Vermutung, daß dahinter bereits weitergehende, d. h. Kanonisationspläne stehen könnten (vgl. Gottschalk: St. Hedwig [wie Anm. 1], S. 274) oder daß es sich dabei um ein Anzeichen für eine spontane Heiligsprechung durch das Volk handle (vgl. u. a. Ortrud Reber: Die Gestaltung des Kultes weiblicher Heiliger im Spätmittelalter. Die Verehrung der Heiligen Elisabeth, Klara, Hedwig und Birgitta. Hersbruck 1963, S. 76; Hagiografia polska [wie Anm. 3], S. 466 f.), wird durch den Text in keiner Weise gedeckt.

11 Vgl. hierzu die sorgfältige Untersuchung von Wacław Korta: Średniowieczna annalistyka śląska. Wrocław 1966.

12 Zu nennen sind hier die „Annales Lubenses" (MPH 3. Lwów 1878, S. 707-710) und die „Epytaphia ducum Slezie" (ebd., S. 710-714) aus Leubus, die „Annales monasterii Trebnicensis" (MPH 4, S. 6 f.), die Heinrichauer Annalen (MPH 3, S. 699-704, 705 f.), die „Annales Grissowienses maiores" (ebd., S. 696 f.) und die „Notae monialium s. Clarae Wratislaviensium" (ebd., S. 691-695) sowie die „Annales Silesiaci compilati" (ebd., S. 657-679) und verschiedene Breslauer Annalen (ebd., S. 680-690).

13 MPH s.n. 5. Warszawa 1978; MPH s.n. 6. Warszawa 1962; MPH 3, S. 714 ff.

14 Vgl. Gottschalk: St. Hedwig (wie Anm. 1), S. 9 ff.

sterzienserprior Caesarius von Heisterbach in den Jahren 1225–27 verfaßt hat. In Form einer Mitteilung an den Verfasser aus dem Munde eines Zisterziensers aus Polen wird darin berichtet von einer Herzogin in Polen, die vom Aussatz befallen war und wundersam davon geheilt wurde, nachdem ihr Christus in einer Erscheinung Heilung angekündigt hatte, wenn sie ein Gotteshaus zu Ehren der Gottesmutter und des hl. Bartholomäus errichte, und ihr Gatte Heinrich daraufhin tatsächlich eine Kirche erbaut, dort einen Zisterzienserinnenkonvent eingerichtet und in diesen seine eigene Tochter gegeben hatte[15]. Es ist offenkundig, daß es sich um Hedwig und die Gründung des Klosters Trebnitz handelt – selbst hier wird also ausdrücklich Heinrich als Fundator genannt, wenngleich auch ein direkter Bezug zu der im übrigen namentlich nicht genannten Hedwig hergestellt wird. Wieviel an diesem Wunderbericht auf historischen Tatsachen gründet, worüber sich die Forschung nicht einig ist[16], kann hier auf sich beruhen, da es in diesem Zusammenhang unerheblich ist. Wir können aus dieser, wie gesagt, einzigen umfangreicheren Nachricht in zeitgenössischen erzählenden Quellen lediglich den Hinweis auf eine gewisse Rolle der Herzogin bei der Gründung des Klosters Trebnitz entnehmen, und auch ihre Bezeichnung als „femina per omnia laudabil(is)" bietet für weiterreichende Schlüsse, will man nicht in den Bereich der Spekulation abgleiten, keinen Raum.

Auch diese Quellengattung läßt uns also weitgehend im Stich. Nun sind natürlich nicht nur direkte Nennungen geeignet, Licht auf die Rolle einer Persönlichkeit zu werfen. Aus mehreren Urkunden läßt sich entnehmen, daß Hedwig – wie für eine Fürstin ohnehin vorauszusetzen – einen eigenen Hofstaat hatte[17], der natürlich unterhalten werden mußte. Die Tatsache, daß Hedwigs Bruder Ekbert als erwählter Bischof und ihr Onkel Poppo als Dompropst von Bamberg am Gründungsakt für das Kloster Trebnitz teilnahmen (offensichtlich in ihrer Eigenschaft als Schutzvögte des Klosters St. Theodor in Bamberg, des Mutterklosters von Trebnitz), verstärkt den Hinweis auf eine inspirierende Rolle der Gattin des

15 Die Wundergeschichten des Caesarius von Heisterbach. Hg. von Alfons Hilka. Tl. 3: Die beiden ersten Bücher der libri VIII Miraculorum. Bonn 1937, S. 84f. E. Walter hat diesem Bericht eine ausführliche Untersuchung gewidmet (Ewald Walter: Der historische Wert der ältesten nicht urkundlichen Quelle zum Leben der hl. Hedwig und zur Gründung der Zisterzienserinnenabtei Trebnitz aus der Feder des Caesarius von Heisterbach. In: Beiträge zur schlesischen Kirchengeschichte. Gedenkschrift für Kurt Engelbert. Köln, Wien 1969, S. 76–170), die freilich sehr stark hypothetischen und spekulativen Charakter hat.

16 Vgl. Walter (Anm. 15) und die dort genannte Literatur.

17 Vgl. Gottschalk: St. Hedwig (wie Anm. 1), S. 116f.; Anna Doroszewska: Otoczenie Henryka Brodatego i Jadwigi jako środowisko społeczne. Warszawa 1978, bes. S. 29–33.

Herzogs bei der Stiftung des ersten Frauenklosters in Schlesien[18]. Auch sonst kann man in manchem vielleicht die Bedeutung der weitverzweigten Verwandtschaftsbeziehungen Hedwigs erkennen[19], sicher festmachen läßt sie sich freilich nicht.

Ziehen wir ein erstes Fazit: Die zeitgenössischen Quellen zeigen Hedwig als Herzogin mit umfangreichen Besitzungen zu ihrer eigenen Verfügung und einem eigenen Hofstaat sowie als Wohltäterin für kirchliche Einrichtungen, vor allem das Zisterzienserinnenkloster Trebnitz - damit hebt sie sich freilich in gar keiner Weise von der Darstellung anderer Fürstinnen ihrer Zeit ab, von denen die meisten heute vergessen oder nur noch der Zunft der Historiker bekannt sind. Auf die wichtige Frage, ob Hedwig Einfluß genommen hat auf die für die weitere Entwicklung Schlesiens so entscheidende Politik ihres Gatten Heinrich[20], durch die der revolutionäre Prozeß der wirtschaftlichen, rechtlichen und kulturellen Umgestaltung des Oderlandes während des 13. Jahrhunderts eingeleitet und eine Angleichung an das mitteleuropäische Niveau erreicht worden ist, ob sie etwa gar deren Initiatorin war, wie man nach der Lektüre mancher neuerer Darstellung glauben müßte, darauf verschweigen uns die Quellen der ersten Hälfte des 13. Jahrhunderts eine Antwort. Völlig zu Recht - aber nach der Literaturfülle doch eher überraschend - hat daher jüngstens Alois Schütz konstatiert, daß uns die Gestalt Hedwigs als Herzogin von Schlesien nur „schemenhaft" entgegentrete[21]; von der Heiligen erfahren wir noch gar nichts.

Es ist daher an der Zeit, daß wir uns den späteren Quellen zuwenden. Hedwig war am 14. Oktober 1243 gestorben und in der Klosterkirche von Trebnitz beigesetzt worden. Nahezu zwei Jahrzehnte nach ihrem Tod ist das Heiligsprechungsverfahren in die Wege geleitet worden, zu einem Zeitpunkt also, als zweifellos noch viele Personen aus eigener Kenntnis über Leben und Wirken der Herzogin berichten konnten, wenn auch sicher mit Gedächtnislücken und unter

---

18 SUb I 83. Heinrich Appelt: Die Echtheit der Trebnitzer Gründungsurkunden (1203/18), in: Z. 71 (1937), S. 1-56, hier S. 45-53, hat nachgewiesen, daß die Nonnen in Trebnitz von Beginn an der Zisterzienserregel folgten, obgleich das Generalkapitel erst 1218 den Konvent juristisch in den Ordensverband aufnahm. Die *cura in spiritualibus* wurde dem Abt von Leubus 1205 übertragen (SUb I 97), die *cura in temporalibus* allerdings erst 1220 (SUb I 191) - auch dies unterstreicht den ursprünglich eigenkirchenrechtlich bestimmten Charakter von Trebnitz als Familienstiftung des piastischen Hauses mit einer schutzherrlichen Stellung des Gründers.

19 Auf diesen Punkt legt besonders Gottschalk: St. Hedwig (wie Anm. 1) Gewicht.

20 Vgl. die grundlegende Untersuchung von Benedykt Zientara: Henryk Brodaty i jego czasy. Warszawa 1975.

21 Alois Schütz: Das Geschlecht der Andechs-Meranier im europäischen Hochmittelalter. In: Herzöge und Heilige. Das Geschlecht der Andechs-Meranier im europäischen Hochmittelalter. Hg. von Josef Kirmeier und Evamaria Brockhoff. München 1993, S. 21-185, hier S. 150.

dem Eindruck der ihr zugeschriebenen Wunder. An der Kurie in Rom waren für den Kanonisationsprozeß allgemeine Verfahren entwickelt worden, wobei im Mittelpunkt als Beweis für die Heiligkeit eine Lebensbeschreibung und beglaubigte Wunderberichte stehen mußten[22]. Derartige Zeugnisse bildeten, wie erwähnt, auch die Grundlage für die Heiligsprechung Hedwigs am 26. März 1267 und die darüber ausgestellte Urkunde [23]. Diese enthält selbstverständlich Aussagen zur frommen Lebensführung der Heiligen, aber nur wenig, was im Sinne unseres Themas von Bedeutung erscheint: Zeitlebens habe sie den Armen und besonders den Aussätzigen gegenüber in Demut Mildtätigkeit geübt. Nach dem Tode ihres Gatten, von dem sie sich niemals getrennt[24] und mit dem sie nach der Geburt ihrer Kinder viele Jahre lang in ehelicher Enthaltsamkeit gelebt habe, sei sie in das Kloster Trebnitz gegangen, habe aber kein Gelübde abgelegt und auch ihren Besitz behalten, um Notleidende unterstützen zu können.

Armenfürsorge als Erfüllung eines biblischen Gebots, vorbildhafter Lebenswandel, eheliche Treue und jungfräuliche Verzichtbereitschaft (bzw. lebenslange Keuschheit) und schließlich monastische Weltentsagung – dies alles sind typische Züge aller heiligen Fürstinnen des 13. Jahrhunderts[25]. Sie lassen sich wohl nur als bewußte Übernahme von Lebensmodellen deuten, die von der Idee der *Imitatio Christi* ausgehen, wie sie beispielhaft und für alle Bevölkerungskreise sichtbar in der franziskanischen Bewegung vorgelebt wurden. Das zeitgenössische Vorbild für die hochadligen Frauen, die ihr Leben nach diesem spezifischen Modell weiblicher Frömmigkeit gestalten wollten, war zweifellos Hedwigs Nichte Elisabeth, die, 1231 gestorben, bereits 1235 heiliggesprochen wurde[26]. Wenn dies auch nicht unmittelbar beweisbar ist, so läßt sich doch vermuten, daß ihr Beispiel selbst für die eine Generation ältere Hedwig in deren letzten Lebensjahren einen gewissen Vorbildcharakter besessen hat. Es sollte aber nicht versäumt werden, auf eine andere, weit ältere heilige Frauengestalt zu verweisen, die für Hedwigs Lebens-

---

22 Vgl. außer der bei Gottschalk: St. Hedwig (wie Anm. 1), S. 278 genannten Literatur u. a. Bernhard Kötting: Entwicklung der Heiligenverehrung und Geschichte der Heiligsprechung. In: Die Heiligen in ihrer Zeit. Hg. von Peter Manns. Bd. 1. Mainz 1966, S. 27–39; André Vauchez: La Sainteté en Occident aux derniers siècles du Moyen Age d'après les procés de canonisation et les documents hagiographiques. Roma 1981, S. 39–67.

23 SUb IV: 1267–1281. Bearb. von Winfried Irgang. Köln, Wien 1988, Nr. 15.

24 Diese Aussage steht in deutlichem Widerspruch zum Bericht der Hedwigslegende über die Zurückhaltung Hedwigs gegenüber Heinrich; vgl. etwa MPH 4, S. 516 f.

25 Vgl. hierzu aus der Fülle der einschlägigen Literatur zuletzt nur Gabor Klaniczay: Legenden als Lebensstrategien: Mitteleuropäische weibliche Heilige im Spätmittelalter. In: ders.: Heilige, Hexen, Vampire. Vom Nutzen des Übernatürlichen, Berlin 1991, S. 13–28, 99–104, mit zahlreichen Literaturhinweisen.

26 Vgl. [Art.] Elisabeth. In: Lexikon des Mittelalters. Bd. 3. München, Zürich 1986, Sp. 1838–1842 und die dort genannte Literatur.

gestaltung gewisse Vorbildfunktionen erfüllt haben könnte: die hl. Kunigunde, Gattin Kaiser Heinrichs II., 1033 in dem von ihr gestifteten Benediktinerinnenstift Kaufungen gestorben und im Bamberger Dom bestattet. Erst am 29. März 1200 war Kunigunde von Papst Innozenz III. heiliggesprochen worden, und Bamberg wurde zum Mittelpunkt ihres Kultes[27] - auf die Beziehung Hedwigs und des Klosters Trebnitz zu Bamberg ist aber schon vorhin hingewiesen worden.

Mit diesen Ausführungen wurde etwas der ursprünglich eingeschlagene Weg verlassen, auf dem die einzelnen Quellen auf ihre konkreten Aussagen zu Hedwigs Wirken hin untersucht worden sind. Es schien dies aber notwendig zu sein, weil wir nunmehr zu der Quelle kommen, die bei weitem am ausführlichsten über Hedwigs Leben berichtet, bei durchaus auch vorhandenen individuellen Zügen uns aber einen quasi „perfekten" Heiligentypus, wie eben angedeutet, präsentiert: die „Vita" bzw. „Legenda maior de beata Hedwigi". Sie stammt, wie bereits eingangs gesagt, aus dem Jahre 1300, ist also 57 Jahre nach dem Tode und 33 Jahre nach der Kanonisation der Heiligen vollendet worden. Der Verfasser hat seine „Heldin" nicht mehr gekannt und auch mit niemandem gesprochen, der ihr noch begegnet war, selbst seine Quellen sind erst Jahre nach Hedwigs Tod entstanden, so daß sie bestenfalls auf glaubwürdiger Tradition und Überlieferung basieren konnten. Dem unbekannten Autor von 1300, der sich sowohl mit der zisterziensischen Frömmigkeitshaltung als auch dem franziskanischen Denken eng vertraut zeigt[28], ist es gar nicht in den Sinn gekommen, etwa eine Biographie im modernen Sinne zu schreiben, sondern er verfolgte in erster Linie eine gewissermaßen sozialpädagogische Zielsetzung. Wohl stützt er sich auch auf dokumentarische Quellen, vor allem bei den Wunderberichten, die er sicherlich korrekt wiedergegeben hat, aber seine Aussagen zum Leben und Wirken der Heiligen, die in diesem Zusammenhang besonders interessieren, sind ihm selbst dann in einem höheren Sinne „wahr", wenn sie nicht durch authentische Quellen belegt sind; er folgt damit lediglich den Deutungsmustern und -formen seiner Zeit[29]. Weit ausführlicher, als dies in der Kanonisationsbulle der Fall war, wird die

27 Vgl. Klaus Schreiner: Hildegard, Adelheid, Kunigunde. Leben und Verehrung heiliger Herrscherinnen im Spiegel ihrer deutschsprachigen Lebensbeschreibungen aus der Zeit des späten Mittelalters. In: Spannungen und Widersprüche. Gedenkschrift für František Graus. Sigmaringen 1992, S. 37-50, hier S. 38 ff.

28 Vgl. dazu neben den in Anm. 1 genannten Werken sowie den Einleitungen zu den bisherigen Editionen (vgl. Anm. 4) zuletzt Kazimierz Jasiński: Genealogia św. Jadwigi. Studium źródłoznawcze. In: Mente et litteris. O kulturze i społeczenstwie wieków średnich. Poznań 1984, S. 195-204, und Ewald Walter: Neue Ergebnisse der Hedwigsforschung: Der Verfasser der Legenda maior. Datum der liturgischen Heiligsprechung. In: ASKG 43 (1985), S. 221-245, bes. S. 221-225, sowie die dort genannte Literatur.

29 Vgl. Klaus Schreiner: Zum Wahrheitsverständnis im Heiligen- und Reliquienwesen des Mittelalters. In: Saeculum 17 (1966), S. 131-169.

fromme und vorbildliche Lebensführung in Demut, extremer Askese und Gebetsleben geschildert; neben die Fürsorge für die Armen und die Pflege der Kranken treten als weitere Werke der Barmherzigkeit Besuch von Gefangenen und Befreiung von zum Tode Verurteilten; neu gegenüber der Papsturkunde sind Wunder während ihrer Lebenszeit und die Gabe der Prophezeiung – all dies sind Stereotypen, die in fast allen Heiligenviten der Zeit begegnen[30]. Sie machen es so ungeheuer schwer, ja wohl in vielem nahezu unmöglich, den konkreten Lebensentwurf Hedwigs, ihre Individualität, das Authentische ihrer Gestalt aus dieser typisierten Darstellung herauszuschälen.

Konkrete historische Begebenheiten, die über den Bereich des gewissermaßen Heiligen hinausgehen und welche die Rolle Hedwigs in der Öffentlichkeit, in der schlesischen Gesellschaft der ersten Hälfte des 13. Jahrhunderts belegen, enthält die „Vita" kaum; wie bereits bemerkt, sind einige der genannten Daten oder Herrschertitel nachweislich nicht ganz korrekt, sie waren dem Autor, dem es ja nur darauf ankam, die Heilige darzustellen, wohl auch nicht besonders wichtig. Gleichzeitig zeigt sich damit aber auch, wie dürftig seine Quellenbasis für Hedwigs Lebenszeit selbst war. Wir können unter diesen Umständen den Aussagen des frommen Geistlichen, der die guten Taten Herzog Heinrichs auf den Einfluß seiner Gattin zurückführt[31], wohl kaum einen historischen Wert beimessen – auch dies ist ein Topos der damaligen Predigtliteratur. Anders verhält es sich sicher mit der Feststellung, daß Hedwig zahlreiche Mädchen vornehmer und einfacher Herkunft in ihre Obhut genommen habe, von denen sie einige in das Kloster gegeben und andere verheiratet habe[32].

Bevor wir zur Wertung der „Vita beatae Hedwigis" im Sinne unserer spezifischen Fragestellung kommen, sollen noch die anderen einschlägigen Quellen aus den Jahrzehnten nach der Heiligsprechung untersucht werden. Wenn man von der beachtlichen Zahl annalistischer Werke und Nekrologien absieht, die lediglich Hedwigs Todes-, Kanonisations- oder Translationstag nennen bzw. sie in einer Verwandtschaftsbeziehung aufzeigen[33], und auch die von der „Vita maior" abhängigen Schriften[34] ausklammert – sie können für uns ja nicht von Belang sein –,

30 Vgl. hierzu vor allem die detaillierte Untersuchung von Ortrud Reber (Anm. 10); allgemein Vauchez (Anm. 22) sowie Michael Goodich: Vita perfecta. The Ideal of Sainthood in the Thirteenth Century. Stuttgart 1982.

31 Belege bei Gottschalk: St. Hedwig (wie Anm. 1), S. 107 ff.

32 Vgl. MPH 4, S. 517.

33 Vgl. oben Anm. 12; ferner Ludwig Schulte: Die Translation der hl. Hedwig. In: ders.: Kleine Schriften. Breslau 1918, S. 160–180; Winfried Irgang: Die Jugendjahre Herzog Heinrichs IV. von Schlesien (+1290). In: Zeitschrift für Ostforschung 35 (1986), S. 321–345, hier S. 330–334.

34 Ob dazu, neben den verschiedenen Versionen der Hedwigslegende, auch die in ihrer Echtheit umstrittene Predigt des Papstes Clemens gehört, die in einigen Handschrif-

so bleiben nur wenige erzählende Quellen übrig. Die älteste ist das sog. „Chronicon Polono-Silesiacum“[35], die erste Chronik der schlesischen Fürsten überhaupt, wohl um 1285 vermutlich von einem Leubuser Zisterzienser verfaßt[36], ja es ist sogar die durchaus ansprechende Hypothese aufgestellt worden, daß dies das in der „Legenda maior“ als Quelle genannte Werk des Engelbert sei[37]. Obwohl selbstverständlich in Kenntnis und wohl auch unter dem Eindruck der Heiligsprechung geschrieben, wird Hedwig nur wenige Male ausführlicher erwähnt[38]: Zum einen wird im Zusammenhang mit einem angeblichen Bruderkampf zwischen ihren Söhnen Konrad und Heinrich von einer Trennung des Elternpaares und einer Prophezeiung Hedwigs über den Tod Konrads berichtet - die Wissenschaft hat jedoch längst bewiesen, daß es diesen Bruderzwist gar nicht gegeben hat[39]. Zum andern wird geschildert, daß Hedwig sich nach der Gefangennahme ihres Gatten durch Herzog Konrad von Masowien, um unnötiges Blutvergießen zu vermeiden, selbst an den Hof des Masowiers begeben und die Freiheit ihres Gemahls dadurch erreicht habe, daß sie zwei Enkelinnen mit Konrads Söhnen verheiratete. Auch diese Darstellung kann nicht ganz korrekt sein: Zwar ist die Gefangennahme Heinrichs I. im Jahre 1229 auch anderweitig belegt, die Verheiratung seiner Enkelinnen Gertrud und Konstantia mit Konrads Söhnen Boleslaw

ten - darunter derjenigen von 1353 - gemeinsam mit der „Vita maior“ überliefert ist (Joseph Gottschalk: Die Hedwigs-Predigt des Papstes Klemens IV. vom Jahre 1267. In: ASKG 15 [1957], S. 15-35; Der Hedwigs-Codex von 1353 [wie Anm. 4], Bd. 2, S. 177-181), müßte noch einmal sorgfältig untersucht werden; die Abhandlung von Ewald Walter: Zur Echtheit der Papst Klemens IV. zugeschriebenen Hedwigspredigt vom Jahre 1267. In: ASKG 47/48 (1989/90), S. 261-272, vermag nicht durchgehend zu überzeugen. Der enge textliche Zusammenhang der Predigt mit der Kanonisationsurkunde ist offenkundig; vgl. auch Gottschalk: Der historische Wert (wie Anm. 6), S. 199-203. In mehreren älteren Handschriften der Hedwigslegende ist auch der Text der Kanonisationsurkunde, zum Zwecke der Brevierlesung in einzelne Lektionen eingeteilt und mit verschiedenen Abweichungen, aufgenommen; vgl. Joseph Gottschalk: Die Kanonisationsurkunde der hl. Hedwig. In: ASKG 22 (1964), S. 120-140, hier S. 123 ff. Es könnte sich dabei um Vorstufen für diese Predigt handeln, die nach Schütz (wie Anm. 21), S. 162, vielleicht erst um die Mitte des 14. Jahrhunderts nach dem Muster der Ansprachen des Papstes Clemens VI. (1342-1354) entstanden ist.

35 Beste Edition von Ludwig Ćwikliński in MPH 3, S. 578-656.

36 Vgl. u. a. Zbigniew Wielgosz: Kronika polska - metoda prezentacji dziejów. In: Dawna historiografia Śląska. Opole 1980, S. 44-60; Elżbieta Wilamowska: Kronika polkośląska. Zabytek pochodzenia lubiąskiego. In: Studia źródłoznawcze 25 (1980), S. 79-95; zuletzt Jażdżewski: Lubiąż (wie Anm. 5), S. 99-103.

37 Vgl. Anm. 5.

38 MPH 3, S. 642, 647-650.

39 Vgl. Benedykt Zientara: Die Schlacht bei Rothkirch: Entstehung einer Legende - Zur Geschichte der nationalen Gegensätze in Schlesien im 13. Jahrhundert. In: Europa slavica - Europa orientalis. Festschrift für Herbert Ludat zum 70. Geburtstag. Berlin 1980, S. 368-390.

und Kasimir erfolgte aber zweifellos erst wesentlich später[40]. Ob damit das angeblich eigenständige Handeln Hedwigs, das aus dem „Chronicon" – mit etwas anderer Akzentsetzung – in die „Legenda maior" übernommen wurde, ebenfalls als ahistorisch zu gelten hat, läßt sich wegen des Mangels an vergleichbaren Quellen nicht erkennen. Ebenso unzuverlässig wie bei diesen Schilderungen ist der Verfasser auch bei der Darstellung der Gründung des Klosters Trebnitz, das Heinrich angeblich auf Unterweisung Hedwigs („instructu") für seine Tochter Gertrud errichtet habe, nachdem deren Verlobung mit Otto von Wittelsbach nach dessen Mord an König Philipp (1208) gelöst worden war – tatsächlich lag die Gründung (1202) bei diesem Datum schon einige Jahre zurück. Wie bei zahlreichen anderen Mitteilungen auch [41], erweist sich somit das „Chronicon" in der Schilderung dieser Begebenheiten als außerordentlich fragwürdige Quelle, die nur mit größter Vorsicht benutzt werden darf. Diese Feststellung ist deshalb um so gravierender, als es fast allen späteren einschlägigen Chroniken als Vorlage gedient hat.

Wohl noch vor der „Legenda maior" ist eine kurze Lebensbeschreibung der frommen Schwiegertochter Hedwigs, Anna, Gattin Heinrichs II., verfaßt worden[42]. Sie belegt zwar die Vertrautheit beider Herzoginnen, ihre gemeinsame religiöse Haltung und die Ehrerbietung, die Anna ihrer Schwiegermutter entgegenbrachte, bringt aber für unsere Frage nichts von Bedeutung.

Bemerkenswert erscheint demgegenüber, daß im ersten Teil des berühmten Heinrichauer Gründungsbuches, der kurz nach Hedwigs Heiligsprechung niedergeschrieben wurde, ihr Name überhaupt nicht erwähnt wird, obwohl die „Legenda maior" ausdrücklich von Schenkungen Hedwigs an dieses Kloster spricht[43]; und auch im zweiten, mehrere Jahrzehnte später verfaßten Teil wird sie nur einmal als Mutter Heinrichs II. genannt[44]. Ähnliches gilt für die „Großpolnischen Annalen" bzw. die „Großpolnische Chronik", die viele Einzelheiten zur schlesischen Geschichte enthalten[45].

Nachdem sich also die anderen erzählenden Quellen des 13. und 14. Jahrhunderts als recht wenig ergiebig erwiesen haben, kehren wir zur „Legenda maior" als der Hauptquelle aller Hedwigs-Biographen zurück und suchen sie im Hinblick auf unsere Fragestellung auszuwerten. Gemäß den Intentionen der Heiligenlegen-

40 Vgl. Kazimierz Jasiński: Rodwód Piastów śląskich. Bd. 1. Wrocław 1973, S. 106–109, 113 ff.

41 Vgl. von Loesch: Zum Chronicon (wie Anm. 5) sowie Irgang: Die Jugendjahre (wie Anm. 33), S. 341–345.

42 MPH 4, S. 656–661, hier S. 657.

43 MPH 4, S. 546.

44 Liber fundationis claustri sancte Marie virginis in Heinrichow czyli Księga henrykowska. Wrocław 1991, S. 156.

45 MPH s. n. 6 u. 8, Warszawa 1962–70.

de, die ja in der kirchlichen Liturgie verankert ist und Propaganda für den Glauben sein will, steht selbstverständlich die Heilige ganz im Vordergrund, wobei neben die seit jeher gültigen Aspekte der *Vita contemplativa* - religiöses Leben und Askese - als Folge der mannigfaltigen Reformbewegungen innerhalb der Kirche eine besondere Betonung der *Vita activa* getreten ist, die sich in Krankenpflege, Armenfürsorge, materiellen Zuwendungen an die Kirche und anderen zuvor angedeuteten Handlungen äußert. Mit diesen Aktivitäten hat Hedwig zweifellos in die Öffentlichkeit hinein gewirkt, aber soziales Handeln im Interesse der Allgemeinheit stellte noch keine außerordentliche Besonderheit für eine Herrscherin dar, gehörte es doch gewissermaßen zu deren genuinen Aufgaben[46]. Das Außergewöhnliche lag zum einen in dem starken persönlichen Engagement der Fürstin in ihrem sozialen Wirken, durch das sie die konventionellen Grenzen ihres Standes gesprengt zu haben scheint, zum anderen in der innigen Verbindung von *Vita contemplativa* und *Vita activa* und deren geradezu exzessiven Formen. Gleiches wird auch für die anderen heilig- oder seliggesprochenen Herrscherinnen und Prinzessinen des 13. Jahrhunderts berichtet, für Elisabeth von Thüringen, Agnes von Böhmen, Kunigunde (Kinga) von Kleinpolen, Margareta von Ungarn oder Salomea von Halitsch, ähnliches auch für Fürstinnen wie Hedwigs Schwiegertochter Anna, Margareta von Dänemark, die Tochter König Přemysl Ottokars I. von Böhmen, und dessen zweite Gattin Konstanze. Dies läßt sich nicht allein mit den Stereotypen der Heiligenlegenden erklären, vielmehr werden hier spezifische Lebensideale sichtbar, wie sie innerhalb der Kirche der Zisterzienser- und vor allem die Bettelorden zu verwirklichen suchten. Es ist daher auch nicht verwunderlich, daß Hedwigs Beichtväter Zisterzienser- und Franziskanermönche waren.

Wirkung konnte Hedwig naturgemäß am ehesten in ihrer unmittelbaren Umgebung entfalten, zuerst an ihrem Hof, in ihren letzten Lebensjahren dann in Trebnitz. Ausdrücklich spricht ja auch die „Legenda maior“ davon, daß sie junge Mädchen in ihre Obhut genommen habe, Witwen an ihrem religiösen Leben habe teilnehmen lassen und den Nonnen ein vollkommenes Beispiel gegeben habe[47]. Man mag die erzieherische Wirkung dieses „himmlischen Hofes“ mit seiner Idee der *Imitatio Christi* und der *Caritas* nicht gering veranschlagen, beleg- und beweisbar ist sie letztlich nicht. Genausowenig nachweisbar ist - und damit sind wir beim Kern unserer Fragestellung - ein konkreter Einfluß Hedwigs auf die kraftvolle Politik ihres Gatten, der Schlesien an die erste Stelle unter den polnischen Teilfürstentümern geführt hat; selbst die „Legenda maior“ spricht nur recht

---

46 Vgl. hierzu und zum folgenden vor allem Reber (Anm. 10) und Klaniczay (Anm. 25), ferner etwa Jaroslav Polc: Agnes von Böhmen 1211-1282. Königstochter - Äbtissin - Heilige. München 1989.

47 MPH 4, S. 517, 520.

allgemein davon, daß Heinrich um so erfolgreicher regiert habe, je mehr er der Tugend seiner Gattin nachgeeifert habe[48]. Wenn man einen solchen Einfluß annehmen will, und die überwiegende Mehrheit der Historiker ist geneigt, dies zu tun, so muß dies letztlich eine subjektive Überzeugung bleiben, weil uns die Ungunst der Quellen objektive Nachweise versagt. Auch die von Joseph Gottschalk mit so viel Scharfsinn und bewunderswertem Fleiß zusammengetragene Materialfülle, über die die späteren Biographen im Grunde genommen nur wenig hinausgekommen sind, kann schließlich in diesem Punkt nicht über den Rang des Möglichen oder allenfalls Wahrscheinlichen hinausführen.

Was sicher bleibt von der historischen Gestalt Hedwigs, ist auf der einen Seite die Herzogin mit eigenem Hofstaat und Besitz, die sich nach dem Tode ihres Gatten in dessen reiche Klosterstiftung Trebnitz zurückzog und dieser ein Jahr vor dem eigenen Tod ihr umfangreiches Witwengut vermachte, auf der anderen – freilich durch die Stereotypen der Heiligenlegende gewissermaßen nur unscharf zu erkennen – die gottesfürchtige und asketische Heilige mit stark mystischen Zügen und karitativem Wirken. Hedwigs Rolle bei der Um- und Neugestaltung der Gesellschaft, beim wirtschaftlichen und kulturellen Aufschwung Schlesiens, die nachweislich durch das Wirken ihres Ehemannes Heinrich entscheidend beeinflußt worden sind, bleibt letztlich unbekannt; die Eigenart der Quellen verwehrt dem wertenden Historiker hier eine eindeutige Aussage.

Wie kommt es, daß, nachdem in den zeitgenössischen und auch in den wenige Jahrzehnte später entstandenen Quellen Heinrich I. so sehr im Vordergrund gestanden hat, dieser in der späteren Historiographie weitgehend hinter seine heilige Gemahlin zurücktritt, ja häufig geradezu nur noch als Gatte Hedwigs erscheint?[49] Selbstverständlich waren auch für die mittelalterliche Gesellschaft, die von der Allgegenwart des Heiligen und Magischen überzeugt war, die feierliche Heiligsprechung und die mit großem Pomp und festlicher Begleitung begangene Translation der Gebeine der „neuen“ Heiligen herausragende Ereignisse, die es wert waren, festgehalten zu werden. Und dort, wo von der Heiligen selbst gar nicht die Rede war, konnten die durchweg ja geistlichen Verfasser von Annalen, Chroniken, Nekrologien ihre Verehrung Hedwigs dadurch unter Beweis stellen, daß man sie bei Angaben zu Heinrich I., Heinrich II. usw. als Gattin, Mutter u. ä. kennzeichnete. Dies alles aber hätte so weitreichende Folgen nicht zeitigen können. Von allergrößter Bedeutung war demgegenüber zweifellos die weite Verbreitung der „Legenda maior“ und ihrer überarbeiteten Fassungen[50] sowie deren Ein-

---

48 Ebd., S. 519

49 Eine Untersuchung der schlesischen Historiographie unter diesem Aspekt steht noch aus.

50 Eine vollständige Zusammenstellung aller Texte liegt leider immer noch nicht vor; sie ist von den Untersuchungen von Woiciech Mrozowicz in Breslau zu erwarten.

gang in die „Legenda aurea“ des Jakobus de Voragine (in ihren späteren Fassungen)[51]. Von Heinrich I. gab es dagegen keine Biographie, so daß naturgemäß sein Bild neben der strahlenden Heiligen verblassen mußte. Die tiefe Wirkung, die von der Hedwigslegende ausging, wird erkennbar im Werk des bedeutendsten spätmittelalterlichen polnischen Historiographen Jan Długosz (1415–1480), das seinerseits auch in Schlesien die Historiographie der folgenden Jahrhunderte ganz maßgeblich beeinflußt hat. Begegnen wir Hedwig in den bis zu Długosz entstandenen Chroniken nur, wie vorhin ausgeführt, bei sehr wenigen Einzelheiten, so stellt sich dies in den „Annales seu Cronicae incliti regni Poloniae“ Długoszs ganz anders dar. Nicht nur, daß die knappen, mehr oder weniger glaubwürdigen ‚Fakten‘, die aus der „Legenda maior“ bzw. dem „Chronicon Polono-Silesiacum“ übernommen sind (wie Gründung von Trebnitz, Bruderkampf, Befreiung Heinrichs I. aus masowischer Gefangenschaft), erheblich ausgeschmückt werden, andere, positiv eingeschätzte Ereignisse (wie die Gründung von Klöstern) werden ausdrücklich als auf den Rat oder durch den Einfluß Hedwigs erfolgt dargestellt, dagegen solche, die der Autor negativ bewertet (wie manche Kriege), als gegen den erklärten Willen der Heiligen geschehen gekennzeichnet[52]. Nicht das geringste Indiz spricht dafür, daß Długosz hierbei uns unbekannten Quellen folgt; die hinter seiner Darstellung stehende Intention wird nur allzu deutlich.

Es wäre sicherlich reizvoll, dem Einfluß der Legende und Długoszs auf das Hedwigsbild in der schlesischen Historiographie im einzelnen nachzugehen, was bisher noch nicht geschehen ist; ich möchte es aber bei diesen Hinweisen bewenden lassen und mich abschließend wenigstens ansatzweise quasi der Fortsetzung des mir gestellten Themas widmen, nämlich der Rolle des Hedwigsbildes in der Geschichte nach dem Tode der Heiligen, mit anderen Worten: der historischen Bedeutung ihres Heiligenkults[53].

Man wird zweifellos davon ausgehen können, daß schon bald nach Hedwigs Tod Pilgerfahrten zu ihrem Grab in der Trebnitzer Klosterkirche eingesetzt haben, die nach den ersten Nachrichten von wunderbaren Krankenheilungen einen Aufschwung erlebt haben dürften und sicherlich vom Kloster lebhaft gefördert

---

51 Vgl. Gottschalk: St. Hedwig (wie Anm. 1), S. 21 f.; Anežka Vidmanová: Zlatá legenda a Čechy v knize Jakub de Voragine. Legenda aurea. Praha 1984. Zur Verbreitung der „Legenda aurea“ in Böhmen, Mähren und Polen vgl. [Art.] Legenda aurea VIII-IX. In: Lexikon des Mittelalters. Bd. 5. München, Zürich 1991, Sp. 1800 f. und die dort genannte Literatur.

52 Ioannis Dlugossii Annales seu Cronicae incliti regni Poloniae. Liber quintus – liber sextus. Varsaviae 1973, S. 189 ff., 219 f., 236, 242, 252, 265, 279, 281 f., 284, 286, 292; Liber septimus – liber octavus. 1975, S. 34 f.

53 Vgl. hierzu und zum folgenden demnächst Winfried Irgang: Die politische Bedeutung der Heiligen im Mittelalter (Wenzel, Adalbert, Stanislaus, Hedwig) (im Druck), mit Quellenbelegen und weiterführender Literatur.

wurden (insgesamt nennt die „Legenda maior" aus diesem Zeitraum 69 Wunder, die zum größten Teil in Trebnitz lokalisiert werden). Die Heiligsprechung, die feierliche Translation und die Gewährung mehrerer Ablässe in den Jahren 1268–71 haben dem Wallfahrtswesen bestimmt noch einmal starken Auftrieb gegeben. Dann zeigt sich jedoch bald in der Überlieferung ein deutlicher Bruch. Es gibt keine konkreten Hinweise dafür, daß die Verehrung Hedwigs tatsächlich so rasch und umfassend Verbreitung gefunden hat, wie allgemein behauptet wird. Die Quellen, deren systematische Untersuchung auf diese Fragestellung hin freilich noch aussteht[54], vermitteln den Eindruck, daß der Hedwigskult jahrzehntelang doch sehr stark auf die Klöster, vor allem der Zisterzienser und der Bettelorden, beschränkt geblieben ist. Gegen Mitte des 14. Jahrhunderts setzen dann deutliche Anzeichen einer Intensivierung der Hedwigsverehrung ein, und zwar sowohl im innerkirchlichen Bereich[55] als auch auf einer neuen, sozusagen politischen Ebene.

Heilige sind bekanntlich, um es modern auszudrücken, „multifunktional"; sie können als Helfer in allen möglichen Notlagen und Gefahren des täglichen Lebens angerufen werden, aber auch eine gesellschaftliche oder politische Stellung einnehmen als Patrone bestimmter sozialer Gruppen, als Nationalheilige, Landespatrone, Sieghelfer usw. Bei Hedwig als heiliger Fürstin war gewissermaßen von vornherein *in nuce* eine politische Funktion angelegt, wurde sie doch bereits in der Kanonisationsurkunde als „Polonorum patrona" bezeichnet; wohl kurz nach der „Legenda maior" ist auch eine „Genealogia sancte Hedwigis" verfaßt und mit dieser gemeinsam in den Handschriften überliefert worden[56]. Stets blieb dieser Aspekt den hagiographisch-pädagogischen Zwecken nachgeordnet. In dem berühmten sog. Schlackenwerther Codex von 1353 steht plötzlich ostentativ die *Genealogia* an der Spitze. Es kann kein Zweifel daran bestehen, daß der Auftraggeber dieser Prachtschrift, Herzog Ludwig I. von Liegnitz-Brieg, ein Nachfahre Hedwigs, ganz bewußt die Absicht verfolgte, die Heilige als Landespatronin und Mutter des regierenden Piastengeschlechts herauszustellen. Seinem Mäzena-

---

54 Vor allem fehlt noch eine Untersuchung der liturgischen Texte des Spätmittelalters zur Entwicklung der Hedwigsverehrung. Die Zusammenfassung der Dissertation von Stanisław Zdanowicz: Zarys historyczny liturgicznego kultu św. Jadwigi. In: Ruch Biblijny i Liturgiczny 6 (1953), S. 102–115, geht in ihren Erkenntnissen für das Mittelalter nicht über die ältere Literatur hinaus.

55 1344 ordnete Bischof Preczlaw von Breslau in einem Synodalstatut die Feier des Hedwigsfestes an; vgl. Scriptores rerum Silesiacarum. T. XII. Breslau 1883, S. 39. Die Oktav des Hedwigsfestes erscheint in den mittelalterlichen Kalendarien erst um 1400; vgl. Karl Kastner: Kommentar zum Breslauer Proprium. Breslau 1924, S. 38. Während Hedwig im Rituale des Bischofs Heinrich (1302–1319) in der Allerheiligenlitanei noch fehlt (Das Rituale des Bischofs Heinrich I. von Breslau. Hg. von Adolph Franz. Freiburg 1912), wird sie hier seit dem Viaticum (Brevier) von 1412 angerufen; vgl. J(oseph) Jungnitz: Das Breslauer Brevier und Proprium. Breslau 1893, S. 18, 62.

56 MPH 4, S. 642–651.

tentum verdanken zahlreiche wichtige Werke ihr Entstehen, alle sind eindeutig von der Dynastenideologie gepägt, und stets nimmt Hedwig darin eine herausragende Stellung ein. Es ist gewiß kein Zufall, daß Ludwig in engen Beziehungen zu Kaiser Karl IV. stand und daß dieser seinerseits außerordentlich viel zur Förderung der Hedwigsverehrung beigetragen hat.

Mir drängt sich der Eindruck auf, daß erst jetzt, rund ein Jahrhundert nach ihrem Tod, Hedwig durch die gleichzeitige ‚Einvernahme' von politischer und die Aufwertung von kirchlicher Seite, die beide natürlich nicht voneinander zu trennen sind, wirklich zur Landesheiligen gemacht worden ist, und ich frage mich, ob der Einfluß ihres Bildes in der spätmittelalterlichen Gesellschaft Schlesiens nicht mindestens genauso groß war wie ihre Rolle zu Lebzeiten. Die besondere Lage der Quellen, von denen der Historiker ja abhängig ist, versagt uns eine klare Antwort.

Gisela Muschiol

Zur Typologie weiblicher Heiliger vom frühen Mittelalter bis zur „Legenda maior“

1. Typen weiblicher Heiligkeit?

Im „Lexikon des Mittelalters“ schreibt Elisabeth Gössmann: „Obwohl das mittelalterliche Frauenbild in der von Männern vertretenen Schulwissenschaft dem einer patriarchalischen Kultur entspricht, ist doch im Christentum nie bezweifelt worden, daß die Frau wie der Mann *capax Dei* sei und als solche erlösungsfähig“[1]. Das bedeutet: Im Christentum ist eine grundsätzliche Gleichberechtigung von Mann und Frau bezüglich Heil und Erlösung gegenwärtig. Gleichzeitig ist immer auch die paulinische Aussage „Gott hat sich das Schwächere erwählt, um das Starke zuschanden zu machen“ (1. Kor 1, 27 f.) auf Frauen bezogen worden. Eine ‚schwache‘ Frau konnte durch die Gnade Gottes zu überlegener Größe erhoben werden, so die Vorstellung schon bei den frühen Christen. Eine weibliche Asketin vermochte z. B. durchaus reichere Verdienste zu erwerben als ein männlicher Asket. Daher stellt sich die Frage: Hat der ‚Holy Man‘, der *vir Dei,* den Peter Brown für die Antike[2] und Arnold Angenendt für das frühe Mittelalter[3] beschreiben, ein weibliches ‚Gegenstück‘? Anders gefragt: Selbstverständlich gibt es weibliche Heilige; aber haben sie die gleichen Funktionen, die gleichen Qualitäten wie männliche Heilige? Nicht die Frage von Topoi und ihrem Verhältnis zu geschichtlicher Wirklichkeit in den Viten ist in diesem Zusammenhang zu behandeln, sondern die Frage nach Vorstellungen, Ideen und Typen von Heiligkeit.

1 Elisabeth Gössmann / Martin Heinzelmann u. a.: [Art.] Frau. In: Lexikon des Mittelalters. München, Zürich 1980 ff. (im folgenden: LexMA), Bd. 4, Sp. 852–874, hier Sp. 852.

2 Vgl. Peter Brown: The Rise and Function of the Holy Man in Late Antiquity. In: The Journal of Roman Studies 61 (1971), S. 80–101.

3 Vgl. Arnold Angenendt: Heilige und Reliquien. Die Geschichte ihres Kultes vom frühen Christentum bis zur Gegenwart. München 1994, S. 69–88.

2. *Vir Dei – Famula Dei*

Prägendes Bild vieler Heiligenviten ist der *vir Dei,* der ‚Mann Gottes'. Neutestamentlich ist die Rede von diesem ‚Mann Gottes' nicht, allerdings berufen sich viele Viten auf den (zweiten, späteren) Schluß des Markusevangeliums: „In meinem Namen werden sie Dämonen austreiben; sie werden in neuen Sprachen reden; wenn sie Schlangen anfassen oder tödliches Gift trinken, wird es ihnen nicht schaden; und die Kranken, denen sie die Hände auflegen, werden gesund werden" (Mk 16, 17b-18). Die Gestalt eines solchen ‚Holy Man' ist in der wissenschaftlichen Literatur intensiv und ausführlich dargestellt worden[4]. Besonders und außerordentlich ist der *vir Dei* wegen seiner Kraft, die ihm von Gott her zukommt, die er aber auch durch eigenes Zutun erwirbt: durch Askese und Keuschheit (‚Jungfräulichkeit'), durch Gebet und Almosen. Diese Kraft hat der Mann Gottes nicht um seiner selbst willen, und er behält sie auch nicht für sich, sondern er setzt sie ein zum Wohl der Menschen. Hinzu kommt, und dies ist aus der Sicht der Vitenautoren, die den *vir Dei* schildern, der bedeutsamere Aspekt: Der *vir Dei* ist gleichsam Zeichen göttlicher Präsenz in der Welt. Peter Brown hat die Rolle der Hagiographie und damit die Aufgabe des Holy Man definiert „als Vergrößerungsglas, das auf das gottentzündete Leben eines einzelnen Menschen jene Strahlensonne der ‚göttlichen Macht' versammelt, die, wenngleich diffuser, über der Gruppe als ganzer scheint"[5]. Die Viten vertreten damit, so Angenendt, „religionsgeschichtlich gesehen das Konzept des Heilsmittlers: Der Kontakt zu Gott kommt nicht unvermittelt zustande, sondern dank bestimmter Mittelspersonen, die durch ihre eigene Gottverbundenheit auch für andere den Gotteszugang ermöglichen"[6]. Der Heilsmittler kann dabei auch den Kontakt zum Bösen, zu den Dämonen abwehren. Was aber noch wichtiger ist: Er kann, weil er selbst asketisch lebt und sich dadurch Zugang zur Gnade Gottes verdient, Krankheiten heilen, Unglauben und Ungehorsam mysteriös bestrafen lassen, Gehorsam und Dienst belohnen, Naturereignisse beeinflussen, kurz: Wunder jeder Art müssen zu seinem Repertoire gehören, wenn er als *vir Dei* reüssieren will – und das soll er, sowohl im Verständnis der Vitenschreiber als auch in der Vorstellungswelt seiner ‚Verehrer'.

Auf der Suche nach einem weiblichen Gegenstück zum *vir Dei,* auf der Suche nach einer *femina Dei,* die in den Quellen fast immer als *famula Dei*[7] bezeichnet

4 Vgl. Angenendt: Heilige (wie Anm. 3), S. 69–74.

5 Peter Brown: Die letzten Heiden. Eine kleine Geschichte der Spätantike. Berlin 1986, S. 46.

6 Arnold Angenendt: Das Frühmittelalter. Die abendländische Christenheit von 400 bis 900. Stuttgart 1990, S. 190.

7 Vgl. Gisela Muschiol: Famula Dei. Zur Liturgie in merowingischen Frauenklöstern

wird, bieten sich die Viten weiblicher Heiliger vom frühen bis zum hohen Mittelalter als reichhaltige Quellen an.

Die meisten Frauen, die in diesen Viten sichtbar werden, leben in einer klösterlichen Gemeinschaft, einige wenige auch als Asketinnen in der Welt oder, wie Hedwig, gleichzeitig oder nacheinander in einer säkularen und in einer klösterlichen Umgebung. Was für den *vir Dei* gut erforscht ist, der Zusammenhang von Askese, Verdienst und Mittlerschaft, gilt es im folgenden für die *famula Dei* herauszuarbeiten.

3. Askese und Verdienst

Schon in den antiken Philosophenschulen praktizierte man asketische Lebensformen. In Verbindung mit den Vorstellungen von Naherwartung im Neuen Testament kommt der Askese spätestens seit den Anfängen der Eremiten eine dominierende Rolle im frühen Christentum zu. Das asketische Ideal hat nach Jean Leclercq zwei deutliche Konstanten: die Entscheidung gegen die ‚Welt', verbunden mit der Entscheidung zur radikalen Nachfolge Christi, zur Vereinigung mit Gott[8]. Praktisch äußern sich diese beiden Grundentscheidungen oft in einer extremen Leib- und Weltfeindlichkeit; gleichzeitig aber gibt es immer auch Kritik an dieser Haltung, die die Nähe zu Gott nicht z. B. vom Genuß verdorbenen Fleisches oder vom Tragen härener Bußgewänder abhängig machen will. Im Gegenteil, Weltflucht zieht häufig das Verlangen nach sich, der Welt in anderer Weise nützlich zu werden. Eine solche ‚andere Nützlichkeit' läßt sich bei allen Heiligen beobachten.

3.1 Gebet, Fasten, Almosen

Den traditionellen Formen christlicher Buße begegnet man in der Trias von Gebet, Fasten und Almosen. Weil aber die *virtus,* die göttliche Kraft, nur den Reinen und Heiligen und nicht den Sündern verliehen wird[9], muß bei allen, die die *virtus* erwerben wollen, an erster Stelle ein bußfertiges Leben stehen. In ihrer Steigerung führt diese Buße, erweitert um die sexuelle Enthaltsamkeit, zu jener Askese, die

---

(Beiträge zur Geschichte des alten Mönchtums und des Benediktinertums 41). Münster 1994, S. 364–366.

8 Vgl. Jean Leclercq: [Art.] Askese. In: LexMA 1, Sp. 1112–1115.

9 Basilius Steidle: „Homo Dei Antonius". Zum Bild des Mannes Gottes im alten Mönchtum. In: Ursmar Engelmann (Hg.): Basilius Steidle. 1903–1982. Beiträge zum alten Mönchtum und zur Benediktusregel. Sigmaringen 1986, S. 54–106, hier S. 64.

sich in Wundermacht umsetzen läßt[10]. Gebet, Fasten und Almosen in asketischer Höchstleistungsform finden sich auch in den Viten frühmittelalterlicher Frauen.

Genovefa von Paris[11], Monegundis[12], Radegundis von Poitiers[13], Rusticula von Arles[14], Balthildis von Chelles[15] und Gertrud von Nivelles[16], um nur die prominentesten weiblichen Heiligen des Frühmittelalters zu nennen, widmen sich mit intensiver Ausdauer dem Gebet. Wenn ihre Mitschwestern schon schlafen, sind sie noch zum Gebet in der Kirche; zu mitternächtlicher Stunde findet man sie betend; in Krisensituationen ihrer Gemeinschaften oder, wie Genovefa beim Sturm der Hunnen auf Paris[17], retten sie betend alle, die ihnen anvertraut sind. Von Hedwigs Gebetsleben berichten sechzehn ausführliche Kapitel ihrer Vita mit derselben Hochschätzung, mit der auch vom Gebet der frühmittelalterlichen Frauen erzählt wird[18]. Für die klösterlich lebenden Frauen gewinnt das Gebet eine neue und ganz eigene Dimension. Kristallisationspunkt aller Wertschätzung von religiösen Frauen ist immer wieder das Gebet: heilend oder fürbittend, in jedem Fall im Dienst an den Menschen, an der Welt. Viten und Klosterregeln liefern dafür prägnante Beispiele.

Caesarius von Arles benutzt den Prolog der Klosterregel, um die Nonnen des Arleser Konvents an ihre vornehmste Aufgabe, das Gebet für die ganze Menschheit, zu erinnern. Am Ende dieser Regel bittet er die Jungfrauen, Tag und Nacht Fürbitte zu halten, für ihn und für seine Schwester Caesaria, erste Äbtissin und Mitautorin der Regel[19].

Wie begehrt das Gebet der Schwestern war, zeigt auch das Statutum der Grabkirche St. Maria in Arles. Die Anziehungskraft dieses Begräbnisortes auch für Klosterfremde ist unmittelbar mit dem Gedanken an das dauernde Gebet der frommen Frauen verbunden. Nach ihrem Tod in der Nähe von Heiligengräbern begraben zu werden war der Wunsch vieler Menschen im Mittelalter. Daß eine

---

10 Vgl. Angenendt: Heilige (wie Anm. 3), S. 74–76.

11 Vita Genovefae. Monumenta Germaniae historica. Scriptores rerum Merovingicarum (im folgenden: MGH SRM). Bd. 3. Hg. von Bruno Krusch, S. 204–238.

12 Gregorius Turonensis: Liber Vitae Patrum c. 19: Vita Monegundis. MGH SRM I/2, S. 286–291. Ders.: Liber in Gloria Confessorum c. 24: Vita Monegundis. MGH SRM I/2, S. 313–314.

13 Vita Radegundis I. II. MGH SRM 2. Hg. von Bruno Krusch, S. 358–395.

14 Vita Rusticulae sive Marciae. MGH SRM 4. Hg. von Bruno Krusch, S. 337–351.

15 Vita Balthildis. MGH SRM 2, S. 475–508.

16 Vita Geretrudis. MGH SRM 2, S. 447–474.

17 Vita Genovefae c. 12 (wie Anm. 11), S. 219.

18 Vita S. Hedwigis. Legenda maior. Acta Sanctorum Octobris Tom. VIII, S. 224–265, hier IV cc. 36–52, S. 234–237.

19 Vgl. Caesarius Arelatensis: Regula ad Virgines. In: Adalbert de Vogüé / Joël Courreau (Hg.): Césaire d'Arles. Oeuvres monastiques. Bd. I: Oeuvre pour les moniales (Sources Chrétiennes 245). Paris 1988, S. 172, 222, 270.

geradezu ‚Heilige Gemeinschaft' wie die der betenden Jungfrauen diesen Wunsch verstärkte, ist einleuchtend[20]. Ein ähnlicher Wunsch wird auch in der Legenda maior berichtet: Hedwig möchte auf dem allgemeinen Friedhof des Zisterzienserinnenklosters Trebnitz begraben werden, zusammen mit allen anderen, die sich dem Kloster verbunden wissen, aber nicht zur Gemeinschaft gehören[21].

Sowohl die aus dem Gebet erwachsende *virtus* als auch das Gebet selbst als Ausdruck gedenkender Fürbitte für andere prägen den Alltag dieser Frauen. Gebet als freiwillig übernommene Aufgabe zur Selbstheiligung und als geschuldete Verpflichtung für die Heiligung anderer weist auf die Grundlinien hin, an denen sich weibliche Heiligkeit zeigt. Verpflichtung zum Gebet ist der geschuldete Dienst der frommen Frauen für die Gesellschaft, die wiederum andere Dienste für sie leistet: militärischen Schutz und materielle Versorgung. Gebet und damit insgesamt Heiligung und Heiligkeit haben ihren konkreten Ort in der Gesellschaft der *oratores, bellatores, laboratores.* Weibliche Heiligkeit, übrigens genauso wie männliche Heiligkeit, steht in einem Dienstleistungsverhältnis innerhalb eines bestimmten gesellschaftlichen Kontextes[22]. Weibliche Heiligkeit, verortet im Gebet der *famula Dei,* wirkt über Klöster hinaus und wird außerhalb von Klöstern in Anspruch genommen. Diese Einstellung zum Gebet der Heiligen verändert sich auch im hohen Mittelalter nicht. Die Legenda maior der heiligen Hedwig bietet ausgezeichnete Beispiele. Besonders Hedwigs nächtliches Gebet und ihre Anwesenheit in der Matutin, wenn andere noch schlafen, werden gerühmt[23]. Das gesamte vierte Kapitel mit siebzehn einzelnen Erzählungen ist nur ihrer Gebetspraxis gewidmet: Von der Teilnahme am gesamten Offizium[24] über verschiedenste Gebetshaltungen[25] bis hin zur gelobten, ‚vorzüglichen Pädagogin', die eine Wäscherin ihres Hofes auf unnachahmliche Weise über zehn Wochen hinweg das Vaterunser lehrt[26], wird Hedwig als vom Gebet geprägte Frau geschildert. Besonders bemerkenswert ist jene Szene, in der ein Diener namens Boguslaus sie im Gebet versunken findet, in großen Lichtglanz eingehüllt[27]. Nichts anderes als das Aufscheinen göttlicher Kraft, als ein äußeres Zeichen jener im Gebet erworbenen *virtus* möchte der Autor der Vita hier darstellen.

---

20 Vgl. Statutum Abbatissae. Ebd., S. 496–498; vgl. dazu Muschiol: Famula Dei (wie Anm. 7), S. 337 f.

21 Legenda maior VI cc. 89 (wie Anm. 18), S. 245. Daß für die Heilige andere Begräbnisorte angemessener erscheinen (Friedhof der Schwestern, Kirche, Altar eines Heiligen), macht der Dialog Hedwigs mit ihrer Tochter, der Äbtissin Gertrud, deutlich.

22 Vgl. Muschiol: Famula Dei (wie Anm. 7), S. 167–169.

23 Legenda maior III c. 34 (wie Anm. 18), S. 233B.

24 Legenda maior IV c. 37 (wie Anm. 18), S. 234BC.

25 Legenda maior IV cc. 48. 51 (wie Anm. 18), S. 236B, 236EF.

26 Legenda maior IV c. 52 (wie Anm. 18), S. 237B.

27 Legenda maior IV c. 40 (wie Anm. 18), S. 234EF.

In engem Kontext zum Gebet steht das Fasten. Genovefa von Paris läßt sich von Epiphanie bis Gründonnerstag in ihrer Zelle einschließen, um sich Gott ganz in Gebet und Fasten zu widmen. Sie tut dies bewußt, um ihre Kraft und ihre *virtus* zu regenerieren[28] – und handelt hier nicht anders als Martin von Tours, dem sein Bischofsamt zu viel von seinen asketischen Kräften raubt und der sich deswegen von Zeit zu Zeit fastend zurückziehen muß[29]. Radegundis von Poitiers, ehemalige merowingische Königin, die sich von ihrem Mann Chlothar II. getrennt hat, um als Klosterfrau zu leben, wird als strengste Beobachterin der vierzigtägigen Fastenzeit und der übrigen Fasttage geschildert[30]. Nicht anders Hedwig. Ihr tägliches Fasten, von dem lediglich Sonn- und Festtage ausgenommen sind, setzt sie gegen den Widerstand ihrer engsten Umgebung durch – allerdings mit Maß[31]. Akribisch beschreibt der Vitenautor ihre Fastenspeisen und ihre Fasteneinteilung[32]. Im Zusammenhang mit dem Fasten und der Kritik, die Hedwigs Gemahl Heinrich daran übt, wird auch die wunderbare Verwandlung von Wasser in Wein berichtet; sie ist möglicherweise angelehnt an ein Wunder aus dem Bericht der Dienerinnen über die hl. Elisabeth und verweist deutlich auf einen neutestamentlichen Hintergrund[33]. Auch die über Hedwig erzählte Geschichte vom zweideutigen ‚Tragen der Schuhe' – nicht an den Füßen, sondern auf dem Arm – gehört in den Zusammenhang von Fasten als asketischer Übung[34].

Die dritte herausragende Form von Buße und Askese, die Sorge für die Armen durch Almosen, begegnet wiederum in allen Frauenviten vom frühen bis zum hohen Mittelalter, allerdings in unterschiedlicher Häufigkeit. Genovefa organisiert Getreide für die Stadt Paris während einer Belagerung, sie verteilt es je nach Bedürftigkeit. Die ganz Armen, die nicht selbst backen können, erhalten von ihr fertiges Brot[35]. Es gibt einige weitere Ereignisse, bei denen Genovefa selbstlos den Armen hilft; im Verhältnis zum Gesamtwerk ihrer Vita nehmen diese Taten jedoch einen geringeren Teil ein. Ähnlich verhält es sich mit den weiteren frühmittelalterlichen Frauenviten. Zwar ist bei allen von der Sorge für die Armen die Rede, doch sind Almosen und Armenfürsorge keineswegs die zentralen Inhalte

---

28 Vita Genovefae c. 34 (wie Anm. 11), S. 229.

29 Vgl. Sulpicius Severus: Dialogi I-III. Hg. von Carolus Halm (Corpus scriptorum ecclesiasticorum latinorum 1). Wien 1866, S. 152–216, hier Dialogi I (II) 4, S. 184.

30 Vita Radegundis c. 6. 22. 25. 37 (wie Anm. 13), S. 367, 371 f., 372 f., 376.

31 Legenda maior III cc. 22. 23 (wie Anm. 18), S. 230D-F.

32 Legenda maior III c. 24 (wie Anm. 18), S. 230 f.

33 Legenda maior III c. 25 (wie Anm. 18), S. 231C; vgl. den Bericht der vier Dienerinnen. In: Albert Huyskens (Hg.): Der sog. Libellus de dictis quatuor ancillarum s. Elisabeth confectus. Kempten, München 1991, S. 30. Vgl. zum Weinwunder Joh 2, 1–11, zur wunderbaren Vermehrung Mt 14, 13–21par.

34 Legenda maior III c. 29 (wie Anm. 18), S. 232AB.

35 Vita Genovefae cc. 39. 40 (wie Anm. 11), S. 231 f.

weiblicher Spiritualität. Lediglich die beiden in ein Kloster eingetretenen Königinnen Radegundis und Balthildis kümmern sich verstärkt um die Armenfürsorge[36]. Im frühen Mittelalter ist Sorge für die Armen zwar durchaus Aufgabe aller Christen, doch sind in erster Linie die Bischöfe für soziale Dienste zuständig[37]. Mit dem Entstehen der Städte und damit einer neuen Schicht von Armen wandelt sich diese Aufgabenverteilung im hohen Mittelalter besonders unter dem Einfluß des Franziskus und seiner Gemeinschaft deutlich. Diese Wandlung hat auch Auswirkungen auf das weibliche Heiligkeitsideal. Während Hedwig in bezug auf Gebet und Fasten an die frühmittelalterliche Tradition anknüpft, weist ihre Sorge für die Armen eine neue Qualität auf. Keine andere Tugend wird in der Vita so ausführlich geschildert wie die Armenfürsorge, die nicht mehr nur im Almosengeben besteht, sondern eine intensive, auch körperliche Hinwendung zu den Armen bedeutet. Sie küßt die Armen, wäscht ihnen die Füße, speist gemeinsam mit ihnen und nimmt selbst häufig nur die Reste von Armenspeisungen zu sich[38]. Sie gibt allen Kranken, Armen und Gefangenen, die sich an sie wenden, reichlich; es ist müßig, alle Szenen zu schildern.

3.2 *imitatio Christi* und *vita apostolica*

Vor allem im Zusammenhang mit der Fürsorge für die Armen erscheinen besonders ausgeprägte Züge christlichen Verhaltens in den Viten heiliger Frauen wie auch heiliger Männer: die Nachfolge Christi und die Nachfolge der Apostel, *imitatio Christi* und *vita apostolica.* In manchen Viten steigert sich diese Nachfolge bis hin zur Christusförmigkeit. Der *vir Dei* und die *famula Dei* sind in ihrem Handeln ein *alter Christus,* ein anderer, neuer Christus.

Genovefa sorgt auf wunderbare Weise für die Vermehrung der Getränke auf einer Kirchenbaustelle[39] und vollzieht unter Gebet eine Vielzahl von Heilungen an Gelähmten, Blinden, Tauben und Stummen. Radegundis heilt Blinde[40], Rusticula treibt Dämonen aus[41], die Gewänder aller Heiligen haben heilende Funktionen – nichts anderes schildern die Wundererzählungen der Bibel von Jesus selbst,

36 Vita Radegundis I cc. 16. 18 (wie Anm. 13), S. 370; Vita Balthildis A cc. 4. 7. 9 (wie Anm. 15), S. 485 f., 490, 494; vgl. dazu Muschiol: Famula Dei (wie Anm. 7), S. 299 f.

37 Vgl. Egon Boshof: Armenfürsorge im Frühmittelalter: xenodochium, matricula, hospitale pauperum. In: Vierteljahresschrift für Sozial- und Wirtschaftsgeschichte 74 (1984), S. 153–174, hier S. 154–157; vgl. auch Thomas Sternberg: Orientalium more secutus. Räume und Institutionen der Caritas des 5.-7. Jahrhunderts in Gallien (Jahrbuch für Antike und Christentum. Ergänzungsband 16). Münster 1991.

38 Legenda maior II c. 17 (wie Anm. 18), S. 228EF.

39 Vita Genovefae c. 21 (wie Anm. 11), S. 224.

40 Vita Radegundis I c. 27 (wie Anm. 13), S. 373; ebd., II c. 15, S. 387.

41 Vita Rusticulae c. 13 (wie Anm. 14), S. 345 f.

in dessen Nachfolge die heiligen Frauen stehen. Die Legenda maior macht hier keinen Unterschied, Hedwig wird deutlich in eine jesuanische und apostolische Tradition gestellt. Wasser verwandelt sich wunderbarerweise in Wein[42]. Eindringlicher noch als die Geschichte vom Weinwunder ist das fünfte Kapitel komponiert, das Hedwigs Nächstenliebe und ihre daraus erwachsenden Dienste schildert: Die fromme Herzogin verinnerlicht die Aufforderung Jesu an seine Jünger: Was ihr dem Geringsten meiner Brüder getan habt, das habt ihr mir getan (Mt 25, 40). Kranke besuchen, zu den Gefangenen gehen, Hungrige speisen, Fremde aufnehmen: Nicht nur dem Geist nach erfüllt Hedwig hier das jesuanische Gebot, sondern wortwörtlich stellt der Autor der Vita sie in diese neutestamentliche Tradition[43]. Die besondere Fürsorge für dreizehn arme Kranke, die zum Gedächtnis Jesu und seiner Apostel bei ihr leben[44], auch die Fußwaschung an Armen an gewöhnlichen Tagen und am Gründonnerstag[45] sind nicht nur vom Vitenautor gewählte Symbole, sondern entsprechen dem mittelalterlichen, sehr bildlichen Verständnis der Nachfolge Christi.

In eine apostolische Tradition stellt der Vitenautor seine Protagonistin durch den Bericht einer Episode aus dem Kloster Trebnitz. Hedwigs Tochter, die Äbtissin Gertrud, wäscht an einem Gründonnerstag ihren Mitschwestern die Füße. Sie nimmt damit das Vorbild Jesu auf. Hedwig jedoch hält es mehr mit Petrus. Als die Reihe an ihr ist, verweigert sie sich – es erscheint ihr unmöglich, sich von der Tochter die Füße waschen zu lassen. Hieße das doch, daß Hedwig selbst nicht an dem untersten Ende der Rangliste stünde, sondern die Tochter noch größere Demut bewiese. Die ganze Szene ist deutlich der Fußwaschung im Johannesevangelium nachempfunden, und Hedwig steht in der Nachfolge des Apostels Petrus: Erst nach langem Zureden empfängt sie den demütigen Dienst ihrer Tochter[46].

Gleichfalls in Übernahme biblischer Tradition findet sich die Verwendung des Gleichnisses von der 30-, 60- und 100fältigen Frucht (Mt 13, 8. 23). Seit der Interpretation vieler frühchristlicher Autoren wird es auf die verschiedenen Stände in der Kirche bezogen – auf Eheleute, Verwitwete und Unverheiratete[47]. Bereits

42 Legenda maior III c. 25 (wie Anm. 18), S. 231. Die jesuanische Tradition wird in der konkreten Ausformung der Erzählung noch durch das Vorbild der Elisabethvita beeinflußt, vgl. Anm. 33.

43 Legenda maior V cc. 53–63 (wie Anm. 18), S. 237–239.

44 Legenda maior V c. 64 (wie Anm. 18), S. 239C.

45 Legenda maior II c. 17 (wie Anm. 18), S. 228.

46 Legenda maior III c. 30 (wie Anm. 18), S. 232.

47 Vgl. Matthäus Bernards: Speculum virginum. Geistigkeit und Seelenleben der Frau im Hochmittelalter (Beiheift zum Archiv für Kulturgeschichte 16). Köln [2]1982 ([1]1954), S. 40–51; auch Gössmann/Heinzelmann (wie Anm. 1), Sp. 854.

im frühen Mittelalter verweigern sich viele spätere Heilige entweder in ihrer Kindheit und Jugend energisch einer Eheschließung, oder sie versuchen, aus ihrer Ehe auszubrechen, um sich ganz einem jungfräulichen Leben zu widmen[48]. Radegundis von Poitiers, die vor ihrem Mann flieht[49], Rusticula von Arles, die gegenüber ihrer Mutter eine Rückkehr aus dem Kloster in die Welt verweigert[50], Gertrud von Nivelles, die auf keinen Fall verheiratet werden möchte[51], sie alle sind sprechende Beispiele für die hohe Wertschätzung, die die Jungfräulichkeit genießt. Im Zusammenhang mit dem Gelübde der Keuschheit, das Hedwig nach der Geburt ihres letzten Kindes im Einverständnis mit Heinrich ablegt, verweist der Autor der Vita auf jenes Gleichnis bei Matthäus[52]. Das Mittelalter hat im sogenannten *speculum virginis* dieses Gleichnis auf die unterschiedlichen Lebensformen von Frauen bezogen: die 30fältige Frucht ernten die Ehefrauen, die 60fältige Frucht die Witwen, die 100fältige Frucht schließlich die Jungfrauen[53]. Gedanken kultischer Reinheit gehen hier eine Symbiose mit Vorstellungen von der Wirksamkeit des Gebets ein. Zwar wird bereits im 12. Jahrhundert an dieser Vorstellung eine erste, quasi aufgeklärte Kritik geübt, geprägt von Toleranz gegenüber anderen Lebensformen und einem wachsenden Verständnis der ehelichen Liebe, wenn Aelred von Rievaulx (1110–1167) in seinen Briefen „Über die Geistliche Freundschaft" schreibt: „Und wenn auch die gottgeweihte Jungfräulichkeit den Vorrang vor ihnen hat, so soll doch der Ehe Ehre nicht vermindert werden"[54]. Doch hundert Jahre nach diesem Satz hat zumindest der Autor der Hedwigsvita von dieser neuen Auffassung noch keine Kenntnis. Für ihn gilt weiterhin das alte Bild von der minderen religiösen Wertigkeit des Standes der Ehefrau, das Hedwig nur durch ihre selbstgewählte Keuschheit und die besondere Askese überwinden kann, welche sie dann allerdings zu den höchsten Ehren der Heiligkeit führt.

---

48 Vgl. Yvonne Scherf: Zij was mooi en goed en zij hield van Christus. Onderzoek naar de mogelijkheden van heiligenlevens als bron voor de geschiedenis van vrouwen van de zesde tot de twaalfde eeuw. In: Jaarboek voor vrouwengeschiedenis 1 (1980), S. 161–182, hier S. 175–177.

49 Vita Radegundis I c. 12 (wie Anm. 13), S. 368.

50 Vita Rusticulae c. 5 (wie Anm. 14), S. 342.

51 Vita Geretrudis c. 1 (wie Anm. 16), S. 454 f.

52 Legenda maior I c. 6 (wie Anm. 18), S. 226 (vgl. zu c. 6 Anm. ‚l' der Edition). Hedwig bemüht sich auch, andere Frauen für das Gelöbnis der Keuschheit zu gewinnen, Legenda maior c. 8, S. 226.

53 Vgl. Bernards: Speculum (wie Anm. 47), S. 42–44.

54 Aelred von Rievaulx: Über die Geistliche Freundschaft. Lateinisch-deutsch. Hg. von Rhaban Haacke (Occidens 3). Trier 1978, S. 24 f.

3.3 Fürbitte und Mittlerschaft: die Wunder

Derartig ausgezeichnete Frauen erwerben durch ihre Askese und ihr Leben in christlicher Nachfolge in gleicher Weise wie der *vir Dei* Macht und Kraft zur Fürbitte bei Gott in den Anliegen ihrer Mitmenschen, sie sind die Mittler zwischen dem fernen Gott und den sich selbst als sündig verstehenden mittelalterlichen Menschen[55]. Die Askese bringt jene Verdienste hervor, die ein Wunder bewirken können. Fast scheint sich so etwas wie ein Automatismus abzuzeichnen: Die Heilige betet, aufgrund ihrer asketischen Gesamthaltung kommt die göttliche *virtus* über sie, das Wunder geschieht. Zahllose Geschichten aus den Frauenviten des frühen Mittelalters belegen dies. Blindenheilungen, Dämonenaustreibungen, Vermehrungswunder, die Heilung eines gelähmten Mädchens, die Erweckung eines Knaben vom Tod, dies alles bewirkt Genovefa durch eine rituelle Kombination heilswirksamer Zeichen: Kreuzzeichen, Segensgebet und Handauflegung[56]. Besonders bemerkenswert ist eine Dämonenaustreibung in der Martinsbasilika in Tours, d.h. in der ‚Gegenwart' des wirkmächtigen Heiligen und *vir Dei* Martin[57]. Die *virtus* der Genovefa wird der Wirkmächtigkeit jenes Heiligen gleichgestellt, der für die frühmittelalterliche gallische Welt den klassischen ‚Holy Man' verkörpert[58]. Auch in anderer Hinsicht entspricht Genovefa diesem Bild: Ebenso wie der *vir Dei* Martin muß sie von Zeit zu Zeit ihre Kraft und *virtus* erneuern. Ihre Einschließung von Epiphanie bis Gründonnerstag soll diese Auffrischung gewährleisten. Natürlich ruft sie durch diese Einschließung die Neugier einer anderen Religiosen hervor, die wissen möchte, was Genovefa in ihrer Zelle tut, auch, wie sich die ihr innewohnende göttlich *virtus* wieder ‚auflädt'. Für ihre Neugier wird die Religiose mit Blindheit gestraft, aber am Ende der Fastenzeit erhält sie durch Gebet und Kreuzzeichen der Genovefa ihr Augenlicht zurück[59]. So kann der Autor der Vita mit dieser Geschichte gleich den Beweis antreten, daß nach der langen Phase der Rekreation die Wunderkraft Genovefas tatsächlich wieder unvermindert vorhanden ist.

Auch die irische Jungfrau Samthanne verhilft durch Gebet und Segen zur Heilung körperlicher Schäden, zur Rettung vor Dämonen in der Todesstunde und vor allem zur Befreiung von Gefangenen. Einem König, der den Sohn einer Witwe auch auf drängende Bitten nicht freigeben will, wird von seiner Frau geweissagt: „Wenn du jenen auch auf einfache Bitten der heiligen Samthanne nicht frei-

---

55 Vgl. Angenendt. Heilige (wie Anm. 3), S. 74–80.

56 Vita Genovefae cc. 25. 30. 37. 48 (wie Anm. 11), S. 225f., 228, 230f., 235.

57 Vita Genovefae c. 46 (wie Anm. 11), S. 234.

58 Vgl. Angenendt: Heilige (wie Anm. 3), S. 71.

59 Vita Genovefae c. 34 (wie Anm. 11), S. 229.

geben willst, Gott wird ihn durch ihr Gebet befreien"[60]. Der Autor der Vita macht das Weltbild seiner Zeit deutlich: Wenn die einfache Bitte der angesehenen und heiligen Jungfrau Samthanne selbst nichts ausrichten kann, so bleibt ihr immer noch die göttliche Macht, die ihr im Gebet zukommt und mit deren Hilfe auch in diesem Fall die konkrete Gefangenenbefreiung gelingt. Persönliche Heiligkeit und göttliche Kraft sind es, die die Wirkmächtigkeit hervorrufen.

Monegundis, von der Gregor von Tours in seinen *Vitae patrum* berichtet, steht in der gleichen Tradition. Auch sie befindet sich, wie schon Genovefa, in einer gewissen Heiligkeitskonkurrenz zu Martin. Im Vorhof seines Grabklosters mit einer kleinen Gruppe von Asketinnen lebend, wird sie häufig von Pilgern und Kranken aufgesucht, die Bitten vorbringen. Eine blinde Frau bittet um Handauflegung. Monegundis hält sich, vor allem angesichts des nahen Martinsgrabes, für unwürdig und verweist auf den *vir Dei* Martin. Die Blinde bleibt hartnäckig und spricht es deutlich aus: „Gott vollzieht täglich durch alle Gottesfürchtigen sein erhabenes Wirken; darum werfe ich mich vor dir nieder, denn dir ist Gottes Heilkraft gewährt"[61]. Schließlich legt Monegundis der Blinden mit Kerzen vom Grab die Hände auf, und sogleich wird sie geheilt. Die Heilungskraft wird in diesem Fall aus zwei Quellen gespeist: aus der *virtus* der Monegundis und der *virtus* des Martin, vermittelt einerseits durch direkte Handauflegung und andererseits durch Kerzen vom Grab. Für den Berichterstatter Gregor von Tours existiert zwischen dem *vir Dei* Martin und der *famula Dei* Monegundis in Sachen Heiligkeit kein Unterschied. Auch von Radegundis und Rusticula sind ähnliche Heilungswunder überliefert. Besonders bemerkenswert ist es, daß alle Frauen auch exorzisierende Kräfte haben, die ansonsten nur geweihten Männern zukommen. Askese und persönliche Heiligkeit übertreffen hier einen hierarchischen Status. Daß diese Vorstellungen trotz aller Ethisierung[62], die im 12. Jahrhundert das Verständnis von persönlicher Heiligkeit verändert, bis in das hohe Mittelalter hinein selbstverständlich bleiben, zeigt die Vita der Hildegard von Bingen. Mit aller Ausführlichkeit wird dort die Geschichte einer Besessenen geschildert. Alle versammelten Priester können die Besessene nicht heilen, auch der Abt von Brauweiler, der sich hilfesuchend an Hildegard wendet, ist dazu nicht in der Lage. Einzig Hildegard selbst und mit ihr die betenden Schwestern ihres Konvents vermögen, obwohl in keiner priesterlichen Weihehierarchie stehend, die bösen Geister aus der Besessenen zu vertreiben[63]. Von Luitgardis wird in ihrer Vita

60 Vita Samthanne. Hg. von Charles Plummer: Vitae Sanctorum Hiberniae I. Oxford 1910 (Nachdruck 1968), S. 253–261, hier c. 12, S. 259.

61 Vita Monegundis c. 19/3 (wie Anm. 12), S. 286.

62 Vgl. Angenendt: Heilige (wie Anm. 3), S. 78.

63 Vita Hildegardis auctoribus Godefrido et Theodorico monachis. Liber I-III. PL 197, Sp. 91–130, hier Lib. III, cc. 45–51, Sp. 122–127.

sogar berichtet, daß sie durch ihre Gebetskraft und ihre Bußübungen Seelen aus dem Fegefeuer befreite[64] – was ansonsten nur durch die Feier der Messe als sündentilgenden Mittels zu erreichen galt.

Auch Hedwig steht in dieser Tradition der *famula Dei.* Zu Beginn des sechsten Kapitels heißt es ausdrücklich: „Denn wegen ihrer Liebe und ihrer Verdienste bewirkt Gott erstaunliche und wunderbare Werke“[65]. Den heilenden Segen erteilt Hedwig mit einem Marienbild[66], mit dem Psalmbuch[67], meist aber durch das Kreuzzeichen[68]. Auch bei ihr findet sich jener schon von Monegundis bekannte Topos der Bescheidenheit: Hedwig hält sich für unwürdig, die kranke Schwester Gaudentia zu heilen, und wird erst durch deren beharrliches Drängen veranlaßt, das heilende Kreuzzeichen auszuführen, nicht aber ohne im Gebet auf die Segnung durch Gott hinzuweisen[69]. Ein weiteres Mal verweist Hedwig auf die Heilung durch Gott und nicht durch ihre Verdienste; für die in dieser Geschichte genannten zwei deutschen Frauen aber ist es gar keine Frage, daß Hedwig mit ihren eigenen Verdiensten die Heilung einer Blinden bewirkt hat[70].

Auch in der Schilderung von Hedwigs Tod wird ihre Heiligkeit deutlich hervorgehoben. Nichts ist im Mittelalter so entscheidend für den Nachweis der Heiligkeit wie ein guter Tod. Zur Vorbereitung auf den Tod gehören Visionen. Eine Vielzahl heiliger Frauen des Frühmittelalter stirbt unter Psalmgesang ihrer irdischen Mitschwestern, der ergänzt wird durch den Psalmgesang der himmlischen Heiligen, die sie bereits erwarten. Auch Hedwig sieht visionär vor und in ihrem Tod heilige Frauen, die sie geradezu als künftige Kollegin begrüßen: Maria Magdalena, Katharina, Thekla, Ursula[71]. Und auch der überaus herrliche Glanz und

---

64 Vgl. zu Luitgardis: Jacques Le Goff: Die Geburt des Fegefeuers. Stuttgart 1984, S. 394–396.

65 Legenda maior VI c. 64 (wie Anm. 18), S. 240.

66 Legenda maior IV c. 48 (wie Anm. 18), S. 236BC.

67 Legenda maior VI c. 66 (wie Anm. 18), S. 241A.

68 Legenda maior VI cc. 66–68 (wie Anm. 18), S. 240A-E.

69 Legenda maior VI c. 67 (wie Anm. 18), S. 244; vgl. dazu Angenendt: Heilige (wie Anm. 3), S. 76: „Der Versuchung zur Überheblichkeit mußten sie [die Gottesmenschen, d. V.] mit verstärkter Demut entgegenwirken, die darum zur wichtigsten Tugend wurde.“

70 Legenda maior VI c. 68 (wie Anm. 18), S. 244.

71 Legenda maior VII cc. 90. 91 (wie Anm. 18), S. 246C-E. Die Frage nach der Erwähnung gerade dieser heiligen Frauen kann hier nicht erschöpfend beantwortet werden, einige Hinweise müssen genügen: Magdalena und Katharina werden im 13. Jahrhundert häufig zusammen angerufen; Katharina selbst ist neben der hier allerdings nicht genannten Maria die meistverehrte Heilige des 13. Jahrhunderts. Gleichzeitig wird auch die „Zuständigkeit“ dieser vier Heiligen eine Rolle gespielt haben: Katharina galt als Patronin der Beharrlichkeit bis in den Tod (vgl. Amato P. Frutarz: [Art.] Katharina. In: Lexikon für Theologie und Kirche. Freiburg ^{2}1957–1965 [im folgenden: LThK]. Bd. 6, Sp. 60 f.), Magdalena war die personifizierte Büßerin (vgl. Johann Michl: [Art.] Maria Magda-

der von ihrem Körper ausgehende Wohlgeruch gehören zum traditionellen Bild des Todes einer Heiligen[72]. Nach Hedwigs Tod steigt die Zahl der Heilungswunder, wie zu erwarten, in kaum vorstellbarer Weise an. Kranke werden gesund, Blinde, Taube und Stumme erhalten ihre Fähigkeiten zurück, Hände und Füße werden wieder brauchbar, Verkrümmungen, Gicht, Fieber, Fallsucht, Kopf- und Augenleiden werden geheilt – es gibt anscheinend keine Krankheit, bei der die Nähe zu Hedwigs Grab nicht hilfreich wirken kann[73]. Nicht zuletzt wirkt Hedwig an ihrem Grab auch exorzisierend[74], und es geschehen sogar Totenerweckungen[75]: Man ist versucht, vom gesamten jesuanischen Wunderprogramm zu sprechen, das durch die Virtus der verstorbenen Hedwig nachvollzogen wird. Die verwendeten Begriffe zeigen keine Veränderung gegenüber den Vorstellungen des frühen Mittelalters. Es heißt weiterhin: *per intercessiones, per suffragia beatae/sanctae Hedwigis, ad sanctae Hedwigis auxilium, per sanctae Hedwigis merita, per sanctae Hedwigis interventionem*[76].

4. Kontinuität und Wandel im Bild der *famula Dei*

Angesichts des langen Zeitraums vom 6. bis ins 13. Jahrhundert, angesichts der vielfältigen gesellschaftlichen, politischen und religiösen Veränderungen des Lebensalltags, zeigt sich ein erstaunlich konstantes Bild von der Wirkmächtigkeit weiblicher Heiliger. Die Entwicklung in der Geschichte der Orden von Benedikt zu Franziskus, von Scholastika zu Klara, die Entwicklung von Theologie, Philosophie und Universität im 12. Jahrhundert, die mit dem Schlagwort „*ratio* vor *auctoritas*" auf einen Nenner gebracht werden könnte – dies alles hat nur in äußerst geringem Maße Einfluß auf die Typen weiblicher Heiligkeit. Die ‚longue

---

lena. In: LThK 7, Sp. 39 f.), während Thekla wegen ihrer Missionsarbeit (vgl. Bernhard Kötting: [Art.] Thekla. In: LThK 10, Sp.18 f.) und Ursula vor allem wegen ihrer Jungfräulichkeit verehrt wurden (vgl. Veronika Hopmann: [Art.] Ursula. In: LThK 10, Sp. 574 f.).

72 Legenda maior VII cc. 92. 95 (wie Anm. 18), S. 246F, 247DE. Vgl. auch den späteren Lichtglanz und Duft am Grab, Legenda maior IX cc. 163–165, S. 262D-F.

73 Legenda maior VIII cc. 97–142. 147–154 (wie Anm. 18), S. 248–257D, 258–259C.

74 Legenda maior VIII cc. 143–146 (wie Anm. 18), S. 257C-258A. Es finden nicht im eigentlichen Sinn rituelle Exorzismen statt, sondern die Legende berichtet von der Heilung Besessener am Grab.

75 Legenda maior VIII cc. 155–161 (wie Anm. 18), S. 259C-260 f. Eine „halbe" Totenerweckung zu Hedwigs Lebzeiten wird geschildert in VI c. 70, S. 241F, kombiniert mit der gleichfalls typischen Tat von Heiligen, der Gefangenenbefreiung.

76 Nicht immer wird in der Legenda maior deutlich, daß Gott in der Vorstellung der Bittsteller d u r c h die heilige Hedwig heilend wirkt, mitunter schreiben diese (und der protokollierende Kleriker) den Erfolg nur der Heiligen selbst zu.

durée' von Vorstellungen, von Mentalitäten im Mittelalter, läßt sich ohne jede Frage im religiösen Raum an den Heiligentypen zeigen[77]. Das, was bleibt, überwiegt die Veränderungen.

Es bleibt die Bezeichnung *famula Dei,* Dienerin Gottes, für eine heilige Frau, mit leichten Abwandlungen wie *famula Christi* oder *ancilla Christi. Famula Dei* werden schon Heilige im frühen Mittelalter genannt, so bezeichnet auch die Legenda maior ihre Protagonistin: Neben dem Eigennamen und der Charakterisierung als *sancta* oder *beata* ist *famula Dei* die meistgebrauchte Bezeichnung für Hedwig[78]. Es bleiben die Bußfertigkeit, die Askese: Fasten, Gebet und Almosen sind Normen von Heiligkeit. Allerdings steigert sich die Bedeutung von Almosen; hier wird ohne Frage ein neuer, womöglich elisabethanisch-franziskanischer, Einfluß greifbar. Es bleiben die Wunder als sichtbare Zeichen von Heiligkeit, als Zeichen der Vermittlung zu Gott und als Zeichen des Besitzes göttlicher Kraft. Auch die päpstliche Kanonisationspolitik, die sich einer Ethisierung verpflichtet weiß und eher auf die Lebensführung als auf die nach dem Tod geschehenen Wunder Wert legt[79], kann nicht verhindern, daß der Umfang der Schilderungen von Wundern nach ihrem Tod in der Legenda maior die Geschichte des Lebens der heiligen Hedwig an Länge deutlich übertrifft[80]. Weiter hat ein gewisses Maß an Ehefeindlichkeit keine Veränderung erfahren. Deutlicher noch als die Legenda maior sprechen einige Viten zeitgenössischer Frauen wie die der Agnes von Böhmen und Margaretas von Ungarn von der Ablehnung der Ehe zugunsten eines jungfräulichen Lebens[81]. In diesen Zusammenhang ist auch die Heiligsprechung

77 Vgl. Angenendt: Heilige (wie Anm. 3), S. 333. Es geht an dieser Stelle keineswegs um eine Verteidigung „falscher Kontinuitäten", die André Vauchez zu „entlarven" versucht, vgl. André Vauchez: Der Heilige. In: Jacques Le Goff: Der Mensch des Mittelalters. Frankfurt/Main 1989, S. 340–373, hier S. 340. Es erscheint dagegen bemerkenswert, daß manche Bilder, Typen und Vorstellungen gerade von Heiligen tatsächlich über Jahrhunderte hinweg akzeptiert wurden. Die eher polemischen denn sachlichen Vorbemerkungen von Vauchez werden diesem Phänomen nicht gerecht.

78 Hedwig wird insgesamt 36mal *famula Dei* genannt, der Name *amica Dei/Christi* erscheint fünfmal und ist eine Neueinführung gegenüber den frühmittelalterlichen Heiligenviten. Die Bezeichnung *famula Dei* wird nur für die lebende Heilige gewählt, nach ihrem Tod nennt der Autor sie nur noch *beata/sancta Hedwiga.*

79 Vgl. Angenendt: Heilige (wie Anm. 3), S. 79 f., 181 f.

80 In der Edition der Acta Sanctorum sind 27 Spalten der Lebensführung und 41 Spalten den Wundern im Leben und nach dem Tod gewidmet. Allerdings zeigt die Legenda auch einen einzelnen Fall von Wunderkritik, vgl. Legenda maior VIII c. 11 (wie Anm. 18), S. 250 f.

81 Vgl. Johanna von Herzogenberg: Agnes von Böhmen, Elisabeth von Thüringen, Hedwig von Schlesien. Versuch eines Tryptichons. In: 800 Jahre Franz von Assisi. Franziskanische Kunst und Kultur des Mittelalters. Niederösterreichische Landesausstellung. Krems 1982, S. 150–156, hier 153; vgl. Gábor Klaniczay: Legends as Life-Strategies for Aspirant Saints in the Later Middle Ages. In: Ders.: The Uses of Supernatural

Kunigundes im Jahr 1200 einzuordnen[82]. Es bleibt weiter die Gleichheit von heiligen Männern und heiligen Frauen in ihrer Wirkmächtigkeit. Der Autor der Legenda maior betont dies sogar ausdrücklich am Ende einer Wundergeschichte: Er vergleicht Hedwig mit dem heiligen Stanislaus und stellt dann fest, daß Gott durch heilige Männer und heilige Frauen gleichermaßen wirksam ist[83].

Auch die *imitatio Christi,* die von Michael Goodich als bemerkenswertes neues Element aus dem Umfeld der Bettelorden bezeichnet wird[84], ist so neu nicht. Schon Genovefa war in ihren Wundern eine wahre Nachahmerin Christi. Allerdings verwendet das frühe Mittelalter den Begriff der *imitatio* nicht mehr in den Viten, wohingegen Heiligkeit in der christlichen Antike durch das machtvolle Ideal der *imitatio* noch entscheidend geprägt wurde[85]. Es bleiben weitere typische Verhaltensweisen und Handlungsmuster, die den zentralen Tugenden untergeordnet sind und daher in diesem Rahmen nicht eigens thematisiert werden. Dazu gehören: die adelige Herkunft der meisten weiblichen Heiligen[86], die Stiftung von Klöstern, die Heiligung ihrer Umgebung durch die adelige Heilige.

Es sind auch Neuerungen im Heiligenbild festzustellen, so die überragende Passionsfrömmigkeit, die aber in allen Gruppen der hochmittelalterlichen Gesellschaft und nicht nur bei den weiblichen Heiligen wächst[87]. Neu ist gleichfalls die Bezeichnung der Heiligen nicht mehr nur als *famula,* sondern auch als *amica Dei*[88]. In Viten frühmittelalterlicher Heiliger noch unbekannt ist die intensive Eucharistiefrömmigkeit, die von der Legenda maior als unersättlicher Hunger Hedwigs nach Meßfeiern geschildert wird[89]. Für viele Aspekte weiblicher Heiligkeit ist das Leben Elisabeths von Thüringen maßgeblich, nicht nur aufgrund der engen verwandtschaftlichen Beziehungen von Hedwig und Elisabeth und weiterer

---

Power. The Transformation of Popular Religion in Medieval and Early Modern Europe. Princeton 1990, S. 95–110, hier S. 98; vgl. Angenendt: Heilige (wie Anm. 3), S. 96 f.

82 Vgl. Angenendt: Heilige (wie Anm. 3), S. 91.

83 Legenda maior VIII c. 102 (wie Anm. 18), S. 249C.

84 Vgl. Michael Goodich: Vita Perfecta. The Ideal of Sainthood in the Thirtheenth Century (Monographien zur Geschichte des Mittelalters 25). Stuttgart 1982, S. 176.

85 Vgl. Angenendt: Heilige (wie Anm. 3), S. 32.

86 Vgl. Klaniczay: Legends (wie Anm. 81), S. 106. Deutlich wird das Muster der Adelsheiligen jedoch schon von Klara und ihren Mitschwestern durchbrochen.

87 Vgl. Legenda maior III c. 24. 34. IV c. 49 (wie Anm. 18), S. 231AB, 233BC, 236C. Vgl. zur Passionsfrömmigkeit auch Angenendt: Heilige (wie Anm. 3), S. 215.

88 Vgl. dazu Anm. 78.

89 Vgl. Legenda maior IV cc. 43–46 (wie Anm. 18), S. 235C-F mit einem beinahe als Spottvers zu bezeichnenden Reim (c. 43): In sola missa / non est contenta ducissa, / quotquot sunt presbyteri / missas tot oportet haberi. Vgl. zu Messe und Kommunionempfang im Mittelalter das umfangreiche Werk von Peter Browe, von dem hier nur eine Arbeit genannt sei: Peter Browe: Die Verehrung der Eucharistie im Mittelalter. München 1933.

heiligen Frauen dieser Zeit[90], sondern generell kommt der Lebensbeschreibung dieser Frau eine Schlüsselfunktion für Viten weiblicher Heiliger des 13. Jahrhunderts zu[91]. André Vauchez sieht einen zweifachen Einfluß geistlicher Art bei Hedwig wirksam: den der Zisterzienserinnen, zu deren Klostergemeinschaft sie sich hingezogen fühlt, und den der Bettelorden[92], der nicht anders als über die Vermittlung des elisabethanischen Vorbilds zu denken ist.

Wenn Michael Goodich jedoch den Typ der frühmittelalterlichen Heiligen nur in zwei Versionen entwirft[93] - entweder als Nonne, die innerklösterlichem Leiden und Isolation[94] unterworfen war, oder als Nationalheldin, die durch ihre Frömmigkeit die Christianisierung ihres Stammes veranlaßte -, so greift das zu kurz. Weder sind Klosterfrauen des frühen Mittelalters derartig streng klausuriert, wie es die moderne Geschichtsforschung vermutet, noch geht es christlichen Nationalheldinnen einzig um ihren ‚Stamm' oder um ihr ‚Volk', sondern in allen Fällen vermischen sich persönliche Frömmigkeit und politisches Handeln. Das frühe Mittelalter kennt in Genovefa, Radegundis, Rusticula, Balthildis und Gertrud genau jenen Typus einer Heiligen, wie er im hohen Mittelalter von Hedwig, Elisabeth, Agnes von Böhmen, Margarete von Ungarn oder hundert Jahre zuvor bereits durch Hildegard von Bingen verkörpert wird: Unter Berufung auf die Religion, unter Berufung auf die Nachfolge Christi gelingen diesen Frauen Ausbrüche aus den für sie vorgesehenen weiblichen Rollen ihrer Zeit[95].

---

90 Vgl. Klaniczay: Legends (wie Anm. 81), S. 100f.

91 In der Vita Hedwigs kommt diese Vorbildfunktion an einer entscheidenden Stelle, bei ihrem Tod, zum Ausdruck: Hedwig besaß den Schleier ihrer Nichte Elisabeth. Nach ihrem Tod wird Hedwig mit diesem Schleier in der Kirche aufgebahrt, vermutlich hat sie ihn auch im Leben getragen. Hedwigs Tochter Gertrud läßt nun diesen Schleier als kostbare „Doppelreliquie" aufbewahren und gibt ihn der Mutter nicht mit in das Grab. Deutlicher könnte die Vorbildfunktion Elisabeths kaum sein: Hedwig als offensichtlich heilige Frau hat den Schleier dieser „noch größeren" Heiligen verehrt. Vgl. Legenda maior VII c. 95 (wie Anm. 18), S. 247D. Dazu auch Klaniczay: Legends (wie Anm. 81), S. 99.

92 Vgl. André Vauchez: La sainteté en occident aux derniers siècles du Moyen Age. D'après les procès de canonisation et les documents hagiographiques. Rom 1981, S. 433.

93 Vgl. Goodich: Vita Perfecta (wie Anm. 84), S. 179.

94 Der von Goodich verwendete Isolations- und Leidensbegriff wäre kritisch zu befragen, die frühmittelalterlichen Nonnen waren weder alle streng isoliert, noch war ihr Ordensleben ein erzwungenes Leiden, vgl. dazu Muschiol: Famula Dei (wie Anm. 7), S. 74–80.

95 Klaniczay: Legends (wie Anm. 81), S. 105, verortet diesen Ausbruch erst im 13. Jahrhundert, doch ist genau diese Rollenverweigerung ein Kennzeichen von christlichen Frauen schon der Antike und auch des frühen Mittelalters.

Wojciech Mrozowicz

Eine unbekannte „Vita beate Hedewigis" aus den Sammlungen der Universitätsbibliothek Breslau/Wrocław

Als wichtigste historische Quelle zum Leben der hl. Hedwig gilt die anonyme, etwa um die Wende vom 13. zum 14. Jahrhundert entstandene „Legenda maior sancte Hedwigis"[1]. Der in relativ zahlreichen mittelalterlichen Handschriften überlieferte Text[2] bildete die Grundlage für weitere Bearbeitungen des Lebens der hl. Hedwig mit hagiographischem Gepräge, die oft als Predigtmaterial verwendet wurden. Gerade diese Bearbeitungen stellen ein ausgezeichnetes Zeugnis für die ihr erwiesene allgemeine Verehrung dar, vor allem in Schlesien, wo sie als Schutzheilige gilt.

---

1 Es fehlt eine moderne Ausgabe. Die drei bisherigen Textausgaben stammen noch aus dem 19. Jahrhundert (ich lasse hier die Editionen des 16.–18. Jahrhunderts unberücksichtigt, vgl. dazu Joseph Klapper: Hedwig. In: Wolfgang Stammler [Hg.]: Die deutsche Literatur des Mittelalters. Verfasserlexikon. Bd. 2. Berlin, Leipzig 1936, Sp. 233–240, hier Sp. 239–240) und sind enthalten in: Gustav Adolph Stenzel (Hg.): Scriptores rerum Silesiacarum. Bd. 2. Breslau 1839, S. 1–99; J. van Hecke (Hg.): Acta sanctorum. Bd. 8. Bruxelles 1853, S. 224–264; Aleksander Semkowicz (Hg.): Monumenta Poloniae historica. Bd. 4. Kraków 1884, S. 510–633. Darüber hinaus verfügt man über die deutsche und polnische Übersetzung: Das Leben der hl. Hedwig. Die Legenda maior de beata Hedwigi. Ins Deutsche übersetzt, mit einer Einleitung und Anmerkungen versehen von Konrad und Franz Metzger. Breslau 1927 (Neudruck: Düsseldorf 1967); Legenda świętej Jadwigi. Übers. von Andrzej Jochelson unter Mitarbeit von Maria W. Gogolewska, zum Druck vorbereitet von Józef Pater. Wrocław 1993. Über die Brauchbarkeit und Wert der „Vita maior" vgl. Joseph Gottschalk: Der historische Wert der „Legenda maior de beata Hedwigi". In: Archiv für schlesische Kirchengeschichte 20 (1962), S. 84–125.

2 Es sind elf Handschriften bekannt, die die lateinische Fassung der „Vita maior" enthalten, sowie vier mit deutschen Übersetzungen. Die ausführlichste Zusammenstellung von Handschriften bietet Heinrich Zeissberg: Die polnische Geschichtsschreibung des Mittelalters. Leipzig 1873, S. 121; Klapper: Hedwig (wie Anm. 1), Sp. 235–239; zu den deutschen Handschriften vgl. Trude Ehlert: Die Heilige Hedwig in der deutschen Literatur des Spätmittelalters und der frühen Neuzeit. In: Materialien der Tagung „Święta Jadwiga w dziejach i kulturze Śląska [Die hl. Hedwig in der Geschichte und Kultur Schlesiens]". Wrocław-Trzebnica 21.–23.09.1993 (im Druck). Vgl. auch unten Anm. 10.

In der einschlägigen Literatur fehlt es an einer vollständigen, analytischen Bearbeitung, die das Ausmaß, die Reichweite sowie die Chronologie der Veränderungen des Kultes der hl. Hedwig genauer bestimmen ließe. Über interessante Ergebnisse, die eine derartige Studie bringen könnte, informiert die Arbeit von Halina Manikowska; sie basiert jedoch nur auf gedrucktem Material und auf wenigen in der Universitätsbibliothek Breslau und in der Bibliothek der Polnischen Akademie der Wissenschaften in Kórnik bei Posen aufbewahrten handschriftlichen Quellen[3]. Als eine der Entstehungsbedingungen einer solchen Studie gilt jedoch eine genaue Inventarisierung des in den verschiedenen Bibliotheks- und Archivsammlungen zerstreuten Quellenmaterials, wie sie unter anderem bereits vor dreißig Jahren von Joseph Gottschalk gefordert wurde[4]. Die vorliegende Untersuchung ist als Beitrag zu einer solchen Bearbeitung gedacht.

Bis jetzt wurden in der Fachliteratur 22 Handschriften vermerkt, die die hl. Hedwig betreffende Quellenmaterialien enthalten (ich beziehe hierin nicht die bekannten mittelalterlichen Kodizes mit den Texten der schlesischen oder polnischen Jahrbücher oder Chroniken mit ein, sondern nur jene Handschriften, in denen sich die unabhängigen, unmittelbar sie betreffenden Texteinheiten befinden). Genaue Nachforschungen in der Handschriftenabteilung der Universitätsbibliothek Breslau, wo sich vor allem Manuskripte aus verschiedenen Klöstern und anderen kirchlichen Institutionen Schlesiens[5], der Wahlheimat der hl. Hedwig, befinden, ließen weitere Hedwig-Handschriften zutage treten, deren Zahl

3 Halina Manikowska: Legenda św. Jadwigi – obieg i transformacja. In: Bronisław Geremek (Hg.): Kultura elitarna a kultura masowa w Polsce późnego średniowiecza. Wrocław, Warszawa, Kraków, Gdańsk 1978, S. 155–171.

4 Joseph Gottschalk: St. Hedwig, Herzogin von Schlesien (Forschungen und Quellen zur Kirchen- und Kulturgeschichte Ostdeutschlands 2). Köln, Graz 1964, S. 22, Anm. 57. Vgl. dazu Werner Williams-Krapp: Hedwig von Schlesien. In: Stammler (Hg.): Die deutsche Literatur (wie Anm. 1). 2. völlig neu bearb. Aufl. Hg. von Kurt Ruh u. a. Bd. 3. Berlin, New York 1981, Sp. 565–569, hier Sp. 566.

5 Eine ausführlichere Provenienzdarstellung der Sammlungen der Breslauer Universitätsbibliothek enthält z. B. die Arbeit von Konstanty Jażdżewski: Wrocław – Biblioteka Uniwersytecka. Oddział Rękopisów. In: Danuta Kamolowa, unter Mitarbeit von Krystyna Muszyńska (Hg.): Zbiory rękopisów w bibliotekach i muzeach w Polsce. Warszawa 1988, S. 320–329. Über die Provenienz der besonders interessanten Handschriftenkollektion der ehemaligen Universitätsbibliothek Breslau (ihre mittelalterlichen Sammlungen stammen vor allem aus vielen in den Jahren 1810–1811 säkularisierten schlesischen Klosterbibliotheken und Buchsammlungen anderer kirchlicher Institutionen und machen etwa 75 Prozent der heutigen Kollektion aus), vgl. Joseph Ständer: Die Handschriften der Königlichen und Universitätsbibliothek zu Breslau. In: Zeitschrift des Vereins für Geschichte und Alterthum Schlesiens 33 (1899), S. 1–66, hier S. 2 f., 34–58.

weit größer ist als bislang angenommen[6]. Dies gilt auch für die Texte, die das Leben der Heiligen darstellen und die Entwicklung ihres Kultes dokumentieren. Heute sind, außer der „Legenda minor“, die gewiß zusammen mit der „Legenda maior“ verfertigt wurde[7], dank den Veröffentlichungen der deutschen und polnischen Historiker (Joseph Gottschalk, Joseph Klapper, Jacek Wiesiołowski), fünf kurze Fassungen der Lebensbeschreibung der hl. Hedwig bekannt[8]. Alle diese Bearbeitungen weisen eine starke Abhängigkeit vom Text der „Legenda maior“ auf[9]. Wie sich erwies, kann man die Zahl derartiger Texte noch bedeutend erhöhen.

Eine kurze Charakteristik der Handschriften und der Texte, die sich in der Universitätsbibliothek Breslau befinden, soll man mit dem wichtigsten und zugleich umfangreichsten der der hl. Hedwig gewidmeten Texte, der „Legenda maior“, beginnen, die im allgemeinen zusammen mit der „Legenda minor“, dem „Speculum genealogiae“ und der Kanonisationsbulle des Papstes Klemens IV. von 1267 überliefert ist. Diese Textgruppe ist in dreizehn Handschriften nachweisbar, davon acht in lateinischer und fünf in deutscher Sprache[10]. Zahlreicher ist die

6 Die vorläufigen Ergebnisse dieser Untersuchungen habe ich während der Tagung „Święta Jadwiga“ (wie Anm. 2) dargestellt.

7 Die „Legenda minor“ wurde mit dem Text der „Legenda maior“ ediert in: Scriptores rerum Silesiacarum (wie Anm. 1), S. 99–105; Acta Sanctorum (wie Anm. 1), S. 200–202; Monumenta Poloniae historica (wie Anm. 1), S. 634–641.

8 Es geht um folgende Biographien: „Hedwigis electa“, inc.: „Crescente itaque fide christiana [...]“ (Joseph Klapper: „Hedwigis electa“. Eine Hedwigsvita aus dem Anfang des 14. Jahrhunderts. In: Archiv für schlesische Kirchengeschichte 19 [1961], S. 53–61; mit deutscher Übersetzung); „Historia sancte Hedwigis minor“, inc.: „Hedwigis sancta secundum mundum nata est [...]“ (Joseph Klapper und Joseph Gottschalk: Eine unbekannte „Historia sancte Hedwigis minor“. In: Archiv für schlesische Kirchengeschichte 18 [1960], S. 272–285); die deutsche Übersetzung der in der tschechischen Sprache um 1355 verfaßten „Vita“ (Joseph Gottschalk: Eine Biographie der hl. Hedwig in alttschechischer Sprache [um 1355]. In: Bernhard Stasiewski [Hg.]: Beiträge zur schlesischen Kirchengeschichte. Gedenkschrift für Kurt Engelbert [Forschungen und Quellen zur Kirchen- und Kulturgeschichte Ostdeutschlands 6]. Köln, Wien 1969, S. 233–244); eine Predigt des Papstes Klemens IV. mit starkem biographischen Gepräge (Joseph Gottschalk: Die Hedwigs-Predigt des Papstes Klemens IV. vom Jahre 1267. In: Archiv für schlesische Kirchengeschichte 15 [1957], S. 15–35; der Text mit deutscher Übersetzung, S. 17–30); Fragmente einer Predigt über die hl. Hedwig – in polnischer Übersetzung (Jacek Wiesiołowski [Übers.]: Żywot św. Jadwigi z XV w. [Fragmenty]. In: Alicja Karłowska-Kamzowa: Fundacje artystyczne księcia Ludwika I brzeskiego. Studia nad rozwojem świadomości historycznej na Śląsku XIV–XVIII w. Opole, Wrocław 1970, S. 174–176).

9 Vgl. Manikowska: Legenda (wie Anm. 3), S. 164.

10 Die lateinischen Handschriften: IV F 189, IV F 190, IV F 191, IV Q 173, IV Q 174, IV Q 175, M 1072, Akc. 1948/742; die deutschen Handschriften: IV F 192, IV F 192[a], R 823, R 824, B 1650.

Gruppe der an das Leben der hl. Hedwig anknüpfenden Bearbeitungen. Es sind - hinsichtlich ihres Umfangs - kleine Biographien, deren Quellen - wie es nach dem jetzigen Stand der Forschung scheint - sowohl die „Legenda maior" als auch die sie begleitende Textgruppe sind. Diese abgekürzten Versionen der Lebensbeschreibungen wurden vor allem bei der Predigertätigkeit benutzt, bald als vollständige Predigten, bald als Beilagen zu Predigten über die hl. Hedwig, eventuell auch als eingeflochtene Ergänzungen. Im allgemeinen befinden sich diese Umarbeitungen in den Sammlungen der *sermones de sanctis,* manchmal der Heiligenlegenden, die in Schlesien ziemlich oft um kurze Lebensgeschichten der örtlichen Schutzheiligen - des hl. Wenzel, Adalbert, Stanislaus und, wohl am häufigsten neben dem hl. Wenzel, der hl. Hedwig - bereichert wurden. In ihrem Falle überrascht die Menge der Fassungen von Lebensbeschreibungen, welche zuweilen sogar in der „Bibliotheca hagiographica Latina" nicht vermerkt worden sind[11].

Die meisten Redaktionen von Kurzbiographien der hl. Hedwig sind bestimmt in Anlehnung an die „Legenda maior" entstanden. Es ist mir gelungen, in 24 Handschriften 15 derartige Texte zu ermitteln, darunter 14 lateinische und einen deutschen. Sie sind von verschiedenem Umfang; in Hinsicht auf die Art und Weise, wie sie verfaßt wurden, unterscheiden sie sich voneinander durch das Volumen der aus dem Quellentext entlehnten Informationen. Ihre Charakteristik werde ich an dieser Stelle auf das in alphabetischer Folge vorgenommene Anführen von Initien beschränken: „Beata Hedwigis de nobilibus valde parentibus"[12]; „Beata Hedwigis ex patre Bertoldo, duce Meranie, comite Tyroliensi"[13]; „Beata Hedwigis magnifici principis Bertholdi, marchionis Badensis ducisque Meranie filia"[14]; „Beata Hedwigis per sanguinis natalium sic clara"[15]; „Beata Hedwigis propagine nobilis fuit, magnifici namque Meranie ducis filia"[16]; „Beata Hedwigis secundum carnem clarissime nata est"[17]; „Beatissima Hedwigis, magnifici principis Bertholdi marchionis Badensis filia"[18]; „Crescente itaque fide christiana in partibus Polo-

11 Vgl. Bibliotheca hagiographica Latina antiquae et mediae aetatis. Ediderunt Socii Bollandiani. Bruxelles 1898–1899, Nr. 3766–3768; ebd., Novum supplementum. Edidit Henricus Fros. Bruxelles 1986, Nr. 3767d, g, k, 3768d.

12 In der Handschrift I Q 451, fol. 330^{r}–334^{r}.

13 In der Handschrift I Q 452, fol. 327^{r}–329^{v}.

14 In den Handschriften der „Legenda aurea": IV F 183, fol. 196ra–201ra; Akc. 1975/337, fol. 347rb–350vb; darüber hinaus in der Handschrift I O 123, fol. 204^{v}–222^{v}.

15 In den Handschriften: I F 541, fol. 176^{v}–178ra und I Q 341, fol. 136^{r}–137^{v}.

16 In der Handschrift IV Q 154, fol. 276^{v}–278^{v}.

17 In den Handschriften: IV F 183, fol. 182vb–196ra („Legenda aurea"); I Q 286, fol. 237^{r}–242^{r}; I Q 335, fol. 297rb; I Q 446, fol. 347^{r}–353^{v}; I O 118, fol. 339^{r}–340^{v}.

18 In der Handschrift II F 23 (heute vermißt).

nie"[19]; „Die heilige furstin Hedbigis ist geborn off ertreich von koniglichim stamme"[20]; „Hedwigis ex nobili progenie est exorta"[21]; „Hedwigis iam in celis beata [...] Hec utique magnifici principis"[22]; „Hedwigis sancta secundum mundum nata est ex nobili progenie"[23]; „Mater beate Hedwigis fuit filia comitis Theodrici de Rouchlicz"[24]; „Sancta Hedwigis de stirpe generosa progrediens, morum autem fulgens eligancia"[25]; „Sancta Hedwigis ex nobilibus parentibus, pater eius Bertoldus"[26]. Erwähnenswert ist auch, daß zwei der obengenannten Texte[27], wie auch die wörtlich übernommene Passage aus der „Legenda maior", als biographischer Stoff über die hl. Hedwig gedient haben, der von den Kompilatoren zweier schlesischer Handschriften der „Legenda aurea" von Jacobus de Voragine aus dem 15. Jahrhundert als Vorlage benutzt worden ist[28].

Auch die „Legenda minor" ist die Grundlage für die Bearbeitungen der Kurzfassungen des Lebens der hl. Hedwig geworden. Kürzlich ist in der Fachliteratur die Anschauung aufgetaucht, daß die „Legenda minor" als Stoff, der den Kult der hl. Hedwig zu propagieren hatte, keine Aufnahme gefunden habe, und zwar im Hinblick auf die Tatsache, daß sie, „indem sie fast gänzlich auf die Beschreibung der das Leben Hedwigs begleitenden Wundererscheinungen verzichtet, viel an Anziehungskraft verloren hat" und eine „allzu schematische Fassung der Biographie und der Person der hl. Hedwig präsentierte"[29]. Die durchgeführten Forschungen haben die Unrichtigkeit dieser Ansicht über die Rezeption der „Legenda minor" bewiesen. Sie ist nämlich in den Breslauer Sammlungen mindestens sechsmal vertreten (unberücksichtigt bleiben hier diejenigen Überlieferungen, in denen sie lediglich als Begleittext der „Legenda maior" vorkommt), wobei sie in einem Fall in unveränderter Gestalt als Stoff bei der Bearbeitung von Brevierlektionen benutzt worden ist[30], in einem anderem Fall dagegen als Grundlage für die Vorbereitung von Lektionen für das Offizium gedient hat[31]; in den vier übrigen Fällen erscheint sie in den gewiß im 15. Jahrhundert entstandenen, sonst voneinander

19 In den Handschriften: I F 507, fol. I^{v}–II^{r}; IV Q 160, fol. 194^{r}–196^{r}); IV Q 168, fol. 25^{v}–26^{r}.

20 In der Handschrift IV Q 177, fol. 3^{r}–4^{r}.

21 In der Handschrift IV Q 161^{a}, fol. 129^{r}–133^{v}.

22 In der Handschrift Mil. II 53, fol. 403va–407vb.

23 In der Handschrift I F 328^{a}, fol. 55ra–57^{v}.

24 In der Handschrift IV Q 166, fol. 2^{r}–2^{v}.

25 In der Handschrift I O 77, fol. 459^{r}–460^{v}.

26 In der Handschrift I O 52, fol. 176^{r}–180^{v}.

27 Vgl. Anm. 14 und 17.

28 Sign. IV F 183 und Akc. 1975/337.

29 Manikowska: Legenda (wie Anm. 3), S. 164–165.

30 Sign. IV Q 176, fol. 2^{v}–19^{r}. Vgl. Joseph Jungnitz: Das Breslauer Brevier und Proprium. Breslau 1893, S. 24–38, bes. S. 29.

31 In der Handschrift I O 108.

abweichenden Redaktionen[32], obwohl das Incipit jedesmal identisch ist: „Lux lucis et fons luminis".

Die nächste der hl. Hedwig gewidmete Gruppe von Texten, umfangreicher als die vorige, bilden die eigens für ihren Feiertag vorbereiteten Predigten. In den Sammlungen der Handschriftenabteilung gelang es mir, 43 *sermones* in 27 Kodexen zu finden; in manchen Handschriften erscheinen sie im Zyklus von drei bzw. zwei Predigten[33]. Man kann feststellen, daß man nur ganz selten Predigten begegnet, in denen die auf die hl. Hedwig bezogenen biographischen Motive nicht auf den aus der „Legenda maior" geschöpften Informationen basieren, obwohl es möglich war, in einigen Fällen auch eine direkte Abhängigkeit von der Kanonisationsbulle des Papstes Klemens IV. nachzuweisen. Bemerkenswert ist die Tatsache, daß manche der der hl. Hedwig gewidmeten Predigten auch anläßlich des Festes der hl. Elisabeth und umgekehrt gehalten werden konnten, was als eine weitere Bestätigung dessen gelten kann, daß die beiden Heiligen aus dem Hause Andechs-Meranien ein einheitliches Heiligkeitsmuster vertreten.

Nach dem jetzigen Stand der Forschung ist es problematisch, eine endgültige Einschätzung von Nützlichkeit und Wert des oben erwähnten Stoffes für eine Studie über die Persönlichkeit der hl. Hedwig vornehmen zu wollen. Dies wird erst nach einer eingehenden Erforschung und Beurteilung der einzelnen Texte möglich werden. Man kann jedoch schon heute feststellen, daß die sich auf die „Legenda maior" und auf andere sie begleitende Werke stützenden Bearbeitungen hinsichtlich ihres faktographischen Gehalts nicht über die in den Quellentexten enthaltenen Daten hinausgehen dürften. Es ist auch kaum wahrscheinlich, daß man – angesichts der breiten Popularität der „Legenda maior" – in den kurzen Biographien Spuren der ältesten verlorenen, vom Leubuser Zisterzienser Engelbert geschriebenen Lebensbeschreibung der hl. Hedwig finden könnte (derartige Recherchen wurden von J. Klapper und J. Gottschalk vorgenommen[34]). Dagegen ist es berechtigt, die Nützlichkeit des untersuchten Stoffes für die Forschungen über

---

32 In den Handschriften: I F 605, fol. 230^{r}–231^{v}; I F 742, fol. 92vb–96ra; I Q 337, fol. 8^{v}–11^{v}; I O 75, fol. 344^{r}–367^{v}.

33 Eine genauere Auflistung wird in den Materialien der obengenannten Tagung „Święta Jadwiga (vgl. Anm. 2) veröffentlicht werden. Joseph Gottschalk (Hedwigs-Predigten aus 700 Jahren. In: Archiv für schlesische Kirchengeschichte 40 [1982], S. 129–164, hier S. 130–139) erwähnt vier mittelalterliche Hedwigs-Predigten.

34 Klapper/Gottschalk: Eine unbekannte „Historia" (wie Anm. 8), S. 283. Über Engelbert vgl. Konstanty Jażdżewski: Engelberci czy Engelbert? W związku z autorem pierwszego żywota św. Jadwigi śląskiej (druga połowa XIII wieku). In: Mente et litteris. O kulturze i społeczeństwie wieków średnich (Uniwersytet im. Adama Mickiewicza w Poznaniu. Seria Historia 117). Poznań 1984, S. 189–194; ders.: Lubiąż. Losy i kultura umysłowa śląskiego opactwa cystersów. 1163–1642 (Acta Universitatis Wratislaviensis 1081). Wrocław 1992, S. 97 f.

die Kultentwicklung der hl. Hedwig recht hoch einzuschätzen. Eine Zusammenstellung der Ortschaften, in denen die Hedwig-Zeugnisse entstanden waren und aufbewahrt wurden, weist auf das Augustinerkloster in Sagan als das ihren Kult am lebhaftesten pflegende Zentrum hin. Aus der chronologischen Textordnung ergibt sich, daß die im Laufe des 15. Jahrhunderts, besonders in seiner ersten Hälfte entstandenen Materialien am zahlreichsten vertreten sind[35].

In der vorliegenden Untersuchung möchte ich ein besonderes Augenmerk auf eine der Kurzfassungen der „Legenda maior", „Vita sancte Hedewigis" überschrieben, lenken, die nur in einer Handschrift der Universitätsbibliothek Breslau überliefert ist. Diese Handschrift stammt aus der Sammlung von Johann Gottlieb Milich und trägt die Signatur Mil. II 53. Die „Vita sancte Hedewigis" entging bis jetzt der Aufmerksamkeit der Quellenforschung zu Leben und Kult der hl. Hedwig, obwohl die bibliographischen Informationen darüber schon zweimal veröffentlicht wurden[36]; es mag sein, daß dies auf ihr irreführendes Incipit zurückzuführen ist, das identisch mit dem in der „Legenda maior" ist.

Die Handschrift[37], in welcher anonyme Schreiber die „Vita beate Hedewigis" eingetragen haben, ist ein großer Papierfoliant (31,5 x 21 cm), der 408 Blätter zählt. Er ist in zwei Kolumnen von mehreren Händen geschrieben, wobei den Hedwig-Text zwei Personen geschrieben haben. Ihre Schrift kann man als spätmittelalterliche gotische Kursive mit deutlichen Elementen der Kurrentschrift bestimmen, was den Lesevorgang als ein nicht allzu dankbares Unternehmen erscheinen läßt. Der Kodex war noch im 15. Jahrhundert in die mit rot gefärbtem Leder bezogenen Bretter eingebunden worden. Die Verzierungen sind eher einfach, sie beschränken sich auf einige einfarbige Initialen und auf das Rubrizieren.

Der Kodex enthält lediglich drei Texte:

fol. 1ra–403ra Petrus Berchorius Pictaviensis (ca. 1290–1362): „Reductorium morale" (*libri* V–IX); inc.: „Mundus est universitas creaturarum conglobata [...]"[38]

---

35 Über die Entwicklung des Hedwigskults in Schlesien vgl. Wincenty Urban: Z dziejów kultu św. Jadwigi na Śląsku. In: Wiadomości Kościelne 3 (1948), Nr. 1/2, S. 32–36, hier S. 34–35; vgl. auch Jungnitz: Das Breslauer Brevier (wie Anm. 30), S. 62.

36 Verzeichnis der Handschriften und geschichtlichen Urkunden der Milich'schen (Stadt- oder Gymnasial-)Bibliothek in Görlitz. Als Anhang zum Neuen Lausitzischen Magazin Bd. 44–45 [Görlitz 1868–1869], S. 146 f.; Aus preußischen Handschriften-Verzeichnissen. In: Archiv der Gesellschaft für ältere deutsche Geschichtskunde 11 (1858), S. 716.

37 Die nachstehende Erschließung der Handschrift basiert auf der Beschreibung, die Herr Stanisław Kądzielski vorbereitet hat, und ist den Materialien zum Katalog der mittelalterlichen Handschriften aus der Sammlung von J. G. Milich entnommen.

38 Fridericus Stegmüller: Repertorium biblicum medii aevi. Bd. IV: Commentaria. Auctores N–Q. Matriti 1954, Nr. 6425.

fol. 403va–407vb	„Vita beate Hedewigis"; inc.: „Hedwigis iam in celis beata, in terris de stirpe generosa [...]"
fol. 408^{r-v}	„Quaestio de virginitate beatae Mariae Magdalenae"; inc.: „Utrum beata Maria Magdalena, que in hac vita mundialiter vixerat [...]".

Es besteht kein Zweifel, daß die zwei letzteren Texte später als die den Großteil des Kodex einnehmenden Bücher V–IX (von insgesamt 15) des Traktats von Petrus Berchorius eingetragen worden sind; darüber hinaus hat man den Eindruck, sie seien in die Handschrift auf eine eher zufällige Weise eingefügt worden. Davon zeugen vor allem die thematische Verschiedenheit der einzelnen Texte (obwohl in den mittelalterlichen Büchern eine *silva rerum* keine Besonderheit ist) und der Aufbau der Handschrift, in der der letzte Sexternio nur bis zur Hälfte vollgeschrieben ist, wie auch der von dem Rest der Niederschrift abweichende Schriftzug.

Es ist schwierig, die Herkunft der Handschrift genauer zu bestimmen, denn der einzige, vor dem Ende des 15. Jahrhunderts vorgenommene Provenienzeintrag (auf fol. 408^{v}, unter dem letzten Text) lautet: „Item ego frater Johannes Werneri in Zoraw comparavi istum librum pro 6 solidis". Er weist wahrscheinlich auf den zweiten Besitzer des Kodex, einen gewissen Bruder Johann Werneri hin, der für 6 Solidi unsere Handschrift in dem zur Meißener Diözese gehörenden, aber dem schlesischen Sagan benachbarten Sorau erworben hat. Wegen eines Mangels an weiteren Provenienzangaben ist es auch unmöglich, das spätere Schicksal des Kodex zu verfolgen. Mit einer gewissen Wahrscheinlichkeit kann man annehmen, daß die Handschrift danach zuerst in die Bibliothek des Franziskanerklosters in Görlitz und von hier aus 1785 in die dortige Gymnasialbibliothek gelangte, wo schon früher, seit 1727, die Buchsammlung von Johann Gottlieb Milich aufbewahrt war. Gerade aus der ehemaligen Franziskanerbibliothek stammt eine ansehnliche Gruppe von mittelalterlichen lateinischen Handschriften, vor allem theologischen Inhalts, die sich später in der Milichschen Bibliothek befanden[39].

Es fehlt im Kodex auch an irgendwelchen Informationen, die seine Datierung ermöglichen würden. Als hilfreich erweist sich hierbei jedoch die Analyse der Schrift und des Papiers, die ergibt, daß die Handschrift um die Mitte des 15. Jahrhunderts niedergeschrieben wurde. Angenommen, es sei dazu in der Meißener Diözese gekommen, zu welcher sowohl Sorau als auch Görlitz gehörten, so stellt

39 Vgl. Robert Joachim: Geschichte der Milich'schen Bibliothek und ihre Sammlungen. 1. Teil. In: Städtisches Gymnasium zu Görlitz. Ostern 1876 [...]. Görlitz 1876, S. III–VII, XXVII.

sich heraus, daß der oben annähernd bestimmte Zeitpunkt der Eintragung des Lebens der hl. Hedwig in unseren Kodex und – was nicht unmöglich zu sein scheint – auch dessen Kompilation, im Zusammenhang mit den Versuchen des aus Schweidnitz stammenden Bischofs Johannes IV. Hofmann (1427–1451)[40] stehen, ihren Kult zu verbreiten und ihren Festtag in dieser Diözese einzuführen[41]. Der Text der „Vita sancte Hedewigis" könnte als Vorlage für die für den Tag ihres Festes bestimmten Predigten gedient haben.

Wer war der Verfasser des Textes über die hl. Hedwig, wann und zu welchem Zweck hat er ihn geschrieben, wer hat wo die Handschrift verfertigt, auf welche Weise ist sie nach Sorau gelangt, aus welchem Orden und Kloster stammte der Bruder Johann Werneri? Die Antworten auf diese Fragen müssen angesichts des Mangels an unmittelbaren Hinweisen in der Quelle momentan noch ausbleiben. Über den Verfasser, der – wie man annehmen darf – auch der Schreiber gewesen ist, läßt sich lediglich sagen, daß ihm vermutlich die polnischen Verhältnisse in der ersten Hälfte des 13. Jahrhunderts fremd waren; davon zeugt zum Beispiel, daß der Name „Cuiaviensi" zu „Cÿrianensi" verdreht worden ist (fol. 404vb); er verfügte dagegen über eine recht gute Kenntnis der deutschen Verhältnisse, was die korrekte Schreibung der deutschen Namen bestätigt. Charakteristisch ist die Randbemerkung, welche die Lage von Landsberg bestimmt – „apud Hallis Magdeburgensis dyocesis" (fol. 403va).

Der Text der in der Anlage abgedruckten „Vita sancte Hedewigis" stützt sich, wie ich schon oben erwähnt habe, auf den Text der „Legenda maior". In faktographischer Hinsicht geht er im Prinzip über die in der „Legenda maior" dargestellten Ereignisse nicht hinaus. Im Vergleich mit anderen bisher veröffentlichten abgekürzten Fassungen des Lebens der hl. Hedwig ist unser Text am umfangreichsten. Die „Prefaciuncula" ist darin fortgelassen worden, man hat dagegen im eigentlichen Text die mit der Urschrift übereinstimmende Gliederung in Kapitel bewahrt: Auf den ersten, nicht überschriebenen Teil, der allgemeine genealogische und biographische Informationen enthält, folgen nacheinander die in

40 Gottschalk: St. Hedwig (wie Anm. 4), S. 306. Über Johannes Hofmann vgl. Eduard Machatschek: Geschichte der Bischöfe des Hochstifts Meißen in chronologischer Reihenfolge. Dresden 1884, S. 386–432; Willi Rittenbach / Siegfried Seifert: Geschichte der Bischöfe von Meissen 968–1581 (Studien zur katholischen Bistums- und Klostergeschichte 8). Leipzig 1965, S. 295–315. Seine besondere Verehrung für die hl. Hedwig kann man gut in seinem Vermächtnis erkennen; vgl. E. G. Gersdorf (Hg.): Urkundenbuch des Hochstifts Meissen (Codex diplomaticus Saxoniae regiae. Haupttheil 2. Bd. 3). Leipzig 1865, Nr. 1004.

41 Das Fest der hl. Hedwig wurde schon früher, im Jahre 1360, in die Franziskaner- und Klarissinnenklöster der Meißener Diözese eingeführt – Gersdorf (Hg.): Urkundenbuch (wie Anm. 40), Nr. 525; vgl. Machatschek: Geschichte (wie Anm. 40), S. 287–288.

abgekürzter Form betitelten Abschnitte „De humilitate“, „Paciencia“, „Austeritas eius“, „Devocio“, „Obitus“ und „Translacio“. Die Kurztitel sind in Rot, gewiß vom Schreiber selbst, an den Rändern neben den Anfängen der entsprechenden Teile des Textes eingetragen worden. Die Anfänge aller ausgewiesenen Kapitel, mit Ausnahme des ersten und des letzten, sind identisch gestaltet: „Tante humilitatis (paciencie, austeritatis, devocionis) extitit, quod [...]“; in der „Legenda maior“ ist eine solche Komposition nicht feststellbar. Es ist bemerkenswert, daß der mit keinem eigenen Titel versehene Teil, der in der Edition von Aleksander Semkowicz in den „Monumenta Poloniae historica“ mit „De operibus misericordie beate Hedwigis et de pietate eius ad proximum“ überschrieben ist[42], in dem Abschnitt „Devocio“ enthalten ist. Es fehlt dagegen an einem Kapitel, das Aufschluß über die von der hl. Hedwig sowohl zu Lebzeiten als auch nach dem Tode vollzogenen Wunder geben würde. Die einzigen Wundertaten, die der Verfasser des „Vita“ anführt, sind folgende: der vom Kreuze die Heilige segnende Christus (fol. 404va), die Verwandlung des von Hedwig getrunkenen Wassers in Wein, wodurch sie dem Zorn ihres Ehemannes entgehen konnte (fol. 405rb), die wunderbare Erwärmung einer der Dienerinnen bei starkem Frost (fol. 405va), das wunderbare Erscheinen der Stiefel an den nackten Füßen Hedwigs angesichts des sich nähernden Ehemannes (ebenda; unsere Lebensbeschreibung fügt noch hinzu, daß „dominus Ihesus ipsius pedes mirabiliter calceis vestigebat“), ihre Gabe, angesichts des Todes die Zukunft zu prophezeien (fol. 406vb). Alle diese in die Beschreibung des Lebens der hl. Hedwig eingeflochtenen Wunder bilden einen integralen Teil der „Legenda maior“.

Die vorgestellte „Vita beate Hedewigis“ ist eine Zusammenfassung des Textes der „Legenda maior“. Verhältnismäßig viele Partien (ungefähr 30 Prozent des gesamten Textes) sind daraus wörtlich entlehnt worden. Es handelt sich um einzelne Sätze oder auch Satzteile. In manchen Fällen liegt eine Umstellung der Reihenfolge der Wörter in den übernommenen Sätzen vor. Ohne den Sinn zu ändern, tauscht der Verfasser auch einzelne Wörter im zitierten Text aus (z. B. „munera“ - „dona“, „bone“ - „beate“, „patroni“ - „viri“, „attenuatum“ - „maceratum“ usw.).

Die übrigen Passagen resümieren, manchmal ganz allgemein, den Quellentext. Nicht sehr zahlreich sind Ergänzungen, die den faktographischen Inhalt des Textes allerdings nicht beeinflussen; so findet sich in der Beschreibung der abgetragenen Kleidung der Heiligen („indumentum, quod pre vetustate consumptum, fila evidencius preminabat“) die Ergänzung „et videbatur denudata“ (fol. 404rb) und in der Beschreibung der ehelichen Enthaltsamkeit („bonam hanc conswetudinem“)

42 Wie Anm. 1.

die Ergänzung „propter Deum inceptam" (fol. 405ra). Eine charakteristische Hinzufügung, Wendung zum Leser oder zum Hörer, finden wir auch bei der Glaubwürdigkeitsbestätigung eines der Wunder durch die Zeugin „Adilheydis relicta Theodrici de Janowucz", die zweimal „pedestre" (auch das ist eine Ergänzung) den Apostolischen Stuhl besucht hat: „crede idem" (fol. 405va). Nur ganz selten, z. B. in der Beschreibung der von der hl. Hedwig unternommenen Fasten, ist der primäre Sinn des Textes der „Legenda maior" entstellt worden. Es unterlaufen dem Schreiber auch Datierungsfehler, was sowohl auf eine falsche Angabe im Quellentext, als auch auf die Nachlässigkeit des Kopisten zurückzuführen sein kann. Seine Arbeit kann im allgemeinen nicht allzu hoch eingeschätzt werden, hauptsächlich wegen der verhältnismäßig vielen Berichtigungen eines Korrektors, wie auch wegen der von diesem übersehenen Fehler, die aus dem ungenauen Verständnis des Textes resultieren.

Die hier untersuchte „Vita sancte Hedewigis" ergänzt zwar nicht unser Wissen über das Leben der hl. Hedwig, sie stellt aber eine weitere Quelle dar, die einigen Aufschluß über ihren Kult zu geben vermag, und in diesem konkreten Fall – wie mir scheint – ist sie ein Beweis für die Ausbreitung ihrer Verehrung über die Grenzen Schlesiens hinweg, bis in das Gebiet der Meißener Diözese (um die Mitte des 15. Jahrhunderts).

Der Aufbau der vorliegenden Lebensbeschreibung erinnert an denjenigen der von J. Klapper und J. Gottschalk herausgegebenen „Historia sancte Hedwigis minor"[43]. Beiden Autoren lag offenkundig daran, die Person der hl. Hedwig in historischer Hinsicht möglichst getreu zu erfassen; darüber hinaus wurden die Lebensbeschreibungen mit verschiedenen Beispielen der Frömmigkeit der hl. Hedwig bereichert, was für die – bei der Predigertätigkeit verwendeten – Heiligenbiographien charakteristisch ist. Dies war wohl auch der Zweck der Verfertigung der hier besprochenen, bisher nicht näher bekannten „Vita beate Hedewigis".

*

In der nachstehenden Edition des Textes der „Vita beate Hedewigis" wurden die Besonderheiten der Orthographie (vor allem in Orts- und Personennamen) beibehalten; die Interpunktion wurde geregelt. Schreiberfehler wurden korrigiert und die ursprünglichen Lesarten in den Anmerkungen angegeben. Die Ergänzungen des Herausgebers erscheinen in eckigen Klammern.

---

43 Wie Anm. 8.

[a-a]Vita beate Hedewigis

Hedwigis, iam in celis beata, in terris de stirpe generosa progrediens, nobilis quidem erat secundum corporee propagacionis originem. Hec utique magnifici principis, videlicet Bertoldi, marchionis Badensis, comitis Tyrolensis atque ducis Meranie filia, mater eius filia fuit comitis de Rochelicz, Theodorici, filii Conradi, marchionis Mysnensis et de Landesberk[b-b], nata. A parentibus a sua puericia cor gerens senile, leves mores et insolencias fugere solebat iuveniles. Ab infancia eruditorem Spiritum sanctum habuit, qui ipsam Deum timere docuit et abstinere ab omni peccato, ita ut mundam servaret animam suam ab omni concupiscencia. Ideo in etate iuvenili in claustro Kÿczingen sacras litteras didicit, quarum studio tempus iuventutis utiliter expendit.

Quatuor fratres habuit, quorum unus Bertoldus, Aquilegiensis patriarcha, alter Eckebertus, episcopus Babinburgensis, reliqui duo, videlicet Otto et Hinricus, seculari milicie dediti, patri successerunt in dominio. Ipsa eciam tres habuit sorores, quarum una Philippo, regi Francie nupsit, altera regi Andree Vngarie, de qua nata est sancta Elizabeth, que iacet in Martborg[c], tercia fuit abbatissa sanctimonialium in ordine sancti Benedicti in Kyczingen Franconie.

Ipsa vero Hedwigis beata, cum XII esset annorum, magnifico principi Hinrico, duci Slezye et Polonie, matrimonialiter iungebatur, quem cum Dei timore, non cum libidine[d], consensit suscipere. Nam in contrahendo matrimonio plus parentum suorum, quam suam sequebatur voluntatem. Coniugali enim vinculo alligata secundum *[fol. 403vb]* doctrinam apostoli honorabile connubium et thorum immaculatum custodivit, solum filiorum procreacionem sperans. Attamen quando pro tempore licuit et de mariti[e] consensu habere potuit, vincebat continenter. Mox enim cum esset annorum XIII et XIII ebdomadarum, ut gravida se cognosceret, a viri thoro abstinuit donec ad complecionem puerperperii pervenisset. Hoc observavisset donec ad tempus illud, quo parere desysset. Ipsa quidam in hoc sancto matrimonio tres filios et tot filias genuit, videlicet Boleslaum, Conradum et Hinricum, Agnetem[f], Sophiam et Girdrudem[g]. Talem quoque formam vivendi, quousque poterat, docebat, precipue tamen ducissam Annam, nurum[h] suam, docuit observare. Ipsa quidam per totum Adventum et Quadragesimam[i] et per omnes dies quatuor tem-

a-a *Am oberen Rande:* De sancta Hedewige.
b-b *Am Rande:* apud Hallis Magdeburgensis dyocesis.
c *Am Rande:* Martbuge.
d Libedine.
e Maritu.
f Agnetam.
g Girdrudam.
h *Korrigiert aus:* nuram; *am Rande:* Nurus.
i XL^{mam}

porum continenter vivebat et in sanctorum vigiliis, quia non reputabat sanctorum dignam venerandam, quam carnalis delectacio macularet.

De tam sancta radice sancti sunt rami progressi. Et iam filius eius, dux Hinricus, pro populo Dei barbaris et infidelibus occurrens se opposuit fusoque sagwine suo anno Domini M° CC XLI quinto ydus aprilis mortem *[suscepit]*[a]. Filia vero Gerdrudis virginali puritate in monasterio Cirstercÿensi Domino serviebat.

Tanta quidem continencia serviebat Domino, ut ipsa virum suum inducebat, ut uno animo parique consensu cum solempni episcopali[b] benediccione *[fol. 404ra]* ad continenciam se perpetuam obligarent. Spiritu namque Domini confortati circiter 10[c] annos continentes vixerunt. In omni autem illo tempore nunquam sola maritum, sed semper ducibus, honorabilibus personis astantibus et non[d] nisi promoveret apud ipsum opus pietatis aut negocia religiosorum sive personarum miserabilium alloquabatur, [e-]et hoc fuit[-e] in publico aut in ecclesia, pluribus videntibus verba sua et audientibus. Insuper ipsum in egritudine positum sola non visatabat, nisi Anna, nuru sua, secum commitante.

Constructo denique Trebnicensi monasterio procuravit in eo multas locari feminas et virgines sacras ad serviendum Domino pro corona glorie in cordis et corporis castitate. Inter quas obtulit Deo Gerdrudem filiam, postmodum ibidem abbatissam, pluresque nobiles et simplices puellas parentibus orbatas et opibus destitutas assumpsit in curam. Ex quibus alias inclusit monasterio ad virginalem castitatem conservandam, alias vero matrimonio iunxit ad custodiendam[f] pudiciam coniugalem, ut sic Christo servientes alie centesimum, alie tricentesimum fructum a Domino spectarent, alias vero secum habebat viduas ieiuniis et oracionibus vacantes die noctuque pro fructu sexagesimo congregando.

[g-]De humilitate[-g].

Tante hec humilitatis extitit, quod a sua iuventute vestimento de scarleto et pannos superflue sumptuosos[h] non ferebat, licet tamen satis bonis, ut filia marchionis, usa fuit indumentis, in quibus tamen non mundi pompa, nec corporis molliciem exquirebat, *[fol. 404rb]* sed status sui solummodo decenciam attendebat. Sub hoc eciam[i-i] sui honoris indumento cor devotum et humile nullatenus dereliquit. In eius capite non nigra, glauca, nec alia pepla[j], nec crispata videbantur velamina, pectus-

---

a *Fehlt.*
b *Nochmals unter der Zeile.*
c *Am Rande:* X.
d *Am Rande.*
e–e *Durchgestrichen und am Rande:* sine hoc fuit.
f Costodiendam.
g–g *Am Rande, rubro.*
h Sumptuosus.
i–i *Hier durchgestrichen:* fui.
j Pepula.

que illius nec monilia aurea, nec gemmis circumposita, nec digitos suos anuli aurei decorabant. Omne enim genus superbie aut vane glorie abhominabatur, nec ferebat[a] eciam tempore iuventutis. Ipsa eciam virum suum sacris exhortacionibus Domino inspirante induxit ad humilitatem, ut quasi alter monachus extitit, non quidem religione aut habitu, sed religiosa devocione cordis ex humilitate, que in ipsius operibus relucebat. Tonsuram enim rotundam et barbam non longam ferebat, ut Hinricus cum Barba nunccuparetur. Hic quamvis esset princeps magnificus, tamen sic pauperibus condescendebat ex humilitate et simplicibus personis eorum, si qua sibi aliquando deferebat munera, et parvi valoris, ut gratanter acciperet et eciam eis humiliter inclinaret, gratum indicans, dum pauper homo rusticus[b] ei scutellam cum ovis exhibuit, quam si dives ei magna[c] exenia obtulisset, dicens[d] id: „Quia hic pauper, qui victum suum amore nostri sibi subtraxit, quam nobis intuitu gracie obtulit, solacii ei saltem dona impendimus, si gratanter eius dona acceptamus". Ecce non dubium, quin huius beate mulieris[e] sit vir iste beatus.

Portabat ipsa eciam quandoque causa humilitatis aliquomodo tam diu indumentum, quod pre vetustate consumptum, fila[f] evidencius preminabat [g-]et videbatur denudata[-g]. Unde quedam sibi familiaris, dum attrito eam videret pallio incedentem, dixit ad eam: „Quam diu hoc pallium portare dilectaretur, *[fol. 404va]* subtraham illud et dabo pauperi indigenti". Illa respondit: „Et si de hoc scandalizaris, aliud michi procurabo".

In propria enim reputacione erat peccatrix, licet coram Deo et suis, cuilibet esset vasculum omni sanctitate plenum et coram hominibus exemplaritate vite speculum luminosum. In spiritu humilitatis loca, ubi moniales aut alii sancti homines steterunt, habitacula, oportunitate super genua sua humiliter procumbens deosculando labiis contingebat. Similiter omnes gradus et stalla et scabella posita ante lectos osculabatur, estimans sanctum omne, quod tangebat sancte moniales et homines Domino servientes.

Quadam die, dum, ut solebat, stalla sororum osculabatur, quedam soror furtive in choro latens vidit, dum prostrata oraret ante[h] altare beate virginis Marie, cui crux[i] magne quantitatis supposita erat habens ymaginem crucifixi, qui eam dextra manu benedicens dixit: „Exaudita est oracio tua et que postulas inpetrabis". Quis dubitat, quin pro sororibus et hominibus sibi servientibus peciit Dominum et exoravit.

---

a Verebat.
b *Nochmals am Rande.*
c Magnam.
d *Am Rande.*
e *Korrigiert aus:* beate honoris.
f *Korrigiert aus:* filia.
g-g *Am Rande.*
h Ante *zweimal; einmal durchgestrichen.*
i *Durchgestrichen und wiederholt am Rande.*

Tanta [a-]erat decorata humilitate[-a], ut ex aqua, de qua sorores pedes mundificarent, ipsa sibi sepius et suorum nepotulorum facies totumque corpus, capud et collum abluebat. Hoc faciebat, ut hec aqua sibi et ipsis pueris proficeret ad salutem. Ipsa eciam pauperum pedes Dominum secuta abluebat, lotis eorum pedibus et lintheo extersis deosculabantur, non solum pedes, sed eciam manus, ipsosque pauperes data elemosina dimisit consolatos. Nunquam in mensa bibebat nisi prius difformior pauper de ipsius cyato incepisset. Ipsis quidem pauperibus coram ipsa manducantibus propriis manibus *[fol. 404vb]* ministrabat. Inter[b] cetera sue humilitatis insingnia [c-]a mendicantibus[-c] fragmina panum precio comparabat, quibus velud exquisitis ferculus[d] vestebatur. Hanc humilitatis formam[e] usque ad finem *[vite]*[f] sue sectabatur. Nam dum eam mori contingeret simpliciter et humiliter sepeliri postulabat et precipit.

[g-]Paciencia[-g].

Tanteque paciencie extitit hec beata, quod nulli unquam dure respondit, sed omnes benigne alloquens cunctis se consolatorem exhibebat. Omnibusque sibi male facientibus respondebat: „Quare fecisti? Deus tibi indulgeat“, nec aliter cunctis suis emulis respondebat.

Hec quidam cum audisset, quod vir eius a duce Conrado Cuiaviensi[h] graviter fuit vulneratus nec non captivatus, respondebat: „Spero, quod Dominus eum cito liberabit suorumque vulnerum plenariam recipiet sanitatem“. Quod et factum est. Nam licet dux Conradus a plurimis rogatus nuncciis ducis[i] Hinrici a captivitate liberum recusavit dimittere, tum eciam inventum fuit proconsilium, quod manus valida bellicis eum deberet liberare armis. Ipsa sagwinem exhorruit utrarum parcium effundendum, personaliter adiit presenciam detentoris. Qui videns Dei famulam, ferocitatem deponens, concordiam iniit ac ducem Hinricum dimisit.

Occurruntque alia ipsius paciencie exempla, edificacionis nostre ipsiusque laudis gracia non tacenda. Mortuo namque circa annum[j] Domini 1237 duce Hinrico eius marito, dum omnes sorores in Trebnicz pro amissione tanti viri inconsolabiliter flerent, ipsa earum cordis molliciem arguebat dicens: „Numquam vos divine voluntati vultis esse *[fol. 405ra]* contraria? Hoc non expedit vobis, karissime, cum Creator de sua creatura potest et debet facere absque nostro tedio sueque placuerit

---

a–a *Am Rande, statt:* iam ipsa vexebatur humilitate.
b *Nochmals über der Zeile nachgetragen.*
c–c *Durchgestrichen und wiederholt am Rande.*
d *Am Rande statt durchgestrichenen:* procul.
e Formam *zweimal; einmal durchgestrichen.*
f *Fehlt.*
g–g *Am Rande, rubro.*
h Cÿrianensi.
i Duci.
j Annus.

bonitati". In hoc sui viri mortem non diligebat, sed et constancie pacienciequé exempla sororibus demonstrabat. Similiter dum filium ducem Hinricum a Thartharis audisset occisum, filiam suam Girdrudem[a], abbatissam in Trebnicz, et Annam, nurum[b] suam, uxorem eiusdem, consolabatur dicens: „Dei voluntas est et nobis placere debet, quod vult et quod placet domino nostro Ihesu Christo". Et erectis in celum oculis et manibus gracias agebat Deo, qui sibi talem donasset filium, qui sui sagwinis effusione, Christi sagwini obtulit recompensatum, hoc atque animam filii sui Deo commendabat.

[c-]Austeritas eius[-c].

Tanteque austeritatis exstitit, quod cottidie ieiunabat, preterquam in diebus dominicis, in quibus bis cibum sumebat. Ab esu carnium ac omnium annis circiter XL abstinuit, nullis precibus ac reprehensionibus acquiescens, ut bonam hanc conswetudinem propter Deum inceptam violaret. Propter quod semel germanus ipsius, Eckebertus episcopus Babenburgensis, quem multum, sicud decuit, diligebat ipsum, ipsam redarguit, attamen ipsa propter hominem dimittere noluit, quod propter Deum incipiebat. Semel dum dominus Wilhelmus Mutinensis episcopus et Apostolice Sedis legatus per Poloniam transietur, ipsa beata Hedwigis decumbebat, cui ut carnes comedetur sub obediencia iniunxit. At illa mandatum adinplevit precipientis, sed dicebat se plus mentaliter carnium comescione gravari, quam de illa gravi egritudine, quod corporaliter laborabat. Hoc intelligens, dicens Dominus ipsam inducebat, ut hanc *[fol. 405rb]* modesciam tam discrete servaret, donec ad tempus remuneracionis a Domino preordinatum perveniret. Ebdomadam in commedendo sic distinxerat, ut die dominica, secunda et quinta feriis leguminibus et lacticiniis, sabbato vero et secunda feriis leguminibus aridis, quarta autem et sexta feriis pane et aqua solummodo vesceretur. Postmodum effecta robustior singulis diebus arida legumina cum pane siligineo, exceptis diebus dominicis et aliquibus festivitatibus, in quibus pisces comedebat. Coacta tamen[d] per suum dyocesianum ac suos confessores cervisiam bibebat, sed ceteris diebus sola aqua cocta sed infrigidata utebatur. In Adventu Domini et in Quadragesima[e] et in vigiliis multorum sanctorum sanctarumque ac apostolorum, ac feria sexta per anni circuitum in pane et aqua semper ieiunabat. Dum aliquando ei diceretur, cur tot sanctorum vigilias ieiunaret, respondit: „Sancti nobis sunt necessarii, ut nobis subveniant et nobis in hora mortis succurrant, ipsos debemus merito venerari".

Contingit quidam, quod beata Hedwigis apud maritum suum per emulos suos de aque continenter bibicione sepius accusatur. Cuius rei causa dux semel ipsa nesciente

---

a Girdrudum.

b Nuram.

c–c *Am Rande, rubro.*

d Tamen *zweimal; einmal durchgestrichen.*

e XL^{ma}.

inprovise venit tollensque cÿphum cum aqua bibit, sed non aque dux, sed vini boni saporem degustavit, propter quod accusatori dixit: „Tibi deberent pro tuo mendacio occuli erui[a]", nesciens ibi subitam factam vere permutacionem. Huiusmodi quidem miraculum testes fuerunt et qui aquam habuerunt et ad cyphum funderunt[b] ac una de personis ibi[c–c] existentibus, de vino ex aqua facto bibentibus, erat Adilheydis, relicta Theodrici de Janowucz militis, femina honorabilis, que[d] bis sanctorum *[fol. 405va]* apostolorum Petri et Pauli limina pedestre visitaverat, propter quod eius velud sanctis actibus aprobata testimonio est, crede idem.

Dimissis quidem multifariis ac variis vestibus et pelliciis solo pallio[e] et tunica simplici estate hyemi corpus macilentum contegabat, adeo ieiuniis maceratum, ut sub cute[f] pallida ex frigoribus et disciplinis ossa marcida tantummodo remansisse videntur. Quare licet sic incenderet, tamen minime sensit frigoris algorem atque gelu ex eo, quod intus in meditacione ipsius sit ignis divini exardescebat amoris, qui foras erumpens, non solum sibi, verum eciam alteri frigus impressum temperanee mitigaret. Nam accidit quodam tempore hyemali, dum beata Hedwigis diucius oraret, quedam famula, que ipsam exspectabat, nimium algefacta ei cogeretur dicere: „Domina, frigus me viget peramplius ac diucius stare non possum." Sed illa cedens in partem, et illa in eo, quo ipsa steterat, loco stare precepit, quod dum fecisset, statim cessante frigore gracioso fuit relevata calore.

Ipsa eciam Deo devota semper nudis pedibus in gelicidiis et nivibus incedebat. Calceos sine filtris et absque soccis calceos sub ascellis portans, quos tunc induit, quando honorabilibus personis occurrere contingebat, quibus abeuntibus ipsos protinus deponebat. Accidit quadam die, ut ipsa sit nudis pedibus incedente ex inopinato virum suum habuit obviam ac in arto, ut calceos induere nequibat. Ipsa tamen calciata apparuit marito et sic indignacionem mariti evadens, quia Dominus Ihesus ipsius pedes mirabiliter calceis vestigebat.

Accidit quod quidam dominus Guntherus, abbas Lubicensis, protunc confessor ipsius, calceos ei obtulit per obedienciam, ut portaret ei iniunxit. Quos ipsa gratanter accipiens, *[portavit]*[g] non quidem in pedibus, sed sub ascellis. Completo anno que non portasset de inobediencia eam inculpavit, ipsa vero calceos non attritos protulit humili voce dicens: „Ymmo pater obedivi. En hii sunt calcei, quos michi tribuistis et ego semper portavi non in pedibus, *[fol. 405vb]* sed sub ascellis". Frater Herbordus de ordine Fratrum Minorum ex peticione domine Anne, que fuit nurus eius, ipsam per mandatum coegit induere calceos et portare, que pedulos

---

a *Korrigiert aus:* erue; *wiederholt am Rande.*
b Fuderunt.
c–c Subitam *durchgestrichen.*
d Qua.
e Pellio.
f Cuta.
g *Fehlt.*

laneos pedibus suis imposuit et calceos sub ascellis aut brachiis ferebat, donec ab ipso precibus obtinuit, ut perseveraretur in nudipeditacione *[...]*[a]. Soror Juliana protestabatur, quod ex sedula nudipeditacione pedes eius tantas scissuras habebant[b], quod in ipsis posset digitus collocari. Hoc idem Gerdrudis abbatissa aprobavit ex facto locionis pedes in cena, dum soror Jotta ex predictis scissuris videbat cruorem coagulatum effluentem, quando post longam fatigacionem obdormisset.

Quantacumque fuerit asperitas frigoris nudis semper [c-]manibus[-c] ad legendum psalterium tenebat et lumen ac orando manuum articulis terre frequencius incumbebat, propter quod et ipsa manus scissuras habebat, de quibus sepe gutte sanguinis effluebant. In corpore suo proxime cilicium durum de pilis equorum contextum ferebat, cui manicas de panno albo assuerat, sic pie[d] intuencium deludens occulos ne interior vestis videretur. Zonam quoque nodosam de pilis equorum contortam super lumbos suos ferebat, cuius *[asperitas in tantum]*[e] exulceraverat carnes eius, quod[f] putrefacte decidebant. In lecto quoque secundum ducalem decenciam preparato nunquam dormivit, sed super pavimento corio tecto post longam oracionis moram pausabat. Semel namque egrotanti sibi subtracta fuerat culcitra, quam mox ut sensit ammoveri precepit.

Ipsa namque cottidie ad matutinas pervigil surgebat et cum sorores matutinas cantabant, ipsa locum capituli ingrediens se disciplinabat in tantum, ut gutte sanguinis in terram de ipsius corpore cecidisse viderentur. Nec contenta plagis, quas sibi propriis manibus inferebat, sed et alias personas ad eam percuciendam precibus et obediencia compellabat. Nam domina Denudis interrogata aliquando, cur fleret, ipsa respondit: „Quomodo non plorabo, cum cogor *[fol. 406ra]* flagellare hominem donec effundit sangwinem, in quo sunt solummodo ossa arida cute tecta?" Soror quoque Victoria[g] hoc idem egit, quod postmodum coram examinatoribus iuramento confirmavit.

[h-]Devocio[-h].

Tante namque devocionis extitit, ut cum ei ad mensam legeretur aliquando et sepe, tam avide atendebat, quod cibum levatum tenens manibus nec ori imposuit vel masticacionis oblita lacrimas fudit, ut vere dicere posset illud psalmista: „Quam dulcia faucibus etc." *[Ps. 118,103]* Hec beata licet in omni loco eius dominacionis Dominum benedicebat, maxime tamen David consilium secuta in ecclesiis Dominum exorabat.

---

a *Unleserlich.*
b Habebat.
c–c Pedibus manibus.
d Pie *zweimal; einmal durchgestrichen.*
e *Fehlt.*
f Ac.
g Victoriam.
h-h *Am Rande, rubro.*

Accidit semel cum quodam tempore ipsa oraret in camera coquine, quod quidam Bogoslaus de Sanow, cui ipsa coquinam pro pauperibus commiserat et ipse vellet recipere ollam, in qua sibi aqua more solito decoquebatur, qui dum appropinquaret ad locum, audit eam in oracione positam tantaque luce circumdatam, quod territus pavore non modico a domo recessit. Per dominam autem revocatus recepta vasa cum timore abibat. Anna enim nurus eius ac frater Herbordus confessor sepe viderunt eam ex devocione raptam, ut quasi insensibilis esset sancta. Et dominus Cosmas honestus miles in ipsius domine servicio sedulus dicebat: „Multociens quando domina mea sancta Hedwigis esset in oracionibus, contigit me venire pro aliquibus negociis ante eam, et vidi eam adeo intentam precibus et abstractam a sensibus, quod me stantem coram se non vidit, donec post magnam moram ad se rediret".

Dato matutinali signo ad ecclesiam cum omni sua familia properabat, non luto neque nivibus, non pluviis, non frigore, non aliqua aeris intemperie poterat detineri. Ibique perseverans donec totum officium finiretur. Quotquot dici poterat missas audiebat, inter quas semper genu flectabat aut prostrata terre humiliter incumbebat. Inter divinum officium nullum habebat penitus colloquium nec alicuius copiam sermonis, nisi inopinate aut in articulo inenunciabilis necessitatis.

Die quadam plures desiderabat *[fol. 406rb]* audire missas, propter quod capellanum suum nomine Martinum, postea canonicum Wratislaviensem, misit ad vocandum qui legeret missam presbiterum. Ille ibat licet invitus et habuit obvium calvum sibi conversum, qui ad curiam pro aliquo disponendo negocio venerat, quem capellanus assumens domine presentavit. Ipsa enim, quia simplex erat, non conversum ex habitu, sed calvum considerans, putans eum esse presbiterum, rogavit eum suppliciter, ut missam sibi legeret. Qui cum respondisset, quod nec presbiter esset, nec litteris esset inbutus, decepcionem capellani intuens petivit humiliter ab homine veniam. Et dixit capellano: „Deus parcat vobis, quod me taliter decepistis".

Quando enim communicari volebat, tunc tantas effundebat conpresencionis lacrimas, quod ad fletum monebat intuentes.

Sanctorum plurimas habebat reliquias, specialiter beate virginis ymaginem, quam semper suis gerebat in digitis, ut respiciendo se forcius ad eius amorem posset excitare, que ymago intra iuncturas secum sepulta fuit digitorum.

Inter cetera [a-]pietatis sue[-a] opera promovebat animarum salutem. Ideo maritum suum suis consiliis et exhortacionibus induxit, quod de propriis sumptibus *[construi fecit]*[b] monasterium Trebnicz sanctimonialium ordinis Cysterciensis, cuius sumptus fuerunt XXX milia marcarum. Fundatum est huiusmodi monasterium, edificatum est in honorem omnipotentis Dei ac virginis Marie et beati Bartholomei anno Domini 1219. Constructoque illud dotavit copiosis redditibus, qui sufficerent

---

a–a Pietatis opus sue.

b *Fehlt.*

ad omnes sumptus[a] necessarios mille personis et omnibus de nonis peregrinis electum accipere volentibus. Ipsa enim beata contulit eidem monasterio bona dotalicii sui Sauon cum villis adiacentibus, mansos circiter quadringentos de optima gleba. Ad diversa insuper[b] monasteria largas dabat elemosinas.

Leprosorum curas habuit speciales[c]. Unde leprosas feminas insimul habitantes prope opidum, quod dicitur Novum Forum, sic in suam receperat curam, ut eis alliquociens in ebdomada mitteret peccunias ac carnes ferinas, ac in vestibus et in aliis vite necessariis eis tamquam propriis filiis providebat. *[fol. 406va]* Circuiebat sedula cella dominarum etc., feminas pauperes in puerperio iacentes visitabat[d], dum aliquo modo poterat eis abiuncta ministrabat. Incarceratos etsi in propria persona visitare non poterat, tamen eos visitare magnis beneficiis non neglexit, insuper mutato vultus pallio etc. Clericum quendam Gallicum nacione a suspendio suis precibus liberabat. Plures apud se iuvenculas habuit parentibus orbatas, quas refovebat singulas providens, prout ei secundum Deum videbatur melius expedire, eas matrimonio aut religioni tradendo. Semper in ecclesia coram ea iacebat cumulus denariorum, qui distribuebantur egenis et ipsa sepius pauperibus propria manu erogabat nil relinquans preter victum etc.

Magister Hermanus, canonicus Glogaviensis et plebanus in Swydnicz, dicebat, quod vix centesimam partem de suis redditibus pro[e] se suaque familia reservabat, residuum in usus pauperum ac ecclesiarum tribuendo. Ipsaque multociens rogavit dominum Rudulfum notarium suum, ut apud pauperes esset pius, iudiciis[f] interfuit, ut pauperes eo manswecius tractarentur. Unde canitur cum se iudex poneret etc.

Post plurimos quadam fatigaciones, spiritu prophetico prenoscens dissolucionem corporis sui imminere, misso nunccio iussit ad se venire Katherinam Prutenam, quam ipsa de fonte laverat, ut sibi in infirmitate serviret. Illa ut fidelis vernula festinabat dominam Hedwigem inveniens, cui sedule ministrabant. Tempore quodam postquam incideret in infirmitatem, in qua tamen mortua fuit, vocato ad se fratre Matheo Cysterciensis ordinis, quem protunc in confessorem habuit, ab eo sacre unccionis sacramentum suppliciter postulavit. Interrogata ab Adilheÿde, que sibi familiatrix extitit, [g-]quare[-g] incolumis sacram[h] unccionem petendo corda eorum concuteret, respondit: „Licet adhuc sana incedam, tamen deputabor inter [i-]infirmos et[-i] subito cum egrotis et timeo, quod invalescentibus

---

a Sumptos.
b Adinsuper.
c Speciale.
d Visitabant.
e Per.
f Iudicem.
g-g *Am Rande statt durchgestrichenen:* Cur in.
h Sacramentum.
i-i *Am Rande.*

infirma[a] cum doloribus non possum, tunc illud salutare auxilium cum tanto devocionis fervore suscipere, ut competit anime *[fol. 406vb]* debenti[b] ad Dominum properare". Inunctaque non post longum tempus in lectum egritudinis incidit, nec sacramentum hoc postmodum reiteravit.

Tunc temporis Anna nurus eius erat apud regem Bohemie, fratrem suum, alie quidem sorores ei ministrantes langworem quamvis ei celeriter significare sathagebant. Ipsa autem prohibuit dicens: „Nolite timere nec mittite pro ea, non enim moriar antequam veniat", quod et factum est. Dum autem reversa fuisset, dicebat: „Numquid non dixi vobis: non moriar ante redditum filie mee".

Invalescente egritudine domina Gerdrudis, eius filia, protunc abbatissa in Trebnicz, ab ipsa sciscitabatur, ubi eligeret sepulturam. Illa ex humilitate respondit: „In communi cimiterio sepelire desidero". Cum autem filia non consentiret, in loco capituli sororum sepeliri peciit simpliciter. Filia respondit: „Te ducem, te matrem, in patris mei ponemus sepulcrum". Respondit mater: „Si oportet me humari in ecclesia, contestor te per Deum et obsecro, filia, ut in tumulo patris tui, a cuius thoro pluribus annis disiuncta fui, non colloces corpus meum. Nolo coniugi mortuo mortua, a quo dum viverem diu fui separata". Dixit filia: „Cum fratre meo Hinrico faciam vos tumulari". Cui Hedwigis: „Cum nullo volo habere consorcium in sepulchro. Sed si omnino in ecclesia decreveritis me sepelire, ante altare sancti Johannis ewangeliste me consulo sepelite", quia ibi sepulti iacebant quidam pueri nepotuli sui, quorum diligens innocenciam, cum eis sepelire adoptabat. Dum autem filia diceret: „Ante altare sancti Petri te matrem collocabimus, ut sepulcrum tuum semper ante oculos nostros habeamus". Illa prophetico illustrata spiritu dixit: „Hoc si feceritis, penitebit vos in brevi propter impedimenta, que venient vobis ex mea sepultura". Quod et factum est, nam a multitudine visitancium sepulchrum sororibus plurima venerunt incommoda.

[c-]Obitus[-c].

Appropinquante die, in quo post consummacionem bonorum operum deberet a Domino gloriosum recipere fructum, Deus *[fol. 407ra]* ei iocunditatis eterne quedam preludia ostendebat. Nam in die Nativitatis Marie, sororibus vesperas cantantibus, sola Katherina, eius patrina, mansit apud eam. Que vidit quosdam homines, qui luce fulgentes ad ipsam dominam ingredientes audivitque eam dicentem: „Bene veniant domina mea sancta Maria Magdalena, sancta Katherina, sancta Margareta, sancta Tecla", pluresque nominavit sanctas, quarum non retinuit nomina.

In die quoque sancti Mathei apostoli et ewangeliste, sororibus in capitulo existentibus, due ex ipsis, scilicet Pinnosa et Benedicta, eam langwentem visitabant,

---

a Infinita.
b Debente.
c–c *Am Rande, rubro.*

quibus presentibus ait: „Flectite genua vestra et orate". Que dixerunt *[...]*[a]. „Quare non videtis sanctam Mariam Magdalenam et sanctam Katherinam", quendam eciam martirem nominavit, cuius vocabulum, quia inusitatum fuerat, ab earum lapsum fuit memoria et maxime, quia soror Benedicta ignorabat litteras, ideo quia nomen illud retinere non poterat. „Tu, inquit, post obitus diem celestis aditus ter nobiscum pandetur". Post hec per aliquot dies dominus noster Ihesus Christus, pro cuius amore regnum mundi et ornatum seculi contempsit, animam ipsius sanctissimam de ergastulo carnis in eterne transtulit felicitatem claritatis anno Domini 1243[b], ydus mensis octobris circa horam vesperarum.

[c-]Translacio[-c].

Sequitur eius translacio.

Cum autem plures nuncii solempnes causa promovende sancte Hedwigis canonizacionem ad Curiam domini pape mitterentur, magister Nicolaus Cracoviensis scolasticus propter hoc illuc ire disposuit. Videns vero filiam fratris sui tanto pressam langwore, ut plus morti quam vite esset proxima, presertim cum iam agonizaret et amicis exinde dolentibus compaciens dixit: „Beata Hedwigis, ego te sanctam esse credo et ad promovendam[d] tue canonizacionis gloriam propono Romanam adire curiam, ut ergo in agendis audacior fiam, fac mecum signum in bono, hanc fratris mei filiam ab egritudine liberando". Hiis dictis ad mensam accessit cum aliis pranssurus. Et ecce, priusquam prandium finiretur, venit *[quidam]*[e] annunccians ipsam puellam *[fol. 407rb]* iam in tantum convaluisse, quod matri suo iocundo applausu aluderet ipsiusque tristem animum letis gestibus demulceretur.

Anno vero M CC LXIIII, die secunda exeunte *[Augusto]*[f], tunc in curia Romana magistro Salomone archidiacono Cracouiensi et Hereginberto decano Wissengradensi et multis aliis honorabilibus personis in canonizacionis procuracione sancte Hedwigis laborantibus, commissa fuit denuo per summum pontificem oretenus examinacio testium in curia Romana existencium super vita et miraculis beate Hedwigis, sed canonizacio ipsius extitit prorogata usque ad tempora domini Clementis pape quarti. Iste papa Clemens, quamvis multorum ydoneorum testimonio sufficienter de prerogativa meritorum beate Hedwigis esset instructus, desiderabat tamen et ipse signum a Deo per eius merita fieri, quod dum corporeis oculis conspiceret et ipse testis eius existeret sanctitatis. Et quia olim pridem seculari

---

a *Fortgelassen.*
b *Korrigiert aus:* 1343.
c–c *Am Rande, rubro.*
d Promovendum.
e *Fehlt.*
f *Fehlt.*

milicie[a] deditus ex sua legittima uxore filiam generavit lumine oculorum privatam, que inter missarum solepnia Dominum exoravit, ut per illius intercessionem, de cuius tunc agebatur canonizacione, si facta existeret, filie sue cecitatis incommodum tolleret, eique lumen[b] donaret oculorum. Affuit absque mora pontifex eternus sui annuendo vicarii precibus et natam ipsius claris oculis decorat, ut et ipse clarificet filium Dei in sancta sua celerius eam extollendo, quam ex novi consideracione miraculi satis perpendere poterat, iam esse translatam ad celestis patrie claritatem. Veritate ergo comperta et cognita [c–]voluntate divina[–c] summus antistes non distulit adimplere, quod diu flagitaverunt pya vota. Congregata quidam in Viterbio Curia Romana publico sermone commendavit, eamque solempniter sanctorum ascripsit cathalogo anno Domini M° CC LXVIII[d–d], VII ydus Octobris *[sic]*.

Nunciis de curia reversis cum leticia, prefata canonizacione sancte Hedwigis peracta, statim solempniter preconizata fuit festivitas translacionis eius. Corpus ipsius omni *[fol. 407va]* veneracione dignum translatum est anno Domini M° CCLXVIII in kalendis VIIbris *[sic]*. Cuius tumba, que cimento lapidibusque firmiter clausa erat, dum difficillime ferreis et accedentibus instrumentis fuisset aperta. Dominus Nicolaus abbas Lubensis et Mauricius abbas Kamencensis sacerdotalibus induti ornamentis, ut missam essent celebraturi in die sollempni, domino Conrado duci Glogoviensi cum filiis suis et sororibus ac Agnete germane eiusdem et aliis quibusdam personis honorabilibus presentibus accesserunt cum devocione ad illas dignissimas de terra reliquias sustollendas. Multique advenerunt, admitti non poterant prelati venerabilesque viri dum hec agi debebant, sed exclusa a multitudine propter vitandum inquietudinis strepitum prefati patres tantummodo tamquam ad hoc opus electi a Domino sunt assumpti, ut de ore ipsorum velud duorum testium fidedignorum mirabilia, que ostendere dignaretur Salvatoris potencia, ad aliorum noticiam devenirent. Nam eiecta[e] humo de tumulo remotaque superiori tabula de sarkhofago, in quo sanctum corpus iacebat, odor suavissimus ac tanti odoris ex ea emanavit, ut omnium illic existencium mentes in ammiracionem commutaret et gaudium sui gracie. Nam dum sacri corporis ossa de terra levarentur totaliter iam consumptis carnibus, tres digiti sinistre manus eius inventi sunt totaliter integre intra se clausam tenentes beate Marie virginis ymaginem parvulam[f], quam dum viveret secum frequenter portaverat, que cum ea defuncta tumulata. Nam moriens adeo eam inter iuncturas predictorum compresserat digitorum, quod abinde trahi non poterat bo-

---

[a] Milicia.
[b] Luminem *[sic]*.
[c–c] Voluntatem divinam.
[d–d] *Folgt:* cum leticia prefata canonizacione sancte Hedwigis peracta solempniter *(hier überflüssig)*.
[e] Eiecto.
[f] Parvulum.

no modo. Ecce hic novum luce fecit miraculum, dum mater incorrupta ymaginis sue retinacula tanto tempore a corrupcionis vicio preservavit intacta. Cerebrum vero capitis ipsius, quod fere XXV annos in terra sepultum iacuerat, inventum fuit recentissimum divina virtute conservatum, cum secundum tradicionem quorundam phisicorum et primo medulla et materia cerebri putrefiant.

Ad predictam autem festivitatem *[fol. 407vb]* de diversis partibus mundi confluxit populi multitudo quasi innumerabilis, diversorum ordinum sua presencia festum illud solempnizaverunt. Otakarus rex Bohemie, Vladislaus dux Slesie[a] et archiepiscopus Salczburgensis et plures aliarum provinciarum duces principesque et domini terrarum, prelati et rectores ecclesiarum cum religiosa devocione affuerunt. Qui sub tentoriorum varietate in circuitu Trebnicensis monasterii staciones faciebant et ad has venerandas reliquias Deo solvebant[b] pia vota.

Aura quoque et celi disposicio quadam hylaritate illi iocunde festivitati alludere videbantur. Tantaque tunc erat serenitas et ventorum inclusio, ut homines pre multitudine hinc inde per nemora seu campestria et sub divo manentes aeris magna puritate gauderent. Nam et ea, que ad Dei laudem et beate Hedwigis honorem attenderent, lumina a nullo flamine venti ardoris sui impedimenta senserunt, quia hiis, qui teste scriptura concordiam facit in celestibus est magnalia hec operatus, cuius gracia non solum superiora, verum eciam inferiora, scilicet hominum corda, ad tantam fuerunt tunc tranquillitatem disposita, ut in congregacione tam magna frequencius[c] contingit, nec occisus, nec vulneratus aliquis sit inventus. Et dignum utique fuit et congruum, ut populus, qui ad celebrandum eius festum convenerat, que mortuos suscitabat, vulnera et langwores curabat ipsius meritis intercedentibus, cum salute et gaudio ad propria remearet. Quia vero ex vita et miraculis precedentibus ex auctoritate Sedis Apostolice iam luce clarius innotuit et innotescit fidelibus. AMEN.

[d-]Explicit vita beate Hedewigis ducisse Slesie[-d].

---

a *Am Rande; im Text nur:* Sle.
b Solvebat.
c Frequancius.
d-d *Rubro.*

Marion Karge

„Ein buch von sant hedwigen gemalet“

Die Hedwig-Handschriften in der Bibliothek der Grafen von Oettingen-Wallerstein

Das Verbreitungsgebiet der Handschriften der Hedwigslegende ist weitgehend identisch mit dem Raum des historischen Wirkens und der späteren Verehrung der Heiligen. Eine auf den ersten Blick überraschende Ausnahme stellen die beiden Hedwigshandschriften Cod. I.3.2° 7 und Cod. I.2.2° 30 aus dem 15. Jahrhundert dar, die – weitab von Schlesien – zunächst in der Oettingen-Wallersteinschen Bibliothek zu Maihingen, dann bis 1980 in Schloß Harburg (Kreis Donauwörth) aufbewahrt wurden und sich heute – unter der oben genannten Signatur – im Besitz der Universitätsbibliothek Augsburg befinden.

Bei der älteren der beiden Augsburger Kodizes (Cod. I.2.2° 30) handelt es sich um eine Papierhandschrift (aus dem Jahre 1408[1]) mit lateinischem Text. „Der Papierband (29,2 × 19,8) in rotem Ledereinband mit Goldschnitt zählt 83 paginierte Blätter. Vorgeheftet ist ein unpaginiertes Blatt, darauf von junger Hand: *Vita S. Hedwigis ducissae quondam Silesiae.* Der *legenda maior et minor* ist der [...] *tractatus sive speculum genealoye* voraufgestellt (fol. 1–3^{v}). Die Initialen sind hübsch in rot und schwarz, oder rot und blau ausgeführt; für einzelne ist nur der Raum ausgespart“[2].

Die Bedeutung der bis dahin unbeachteten Handschrift wurde 1914 von Franz Xaver Seppelt wie folgt umrissen:

> Diese Handschrift ist aus doppeltem Grunde beachtenswert; einmal ist sie sicher eine der ältesten, die wir besitzen [...]. Vor allem aber ist es wichtig, daß diese Maihinger Handschrift als Bilderhandschrift geplant war gleich dem bekannten Schlackenwerter [!] Kodex, der aus dem Jahre 1353 stammt. Leider sind die Miniaturen nicht zur Ausführung gelangt; es ist nur der Raum

1 Franz Xaver Seppelt (Mittelalterliche deutsche Hedwigslegenden. In: Zeitschrift des Vereins für Geschichte Schlesiens 48 [1914], S. 1–18, hier S. 1 f.) setzt die Entstehung der Handschrift auf 1348 an. Dagegen datiert Joseph Gottschalk den Kodex mit gutem Grund auf 1408 (Die älteste Bilderhandschrift mit den Quellen zum Leben der hl. Hedwig, im Auftrage des Herzogs Ludwig I. von Liegnitz und Brieg im Jahre 1353 vollendet. In: Aachener Kunstblätter 34 [1967], S. 61–161, hier S. 84 f.).

2 Seppelt: Hedwigslegenden (wie Anm. 1), S. 1 f., Anm. 4.

> für sie freigelassen, und die erklärenden Überschriften stehen in roter Farbe oben und in der Mitte der Seiten. Ein Vergleich dieser Überschriften, die teilweise infolge Beschneidens des Kodex oben und an den Seiten unvollständig sind, mit denen in der [...] Schlackenwerter Handschrift [...] zeigt, daß die gleiche Auswahl von Bildern vorgesehen war[3].

Die (lateinische) Augsburger Handschrift Cod. I.2.2° 30 übernimmt nicht nur das Bildprogramm, sondern auch teilweise den Textbestand des Schlackenwerther Kodex[4]. Die Handschrift enthält die „Genealogia" (fol. 1^r–3^v), die „Legenda maior" (fol. 8^r–80^v), das Gebet zur hl. Hedwig (fol. 80^v–81^r) sowie ein genealogisches Schema der Vorfahren der Heiligen (fol. 83^v)[5].

Beim zweiten Augsburger Hedwigskodex (Cod. I.3.2° 7) handelt sich um eine 113 Blatt starke Papierhandschrift (28,8 × 20,5 cm) aus der Mitte des 15. Jahrhunderts mit deutschem Text: „Wasserzeichen: Dreiberg, Br. 11788 (Regensburg 1454, Var. 1455). Lagen, beim Neubinden gezählt 1–10: (VI–1) + 8 VI + (IV–2). Schriftraum 22,5–22,8 × 13,5–14; 32 Zeilen. Einspaltig, Bastarda durchgehend von einer Hand, rote Überschriften 89^r–104^r von 2. Hand; 67^v Eintrag einer ungelenken Hand, 16. Jh. Rubriziert. 71 meist halbseitige Illustrationen zum Leben der hl. Hedwig, kolorierte gerahmte Federzeichnungen"[6].

Es war wiederum Franz Xaver Seppelt, der erstmals auf diese Handschrift aufmerksam machte und aus ihr den Text der Bildüberschriften und der Vorrede der „Legenda maior" („Anhebt das vorredlin von dem leben sant hedwig etwan ain herczogin von slesi") veröffentlichte[7]; den Textabdruck der Bildtitel ergänzte er durch ausführliche Beschreibungen der Illustrationen[8] (im Vergleich mit den Zeichnungen des Schlackenwerther Kodex)[9].

Es ist nicht bekannt, wann die beiden Handschriften in die Bibliothek der Grafen von Oettingen gelangten. In dem 1466/67 für Graf Wilhelm von Oettingen

---

3 Ebd., S. 1 f.

4 Zum Schlackenwerther Kodex vgl. Gottschalk: Bilderhandschrift (wie Anm. 1); Der Hedwigs-Codex von 1353. Sammlung Ludwig. Hg. von Wolfgang Braunfels. Bd. 1: Faksimile der vollständigen Handschrift. Bd. 2: Texte und Kommentare. Mit Beiträgen von Wolfgang Braunfels, Josef Krása, Klaus Kratzsch und Peter Moraw. Berlin 1972.

5 Es fehlen die „Legenda minor", die Kanonisationsbulle und Predigt Papst Clemens' IV. sowie die Interpretation des Namens Hedwig, die Homilien des Bernhard von Clairvaux und der Brief des Nikolaus von Posen.

6 Karin Schneider: Die Handschriften der Universitätsbibliothek Augsburg. Wiesbaden 1988, S. 46 f. Vgl. auch Wertvolle Handschriften und Einbände aus der ehemaligen Oettingen-Wallersteinschen Bibliothek. Wiesbaden 1987, S. 90–92.

7 Seppelt: Hedwigslegenden (wie Anm. 1), S. 16–18.

8 Vgl. ebd., S. 6–16

9 An der Universität Oldenburg wird derzeit eine Edition der Hedwig-Handschrift (Cod. I.3.2° 7) vorbereitet.

angelegten Bücherverzeichnis wird nur ein Hedwigskodex vermerkt: „Ein buch von sant hedwigen gemalet von ir wunder daz sy hat geton“[10].

Vermutlich handelt es sich hier um die deutschsprachige Hedwig-Handschrift (Cod. I.3.2° 7) mit den ausgeführten Illustrationen. Es ist freilich nicht ausgeschlossen, daß sich damals auch schon die lateinische Handschrift (Cod. I.2.2° 30) im Besitz des Grafen von Oettingen befand.

Der Maihinger Bibliothekar Grupp, der 1892 das Bibliotheksverzeichnis des 15. Jahrhunderts veröffentlichte, wies auf die Möglichkeit des Verlustes zweier Seiten des Bücherkatalogs hin – und zwar direkt vor dem Eintrag (Nr. 51) des Hedwigskodex[11]. Das könnte bedeuten, daß ursprünglich vor der Nr. 51 noch andere Bücher – darunter die lateinische Fassung der Hedwigslegende – aufgezählt wurden.

Es stellt sich die Frage: Wie kam es zu einer so intensiven Hedwigsrezeption so weit von ihrem Stammland Schlesien entfernt?

Die Gründe hierfür sind wohl vor allem im dynastischen Bereich zu suchen. Joseph Gottschalk wies bereits 1956 auf den familiären Zusammenhang zwischen den schlesischen Piastenherzögen und der Familie der Grafen von Oettingen hin[12]: Wilhelm von Oettingen, der das Bücherverzeichnis von 1466/67 in Auftrag gegeben hatte, war der Sohn des Grafen Friedrich III. von Oettingen und seiner Gemahlin Euphemia von Münsterberg[13]. Euphemia war, so ist dem Nekrolog von Heinrichau zu entnehmen, Herzogin von Münsterberg und – als Schwester der verstorbenen Herzöge – dort Regentin sowie Gräfin von Oettingen[14]. Daß sich

10 G. Grupp, Eine gräfliche Bibliothek im 15. Jahrhundert. In: Centralblatt für Bibliothekswesen 9 (1892), S. 484–490, hier S. 487.

11 Ebd., S. 487: „Hier können möglicherweise zwei Blätter ausgefallen sein.“ Einige Zeilen weiter (nach Nr. 54) bemerkt er: „Von hier an geht eine andere Schrift“, und wiederum ein paar Einträge später (nach Nr. 71): „Nach einem Zwischenraum von zwei leeren Blättern folgt von der frühern Hand geschrieben [...]“.

12 Gottschalk, Joseph: Mittelalterliche Hedwigs-Erinnerungen. In: Archiv für schlesische Kirchengeschichte 14 (1956), S. 208–219, hier S. 217.

13 Gottschalk: Hedwigs-Erinnerungen (wie Anm. 12), S. 217: „Obengenannter Graf Wilhelm war der Sohn des Friedrich III. von Oettingen, der 1390 als Rat und Kammermeister des Königs Wenzel von Böhmen, 1398 als dessen Kanzler und 1399 als dessen Hofmeister erwähnt ist. Am Prager Hofe gab es sicher auch Schlesier, zumal König Wenzel Sohn einer Schlesierin (Anna von Schweidnitz) war und Schlesien zur Krone Böhmens gehörte. So ist es verständlich, das Friedrich III. in zweiter Ehe wahrscheinlich vor dem 24. März 1395 eine Schlesierin heiratete, nämlich Eufemia, eine Tochter des Herzogs Bolko III. von Münsterberg (gest. 1410)“. – Gottschalk schreibt Friedrich III.; die Genealogie aus Heinrich Grotefend: Stammtafeln der Schlesischen Fürsten bis zum Jahr 1740. Breslau 1889, Tafel IV, Nr. 24, verheiratet eine Euphemia († 1447) mit Friedrich IV. Graf von Oettingen.

14 Schlesische Nekrologien. Hg. von Wattenbach. Bd. 1: Nekrologium des Stiftes Heinrichau. In: Zeitschrift des Vereins für Geschichte und Alterthum Schlesiens 4 (1862),

die Familie der Grafen von Oettingen schon mehrere Generationen vorher mit der Hedwigs dynastisch verbunden hatte, wird von Gottschalk nicht erwähnt. Die Verbindung erfolgte über Agnes von Liegnitz[15]. Agnes ist die Mutter der Agnes von Württemberg († 1305), die mit Konrad IV. von Oettingen in erster Ehe verheiratet war. - Die im Anhang gebotene Stammtafel[16] veranschaulicht die genealogische Verbindung von Agnes und Euphemia, der Mutter des Grafen Wilhelm von Oettingen, mit der hl. Hedwig.

Bei dieser Stammtafel fällt - neben der zweifachen Verbindung der Oettinger mit der Familie der hl. Hedwig - auf, daß offensichtlich das franziskanische Frömmigkeitsideal großen Einfluß auf die Familie gehabt hat[17]. Die drei adligen Hauptvertreterinnen dieses Ideals - Elisabeth von Thüringen, Hedwig von Schlesien, Agnes von Böhmen - wurden bevorzugt als Namenspatroninnen für die

---

S. 278–307, hier S. 306: „[...] Eufemie ducisse de Munsterberg ac Comitisse in Ottingen". Zu diesem Zeitpunkt (23.9.1438) waren ihre Brüder verstorben: Nicolaus († 1405), Heinrich († 1420) und Johannes († 1428); vgl. Grotefend: Stammtafeln (wie Anm. 13), Tafel IV, Nr. 21, 23 und 22. Vgl. auch Heinrich Grotefend: Bemerkungen, Ergänzungen und Berichtigungen zu neueren Schriften auf dem Gebiete der schlesischen Geschichte. In: Zeitschrift des Vereins für Geschichte und Alterthum Schlesiens 11 (1871), S. 494–506, hier S. 506 (besprochen wird hier Hermann Luchs: Schlesische Fürstenbilder des Mittelalters. Breslau 1872, Tafel IV: Genealogie der Herzöge von Münsterberg-Oels): „Denn jedenfalls ist sie [Euphemia] die 1429 und 1438 urkundlich [...] und chronikalisch [...] auftretende Herzogin von Münsterberg und Gräfin von Oettingen, die nach den Chron. Ellwangense [...] 1447 als solche stirbt, während ihre gleichnamige Mutter, hier als Gräfin von Oettingen bezeichnet, als Princeß von Beuthen-Cosel hinreichend beglaubigt ist [...]".

15 Agnes wird im „Genealogia"-Kapitel der Hedwig-Handschriften in der letzten Generation der Liegnitzer Linie aufgeführt.

16 Vgl. Gottschalk: St. Hedwig, Herzogin von Schlesien (Forschungen und Quellen zur Kirchen- und Kulturgeschichte Ostdeutschlands 2). Köln, Graz 1964, Stammtafel 15: Heilige und Selige aus Andechser Geblüt; Stammtafel 17: St. Hedwig als Ahnfrau europäischer Herrscher; sowie Heinrich Grotefend: Stammtafeln der Schlesischen Fürsten bis zum Jahre 1740. Breslau 1889, Tafeln I, IV und VII.

17 Als die Vermittler des Vorbildes der hl. Elisabeth und damit auch als Träger des Elisabethkults und des von ihr propagiertem Frömmigkeitsideals macht Matthias Werner die Franziskaner aus, in deren Umfeld er auch die „mit ihr verwandten ungarisch-polnischen Prinzessinnen, Königinnen und Herzoginnen" ansiedelt: die Cousine väterlicherseits, die böhmische Königstochter Agnes; deren Schwester Anna, die mit dem Hedwig-Sohn Heinrich II. von Schlesien verheiratet war; ihre Tante, die Herzogin Hedwig von Schlesien (Matthias Werner: Mater Hassiae - Flos Ungariae - Gloria Teutoniae. Politik und Heiligenverehrung im Nachleben der hl. Elisabeth von Thüringen. In: Jürgen Petersohn [Hg.]: Politik und Heiligenverehrung im Hochmittelalter [Vorträge und Forschungen. Hg. vom Konstanzer Arbeitskreis für mittelalterliche Geschichte 42]. Sigmaringen 1994, S. 449–540).

weibliche Linie gewählt. Ihre Namen begegnen in jeder Generation nach der hl. Hedwig:

1. Generation:			Agnes
2. Generation:	Elisabeth,	Hedwig,	Agnes
3. Generation:	Elisabeth,	Hedwig,	Agnes,
4. Generation:	Elisabeth		
5. Generation:	Elisabeth		
6. Generation:			Agnes
7. Generation:	Elisabeth,	Hedwig,	Agnes

Vor Bolko III. von Münsterberg (dem Großvater mütterlicherseits des Grafen Wilhelm von Oettingen) scheint die direkte Elisabeth-Tradition abzubrechen. Sie wird jedoch schon in der nächsten Generation – wahrscheinlich durch Bolkos Frau Euphemia, die Tochter Boleslaws von Kosel und seit 1369 Witwe Wenzels von Falkenberg – neu belebt, indem drei der fünf Töchter in der franziskanisch-elisabethanischen Patronatstradition benannt werden. So liegt die Vermutung nahe, daß Euphemia, die älteste der Töchter, nicht nur in dieser Tradition aufwuchs, sondern sie auch nach ihrer Heirat in Oettingen weiterpflegte. (Daß Euphemia, die Frau Friedrichs III. von Oettingen, ihren Namen aus einer wiederentdeckten Andechser-Tradition[18] heraus erhielt, ist eher unwahrscheinlich, war sie doch die älteste der vier Töchter Bolkos III. von Münsterberg und erhielt so sicher den Namen der Mutter.)

Es ist anzunehmen, daß Euphemia eine Handschrift der Hedwigslegende mit nach Oettingen gebracht hat. Mit Sicherheit war dies nicht die deutschsprachige Handschrift (Cod. I.3.2° 7), die von der Sprache und vom Stil der Illustrationen her in den ostschwäbischen Raum und in die Mitte des 15. Jahrhunderts weist. Weit eher könnte die auf 1408 datierte lateinische Handschrift (Cod. I.2.2° 30) aus ihrem Besitz stammen. Da dieser Kodex jedoch keine Provenienzvermerke enthält, kann aber auch hier keine verbindliche Aussage getroffen werden.

Wenn die Herkunft der Handschriften auch weiterhin im Ungewissen liegt, so dokumentieren die beiden Kodizes doch eindeutig ein lebhaftes Interesse der Oettinger an der Geschichte ihrer Vorfahrin und Familienheiligen Hedwig.

---

18 Zwei der „Großtanten“ Hedwigs, die Schwestern Bertholds V. von Andechs, Mechthild (†1160) und Euphemia (†1180), wurden als Selige verehrt; vgl. Alois Schütz: Das Geschlecht der Andechs-Meranier im europäischen Hochmittelalter. In: Josef Kirmeier/Evamaria Brockhoff (Hg.): Herzöge und Heilige. Das Geschlecht der Andechs-Meranier im europäischen Hochmittelalter. Katalog zur Ausstellung im Kloster Andechs 13. Juli – 24. Oktober 1993 (Veröffentlichungen zur Bayerischen Geschichte und Kultur Nr. 24/93). München 1993, S. 21–185, hier S. 53.

Welche Bedeutung der Möglichkeit der Berufung auf eine (oder mehrere) Familienheilige für den politischen ‚Alltag' mittelalterlicher Adelsgeschlechter zukommt, hat unlängst Matthias Werner an der zeitgenössischen Rezeption Elisabeths von Thüringen dargestellt, in der sich das neue franziskanische Frömmigkeitsideal[19] mit politischen Strategien verknüpft (die Kanonisation erfolgte im Zusammenhang mit den hessisch-thüringischen Erbauseinandersetzungen der Jahre 1247–1264)[20]. „Mit diesem Befund [...] verweist auch der Elisabethkult als einer der beliebtesten Heiligenkulte des hohen und späten Mittelalters auf jene grundsätzliche Untrennbarkeit der politischen und religiösen Ebene, die erst die Grundlage für eine ‚Politisierung' der Verehrung von Heiligen schuf"[21].

In seinen Untersuchungen zu Politik und Heiligenverehrung zeigt Klaus Herbers[22] zwei Stufen in der Genese politisch motivierten Heiligenkults: die Form der Legitimation von Dynastien durch die Heiligung bestimmter Mitglieder oder Vorfahren (Interesse der Förderer einer Kanonisation) und die Beziehung von Tradition und Kult zur aktuellen politischen Bedeutung von Heiligen (Interesse der Förderer der Kultverbreitung). Das politische Interesse seitens der Betreiber der Kanonisation Elisabeths kann man auch bei den Förderern der Heiligsprechung Hedwigs annehmen[23]. „Bis zur Aufnahme Hedwigs ins Missale und Breviarium [1706] war die Ausbreitung der Hedwigsverehrung nur auf die Kreise angewiesen, die sich für sie einsetzten"[24]. Betreiber der Heiligsprechung waren Anna (Schwiegertochter) und Gertrud (Tochter und Äbtissin in Trebnitz) als

---

19 Zum Vorbild Elisabeths vgl. Werner: Mater Hassiae (wie Anm. 17), S. 450: Sie war „prägendes Leitbild eines Heiligentyps, der dem neuen, sich rasch ausbreitenden Frömmigkeitsideal vollkommener Buße und radikaler Christusnachfolge in äußerster freiwilliger Armut entsprach". Diesem Heiligkeitsmuster eiferten Hedwig und auch ihre Schwiegertochter Anna nach. Auch Agnes von Böhmen, eine Cousine der hl. Elisabeth und Schwester der Hedwig-Schwiegertochter Anna, beruft sich auf Elisabeth als Vorbild.

20 Zu den hessisch-thüringischen Erbstreitigkeiten vgl. ebd., S. 486–500.

21 Ebd., S. 540.

22 Klaus Herbers: Politik und Heiligenverehrung auf der Iberischen Halbinsel. Die Entwicklung des „politischen Jakobus". In: Petersohn (Hg.): Politik (wie Anm. 17), S. 177–275, hier S. 180 ff.

23 Auf das Interesse an einem dynastischen Bezug zu Hedwig weist die Tatsache hin, daß – wie in den meisten Hedwig-Handschriften – auch in den beiden Oettinger Kodizes zusammen mit der „Legenda maior" auch die „Genealogia" überliefert ist. Diese berücksichtigt neben den Ahnen Hedwigs auch ihre Nachfahren bis in die dritte Generation (u. a. bis zu Agnes von Liegnitz – Urenkelin Hedwigs –, die mit „Heinrich", richtig: Ulrich, von Württemberg verheiratet war; in der Version Cod. I.3.2° 7, fol. 3^v, lautet die Passage: „Die erst dochter des herczogen bolezlai agnes genant ward vermehelt graff hainrich von wi⟨r⟩tenberg").

24 Gottschalk: St. Hedwig (wie Anm. 16), S. 292.

„Seele aller Bemühungen um die Kanonisation“[25]. Nicht zu vernachlässigen ist zudem der Erzbischof Janussius von Gnesen, ohne dessen Unterstützung eine Kanonisation unmöglich gewesen wäre[26]. Auch König Ottokar II. von Böhmen (1233–1278)[27] dürfte an der Kanonisation Hedwigs interessiert gewesen sein; auf seine guten Beziehungen zur Römischen Kurie weist Gottschalk hin[28]. Als Förderer des Hedwigskults sind schließlich Karl IV., König von Böhmen (1316–1387)[29], sowie auch Ludwig I., Herzog von Liegnitz und Brieg (1311–1398)[30], zu nennen, die sich an Orden und geistliche Fürsten wandten, um die Hedwigsverehrung von offizieller Seite zu fördern. Während man neben religiösen Motiven bei den Förderern der Kanonisation auch die Erhöhung des Ansehens der Nachfahren als Antrieb vermuten darf, kann man den späteren Propagandisten des Hedwigskults auch den Wunsch nach Legitimation ihrer Herrschaft, der durch den Nachweis der Abstammung von einer Heiligen (im Sinne der Geblütsheiligkeit[31]) Nachdruck verliehen wird, unterstellen.

---

25 Ebd., S. 275.

26 Joseph Gottschalk: Die Förderer der Heiligsprechung Hedwigs. In: Archiv für schlesische Kirchengeschichte 21 (1963), S. 73–132, hier S. 80. Die Kanonisationsbulle nennt ihn neben Äbtissin und Konvent Trebnitz als Antragsteller; vgl. auch Gottschalk: St. Hedwig (wie Anm. 16), S. 275.

27 Die verwandtschaftlichen Verhältnisse ausführlich bei Gottschalk: Förderer (wie Anm. 26). Zu Ottokar II. von Böhmen vgl. ebd., S. 95 f. Hier sei außerdem auf die Hedwig-Schwiegertochter Anna von Böhmen und ihre Schwester, die sel. Agnes, verwiesen.

28 Ebd.

29 Gottschalk: St. Hedwig (wie Anm. 16), S. 293. Karl IV. von Böhmen war verheiratet mit der Hedwig-Urururenkelin Anna von Schweidnitz (ebd., Tafel 15) und Elisabeth von Pommern, ebenfalls einer Urururenkelin Hedwigs (Tafel 17). Vgl. Josef Krása / Klaus Kratzsch: Beschreibung der Handschrift und kunsthistorische Einordung der Miniaturen. In: Braunfels (Hg.): Hedwigs-Codex (wie Anm. 4), Bd. 2, S. 9–52, hier S. 14.

30 Gottschalk: St. Hedwig (wie Anm. 16), S. 294. Ludwig war Ururenkel Hedwigs (als Sohn Boleslaus' III., Enkel Heinrichs V., Urenkel Boleslaus' II.); vgl. ebd., Tafel 17.

31 Vgl. Karl Hauck: Geblütsheiligkeit. In: Bernhard Bischoff / Suso Brechter (Hg.): Liber Floridus. Mittellateinische Studien. Festschrift für Paul Lehmann. St. Ottilien 1950, S. 187–240; Karl Bosl: Der „Adelsheilige“, Idealtypus und Wirklichkeit. Gesellschaft und Kultur im merowingerzeitlichen Bayern des 7. und 8. Jahrhunderts. Gesellschaftliche Beiträge zu den Viten der bayerischen Stammesheilige Emmeram, Rupert und Korbinian. In: C. Bauer / L. Boehm / M. Müller (Hg.): Speculum historiale. Geschichte im Spiegel von Geschichtsschreibung und Geschichtsdeutung. Festschrift für Johannes Spörl. Freibug, München 1965, S. 167–187 (erneut in: Friedrich Prinz [Hg.]: Mönchtum und Gesellschaft im Frühmittelalter [Wege der Forschung 312]. Darmstadt 1976, S. 172–180); Hagen Keller: „Adelsheiliger“ und Pauper Christi in Ekkeberts Vita sancti Haimeradi. In: Josef Fleckenstein / Karl Schmid (Hg.): Adel und Kirche. Festschrift für Gerd Tellenbach. Freiburg 1968, S. 307–324. Zum Begriff des „Adelsheiligen“ auch

Neben dieser politisch-dynastischen Motivation der Hedwigsverehrung dürfen bei den Förderern des Hedwigskults auch privat-religiöse Beweggründe angenommen werden: Man kann grundsätzlich von einem ‚Patronatsbedürfnis' im Mittelalter ausgehen. Darunter ist das Bedürfnis zu verstehen, sich Heilige oder im Rufe der Heiligkeit stehende Personen in ihrer Funktion als Beschützer sowohl für einzelne Personen als auch für Gruppen (Korporationen, Familien etc.), als Patroninnen und Patrone zu wählen. Als Indiz für ein solches Patronatsverhältnis kann u. a. der Besitz von Heiligenviten gewertet werden. Durch den bloßen Besitz von Heiligenlegenden kann die Teilhabe an der Heilskraft – vergleichbar dem Besitz von Reliquien – sichergestellt werden. So ist z. B. das Vorhandensein der Vita des hl. Wilhelm in der Gräflichen Bibliothek zu Oettingen-Wallerstein als ein Hinweis auf das Namenspatronat des Grafen Wilhelm von Oettingen zu werten. Auskunft gibt wieder das Bücherverzeichnis von 1466/67[32]. Hier heißt es unter Nr. 2: „Ein buch von Sant Wilhelm" und unter Nr. 18: „Ein alt buch von sant wilhelm der martiger". Bei Nr. 2 handelt es sich wahrscheinlich um den „Willehalm" Wolframs von Eschenbach, bei Nr. 18 wird die Vita des heiligen Wilhelm[33] gemeint sein.

Wenn schon der bloße Besitz einer Heiligenvita wie der „von sant wilhelm dem martiger" eine Familie auszeichnet und sie an der göttlichen Heilskraft teilhaben läßt, um wieviel bedeutsamer ist dann der Besitz von Legenden einer Heiligen wie der hl. Hedwig, die ihren Nachkommen nicht nur ihren Schutz, sondern auch den Vorzug der Geblütsheiligkeit verleiht. Die beiden Hedwig-Handschriften Cod. I.2.2° 30 und Cod. I.3.2° 7 sind bislang die einzigen Zeugnisse der Hedwigsverehrung der Oettinger Grafen. Es bleibt zukünftigen Forschungen vorbehalten, weitere Dokumente dieses – gleichermaßen von dynastisch-politischen wie von privat-religiösen Motiven getragenen – Kults der schlesischen (Familien-) Heiligen zu ermitteln und so das frömmigkeitgeschichtliche Umfeld der beiden Kodizes in Schwaben auszuleuchten.

František Graus: Sozialgeschichtliche Aspekte der Merowinger- und Karolingerzeit. Die Viten der Heiligen des südslawischen Raumes und die sog. Adelsheiligen. In: Arno Borst (Hg.): Mönchtum, Episkopat und Adel zur Gründungszeit des Klosters Reichenau (Vorträge und Forschungen. Hg. vom Konstanzer Arbeitskreis für mittelalterliche Geschichte 20). Sigmaringen 1974, S. 131–176.

32 Grupp: Gräfliche Bibliothek (wie Anm. 10), S. 485.

33 Der Dominikaner Wilhelm Arnauld († 1242) wurde von Albigensern zusammen mit neun Gefährten während des Tedeums ermordet.

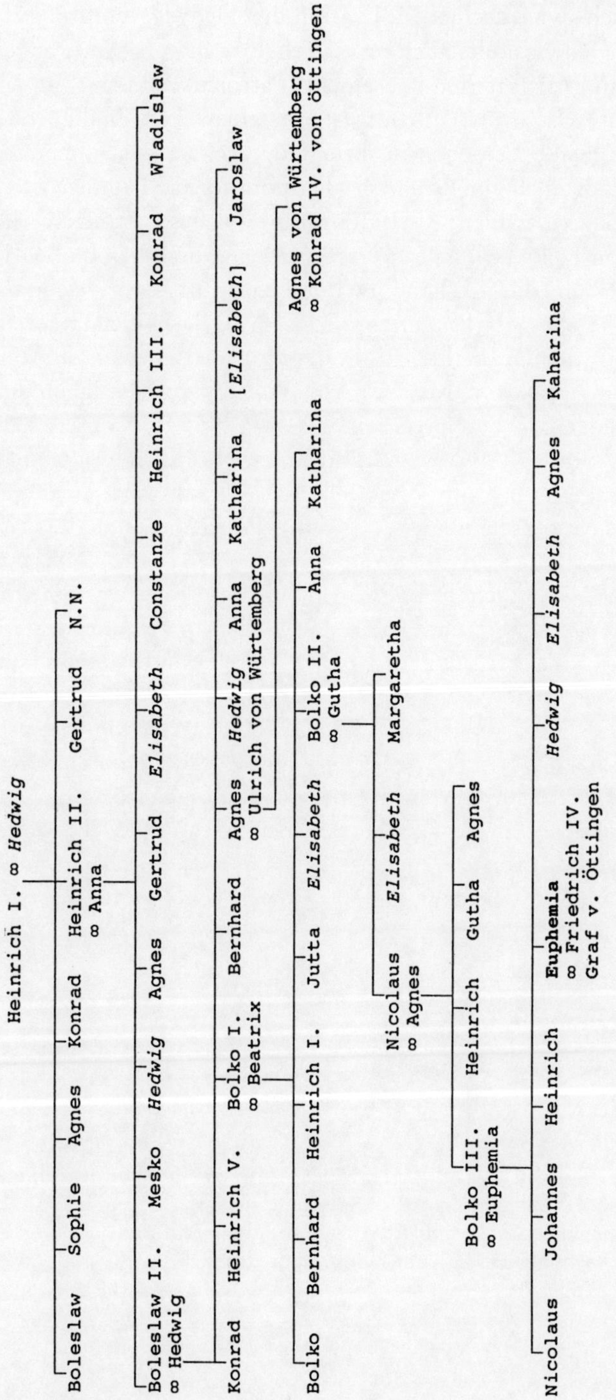

Stammtafel Euphemia Herzogin von Münsterberg und Gräfin von Oettingen

Jan Harasimowicz

Die heilige Hedwig von Schlesien aus evangelischer Sicht

Für meine Mutter Jadwiga

Für das von der Reformation allmählich erfaßte Schlesien war die hl. Hedwig keinesfalls eine gewöhnliche ‚gestorbene Heilige'[1], deren Leben man „von der luegen und falschen Wunderzeichen“, welche ihnen von „heuchlischen Muenchen zugemessen“[2], sorgfältig reinigen müsse. Die Vita der Heiligen gehörte einfach zur schlesischen Geschichte, und sie selbst wurde im ausgehenden Mittelalter zur ‚Silesiae principalis Patrona' ausgerufen[3]. Am Vorabend der Reformation standen an der oberen und mittleren Oder einige Dutzend ihr gewidmeter Kirchen und Kapellen, mit der Stifts- und Schloßkirche in Brieg/Brzeg an der Spitze. Gerade in Brieg und Liegnitz/Legnica, den Residenzstädten von Nachkommen der hl.

1 Die orthodox-lutherische Liegnitzer Kirchenordnung aus dem Jahre 1594 enthält folgende Stellungnahme zur Heiligenverehrung: „Die gestorbene Menschen anruffen / ist ein öffentliche Heidnische Abgötterey / und schreckliche Sünde / und verblendung der rechten anruffung [...]. Aus diesem allen ist klar / das gantz nötig ist / der gestorbenen Heiligen anruffung zustraffen und das Volck zum Herrn Christo zu weisen“; vgl. Hans Jessen und Walter Schwarz (Hg.): Schlesische Kirchen- und Schulordnungen von der Reformation bis ins 18. Jahrhundert. Görlitz 1938, S. 131 f. Vgl. auch Frieder Schulz: Heilige / Heiligenverehrung. VII. Die protestantischen Kirchen. In: Gerhard Müller (Hg.): Theologische Realenzyklopädie. Bd. 14. Berlin, New York 1985, S. 664–672; Robert Kolb: For all Saints. Changing Perceptions of Martyrdom and Sainthood in the Lutheran Reformation. Macon 1987; Ulrich Köpf: Protestantismus und Heiligenverehrung. In: Peter Dinzelbacher und Dieter R. Bauer (Hg.): Heiligenverehrung in Geschichte und Gegenwart. Ostfildern 1990, S. 320–344.

2 Calendarium sanctoru[m] et historiarum. In welchem nach Ordnung gemeiner Calender / durchs gantze Jar / alle Heiligen und Mertyrer / mit ihrem Bekentnis und Leiden / nach Ordnung der Tage / beschrieben / sampt zugethanen vielen aus Heiliger Schrifft / und andern Scribenten glaubwirdigen Historien / so sich auff gleiche Tage in denselben Monaten begeben. Zusammen colligirt auffs kuertzste / den Einfeltigen zu gut. Durch Andream Hondorff / Pfarherrn zu Droeyssig. Leipzig 1573, fol. A_4 recto.

3 Joseph Gottschalk: St. Hedwig, Herzogin von Schlesien (Forschungen und Quellen zur Kirchen- und Kulturgeschichte Ostdeutschlands 2). Köln, Graz 1964, S. 291–311. Vgl. auch Benigna Suchoniówna OSU: Jadwiga Śląska. In: Romuald Gustaw OFM (Hg.): Hagiografia polska. Słownik bio-bibliograficzny. Bd. 1. Poznań, Warszawa, Lublin 1971, S. 457–475; Antoni Kiełbasa SDS: Święta Jadwiga Śląska. Warszawa 1990.

Hedwig, der schlesischen Piasten, wurde ihr Gedächtnis auf besondere Weise gepflegt, wenn man auch die Tatsache nicht übersehen darf, daß die letzte Piastenprinzessin, die den Vornamen der Patronin Schlesiens erhielt, die im Jahre 1517, also vor der Einführung der Reformation geborene (und bald verstorbene) Tochter Friedrichs II. von Liegnitz-Brieg war.

Herzog Friedrich II., der künftige unumstrittene Führer der schlesischen Reformation, drückte seine Huldigung der hl. Hedwig durch die vermutlich in den Jahren 1509/10 vorgenommenen Ausschmückung des sogenannten ‚Grünen Gemachs' mit Malereien aus, das sich im ‚Hedwigsturm' des Liegnitzer Schlosses befand (Abb. 1, 2)[4]. Mitten in gotisch stilisierten Rosen wurden dort Bilder der ‚Neun Guten Helden' angebracht (Abb. 3), ein typisches Thema mittelalterlicher Ritterkultur, dem literarischen Werk des berühmten Trouvères Guillaume de Machaut entnommen, welcher sich übrigens im Jahre 1328 selbst eine gewisse Zeit auf dem Schloß aufhielt[5]. Der Sinn jener heute fast völlig verblaßten Bilder geriet ziemlich rasch in Vergessenheit, im Gegensatz zu der angeblichen ursprünglichen Funktion des Turmgemachs. Daher ist es in einer Beschreibung des Liegnitzer Schlosses aus dem 17. Jahrhundert folgendes zu lesen:

> Hinten an der Ecken deß Zeug-Hauses stehet gegen die Stadt der uhralte / starcke / runde und hohe Hedwigs-Thurn / worauff / dem Vorgeben nach / die andaechtige Hedwig soll gewohnet haben / laest sich aber schwerlich glauben: denn es ist zwar in der mitten deß Thurns ein ziemlich weites / und mit allerhand Bildnuessen bemahltes Zimmer / es scheinen aber diese Bildnuesse Hertzoge zu seyn / vom Hauß Lignitz / welche laengst nach ihren Zeiten gelebet haben[6].

In seinem früheren, unter dem Pseudonym Lichtstern veröffentlichten Werk „Schlesische Fuersten-Krone" bestimmte Friedrich Lucae – aus seiner Feder stammt die oben zitierte Beschreibung – sein Verhältnis zu den Malereien des ‚Grünen Gemachs' noch ausdrücklicher: „[...] der [andaechtigen] Hedwig vermeyntes Zimmer mit seinen alten und seltzamen gemahlten Bildern den Einge-

---

4 Vgl. Hans Lutsch: Verzeichnis der Kunstdenkmäler der Provinz Schlesien. Breslau 1886–1894. Bd. 3, S. 236–238; O. Peters: Der Hedwigsthurm des Schlosses in Liegnitz. In: Zeitschrift für Bauwesen 39 (1889), S. 206–214; Fritz Pfeiffer: Der Hedwigsturm des Liegnitzer Schloßes. In: Mitteilungen des Geschichts- und Altertums-Vereins zu Liegnitz 1 (1904/05), S. 127–137; Samuel Gumiński: Zelena světnice v Lehnici a jeji české vzory. In: Uměni 36 (1988), S. 560–564; Jacek Witkowski: Zamek legnicki w średniowieczu. In: Jan Harasimowicz (Hg.): Kultura artystyczna dawnej Legnicy. Opole 1991, S. 27–40, hier S. 30, 35–38.

5 Witkowski: Zamek legnicki (wie Anm. 4), S. 40.

6 Friedrich Lucae: Schlesiens curiose Denckwuerdigkeiten oder vollkommene Chronica von Ober- und Nieder-Schlesien [...]. Franckfurt am Maeyn 1689, S. 1214.

henden mehr Schrecken / als Vergnuegung einjaget"[7]. Wie schon Georg Thebesius, der strenge Kritiker Lucaes, mit Recht bemerkte[8], distanzierte sich der Hauptchronist der letzten Piasten nicht eindeutig von der Legende des Hedwigsturmes. Man könnte sogar sagen, daß er sie in gewisser Weise unterstützte, indem er die Beschreibung der tief unter die Erde führenden Turmkeller mit folgenden Worten abschloß:

> [...] Einstmals berichte ein alter Mann / welcher massen Hertzog George Rudolph / bey waehrender Kriegs-Zeit seinen Schatz in dieser verborgenen Tieffe deß Thurns haette verwahren lassen / also daß allezeit die Kasten / samt denen daran hebenden / mit Seilen waeren hinunter / und wieder herauff gezogen worden[9].

Die Legende des Liegnitzer Hedwigsturms zeigt augenfällig, wie tief das Andenken an die fürstliche ‚Landesmutter' in der bereits evangelischen Gesellschaft Schlesiens noch verwurzelt war. In demselben Liegnitz, in der evangelischen Liebfrauenkirche, bewahrte man mit großer Pietät die ‚Hedwig-Stiefel' auf; und als die Liegnitz-Brieger Prinzessin Dorothea Elisabeth den Fürsten Heinrich von Nassau-Dillenburg heiratete, hielt sie für das kostbarste Stück ihres Brautschatzes „zween curioese guldene Ringe [...] von der Verlassenschafft [...] der andaechtigen Hedwig"[10].

Außer in den mannigfaltigen Andenken an die hl. Hedwig, die in keiner Weise Reliquien im eigentlichen, katholischen Sinne waren, also den verschiedenen ‚Hedwigsbrunnen', ‚Hedwigsstegen' und ‚Hedwigssteinen'[11], lebte der Name der Heiligen in mehreren schlesischen Adels- und Bürgerfamilien fort. „Die Reformationszeit legte keinen Wert mehr auf die Verehrung von Heiligen, deren Namen nicht biblisch begründet waren – so ein lutherischer Kirchenhistoriker aus der Vorkriegszeit – doch trugen auch evangelische Eltern keine Bedenken, eine Tochter Hedwig zu nennen, wenn sie um den 17. Oktober geboren war, oder eine

7 Friedrich Lichtstern [Lucae]: Schlesische Fuersten-Krone / Oder Eigentliche / warhaffte Beschreibung Ober- und Nieder-Schlesiens [...]. Franckfurt am Mayn 1685, S. 444 f.

8 Georg Thebesius: Liegnitzische Jahr-Buecher [...]. Der Erste Theil. Jauer 1733, S. 26.

9 Lucae: Chronica (wie Anm. 6), S. 1214 f.

10 Ebd., S. 1269.

11 Es ist zum Beispiel in der „Silesiographia Renovata" folgendes über die Burg und Stadt Lähn/Wleń zu lesen: „Arcem olim S. Hedwigis frequenter inhabitavit, & ex illa nudis in oppidum pedibus ad audiendum missae sacrissimum devota Princeps quotidie tam hyemali, quam aestivo tempore descendit: in cujus viae medio hodieq[ue]; lapis monstratur, in quo fatigatam sedisse, quietique necessariae indulsisse pie creditur. Unde lapidi illi hodiernum in diem nomen manet: Der heiligen Frau Hedwig Ruh-Stein"; vgl. Nicolai Henelii ab Hennenfeld, Sac. Caes. Maiest. Consiliarii, Jcti & Syndici olim Wratislauiensis, Silesiographia Renovata, necessariis, scholiis, observationibus et indice aucta. Wratislaviae & Lipsiae [...] 1704. Pars prior, S. 272.

Taufpatin so hieß“[12]. Dies bestätigen zahlreiche schlesische Grabdenkmäler aus dem ausgehenden 16. und beginnenden 17. Jahrhundert, wie etwa das Epitaph des Ehepaars Heinrich und Hedwig von Schindel in der Pfarrkirche zu Schosnitz/Sośnica (1586; Abb. 4)[13], die Grabplatte Hedwigs von Schellendorf, geb. von Kiel, in der Dorfkirche zu Wolmsdorf/Wolbromek (1576; Abb. 5)[14], die Grabplatte Hedwigs von Magnus gen. Axleben, geb. von Wotissen, in der Pfarrkirche St. Marien zu Lüben/Lubin (1593; Abb. 6)[15], endlich - um auch ein oberschlesisches Beispiel zu nennen - das Grabdenkmal für die jung verstorbenen Mädchen Ludmila, Elisabeth, Marianna und Hedwig von Pückler in der Dorfkirche zu Schedlau/Szydłowiec (nach 1612; Abb. 7)[16].

Die Beliebtheit des Namens Hedwig beim protestantischen Adel Schlesiens bezeugen gleichfalls die gedruckten Leichenpredigten. In einer von ihnen, am 14. Mai 1621 beim Leichenbegängnis Hedwigs von Reichenbach, geb. von Zedlitz, gehalten (Abb. 8), legte der Prediger Jacob Nerger aus Freyburg/Świebodzice den Sinn des Vornamens der Verstorbenen folgendermaßen aus:

> Der Nahm Hedwig [...] ist Saechsisch / unnd heist deß Vaters Burg (Hedo/Vater/wig/Burg) eine solche Tochter / auff die sich der Vater auffs Alter verlassen mag. Ja ich meine / wenn sie hette leben sollen / der Haußvater wuerde eine rechte Vaters Burg an ihr gehabt haben / auff die er sich gewiß in Leyd unnd Freud hette verlassen moegen[17].

---

12 Emil Tschersich: Herzogin Hedwig, eine deutsche Frauengestalt. In: Evangelisches Kirchenblatt für Schlesien 41 (1938), S. 101–104, 112–114, 118–121, 127–129, hier S. 128.

13 Lutsch: Verzeichnis (wie Anm. 4), Bd. 2, S. 453; Jan Harasimowicz: Kasper Berger i rzeźba legnicka schyłku XVI wieku. In: Biuletyn Historii Sztuki 42 (1980), S. 107–132, hier S. 126.

14 Lutsch: Verzeichnis (wie Anm. 4), Bd. 3, S. 373.

15 Ebd., S. 192.

16 Lutsch: Verzeichnis (wie Anm. 4), Bd. 4, S. 214; Tadeusz Chrzanowski und Marian Kornecki (Hg.): Katalog Zabytków Sztuki w Polsce. Bd. 7: Województwo opolskie. Heft 8: Powiat niemodliński. Warszawa 1962, S. 50.

17 Christliche Leich Predigt / Uber dem ploetzlichen / jedoch Christlichen und Seligen Abgang / Der weiland Edlen / Viel Ehrentugentreichen Frawen Hedwigis Reichenbachin / Gebornen Zedliczen / aus dem Hause Siebenaichen /: Deß Edlen / Gestrengen / Wol Ehrenvesten / auch Wolbenambten Herrn Heinrichs von Reichenbach / auff Rudelßdorff / Siebenaich / Wuergsdorff / Hallendorff / Contzendorff / Ranßdorff / Lauterseiffen / Hoell und Hartaw / Hertzlieben Ehegemahls. Welche der Allmechtige Gott Anno 1621. den 19. Martii nach Mittage zwischen 3. und 4. Uhr / in wahrem Erkendtnis und hertzlicher Anruffung ihres Erloesers unnd Seligmachers Jesu Christi / sanfft und selig aus diesem Jammerthal abgefodert / und nachmals den 14. Maij in Volckreicher Versamlung mit Christlichen Adelichen Ceremonien, nicht ohne sondere Betruebnueß zu Rudelßdorff in ihr Ruhebettlein versetzet worden: Gehalten Durch Jacobum Nergerum Freyburgensem Sil. Evangelischen Predigern zu Rudelßdorff [Liegnitz 1621], fol. E recto.

Auf ähnliche Weise predigte in Darmstadt am 19. September 1614, über dem Sarg der vor dem Ablauf des ersten Lebensjahres verstorbenen Tochter des Landgrafen Ludwig (Abb. 9), der hessische Superintendent Heinrich Leuchter: Wenn die Prinzessin länger gelebt hätte, würde sie bestimmt „ein rechte Hedwigis, Patris refugium [worden], das ist / ein Frewde / ein Trost / ein Zuflucht / unnd ein erwuendschte Ehr und Herrligkeit dem Herrn Vatter und Fraw Mutter / unnd dem gantzen Vatterland"[18].

In den oben zitierten Leichenpredigten wird die heilige Namenspatronin der beiden Verstorbenen an keiner Stelle erwähnt. Dies bedeutet aber nicht, daß die lutherische Reformation von Anfang an mit dem überlieferten Kirchenkalender gebrochen hat, der die Tage eines Jahres nicht nur mit dem Geschehen der Heilsgeschichte, sondern auch mit den Personen allgemein oder lokal verehrter Heiliger verband[19]. Von den am Ende des 16. und zu Beginn des 17. Jahrhunderts beliebtesten lutherischen Kirchenkalendern – Caspar Goldtwurms (1559)[20], Andreas Hondorffs (1573)[21] und Martin Behms (1606)[22] – berücksichtigten der erst- und

---

18 Zwo Christliche Leich Predigten / Bey Begraebnussen zweyer Fuerstlichen Kinder / Als Erstlich / Der Durchleuchtigen und Hochgebornen Fuerstin und Fraewlein / Fraewlein Hedwig / Landgraevin zu Hessen / Graevin zu Catzenelnbogen / etc. welches am 2. Martii Anno 1614. Nachts zwischen 11 und 12 Uhre in Gott seliglich gestorben / und hernach am 8 desselbigen Monats morgends umb 8 Uhr in die Pfarrkirchen zu seinem Ruhbettlein gebracht worden. Und darnach Deß auch Durchleuchtigen unnd Hochgebornen Fuersten und Herrn / Herrn Ludwigen Landgraven zu Hessen / Graven zu Catzenelnbogen / Dietz / Zigenhayn und Nidda / etc. welcher am 12. Septembris, Anno 1614. Nachts zwischen 10 und 11 Uhre geboren / am 15 tag deß Nachts zwischen 11 und 12. in Gott seliglich abgeschieden / und hernach am 19 gedachten Monats morgends umb 8 Uhr auch Christlich zur Erden bestattet worden. Gehalten von Henrico Leuchtero D. Superint. [...]. Darmbstatt 1615, S. 28 f.

19 Vgl. Robert Lansemann: Die Heiligentage, besonders die Marien-, Apostel- und Engeltage in der Reformationszeit, betrachtet im Zusammenhang der reformatorischen Anschauungen von den Zeremonien, von den Festen, von den Heiligen und von den Engeln (Beihefte zur Monatsschrift für Gottesdienst und kirchliche Kunst. Sonderband 1). Göttingen 1939.

20 Kirchen Calender. In welchem nach Ordnung gemeyner Allmanach / die Monat / Tag / und Fuernembsten Fest des gantzen Jars mit irem gebrauch / Auch der Heyligen Apostel / und Christlichen Bischoff / Leerer / und Martyrer / Glaub / Leben / und bestendige bekandtnuß (welches sie mit ihrem eygnen blůt und sterben bestetiget haben) kuertzlich verfasset / und mit vilen schoenen Figurn / uber vorige Edition / gezieret unnd gemehret. Allen Christen sehr troestlich und nuetzlich zuwissen. Caspar Goldtwurm Athesinus. Franckfurt am Meyn 1564.

21 Calendarium sanctoru[m] (wie Anm. 2).

22 Kirchen Calender. Das ist / Christliche Erklerung / Des Jahres und der zwoelff Monaten: Allen Pfarherrn / Schuldienern unnd Haußvaetern in 13. Predigten verfasset und abgehandelt. Unnd jtzo zum andern mal auffs New ubersehen / gemehret und mit Figuren gezieret Durch Martinum Bohemum Predigern zum Lauben. Wittemberg 1608.

drittgenannte den Tag der hl. Hedwig nicht, was im Fall des Kalenders von 1606 insofern wundert, als Martin Behm sein Predigeramt im nahe der schlesischen Grenze gelegenen Lauban/Lubań ausübte. Der zweitgenannte Kirchenkalender dagegen, erst nach dem Tode des Verfassers von Vincenz Sturm, Schulmeister aus Bitterfeld, herausgegeben und bis zum Jahre 1610 zehnmal aufgelegt, hob den Tag der schlesischen Heiligen ausdrücklich hervor, und zwar unter dem ursprünglichen Datum, dem 15. Oktober. Es war dort über die hl. Hedwig folgendes zu lesen:

> Diese ist eine Hertzogin aus Polen gewesen / ein sehr Gottfuerchtig heilig Weib / des Bertholdi / Marggraffen von Baden [sic!] und Fraw Agnes / Marggreffin von Rochlitz Tochter / zu Kitzing ist sie zum studieren / oder lernung angewiesen worden / und nachmals Heinrico cum Barba, Hertzogen in der Schlesien vermehlet worden / mit deme sie 3. Soehne / unnd 3. Toechter gezeuget / aus welchen der Elter in einem streit wider die Tartaren ist erschlagen. Diese Hedwig hat ein herrlich Closter / Cistertienser Ordens / zu Trebnitz / nicht weit von Breslaw erbawet / darein sie ihre Tochter Gertrudem zur Ebtin geordenet / unnd ihr hundert Jungfrawen untergethan. Nach dem aber ihr Gemahl Heinricus cum Barba toedtlichen abgangen / hat sie 28. Jahr in ihrem Witwenstand / in zucht und erbarkeit gelebet / und in ihren Henden allzeit und teglichen / ein Helffenbeines Marien Bildlein getragen / auch dasselbige / da sie sterben wollen / fest behalten / und mit sich in das Grab genomme[n]. Sie ist aber in Christo seliglichen entschlaffen / Anno Domini 1243. un[d] vom Bapst Clemente / wegen irer Heiligkeit und Wunderwerck / in die zal der Heilige[n] Anno 1266. geschrieben worden / welches sehr wunderbarlich zugangen / Denn erstlich die Heduuigis / so 14. Jar zuuor gestorben / Salomoni einem Ertzdiacon zu Crackaw / im Schlaff erschienen / und ihm den Tag / auff welchem sie wolt Canonisieret werden / benennet / Darauff hat Salomon und andere Herren / so umb die Canonisierung Beatae Heduuigis ausgezogen / den Bapst gebeten. Als bald hat Clemens der Bapst / fuer seine Tochter / so viel Jar blindt gewesen / welche er / da er noch ein Leye war / mit seinem Ehelichen Weibe gezeuget / gebeten / das sie durch verdienst der heiligen Heduuigis / moechte ihr Gesicht bekommen. Als nu solches geschehen / ist sie von ihm in die zahl der Heiligen geschrieben / in der Kirchen zu Viterbio / Anno ut supra[23].

Der zitierte Text stützte sich, laut des zum Schluß angebrachten Vermerks, auf die „Weltchronik" von Hartmann Schedel[24], er verrät aber zugleich unmittelbare Kenntnis der „Legenda maior", vermutlich nach der gedruckten deutschen Übersetzung von 1504[25]. Dem Verfasser des Kalenders, der in der Vorrede erklärte:

---

23 Calendarium sanctoru[m] (wie Anm. 2), fol. 95 verso.

24 Vgl. Hartmann Schedel: Das Buch der Chroniken und Geschichten. Nürnberg 1493, fol. CCXVI recto.

25 [Conrad Baumgarten]: Alhy hebet sich an dy grosse lege[n]da der hailigsten frawen Sandt hedwigis, eyne geborne furstyn von Mehran, vnd eyne gewaldige herczogynne

„wir haben [...] allein die glaubwirdigen Historien der lieben Heiligen [...] verzeichnet[26], störte also nicht zu sehr der krasse Widerspruch zwischen der ernsthaften Aufzählung der angeblich posthum „durch der heiligen Heduuigis verdienst" vollbrachten Wundern und den am Anfang des ganzen umfangreichen Buches aufgeführten Grundlagen der lutherischen Lehre vom „Dienst der Heiligen"[27]. Im Lichte einer so weit der Tradition verpflichteten Darstellung des Lebens der ‚Patrona Silesiae', die außerhalb Schlesiens geschrieben und meist außerhalb Schlesiens gelesen wurde, darf man sich nicht wundern, daß auch unter den schlesischen Predigern der aufkommenden Reformation die Legende der einheimischen Heiligen fortlebte.

Dank dem Jesuitenpater Karl Regent, der zu Beginn des 18. Jahrhunderts unter den bei Goldberg/Złotoryja und Löwenberg/Lwówek Śląski ansässigen Schwenckfeldern wirkte, ist uns eine Predigt über die hl. Hedwig bekannt geworden, die um das Jahr 1550 der „Ertz-Schwenckfelder" Michael Hiller, Pfarrer zu Zobten am Bober/Sobota, hielt und in seiner einige Jahre später geschriebenen Postille veröffentlichte[28]. Dieser Postille, die sich zu Regents Zeiten noch im Besitz der Zobtener Schwenckfelder befand, entnahm der „aufgeklärte", mit Friedrich dem Großen befreundete Jesuit[29] folgendes Predigtkonzept:

> Die Edle Fuerstin St. Hedwigis ist gebohren aus Edlem Stamme, eine Tochte[r] deß Hertzoges von Meranien.

In polen vnnd Schlesyen [...]. [Breslau] 1504; Neuausgabe: Die große Legende der heiligen Frau Sankt Hedwig, geborene Fürstin von Meranien und Herzogin in Polen und Schlesien. Faksimile nach der Originalausgabe von Konrad Baumgarten, Breslau 1504. Text und Bilddeutung von Joseph Gottschalk. 2 Bde. Wiesbaden 1963.

26 Calendarium sanctoru[m] (wie Anm. 2), fol. A_4 recto.

27 Ebd. Siehe auch: Die Bekenntnisschriften der evangelisch-lutherischen Kirche. Hg. vom Deutschen Evangelischen Kirchenausschuß im Gedenkjahr der Augsburgischen Konfession 1930. Göttingen 1930, S. 81 f. (XXI. Artikel der Augsburgischen Konfession: „Vom Dienst der Heiligen").

28 Carl Regent: Exempel der Schlesier oder Vorstellung der fuernehmsten Christlichen Tugenden, welche die vormahlen Durchleuchtigste Hertzogin in Schlesien, anjetzo Glorwuerdigste Himmel-Fuerstin, Gnaedigste Schutz-Frau und Landes-Mutter S. Hedwig zur Lebens-Zeit heylsam geuebet, und nach dem Tod zur Nachuebung hinterlassen, In eine Trost-reiche Fruchtbringende Andacht, besonders vor die nach Closter Trebnitz Wallfahrtende Catholische Christen eingerichtet. Neisse 1723, S. 242–244. Der Text des Predigtkonzeptes Michael Hillers wurde zweimal von Joseph Gottschalk abgedruckt; vgl. Joseph Gottschalk: Lob auf St. Hedwig durch Lutheraner, Calvinisten und Schwenckfelder. In: Heimat und Glaube 18/6 (1966), S. 5; ders.: Hedwigs-Predigten aus 700 Jahren. In: Archiv für schlesische Kirchengeschichte 40 (1982), S. 129–164, hier S. 139–142.

29 Vgl. Hermann Hoffmann: Karl Regent, ein schlesischer Jesuit im Kampf gegen die Schwenckfelder und in Freundschaft mit Friedrich dem Großen. In: Jahresbericht der Schlesischen Gesellschaft für Vaterländische Kultur 108 (1935) [1936], S. 130 f.

Zum ersten: Ihren Glauben hat sich beweiset mit dem Gehorsam gegen die Eltern. Sie hat hernach in aller Zucht und Ehrbarkeit im Ehestande gelebet, das zeiget, daß sie sich zu eigener Keuschheit verpflichtet hat usw.
Zum andern: Ist sie fleißig gewesen und Tugendreich.
Zum dritten: Sie hat allezeit mehr Achtung gegeben auffs zukuenfftige Leben, denn auffs gegenwaertige, das zeiget, daß sie alle Gepraeng und allen übrigen Schmuck vermieden hat.
Zum vierdten: Sie ist grosser Vorsichtigkeit gewest: Bey ihrem Christlichen Leben wider die Feinde aller Christen, wider die Teufel gestritten mit fleißigem Gebette bey Tag und Nacht, wider die Welt, wider ihren Leib mit Casteyung: Da sie gestorben, hat man ein Haerin Kleyd, das sie verborgen an ihrem Leibe getragen, gefunden, daß noch vorhanden.
Zum fuenfften: Sie ist gut und sanfftmuethig gewest, kein Zorn-Wort, Schelt-Wort geschweige von ihr nicht gehoeret worden: Das zeiget an da ihr der Caemmerer eltlich Credenzen verlohren, sie stuermete nicht, schalte nicht, sondern sagte mit sanfftmuethigen Worten: Ey vergebe dir es Gott, du fuegest mir Schaden zu mit deiner Unvorsichtigkeit, versuche ob du es kanst wieder kriegen.
Zum sechsten: Sie ist geduldig gewesen in aller Widerwaertigkeit: Das bezeiget der Todesfall ihres Gemahls, als auch deß Sohns, da die Tartarn das Land ueberzogen und allda umbkommen auff der Wallstadt zum Spott aber das abgeschlagene Haubt auff einem Spieß vor dem Schloß außgesteckt worden war.
Nach dem Todt ihres Herrn biß zur Muendigkeit ihres Sohns hat sie das Fuerstenthum regieret, und das niemand Gewalt oder Ungerecht geschehe, hat sie bey den Gerichts-Haendeln selber gesessen gegenwaertig. Anno 1243. Mortua. 1267. Canonizata. Translata 68[30].

Wie man sieht, weicht der Zugriff Hillers auf die Vita der hl. Hedwig von der – meist aus vorreformatorischen Prämissen resultierten – Notiz im „Calendarium Sanctorum et Historiarum" schon eindeutig ab. Er stellte die „menschliche" Dimension des Lebens heraus: die Bescheidenheit Hedwigs, ihre Nächstenliebe, ihre Gerechtigkeit in Taten und Urteilen. Eine völlig neue, evangelische Interpretation der Legende war dies aber noch nicht. Die Neudeutung wurde nicht von einem Geistlichen, sondern von einem Laie vorgelegt – von Joachim Cureus (1532–1573), dem „Vater der schlesischen Historiographie", Schüler Philipp Melanchthons und Valentin Trotzendorffs, der nach den Studien in Bologna und Padua als praktizierender Arzt in Glogau/Głogów wirkte[31].

30 Zitiert nach Gottschalk: Hedwigs-Predigten (wie Anm. 28), S. 141 f.

31 [Heinrich] Heppe: Curäus, Joachim. In: Allgemeine Deutsche Biographie. Bd. 4. Leipzig 1876, S. 644 f.; Ernst Kähler: Cureus, Joachim. In: Neue Deutsche Biographie. Bd. 3. Berlin 1957, S. 441; Gerhard Heinrich: Joachim Cureus. In: Neuer Glogauer Anzeiger 31/12 (1983), S. 4 f.; ders.: Joachim Cureus (1532–1573). In: Schlesische Lebensbilder. Bd. 6. Sigmaringen 1990, S. 38–45.

Im Jahre 1571 erschienen in Wittenberg seine „Gentis Silesiae annales“[32], die in deutscher Übersetzung im Jahre 1585, gleichzeitig in Frankfurt am Main und Leipzig, von Heinrich Raettel, dem Bürgermeister von Sagan/Żagań, herausgegeben wurden[33]. Dem Andenken der hl. Hedwig war hier ein eigenes Kapitel gewidmet: „Brevis expositio stirpis & vitae Beatae Heduigis“ (deutsch: „Kurtzer Bericht von S. Hedwigen Geschlecht / Wandel und Leben“)[34].

Gleich zu Beginn polemisierte der Verfasser, hier völlig mit der Stellungnahme Luthers übereinstimmend, gegen alle diejenigen, die – gegen den alten Legenden und Geschichten eingenommen – die „vortreffliche Gabe der Heiligkeit“ zurückweisen und verachten wollten:

> [...] Gott hat ein wolgefallen daran / das man seine Goettliche gegenwertigkeit bey heiligen Leuten betrachtet / und dem Son Gottes / dem Schutzherrn seiner Kirchen / der im fuer und fuer ein Heufflein samlet im Menschlichen Geschlecht / darfuer dancket wie denn recht und wolgesagt ist:
> Hos ego cum laudo, laus ea tota Dei est.

---

32 Gentis Silesiae Annales complectentes historiam de origine, propagatione et migrationibus gentis, & recitationem praecipuorum euentuum, qui in Ecclesia & Republica usq. ad necem Ludovici Hungariae & Bohemiae regis acciderunt. Contexti ex antiquitate sacra et ethnica, et ex scriptis recentioribus: a Ioachimo Cureo Freistadiensi, philosopho et medico in inclita urbe Glogouiensi. Witebergae 1571.

33 Schlesische General Chronica, Darinnen Warhaffte eigentliche und kurtze Beschreibung / Des Landes Ober und Nider Schlesien / Ankunfft / Namen / Herkommen / deren Hertzogen / Fuerstenthuemern / Stedten / Schloessern / Sitzen / derselben Vermehrungen / Reysen und Verwaechßlungen / insonderheit der weitberuehmbten herrlichen Stadt Breßlaw und Fuerstenthumbs Glogaw / etc. Aus alten und newen Schrifften und Chronicken zusammen gezogen. Auch was sich mit den umbliegenden Lendern und Voelckern / als Behemen / Polen / Moschowitern / Littawern / Tattern / Tuercken / biß zu Koenig Ludwigs zu Ungern Untergang / und nach demselben / biß auff diese jetzige zeit begeben und zugetragen hat: Erstlich Durch Den Hochgelarten Herrn Joachimum Cureum Freystadiensem, der Artzney Doctorn / etc. seligen / in Lateinischer Sprach beschrieben: Jetzund aber dem gemeinen Vaterlandt zu gut verdeutscht Durch den Wolgelarten und Weisen Herrn Heinrich Raetteln zu Sagan / etc. [...]. Mit fleiß zusammen gezogen / Durch D. Laurentium Mueller / damals Fuerstlichen Churlendischen Hoffraht. Leipzig 1585.

34 Gentis Silesiae Annales (wie Anm. 32), S. 72–77; Schlesische General Chronica (wie Anm. 33), S. 128–139. Siehe auch Jacob Schickfuss: New Vermehrte Schlesische Chronica unnd Landes Beschreibung, Darinnen Weyland H. Joach. Curaeus Der Artzney D. Einen Grundt geleget. Itzo Biß an das 1619 Jahr / da sich dero Oesterreichischen Wienerischen Linien Regierung gantz endet. Mit sehr vielen Nothwendigen Sachen vermehret und gebessert. [...] Das ander Buch. Leipzigk [1625], S. 22–27; Joseph Gottschalk: Die älteste protestantische Lebensbeschreibung der hl. Hedwig vom Jahre 1571. In: Archiv für schlesische Kirchengeschichte 17 (1959), S. 1–15.

Wenn ich der heiligen Lob vermehr /
So lob ich Gott / sein ist die Ehr[35].

Cureus setzte sich mit scharfen Worten von den die apostolische Lehre verderbenden Mißbräuchen und dem Aberglauben ab, indem er vor allem „die schedliche gewonheit / die verstorben Heiligen anzuruffen" zurückwies[36]. Er unterstrich aber mit Nachdruck, daß sogar mitten in der zuletzt so schmerzlichen Verblendung der Christenheit und Schwächung des Glaubens „Gott [...] jm im Menschlichen Geschlecht ein heiliges Heufflein erhalten / und des heiligen Geistes gegenwertigen beystand / in den Auserwelten / sehen und erscheinen lassen"[37] habe. Eine solche ‚Auserwählte' sollte gerade die hl. Hedwig von Schlesien sein. „Wir Schlesier sein fuernemlich danckbarkeit schuldig der Gottseligen Fuerstin S. Hedwig / welche vorzeiten nicht als ein strenge Obrigkeit / sondern als ein gute Mutter / unser Vaterland hertzlich geliebet / und darinnen die Religion die freyen Kuenste / und viel guter Tugenden / gestifftet und gepflantzet hat"[38].

In seiner Beschreibung des Lebens von hl. Hedwig setzt sich Cureus ausdrücklich von der mittelalterlichen „Legenda maior" ab, die für ihn „kindisch beschrieben ist", und „preiset allein jre eußerliche Werck strenges Leben / fasten und casteyen des Leibs"[39].

> Wiewol nu dieselben eußerlichen ubungen wenn sie zumal in warem Glauben an Christum geschehen / und die gebuerliche mas damit gehalten wird / loeblich gut seyn: Wie denn die eußerliche Zucht / in den widergebornen / gar ein schoener Schmuck und Zierde ist: So haben doch in dieser heiligen Fuerstin Hertzen und Gemuehte gar viel hoehere und herrlichere tugenden geleuchtet. Sie ist nicht allein nur schlecht mit diesen Heydnischen Tugenden begabt und geziert gewesen / hat sich auch nicht allein mit eußerlichen Geberden / als mit Feigenbletter / bedeckt und beschoenet: Sondern weil sie innerlich im Hertzen warhafftig zu Gott bekeret / und der heilige Geist sie regierte und leitete / so wirckete derselbige heilige Geist in ihrem Hertzen viel Goettlicher Tugenden / nemlich erkentnis Gottes / waren Glauben / und vertrauwen zu Gott / in dem Mitler Jesu Christo / ware inbrunstige Liebe zu Gott und dem Nechsten / Keuschheit / foerderung der Kirchen und gemeinen Nutzes / und andere viel herrliche Tugenden mehr. Solcher Christlicher Tugenden und guten Werck ist ihr gantzes Leben voll[40].

Weil „allein Christus ist volkommen Gerecht / und Heilig / ohn alle suende und gebrechen. Aber alle Heyligen sein Suender / und bitten umb Vergebung der suen-

35 Schlesische General Chronica (wie Anm. 33), S. 129.
36 Ebd.
37 Ebd.
38 Ebd.
39 Ebd., S. 132.
40 Ebd.

den / durch Christum", wie es Franciscus Vierling, Diakon bei der Pfarrkirche St. Maria Magdalena zu Breslau/Wrocław, in seinem damals in Schlesien sehr belieben Gebetbuch formulierte[41], konnte auch das Leben der hl. Hedwig in der Beurteilung eines evangelischen Historiographen und Moralisten nicht sündenfrei sein. Bereits in dem Kapitel über Heinrich den Bärtigen erschien bei Cureus ein Unterton von Mißbilligung des vom fürstlichen Ehepaar abgelegten Keuschheitsgelübdes:

> [...] S. Hedwig hat diesen ihrem Herren trefflich geliebt / dennoch sonderte sie sich von ihm ab / im schein sonderlicher Heiligkeit (dafuer man es denn dieser Zeit hielte) und hat sie ihr Herr / wegen eines Geluebds / so er ihr in beysein des Bischoffs gethan / gantzer dreyßig Jahr nie beruert[42].

Im Kapitel über die hl. Hedwig wurde gerade dieser Aspekt ihres Lebens von Cureus am schärfsten getadelt:

> Die irrige meynung / als solte der Ehestand fuer Gott unrein und verdamlich sein / hatte dieselbe zeit diese und andere fromme Weiber auch eingenommen / und kam von dem Gottlosen Gebott des unreinen Coelibats her / und wardt derhalben das eheliche Beywonen fuer unreinigkeit / und hinderlich am Gottesdienst gehalten. Unnd wurden dazumal die Leute nicht unterricht / das Gott aus wunderbarem Rath die Menschliche Natur also geschaffen / und diese mit gewißer mas umschrenckte Ordnung unnd weise das Menschliche Geschlecht zuvermehren / aus weisem Raht verordnet und gestifftet habe[43].

Cureus, Arzt vom Beruf, wiederholte hier mit anderen Worten die berühmte ‚naturalistische' Argumentation Martin Luthers, die im „Großen Katechismus" gegen den „päpstlichen Haufen, der den Ehestand verachtet", gerichtet war:

> Denn wo die Natur gehet, wie sie von Gott eingepflanzt ist, ist es nicht möglich, außer der Ehe keusch zu bleiben; denn Fleisch und Blut bleibt Fleisch und Blut, und gehet die natürlich Neigung und Reizung ungewehret und unverhindert, wie idermann siehet und fühlet. Derhalben, auf daß deste leichter wäre, Unkeuschheit etlicher Maße zu meiden, hat auch Gott den Ehestand befohlen, daß ein iglicher sein bescheiden Teil habe und ihm daran gnügen lasse, wiewohl noch Gottes Gnade dazu gehöret, daß das Herz auch keusch sei[44].

---

41 Vgl. Lehr / trost / Beicht und Gebetbuechlein. Fuer die Jugend und gemeine Leute / zusam[m]en gezogen. Durch Franciscum Vierling / zu S. Maria Magdalena inn Breßlaw / Diacon. Auffs new ubersehen / und gemehret. Breßlaw 1581, fol. E_8 recto – F recto.

42 Zitiert nach Schickfuss: New Vermehrte Schlesische Chronica (wie Anm. 34), S. 16.

43 Schlesische General Chronica (wie Anm. 33), S. 134 f.

44 Zitiert nach: Die Bekenntnisschriften (wie Anm. 27), S. 613 f. Siehe auch Waldemar Kawerau: Die Reformation und die Ehe (Schriften des Vereins für Reformationsgeschichte 39). Halle/Saale 1892.

Für die zweite ‚Hauptsünde' der hl. Hedwig hielt Cureus ihre strenge Zurückhaltung beim Zeigen tiefer Gefühle:

> Als man ihr vermeldet / daß ihr Herr kranck legt / besucht sie ihn nicht / weinete auch nicht umb ihn bey dem Begraebnis / sondern dieweil sie der Gottseligkeit gar ergeben / und sonderlich auffs Alter gar darinn verharrete / meynete sie / es sey nicht recht / durch Anzeigung einiger Trawrigkeit Gottes Willen zu wiederstreben[45].

Solche Haltung fand in der christlichen Lehre, nach der Meinung des Chronisten, keine genügende Begründung:

> Es ist [...] nicht unrecht / umb seine verstorbene Eltern / Kinder oder Freunde / trauwren und leide tragen / Unnd ist das angenommene heuchliche / Moenchische sauwersehen und unbarmhertzigkeit nicht zu loben. [...] Unser Herr Gott wil beydes haben / das wir uns betrueben sollen / uber der unsern toedtlichen Abgang und Unfall / hat auch die hertzliche bewegungen im Menschen darumb erschaffen / Er wil auch das wir im trauwern ein mas halten / unnd aus Gottes Wort und dem heiligen Euangelio Trost fassen sollen[46].

Alle diese ‚Misbraeuche' belasten im Urteil des Cureus nicht so sehr die hl. Hedwig selbst, da „diese unsere Fuerstin [...] taeglich umb vergebung der Suenden durch Christum zugeschrien", als vielmehr „die ungelehrten Lehrer dieser zeit"[47]. Sie hat sie übrigens mit dem ‚Kreuz des Unglücks', welches Gott während des ganzen Lebens auf ihre Schultern legte, teuer erkauft. „So viel geheufftes Ungefell und schmertzliches Creutz hette auch ein Mannlich Hertz ermatten und erlegen moegen. Aber sie hat im Gebett immer angehalten / und sich mit Gottes Wort getroestet. Und ob sie wol dabey immer trawrig und kleinmuehtig eynher gangen / und sich unmitleidig geberdet / das man ir wol sagen mag / das dennoch der Glaube durch die dicken trueben Wolcken des Truebsals hindurch geschienen"[48].

Die hl. Hedwig war für den mit dem ‚Ruhmeskult' der italienischen Renaissance[49] vertrauten Humanisten Cureus eine halb religiöse, halb weltliche ‚Gute Heldin': „ein sonderlich Kleinot und große Zierde dieses Landes Schlesien"[50]. Sie zu ehren, jedoch würdig, nicht ‚abglaubisch', hielt er für notwendig und äußerst nützlich. Indem er ihre Anrufung und den Besuch ihres Grabes, der zu dieser

---

45 Zitiert nach Schickfuss: New Vermehrte Schlesische Chronica (wie Anm. 34), S. 16.
46 Schlesische General Chronica (wie Anm. 33), S. 135.
47 Ebd.
48 Ebd., S. 137.
49 Vgl. Jacob Burckhardt: Die Kultur der Renaissance in Italien. Ein Versuch (Gesammelte Werke 3). Basel 1955, S. 96–104 (Der moderne Ruhm).
50 Schlesische General Chronica (wie Anm. 33), S. 138.

Zeit ohnehin allmählich nachließ[51], aus konfessionellen Gründen ablehnte, schrieb er abschließend:

> [...] last uns ir Gedechtnis ehrlich und loeblich halten / und Gott fleißig bitten / das er stets solche fromme Fuerstin und Matronen / die Gottes Wort und das Vaterland lieben / erwecken und verleihen woelle / das im unter uns ein ewige Kirche gesamlet und erhalten werde / die in recht erkenne / und außerhalb allerley Abgoetterey und Irrthumb lobe und preise[52].

Die Meinung des böhmischen Jesuitenpaters und berühmten Historikers Bohuslaus Balbinus, daß Cureus „S. Hedvigem Lutheranam facere voluit“[53], scheint übertrieben zu sein, doch hat der Glogauer Arzt tatsächlich eine weitgehende ‚Reformation‘ der Hedwigslegende durchgeführt. Damit bestätigte er seinen humanistisch gesinnten Philippismus, der ja weit mehr auf eine grundsätzliche Reform der bestehenden christlichen Kirche als auf den Bau einer vollkommen neuen abzielte. Die Hedwigsvita des Cureus entsprang demselben Melanchthonschen Geist, der auch aus dem Meßkanon Ambrosius Moibans, dem Katechismus Leonhard Krentzheims sowie der Ausgabe der Kirchenvätertexte von Martin Moller spricht[54]. Eine solche ‚Zähmung‘ der beliebten, weit und breit bekannten Legende wurde zu einem wichtigen Faktor in der Bildung der Kulturidentität des evangelischen Schlesien.

---

51 Nikolaus Henelius beschrieb 1613 die Trebnitzer Wallfahrt als ein Phänomen der Vergangenheit: „Peregrinationes ad D. Hedwigis sepulcrum superstitioso illo aeuo celeberrimum“; vgl. Nicolai Heneli U. J. D. Silesiographia, Hoc est: Silesiae Delineatio brevis et succincta: in qua non modo regionis rationem, naturam, cultum, & prouentum, verum etiam ingenia, mores & instituta habitantium formamque Reipubl. tanquam in tabula contemplari licet. [...]. Francofurti [...] 1613, S. 48.

52 Schlesische General Chronica (wie Anm. 33), S. 138.

53 Miscellanea historica regni Bohemiae decadis I. liber IV. hagiographicus, seu Bohemia Sancta, continens sanctos et beatos Bohemiae, Moraviae, Silesiae, Lusatiae, tam eos, qui publicis fastis, aut ipso immemorabilis temporis decursu in censum divorum venerunt; Quam eos, qui licet hoc titulo careant, aut morte ob Christi fidem fortiter tolerata, aut innocentia vitae in antiquitate claruerunt, Aut a scriptoribus idoneis virtutum & sanctimoniae merito commendantur. Authore Bohuslao Balbino, e Societate Jesu. [...] Pragae [...] 1682, S. 62 f.

54 Vgl. u. a. Ferdinand Bahlow: Leonhard Krentzheim, der ‚heimliche Kalvinist‘ in Liegnitz. In: Mitteilungen des Geschichts- und Altertums-Vereins zu Liegnitz 15 (1934/35), S. 106–220; Alfred Sabisch: Der Meßcanon des Breslauer Pfarrers Dr. Ambrosius Moibanus. Ein Beitrag zur Geschichte des protestantischen Gottesdienstes in Schlesien in den ersten Jahren der Glaubensschpaltung. In: Archiv für schlesische Kirchengeschichte 3 (1938), S. 98–126; Elke Axmacher: Praxis Evangeliorum. Theologie und Frömmigkeit bei Martin Moller (1547–1606). Göttingen 1989; dies.: Die Rezeption mittelalterlicher Mystik durch Martin Moller. In: Jahrbuch für Schlesische Kirchengeschichte 68 (1989), S. 7–26.

Inwieweit aber war das Verhältnis des Chronisten, eines schlesischen Patrioten, zu Person und Verehrung der hl. Hedwig lediglich konfessionell bestimmt? Ganz zum Schluß des betreffenden Kapitels zeigte er noch einen Grund auf, warum man das Andenken der ‚Patrona Silesiae' pflegen sollte:

> S. Heduigis hat nach ir ein herrlich Geschlecht / und viel Nachkom[m]en / gelassen / welche lange zeit in Schlesien geherrschet / und sein von irem Geschlecht noch heutigs tags vorhanden / die Erleuchte Fuerste zur Lignitz und Brieg / [...]. Diese Fuersten / ob inen wol die Kron Polen unbillich entwand / hat nichts desto minder der guetige Gott sonst mit Land und Leuten und anderem zeitlichen Segen / und (welchs das groeste ist) mit warem erkentnis seines geliebten Sons Jesu Christi / und der waren Religion / reichlich begnadet und versehen: Also das man an jnen ein lebendig Exempel sihet dieser Goettlichen Verheißung: Der Same der Gerechten wird gesegnet[55].

Angesichts der bevorstehenden Konfrontation der schlesischen Stände mit der zentralistisch orientierten Obrigkeit war eine solche Betonung der Verwandtschaft des regierenden einheimischen Fürstenhauses mit der heiliggesprochenen ‚Patrona Silesiae' gewiß eine erhebliche politische Stärkung der Liegnitz-Brieger Piasten, die man für Garanten einer staatsrechtlichen und ‚geistigen' Unabhängigkeit von der Habsburgermacht hielt.

Das Werk von Joachim Cureus bestimmte für längere Zeit den Erkenntnishorizont der regionalen Historiographie. Es erschien in mehreren Auflagen und wurde auch in neuere Chroniken übernommen, etwa in die 1625 in Leipzig gedruckte „New Vermehrte Schlesische Chronica" von Jakob Schickfuss[56]. Man kann somit annehmen, daß die von Cureus vorgelegte Reinterpretation der Hedwigslegende zum geistigen Allgemeingut im evangelischen Schlesien wurde. Der Calvinist Friedrich Lucae brauchte in seinem monumentalen Werk „Schlesiens curiose Denckwuerdigkeiten" schon nicht mehr zu erwägen, ob es im Leben der schlesischen Fürstin eine ‚wahre Heiligkeit' gegeben habe. Wenn er in seiner früheren „Schlesische[n] Fuersten-Krone" das durch den Jesuitenpater Valentin Leucht gezeichnete Bild der hl. Hedwig[57] noch deutlich mißbil-

---

55 Schlesische General Chronica (wie Anm. 33), S. 138 f.

56 Vgl. Schickfuss: New Vermehrte Schlesische Chronica (wie Anm. 34), S. 22–27: Kurtzer Bericht von S. Hedwigen Geschlecht, Wandel und Leben [wortgetreu von Cureus übernommen].

57 Valentin Leucht: Speculum historicum illustr. miraculorum hospitalitatis & liberalitatis: Das ist / Historischer Spiegel von den denckwirdigen Miraculn der vortrefflichen Tugendt der Hospitalitet und Freygebigkeit gegen den armen Duersstigen: Und wie Gott jederzeit solche so reichlich / zeitlich und ewig belohnet / und hergegen den Geitz und Wucher gestraffet hat: Mehrertheils auß H. Schrifft / und den Annalibus Cardinalis Baronij zusammen bracht / und etlicher massen mit Annotationibus moralibus erklaeret. [...]. Coelln [...] 1598, fol. 296 recto -300 verso.

ligte[58], so enthielt er sich in seinem Hauptwerk aller kritischen Kommentare. Die einzigen diesbezüglichen konfessionellen Akzente lassen sich dort in den Lebensbeschreibungen der beiden Breslauer Bischöfe Konrad I., Fürst zu Öls, und Petrus II. Nowack ausmachen. Über den erstgenannten schrieb Lucae:

> Wie ihm auch sonst die praechtigen Ceremonien bey dem Gottes-Dienst hoechst beliebten / so stellte er allerhand Reformationes in den Schlesischen Kirchen an / und ließ viel Aberglaubisches Wesen mit unterlauffen. Sonderlich stifftete er den andaechtigen Hedwig / St. Annae / St. Catharinae / St. Dorotheae / St. Johanni zu Ehren / allerhand Heiligen-Dienst und Walfahrten[59].

Der zweitgenannte brachte wiederum „allerhand neue Heiligen-Dienste auff / welche der Kirchen und dem Volck selbst mehr aberglaubisch als erbaulich zusehn schienen. Die grosse Procession welche jaehrlich der andaechtigen Hedwig zu Ehren geschicht / da die Roemische Geistlichkeit / samt ihrem Anhang mit Trommeln und Pfeiffen / auch fliegenden Fahnen / von Breßlau biß Trebnitz / sind 4. Meil Wegs / zu ihrem Grabe verrichtet / ist auch von diesem Petro angefangen und angeordnet worden“[60].

In beiden zitierten Abschnitten ist nicht von der ‚heiligen‘, sondern von der ‚andaechtigen‘ Hedwig die Rede. Diese Bezeichnung tauchte in der Chronik von Lucae zumindest dreizehnmal auf und wurde hier, wie es scheint, zum begrifflichen Äquivalent der einst von Cureus vollzogenen ‚Neuauslegung‘ der Hedwigslegende. Die Erwähnung der ‚andaechtigen‘, das heißt ‚wahrlich heiligen‘ Hedwig neben den mit einem konventionellen ‚St.‘ versehenen Anna, Katharina, Dorothea und Johannes bezeugt deutlich die besondere Rolle, die der ‚Landesmutter‘ im schlesischen Protestantismus zuteil wurde.

Im 18. Jahrhundert gab es in der schlesischen evangelischen Geschichtsschreibung hinsichtlich des Bildes der hl. Hedwig keinerlei polemische Akzente mehr. Johann Sinapius wies den Leser seiner „Olsnographia“[61], der mehr über Vita der Heiligen wissen wollte, nicht nur auf die beiden Breslauer Ausgaben der „Legenda

58 Lichtstern [Lucae]: Schlesische Fuersten-Krone (wie Anm. 7), S. 87: „Doctor Leuchten in vitis Sanctorum [der hl. Hedwig] mehr goettliche Heiligkeit zueignet / als er beweisen kan“.

59 Lucae: Chronica (wie Anm. 6), S. 258 f.

60 Ebd., S. 262.

61 Olsnographia, Oder Eigentliche Beschreibung Des Oelßnischen Fuerstenthums In Nieder-Schlesien / welche in zwey Haupt-Theilen / so wohl insgemein Dessen Nahmen / Situation, Regenten / Religions-Zustand / Regiments-Wesen und andere notable Sachen / Als auch insonderheit die Staedte und Weichbilder des Oelßnischen Fuerstenthums mit Ihren Denckwuerdigkeiten vorstellet / Ausgefertiget von Johanne Sinapio, Rectore der Fuerstl. Schule und Bibliothecario zur Oelße. Leipzig und Franckfurt [...] 1707, S. 81 f.

maior"[62], sondern auch auf das 1686 in Glatz/Kłodzko gedruckte Hedwigsbuch eines Jesuiten[63] hin. In der Beschreibung der Hedwigskapelle der Klosterkirche in Trebnitz/Trzebnica beschränkte er sich wiederum auf die Übersetzung des betreffenden Abschnitts der „Silesiographia Renovata"[64], die vom erzkatholischen Michael Joseph Fibiger bearbeitet und herausgegeben worden war. Gleichsam als Revanche für die konfessionelle Objektivität des Rektors der fürstlichen Schule zu Öls/Oleśnica nahm der schon erwähnte Jesuitenpater Karl Regent 1723 ein ganzes Kapitel über die Verehrung der hl. Hedwig durch die Evangelischen in sein „Exempel der Schlesier" auf[65]. Die beiden Seiten des konfessionell getrennten Schlesien begannen sich merklich mit dem Gedanken vertraut zu machen, daß jene ‚andaechtige' bzw. ‚heilige' Fürstin sowohl für die Evangelischen als auch für die Katholiken als ‚Landesmutter' zu betrachten sei. Die Religionspolitik Friedrichs des Großen begünstigte den allmählichen Abbruch der konfessionellen Trennungsmauern, und gerade die Jesuiten, die, wie es das Beispiel des fast ‚ökumenischen' Hedwigsbuches von Karl Regent zeigt[66], auf eine solche Aufgabe gut vorbereitet waren, haben sich bei der Durchführung dieser Politik vielfältig engagiert.

Der Aufstieg der hl. Hedwig beinahe zur preußischen ‚Staatsheiligen' bildete eine wichtige und wirksame Grundlage, die konfessionell und national geteilte Bevölkerung Schlesiens schrittweise zusammenzuführen. Als aber vor allem in der

62 Sinapius nennt sowohl die erste Ausgabe von 1504 (vgl. Anm. 25) als auch die in der evangelischen Druckerei Georg Baumanns gedruckte zweite von 1631: Das Leben und die Geschichte der Heyligen Hedwigis / geborner Fuerstin von Meranien / Großhertzogin in Polen und Schlesien. Hiebevor außgegangen zu Breßlaw im 1504. Jahre: anjetzo nach laut selbigen Exemplare auch daselbst gedruckt durch Georgium Baumann. [Breslau] 1631. Im Gegensatz zur reich illustrierten ersten Ausgabe erhielt die zweite nur zwei Stiche, die übrigens auch in anderen Drucken dieser Werkstatt Verwendung fanden (vgl. Abb. 10).

63 Tugendreiches Leben / Und fuertreffliche Wunderthaten / Vor- Bey- und nach dem Ableiben / Der Hoch-heil. und Hoch-maechtigen Himmels-Fuerstin Hedwigis / Unserer gnaedigsten Schutz-Frauen / Und Allgemeinen Mutter aller Beduerfftigen. Glatz 1686. Der Verfasser der „Olsnographia" (wie Anm. 61) beruft sich auf „pag. 18. seqq." des Buches.

64 Olsnographia (wie Anm. 61), S. 619–628, hier S. 625. Vgl. Silesiographia Renovata (wie Anm. 11), S. 599–601, hier S. 601.

65 Regent: Exempel der Schlesier (wie Anm. 28).

66 Als weiterer Beleg für die jesuitischen Bemühungen, die Verehrung der hl. Hedwig möglichst ‚überkonfessionell' zu verbreiten, seien die Liegnitzer Schloßpredigten aus den Jahren 1696–1699 angeführt: Wandel und Wuerthschafft Der Heil. Frauen Hedwigis / In vier Predigten / so an ihrem heiligen Fest-Tag seynd gehalten worden / zu Liegnitz in der Schloß-Capellen Der Heil. Hedwig. Von 1696 bis 1699. Vorgestellet durch P. V. Scheffer / der Soc. Jesu Priestern und Predigern zu Breßlau im Gottes-Hauß des Allerheiligsten Namens Jesu. Glatz [o. J.].

ersten Hälfte des 20. Jahrhunderts die nationale Auseinandersetzung in den Vordergrund trat, wurde die ‚Patrona Silesiae' erneut zum ‚Feldzeichen', diesmal zum Inbegriff des ‚Deutschtums', das mit dem – angeblich gegenüber der hl. Hedwig gleichgültigen – ‚Polentum' konfrontiert wurde[67]. „Deutsch war ihr ganzes Wesen" – schrieb im Jahre 1938 in seiner umfangreichen Abhandlung „Herzogin Hedwig, eine deutsche Frauengestalt" der evangelische Pastor Emil Tschersich[68]. Wenn in dieser Schrift an anderer Stelle zu lesen ist: „Deutschtum und Christentum waren für sie eine lebensvolle Einheit. Ohne diese tatkräftige, gut deutsche und glaubensstarke Frau hätten wir keinen Hohenzollernstaat bekommen, kein preußisches Königtum"[69], so muß man, um den Tenor des Ganzen richtig einzuschätzen, die kurze Schlußbemerkung des Verfassers mit in Betracht ziehen: „Die erste Fassung meiner Schrift stammt vom Muttertage des Dritten Reiches 1937"[70]. Es bleibt zu hoffen und zu wünschen, daß auf das Bild der schlesischen ‚Landesmutter', die Katholiken und Evangelischen, Polen und Deutschen gemeinsam ist, niemals mehr so düstere Schatten geworfen werden.

67 Die Verehrung der hl. Hedwig war in Polen, insbesondere in Großpolen, aber auch in Krakau sehr verbreitet. Dies wird in der deutschen Literatur immer noch unterschätzt, und selbst Joseph Gottschalk hebt die Tatsache nicht ausreichend hervor, daß ohne die Fürsprache des polnischen Königs Johann III. Sobieski und seiner Frau Maria Kasimira die hl. Hedwig entweder nie oder erst viel später als im Jahre 1706 zur allgemein verehrten Heiligen der römisch-katholischen Kirche geworden wäre; vgl. Gottschalk: St. Hedwig (wie Anm. 3), S. 311–315, hier S. 313.

68 Tschersich: Herzogin Hedwig (wie Anm. 12), hier S. 103.

69 Ebd., S. 114.

70 Ebd., S. 129.

1. Das fürstliche Schloß in Liegnitz/Legnica in der 1. Hälfte des 18. Jahrhunderts (rechts Petersturm, links Hedwigsturm). Kolorierte Federzeichnung von Friedrich Bernhard Wernher. Breslau/Wrocław, Universitätsbibliothek

2. Hedwigsturm des Liegnitzer Schlosses. 1. Hälfte des 13. Jahrhunderts, umgebaut nach 1416. Foto: Krzysztof Biedugnis, Legnica

3. Karl der Große. Detail der Wandmalereien im „Grünen Gemach“ des Hedwigsturms in Liegnitz/Legnica. Um 1508–1510. Nach Hans Lutsch

4. Epitaph der Familie Heinrichs und Hedwigs von Schindel in der Pfarrkirche zu Schosnitz/Sośnica. 1586. Bildhauer: Caspar Berger. Foto: Mirosław Łanowiecki, Wrocław

5. Grabplatte Hedwigs von Schellendorf, geb. von Kiel, in der Dorfkirche zu Wolmsdorf/Wolbromek. 1576. Federzeichnung aus der Sammlung Graf Hoverden-Plenckens. Breslau/Wrocław, Universitätsbibliothek

6. Grabplatte Hedwigs von Magnus gen. Axleben, geb. von Wotissen, in der Pfarrkirche St. Marien zu Lubin/Lüben. 1593. Federzeichnung aus der Sammlung Graf Hoverden-Plenckens. Breslau/Wrocław, Universitätsbibliothek

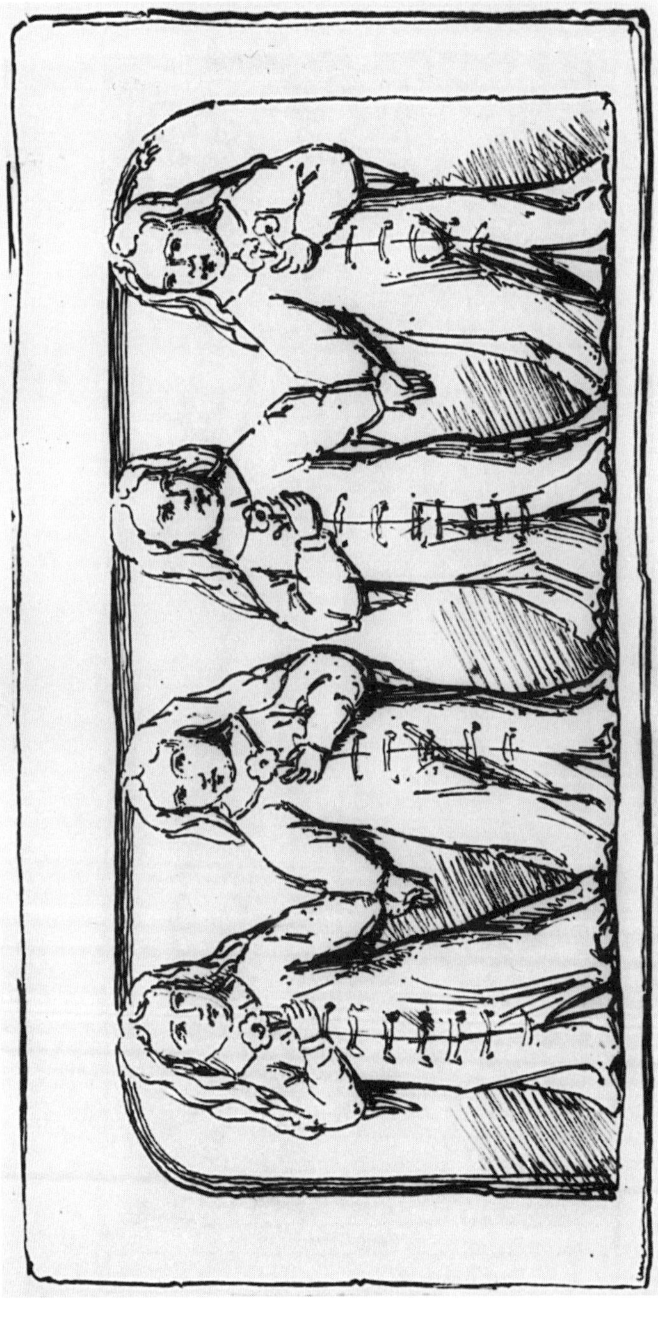

7. Grabdenkmal für Ludmila, Elisabeth, Marianna und Hedwig von Pückler in der Dorfkirche zu Schedlau/Szydłowiec. Nach 1612. Federzeichnung aus der Sammlung Graf Hoverden-Plenckens. Breslau/Wrocław, Universitätsbibliothek

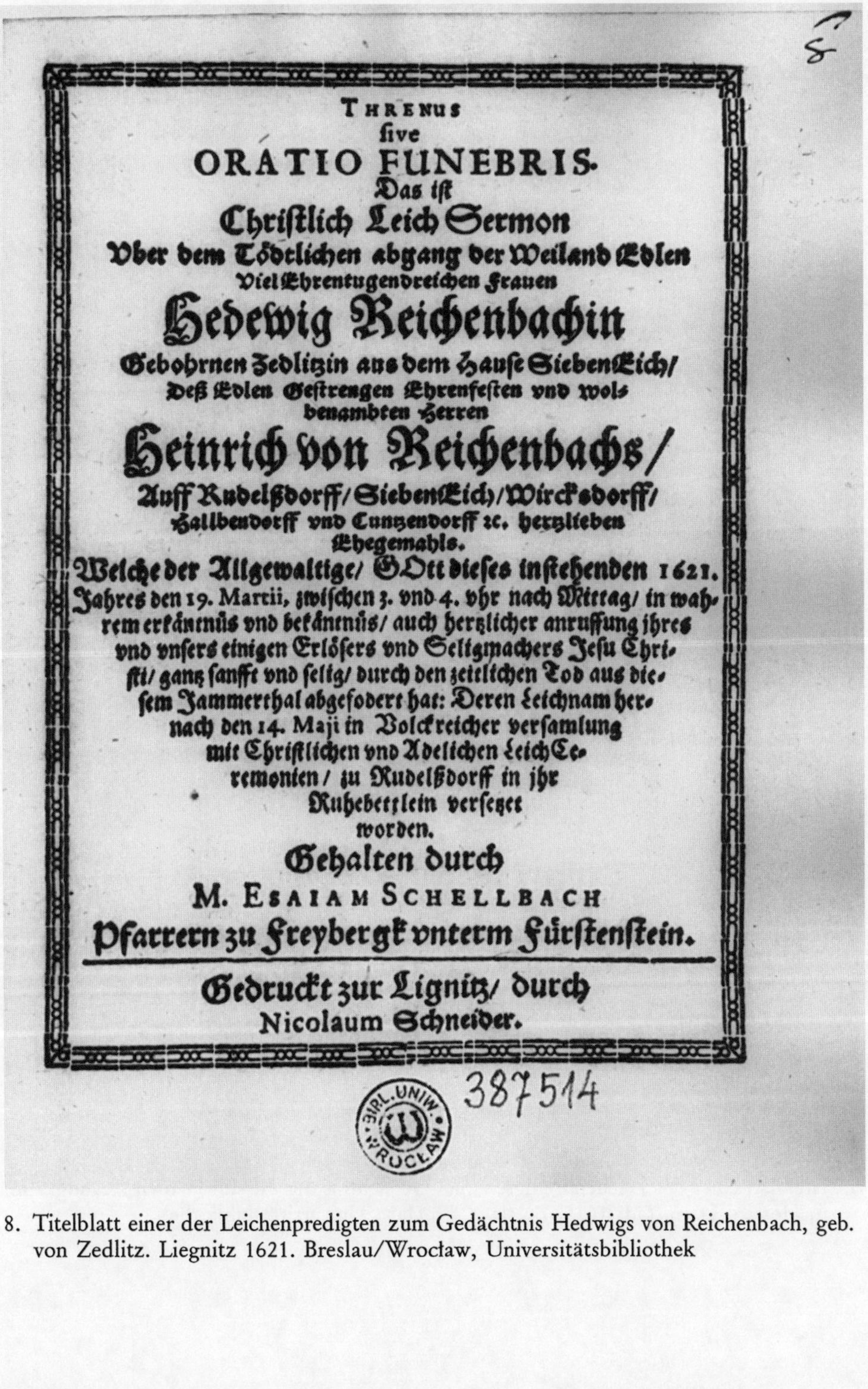

THRENUS
sive
ORATIO FUNEBRIS.
Das ist
Christlich Leich Sermon
Vber dem Tödtlichen abgang der Weiland Edlen
Viel Ehrentugendreichen Frauen
Hedewig Reichenbachin
Gebohrnen Zedlitzin aus dem Hause SiebenEich/
Deß Edlen Gestrengen Ehrenfesten vnd wol-
benambten Herren
Heinrich von Reichenbachs/
Auff Rudelßdorff/SiebenEich/Wircksdorff/
Hallbendorff vnd Cuntzendorff ꝛc. hertzlieben
Ehegemahls.
Welche der Allgewaltige/ GOtt dieses instehenden 1621.
Jahres den 19. Martii, zwischen 3. vnd 4. vhr nach Mittag/ in wah-
rem erkäntnüs vnd bekäntnüs/ auch hertzlicher anruffung jhres
vnd vnsers einigen Erlösers vnd Seligmachers Jesu Chri-
sti/ gantz sanfft vnd selig/ durch den zeitlichen Tod aus die-
sem Jammerthal abgefodert hat: Deren Leichnam her-
nach den 14. Maji in Volckreicher versamlung
mit Christlichen vnd Adelichen LeichCe-
remonien/ zu Rudelßdorff in jhr
Ruhebettlein versetzet
worden.
Gehalten durch
M. ESAIAM SCHELLBACH
Pfarrern zu Freybergk vnterm Fürstenstein.

Gedruckt zur Lignitz/ durch
Nicolaum Schneider.

8. Titelblatt einer der Leichenpredigten zum Gedächtnis Hedwigs von Reichenbach, geb. von Zedlitz. Liegnitz 1621. Breslau/Wrocław, Universitätsbibliothek

Zwo Christliche LeichPredigten/
Bey Begräbnussen zweyer Fürstlichen Kinder/
Als Erstlich/
Der Durchleuchtigen
vnd Hochgebornen Fürstin vnd Fräw-
lein/ Fräwlein Hedwig/ Landgrävin zu Hessen/ Grävin zu
Catzenelnbogen/ ꝛc. welches am 2. Martii, Anno 1614. Nachts
zwischen 11 vnd 12 Vhre in Gott seliglich gestorben/ vnd her-
nach am 8 desselbigen Monats morgends vmb 8 Vhr
in die Pfarrkirchen zu seinem Ruhbettlein
gebracht worden.
Vnd darnach
Deß auch Durchleuchtigen vnnd Hochgebornen
Fürsten vnd Herrn/ Herrn Ludwigen Landgraven zu Hessen/ Graven
zu Catzenelnbogen/ Dietz/ Zigenhayn vnd Nidda/ ꝛc. welcher am 12
Septembris, Anno 1614. Nachts zwischen 10 vnd 11 Vhr geboren/
am 15 Tag deß Nachts zwischen 11 vnd 12. in Gott seliglich abge-
schieden/ vnd hernach am 19 gedachten Monats mor-
gends vmb 8 Vhr auch Christlich zur
Erden bestattet worden.
Gehalten von
Henrico Leuchtero D. Superint.
Syr. 41.
Im Todt fragt man nicht wie lang einer gelebt habe.
Darmbstatt/ truckts Balthasar Hofmann/ Anno 1615.

9. Titelblatt einer der Leichenpredigten zum Gedächtnis der Fürstin Hedwig, Landgräfin zu Hessen. Darmstadt 1615. Breslau/Wrocław, Universitätsbibliothek

10. Hl. Hedwig. Holzschnitt aus der 1631 in Breslau bei Georg Baumann neuaufgelegten „Legenda maior“. Breslau/Wrocław, Universitätsbibliothek

11. Hl. Hedwig. Grau modellierte Zeichnung aus der handschriftlichen Chronik von Georg Thebesius. 2. Hälfte des 17. Jahrhunderts. Breslau/Wrocław, Universitätsbibliothek

Eckhard Grunewald

Eichendorff, Montalembert und die heilige Hedwig

Von den Schwierigkeiten des Umgangs mit einer mittelalterlichen Heiligen im 19. Jahrhundert

Den Sommer des Jahres 1857 – seines letzten – verbrachte Joseph von Eichendorff (1788–1857) in der preußisch-schlesischen Garnisonsstadt Neisse. Er war im November 1855 von Berlin ins heimatliche Oberschlesien zurückgekehrt und lebte hier „treulich und liebreich"[1] umsorgt im Hause seiner Tochter Therese Besserer von Dahlfingen. Die Stadt Neisse nahm ihn mit ihrer landschaftlichen Schönheit für sich ein („Die Umgebungen von Neisse mit der Aussicht auf das nahe Glatzer Gebirge sind in der Tat reizend"[2], ja „wahrhaft paradiesisch"[3]), die Bürgerschaft war sich der Ehre der Anwesenheit des berühmten Autors in ihrer Mitte durchaus bewußt, und der Männergesangverein versäumte es nicht, bei festlichem Anlaß vor des Dichters Haus Eichendorfflieder zu intonieren. Aber die meiste Zeit des Jahres war es still um den beinahe Siebzigjährigen. Neisse war „freundlich"[4], aber es war „eine literarische Wüste"[5], in der der Dichter „fast ein Eremitenleben"[6] führte: „Hier habe ich indeß oft Gelegenheit, über mein Alter zu erschrecken: fast alle meine alten Bekannten sind gestorben, und Oberschlesien ist mir fremder geworden, als jede andere Provintz."[7] Und so richtete sich sein ganzes Hoffen

1 Joseph von Eichendorff: Brief an Theodor von Schön vom 30.1.1856. In: Ders.: Briefe. 1794–1857. Text. Hg. von Sibylle von Steinsdorff (Sämtliche Werke des Freiherrn Joseph von Eichendorff. Historisch-kritische Ausgabe ²12). Stuttgart u. a. 1992, S. 391 f., hier S. 392.

2 Joseph von Eichendorff: Brief an Jegór von Sivers vom 8.4.1856. In: Ders.: Briefe (wie Anm. 1), S. 398 f., hier S. 399.

3 Joseph von Eichendorff: Brief an Jegór von Sivers vom 29.7.1856. In: Ders.: Briefe (wie Anm. 1), S. 406 f., hier S. 407.

4 Joseph von Eichendorff: Brief an Theodor von Schön vom 17.11.1855. In: Ders.: Briefe (wie Anm. 1), S. 381–383, hier S. 382.

5 Joseph von Eichendorff: Brief an August Reichensperger vom 22.4.1857. In: Ders.: Briefe (wie Anm. 1), S. 432.

6 Ebd.

7 Joseph von Eichendorff: Brief an Theodor von Schön vom 30.1.1856. In: Ders.: Briefe (wie Anm. 1), S. 391 f., hier S. 392.

und Wünschen darauf, Neisse und Schlesien noch einmal verlassen zu können: „Wir liegen noch immer hier vor Anker, aber mein Sinnen und Hoffen steht fortwährend nach dem Rhein."[8] – „[...] es ist dort doch ein ganz anderes Leben, als hier im Osten."[9]

Unterdessen rissen die alten literarischen Verbindungen mehr und mehr ab, machte sich das Fehlen der An- und Aufregungen Berlins bemerkbar. Das Dichterroß verlangsamte seinen Gang und begann allmählich zu lahmen: „[...] mein Liedervorrat ist total erschöpft und in meinem Alter nicht füglich zu erneuen."[10] – „Der poetischen Produktionskraft darf man, wenn man an die 70 streift, nicht allzuviel mehr zumuthen."[11] – „Wenn man auf die 70 losgeht, ist man eben kein fixer Lyriker mehr."[12]

Aber Eichendorff tat sich nicht nur mit der Lyrik schwer. Umfangreiche Dramen- und Novellenentwürfe blieben unvollendet in der Schublade liegen; die Calderón-Übersetzungen wurden nicht fortgeführt[13], nachdem sich in Breslau der junge Franz Lorinser mit Erfolg an derselben Materie versuchte („die Sache ist demnach in guten Händen, und jedenfalls würden sich zwei gleichzeitige Übersetzungen unmöglich halten"[14]). Immerhin erschien 1856 noch die „Geschichte der poetischen Literatur Deutschlands"[15], gefolgt von dem kurzen Versepos „Lucius"[16], einem Stück kleinmeisterlich frommen Kunsthandwerks, dem jenseits der katholischen Leserschaft keine Breitenwirkung mehr beschieden war. Fortan drohte das poetische Füllhorn gänzlich zu versiegen: Eichendorff fand kein Thema mehr, dem er seine verbliebenen Kräfte widmen konnte.

Mit einem Hilferuf wandte er sich an den befreundeten August Reichensperger, der ihm zuvor „schon so oft über den Berg geholfen" hatte: „Erlauben Sie daher, daß ich auch in meiner jetzigen Noth zu Ihnen meine Zuflucht nehme mit der

8 Joseph von Eichendorff: Brief an August Reichensperger vom 17.12.1856. In: Ders.: Briefe (wie Anm. 1), S. 423–425, hier S. 425.

9 Joseph von Eichendorff: Brief an Hermann von Eichendorff und Clara Simons vom 9./11.4.1856. In: Ders.: Briefe (wie Anm. 1), S. 400 f., hier S. 401.

10 Joseph von Eichendorff: Brief an Jegór von Sivers vom 29.7.1856. In: Ders.: Briefe (wie Anm. 1), S. 406 f., hier S. 407.

11 Joseph von Eichendorff: Brief an August Reichensperger vom 7.10.1856. In: Ders.: Briefe (wie Anm. 1), S. 419 f., hier S. 419.

12 Joseph von Eichendorff: Brief an Carl von Holtei vom 13.12.1856. In: Ders.: Briefe (wie Anm. 1), S. 421.

13 Geistliche Schauspiele von Don Pedro Calderon de la Barca. Uebersetzt von Joseph Freiherrn von Eichendorff. 2 Bde. Stuttgart, Tübingen 1846 und 1853.

14 Joseph von Eichendorff: Brief an August Reichensperger vom 7.10.1856. In: Ders.: Briefe (wie Anm. 1), S. 419 f., hier S. 419.

15 Geschichte der poetischen Literatur Deutschlands von Joseph Freiherrn von Eichendorff. Paderborn 1857.

16 Lucius. Von Joseph Freiherrn von Eichendorff. Leipzig 1857.

herzlichen Bitte, mir aus Ihrer gedankenreichen Umsicht irgend eine Arbeit andeuten zu wollen, die der Mühe lohnt und für mich passt. Sie würden mich dadurch wirklich zu dem größten Danke verpflichten."[17]

Der Blick des Dichters fiel zunächst wieder auf die Spanier: „Und doch verspüre ich fortwährend eine unwiderstehliche Lust, mich an den herrlichen Spaniern zu versuchen." Und er hielt Ausschau nach etwas, „das noch nicht übersetzt ist, das der Arbeit lohnt, u. in Deutschland zu erlangen wäre; es sei nun ein Romanzencyclus, Lieder p., geistlich oder weltlich, alt oder neu"[18] – freilich vergeblich.

Auf Reichenspergers Rat hin[19] nahm Eichendorff schließlich die Arbeit an seiner Autobiographie wieder auf, gelangte hier jedoch nicht über die Anfangskapitel hinaus[20]. Wie sollte ihm auch jetzt bei nachlassender poetischer Kraft das gelingen, woran er seit Jahren in immer neuen Anläufen gescheitert war[21]?

In dieser Phase der Stagnation und Resignation trat im Spätsommer 1857 der Breslauer Fürstbischof Heinrich Förster an den Dichter heran mit der Bitte, das „Leben der hl. Hedwig", der Landespatronin Schlesiens, neu zu schreiben. Und Eichendorff griff sogleich dankbar zu, glaubte er doch hier nun endlich die Aufgabe gefunden zu haben, der er die ihm verbliebenen poetischen Kräfte sinnvoll widmen konnte.

Mit seinem Hedwig-Projekt, d.h. mit dem Vorhaben, das Leben einer mittelalterlichen Heiligen für seine Zeit neu zu beschreiben, begab sich Eichendorff auf ein für ihn ungewohntes Terrain. Die Stoffe für seine eigenen Verslegenden hatte er mit Vorliebe „aus der ersten Christenzeit"[22] gewählt[23]. Mochte ihm das Mittelalter auch seit seinen „altdeutschen" Studien bei Joseph Görres in Heidelberg 1807/08 durchaus vertraut gewesen sein, mit der hl. Hedwig und ihrer Lebensgeschichte dürfte er sich vor 1857 kaum intensiver befaßt haben.

---

17 Joseph von Eichendorff: Brief an August Reichensperger vom 7.10.1856. In: Ders.: Briefe (wie Anm. 1), S. 419 f., hier S. 419.

18 Joseph von Eichendorff: Brief an Nikolaus Heinrich Julius vom 7.10.1856. In: Ders.: Briefe (wie Anm. 1), S. 417 f., hier S. 418.

19 In seinem Schreiben vom 19.10.1856 hatte Reichensperger Eichendorff ermuntert, seine Memoiren zu schreiben; vgl. Eichendorff: Briefe (wie Anm. 1), S. 424.

20 In dieser Zeit entstanden die (postum veröffentlichten) Memoirenkapitel „Der Adel und die Revolution" und „Halle und Heidelberg" (Joseph von Eichendorff: Werke. 5 Bde. Textredaktion: Jost Perfahl u. a. München 1970–1988. Bd. 1, S. 898–950).

21 Zu den autobiographischen Schriften Eichendorffs vgl. Dietmar Kunisch: Joseph von Eichendorff: Fragmentarische Biographie. Ein formtheoretischer Versuch. München 1985.

22 Joseph von Eichendorff: Brief an Hermann von Eichendorff vom 23.2.1857. In: Ders.: Briefe (wie Anm. 1), S. 427 f., hier S. 428.

23 Vgl. auch das Versepos „Julian" (Leipzig 1853) und das „Sebastian"-Fragment (Eichendorff: Werke [wie Anm. 20], Bd. 4, S. 208–210).

Die Beschäftigung Heinrich Försters mit Leben und Wirken der schlesischen Landespatronin reicht entschieden weiter zurück[24]. So hatte dieser im Jahre 1843 als Breslauer Domkapitular und -prediger - anläßlich der 600. Wiederkehr des Todestages der Heiligen - in Trebnitz eine seinerzeit im katholischen Schlesien aufsehenerregende Predigt gehalten[25].

Hedwig war hier als „Vorbild" hingestellt, „welches unsere Schwäche straft und uns zeigt, was in seiner Unvollkommenheit ein Mensch vermag, der in Christus Jesus das Heil seines Lebens erkannt und an dieses Heil mit ganzer Seele sich hingibt"[26]. Förster hatte dann eine Zeitklage angestimmt, in der er die fromme Demut der mittelalterlichen Heiligen mit der profanen Aufmüpfigkeit der zeitgenössischen ‚Neuheiden' kontrastierte: „Ich bitte euch, welch ein Gemälde müßte ich entwerfen, wollte ich den heidnischen Hochmutsgeist unserer Zeit, wie er alle Stände und Verhältnisse und Alter durchdrungen hat, dem christlichen Demutsgeiste unserer Heiligen gegenüberstellen? O arme, arme Zeit! da die Grundtugend der Kreuzeslehre fast nur noch für eine Schwachheit gilt; da die Männer in wahnwitzigem Vernunftstolze wider Gott und seine ewige Weisheit sich empören [...]."[27] In einem Jahrhundert, „wo der Unglaube sich mit dem Namen der Weisheit schmückt", mußte vor allem der Glaube an das wundersame Eingreifen Gottes in die Geschicke der Welt mit „aufgeklärtem" Widerstand rechnen: „Darum bekenne ich frei und offen, daß ich von ganzem Herzen an all das Wunderbare glaube, was achtungswerte Quellen uns von dem Leben der heiligen Hedwig und der Wirksamkeit ihrer Fürbitte erzählen [...]."[28] Die Predigt endete folgerichtig mit einem Anruf der Heiligen: „Ja, bitte für uns, heilige Hedwig! bitte, wir rufen zu dir, für die kämpfende Kirche und ihr sichtbares Oberhaupt, unsern Heiligen Vater, daß er im Wogendrange der Zeit das Schiff des Herrn leite mit Weisheit und Kraft!"[29]

Das Hedwigsjubiläum bot indes nicht nur Heinrich Förster Gelegenheit zu seiner Grundsatzerklärung über den rechten Umgang mit Heiligen in einer säku-

---

24 Vgl. Joachim Masurczyk: Fürstbischof Heinrich Förster und die heilige Hedwig. In: Nikolaus Gussone (Hg.): Eichendorffs Hedwig-Fragment. Heiligenverehrung und Mittelalterbild im 19. Jahrhundert. Beiträge zu einer Ausstellung aus Anlaß des 750. Todestages der heiligen Hedwig von Schlesien (Kataloge des Oberschlesischen Landesmuseums. Ausstellungskataloge 2). Münster, Hamburg 1993, S. 39–61.

25 Predigt am sechshundertjährigen Gedenkfeste des seligen Todes der heiligen Landespatronin Hedwig zu Trebnitz, 1843. In: Heinrich Förster: Abschiedsgabe. Predigten auf alle Sonn- und Festtage nebst Gelegenheitsreden. 2.-4. Aufl. Regensburg 1914, S. 467–482.

26 Ebd., S. 467.

27 Ebd., S. 472.

28 Ebd., S. 480.

29 Ebd., S. 481.

larisierten Welt. Zum selben Anlaß legte im Herbst 1843 der Strehlener Pfarrer Franz Xaver Görlich unter dem Titel „Das Leben der heiligen Hedwig, Herzogin von Schlesien" eine sorgfältige Übersetzung der um 1300 verfaßten „Legenda maior de beata Hedwigi" (mit einer ausführlichen historischen Einleitung) vor und machte damit die wichtigste mittelalterliche Quelle zu Leben und Wirken der Heiligen erstmals der breiteren Öffentlichkeit zugänglich[30]. Görlichs Büchlein fand in der katholischen Lesewelt eine weithin freundliche Aufnahme und erreichte nach zehn Jahren (1854) die zweite Auflage[31]. Es entsprach aber wohl nicht den Vorstellungen Heinrich Försters, der – seit Januar 1853 Fürstbischof von Breslau – für sein Bistum eine andere Bearbeitung des Stoffes erwartete und sich deshalb an Eichendorff, den damals wohl bekanntesten Dichter des katholischen Deutschland, wandte.

Gleich nach seiner Wahl (1853) hatte sich Förster um eine Intensivierung des Hedwigskults in Schlesien bemüht[32]. Das Thema einer zeitgemäßen Hedwig-Biographie, die den Anforderungen der „kämpfende[n] Kirche"[33] im 19. Jahrhundert mehr Rechnung trug als die bloße Übersetzung des mittelalterlichen Textes, lag fortan in der Luft und dürfte im Umkreis Försters immer wieder zur Sprache gekommen sein. So wollte sich u. a. der seinerzeit noch mit dem Fürstbischof befreundete Joseph Hubert Reinkens, damals Domfestprediger und außerplanmäßiger Professor für Kirchengeschichte in Breslau, Anfang 1854 dieser Aufgabe unterziehen und hielt nach einem beratenden Historiker Ausschau[34]. Als sein Bruder Wilhelm ihn wenig später auf ein eigenes gleichgerichtetes Hedwig-Projekt aufmerksam machte, bot er ihm sogleich seine Mitarbeit an und drängte:

> Aber sei rasch zur Tat. Vielleicht verlangt die hl. Hedwig diesen Preis von Dir, um uns zusammenzuführen. Und was könnten wir hier schreiben bei dieser herrlichen Bibliothek [...], in der ich schalten und walten kann wie ich will. Die Schätze der reichen schlesischen Klöster besitzen wir. Und welche Ermunterung unter einem solchen Bischofe [Förster]! Aber sei schnell zur Tat! Das Bedürfnis einer Biographie unserer großen Landespatronin, wenig-

30 Der lateinische Text war vier Jahre zuvor in einer kritischen Ausgabe erschienen: Scriptores rerum Silesiacarum oder Sammlung schlesischer Geschichtschreiber. Hg. von Gustav Adolf Stenzel. Bd. 2. Breslau 1839, S. 1–126.

31 Das Leben der heiligen Hedwig, Herzogin von Schlesien, als Andenken an die sechshundertjährliche Jubelfeier ihres seligen Todes bearb. von Franz Xaver Görlich. 2. Aufl. Breslau 1854.

32 Vgl. Masurczyk: Fürstbischof (wie Anm. 24), S. 51–54, 60 f.

33 Förster: Abschiedsgabe (wie Anm. 25), S. 481.

34 Joseph Hubert Reinkens: Brief an Wilhelm Reinkens vom 6.1.1854. In: Ders.: Briefe an seinen Bruder Wilhelm (1840–1873). Eine Quellenpublikation zum rheinischen und schlesischen Katholizismus des 19. Jahrhunderts und zu den Anfängen der Altkatholischen Bewegung. Hg. von Hermann Joseph Sieben. 3 Bde. (Bonner Beiträge zur Kirchengeschichte 10/1–3). Köln, Wien 1979, Bd. 1, S. 580 f.

> stens mit der Begeisterung geschrieben, wie Montalemberts Elisabeth, wird immer lauter ausgesprochen; und lange wird dieses höchst anziehende Thema nicht auf sich warten lassen. Aber schreibe mir Genaueres; ich werde keinem Menschen etwas sagen. Vielleicht kann ich Dich doch unterstützen. Ich habe gehört, daß der Eigentümer des Trebnitzer Klosters noch den größten Teil der alten Bibliothek des Hauses besitzt; die will ich mir dann ansehen, ob sie etwas Wertvolles für die Arbeit enthalte. [...] Das historisch-wissenschaftliche und das religiöse Interesse lassen sich ja wohl verbinden[35].

Dieses Schreiben dokumentiert nicht nur den lebhaften Wunsch des Breslauer Fürstbischofs nach einer modernen Lebensbeschreibung der hl. Hedwig, es steckt auch den inhaltlichen und methodischen Rahmen des Unternehmens ab: Gefordert werden „historisch-wissenschaftliche“ Grundlegung und „religiöse“ Darstellung nach dem Vorbild von „Montalemberts Elisabeth“, dem Musterbeispiel einer mit „Begeisterung geschrieben[en]“ zeitgemäßen Heiligenvita.

Charles Forbes de Montalembert (1810–1879) hatte – 26jährig – im Sommer 1836 eine Lebensbeschreibung der hl. Elisabeth von Thüringen („Histoire de Sainte Elisabeth“[36]) vorgelegt, die sogleich ins Deutsche übersetzt wurde: „Leben der heiligen Elisabeth von Ungarn, Landgräfinn von Thüringen und Hessen (1207–1231)“[37]. Die Anfänge des Werks datieren aus dem Jahre 1833. Damals hatte Montalembert am 19. November, dem Festtag der Heiligen, in Marburg die Elisabethkirche besucht:

> In der gegenwärtig, wie das ganze Land, lutherischen Kirche sah man keine Andeutung irgend einer Feier, nur war sie zu Ehren dieses Tages, und gegen die protestantische Gewohnheit, offen, und kleine Kinder spielten darin, über Gräber hüpfend. [...] In einer dunkeln Sakristei zeigte man ihm den silbernen, mit Sculpturen bedeckten Sarg, der ihre Gebeine enthalten, bis einer ihrer Nachkommen, als er ein Protestant geworden, sie heraus gerissen und in die Winde gestreut habe. Unter dem steinernen Thronhimmel, der sich ehemals über diesem Sarge wölbte, sah er, wie jede Stufe tief ausgehöhlt war, und man sagte ihm, dieß seyen die Spuren der unzähligen Pilger, die ehemals hier niederknieen kamen [...] Der Fremde küßte diesen Stein, den untergegangene, gläubige Generationen ausgehö[h]lt, und setzte seine einsame Wanderung fort, aber eine sanfte und zugleich traurige Rückerinnerung an die verlassene Heilige, deren vergessenes Fest er, ein absichtsloser Pilger, feiern gekommen

35 Joseph Hubert Reinkens: Brief an Wilhelm Reinkens vom 16.1.1854. – Ebd., Bd. 1, S. 584–586, hier S. 584.

36 Histoire de Sainte Elisabeth de Hongrie, Duchesse de Thuringe (1207–1231). Par le Comte de Montalembert, Pair de France. Paris 1836.

37 Leben der heiligen Elisabeth von Ungarn, Landgräfinn von Thüringen und Hessen (1207–1231). Aus dem Französischen des Grafen v. Montalembert, Pair's von Frankreich, im Einverständnis mit dem Verfasser, und mit steter Rücksicht auf gedruckte und ungedruckte Quellen, übersetzt und mit Anmerkungen vermehrt von J. Ph. Städtler. Aachen, Leipzig 1837.

war, verließ ihn nicht mehr. Er unternahm es, ihr Leben zum Gegenstande seiner Forschungen zu machen, er durchsuchte jene reichen Schätze alter Wissenschaft, welche das gelehrte Deutschland in so großer Zahl darbietet; was er über die Heilige vernahm, vermehrte mit jedem Tage seine Freude, sein Entzücken, und so wurde ihm allmählig dieser Gedanke ein leitender Stern auf seiner Bahn[38].

Nach zweieinhalb Jahren, am 18. Juli 1836, war das Elisabeth-Buch abgeschlossen – ein enthusiastisches, poetisches Werk von (spät)romantisch-nazarenischer Prägung[39], das – wie bereits die oben zitierte Darstellung des Marburger ‚Erwekkungserlebnisses' andeutet – in der Tradition Wackenroders und des jungen Tieck steht.

Mit seiner „Histoire de Sainte Elisabeth" verfolgte Montalembert einen „doppelten Zweck"[40]: Er wollte zunächst mit der Lebensbeschreibung der Heiligen „eine Legende aus den Jahrhunderten des Glaubens" liefern, dann aber auch „ein treues Gemälde" geben „von den Gebräuchen und Sitten jener Zeit, in welcher die Herrschaft der Kirche und des Ritterthums ihren höchsten Gipfel erreicht hatte", und „eine Skizze des damaligen Zustandes der Christenheit"[41] entwerfen: „[...] denn alles in ihrem [Elisabeths] Leben würde demjenigen unerklärbar seyn, der ihr Jahrhundert nicht kännte und würdigte"[42].

Montalembert schrieb seine Elisabeth-Vita nicht primär zur Bekehrung Außenstehender, der Kirche Fernstehender, sondern wandte sich vor allem an die „in Glauben und Gefühlen mit ihm Gleichgestimmten", „auf daß er ihnen helfe, in ihrem Geiste den erhabenen Bau der katholischen Jahrhunderte wieder aufzurichten"[43]. Seinen Idealleser charakterisierte er als einen, „dem an der Oberherrschaft des Geistigen in dem Entwickelungsgange des Menschengeschlechtes gelegen ist, für den die Verehrung der sittlichen Schönheit höher steht, als das ausschließliche Übergewicht materieller Interessen und Neigungen"[44].

Der Autor war sich im klaren, daß er ein „dem Inhalte wie der Form nach, dem gegenwärtigen Zeitgeiste fremde[s] Buch"[45] schrieb. Er wußte, daß er bei seinen aufgeklärten Zeitgenossen vor allem in einem Punkt auf Widerstand und Ablehnung stoßen mußte:

---

38 Montalembert: Hl. Elisabeth (wie Anm. 37), S. I-III.
39 Zu Montalembert und der Kunst der Nazarener vgl. u. a. Henri Dorra: Montalembert, Orsel, les Nazaréens et „l'art abstrait". In: Gazette des Beaux Arts 117 (1975), T. 85, S. 137–145.
40 Montalembert: Hl. Elisabeth (wie Anm. 37), S. V.
41 Ebd.
42 Ebd., S. VI.
43 Ebd., S. V.
44 Ebd., S. CVI.
45 Ebd., S. CXXIV.

> Wir meinen [...] die übernatürlichen Erscheinungen, von denen so oft im Leben der Heiligen die Rede ist, die der Glaube, als Wunder, bestätigt, die Weisheit dieser Welt dagegen, als Legende, Volksaberglaube, fabelhafte Sagen, verspottet und verworfen hat. [...] wir gestehen ohne Umschweife, daß wir mit dem aufrichtigsten Glauben von der Welt an alles dasjenige glauben, was jemals Wunderbares von den Heiligen Gottes im Allgemeinen, und von der heiligen Elisabeth insbesondere, von glaubwürdigen Autoritäten erzählt worden ist. Wir brauchten dazu nicht einmal einen Sieg über unsere schwache Vernunft davon zu tragen, denn nichts scheint uns, vom christlichen Standpunkte aus, vernünftiger, nichts natürlicher, als sich dankbar vor der Barmherzigkeit des Herrn zu beugen, wenn sie die von ihr geschaffenen Gesetze der Natur hemmt oder ändert, um den Sieg viel höherer Gesetze der sittlichen und religiösen Weltordnung sicher zu stellen und zu verherrlichen[46].

Den aufgeklärt kritischen Historiker, der sich dieser Argumentation nicht anzuschließen vermochte, hielt Montalembert dazu an, doch wenigstens die unbestreitbare Wirkkraft, die im gesamten Mittelalter vom Volksglauben und von „allen, dem religiösen Elemente entsprungenen Volkstraditionen“[47], d.h. auch von den Legenden mit ihren Wunderberichten, ausging und das gesamte Leben bestimmte, als geschichtliches Faktum anzuerkennen:

> Haben, von dem historischen Standpunkte aus, Volkstraditionen, und namentlich diejenigen, die mit der Religion zusammenhängen, keine mathematische Gewißheit, sind sie das nicht, was man positive Thatsachen zu nennen pflegt, so haben sie doch wenigstens eben so mächtig gewirkt, und auf Leidenschaften und Sitten der Völker einen bei weitem größeren Einfluß ausgeübt, als die für die menschliche Vernunft unbestreitbarsten Thatsachen. In dieser Hinsicht verdienen sie mithin die Aufmerksamkeit und Achtung jedes gewissenhaften, gründlich kritischen Historikers[48].

Defensive Argumentationsstrategien dieser Art („Schutzreden, wie das hier Gesagte“[49]) wären nach Ansicht Montalemberts in voraufklärerischer Zeit unnötig gewesen. Damals herrschte – will man seinem Gedankengang folgen – ein Gefühl der „Sympathie zwischen dem Schöpfer und dem Geschöpfe, zwischen dem Himmel und der Erde“, „unzählige Bande“ verknüpften „auf diese Weise den Himmel mit der Erde“[50], die „mit den Sarkasmen und jenem spöttischen Lachen, dessen Pesthauch alles welken macht“[51], noch nicht in Berührung gekommen war.

---

46 Ebd., S. CII/CIII.
47 Ebd., S. CV.
48 Ebd., S. CVI.
49 Ebd., S. CVII.
50 Ebd.
51 Ebd., S. CIX.

Und es folgt die in der katholischen Publizistik topische Klage, durch Aufklärung und Rationalismus sei das Leben allgemein verarmt: „auf der Erde ist Alles nackt und bloß; am Himmel Alles verschleiert". Rettung erscheint nur möglich durch Rückbesinnung auf ‚Einfalt' und ‚Glauben', „die so wunderbar in Elisabeth und ihrem Jahrhunderte ihren Verein feierten" und gegenwärtig im „Schoße der unvergänglichen Kirche [...] die Wiege gefunden"[52] haben.

Es war nicht Montalemberts Absicht, „für immer ausgebrannte Asche auf[zu]rühren", es ging ihm vielmehr darum, aus der alten Wurzel neues Leben entstehen zu lassen: „die Wurzel läßt sich immer wieder ausgraben, und vom Staube gereinigt, von den Ranken des Unkrauts befreit, wieder in neues, gutes Erdreich pflanzen, damit [...] die Blume mit der alten Frische und dem alten Wohlgeruche von Neuem aufblühe"; „denn ist die Kirche unsterblicher Dauer, so kann auch nichts für immer untergehen, das sie einmal mit ihrer Hand berührt, mit ihrem Geist beseelt hat"[53].

Daher wollte Montalembert die Orientierung am Mittelalter auch nicht als sentimentale oder resignative Flucht aus der Gegenwart verstanden wissen[54]; die Rückbesinnung auf das Mittelalter allgemein und auf die mittelalterliche Legende von der heiligen Elisabeth im besonderen sollte vielmehr vor allem denen Trost und moralische Kraft im Behauptungskampf schenken, „die der Glaube gleichsam zu Verbannten mitten in der Gesellschaft dieser Zeit macht"[55], die „als demüthige Kämpfer für die [christliche] Sache"[56] „in Mitten der Finsternisse"[57] einer glaubensfernen Gegenwart einstanden:

> Wohlan! Fest glauben wir, daß dereinst die Menschheit aus der Wüste, die man um sie her verbreitet, heraus zu gehen begehren wird; daß sie die Gesänge, die bei ihrer Wiege erklungen, wieder hören, die Wohlgerüche ihrer Jugend wieder athmen, ihre dürstenden Lippen der Brust ihrer Mutter wieder nähern wollen wird, damit sie noch einmal vor ihrem Tode die Milch so süß und so rein koste, die ihre Kindheit genährt hat[58].

---

52 Ebd., S. CXVII.

53 Ebd., S. CXVIII.

54 „Schmerzen würde es uns übrigens, wollte man aus dem bisher Gesagten den Schluß ziehen, daß wir blinde Enthusiasten des Mittelalters sind, daß uns alles Damalige bewunderns- und beneidenswerth und tadellos erscheine [...] Wir wissen nur zu gut, wie viel der Leiden, Verbrechen und Klagen jene Zeit hatte; so war es immer, so wird es immer sein, so lange gefallene sündhafte Menschen die Erde bewohnen werden." – Ebd., S. CXVIII.

55 Ebd., S. CXIX.

56 Ebd.

57 Ebd., S. CXXIII.

58 Ebd., S. CXXII.

Montalembert, dessen Bedeutung für die Literatur des deutschen Katholizismus noch untersucht werden muß[59], legte mit seiner „Heiligen Elisabeth“ eine moderne Musterlegende vor[60]. Jeder Autor, der sich nunmehr an das Verfassen einer Heiligenbiographie begab, trat ein schweres Erbe an, war es Montalembert doch gelungen, mit seinem Werk nicht nur geschichtswissenschaftlichen und theologischen Anforderungen weithin zu genügen[61], sondern vor allem auch durch den für ihn charakteristischen poetischen Enthusiasmus ein breites Publikum für ‚seine‘ Heilige zu gewinnen[62].

Die Aufforderung des Breslauer Fürstbischofs, eine zeitgemäße Hedwig-Biographie (im Stil Montalemberts) zu verfassen, war für Eichendorff ehrenvoll und wirkte auf ihn zunächst gewiß motivierend. Die Arbeit an der Hedwigsvita erwies sich indes bei genauerem Hinsehen als nur bedingt geeignet, die Schaffenskrise des alternden Dichters zu überwinden. Eichendorff mochte sich anhand einschlägiger Handbücher einen Überblick über Kultur und Geschichte des 13. Jahrhunderts verschaffen und damit dem „historisch-wissenschaftliche[n]“[63] Anspruch genügen, und auch an „religiöse[m] Interesse“ fehlte es ihm nicht; man konnte jedoch nicht von ihm erwarten, daß es ihm, der bereits „an die 70 streift[e]“[64], gelang, die jugendliche Begeisterung aufzubringen und in den Lesern zu entfachen wie ein 26jähriger romantischer Schwärmer.

Eichendorff hat Montalemberts „Elisabeth“ nachweislich gekannt und – zumindest das Vorwort – sorgfältig gelesen[65]; ihm kann also die Problematik seines Hedwig-Projekts nicht verborgen geblieben sein. Dennoch hat er sich der Aufgabe

---

59 Zur Entwicklung der katholischen Literatur in Deutschland vgl. die grundlegenden Studien von Jutta Osinski (Katholizismus und deutsche Literatur im 19. Jahrhundert. Paderborn u.a. 1993) und Susanna Schmidt („Handlanger der Vergänglichkeit“. Zur Literatur des katholischen Milieus 1800–1950. Paderborn u.a. 1994).

60 Vgl. oben S. 122.

61 Zu den vereinzelten historischen Unzulänglichkeiten des Werks, die der Übersetzer Städtler durch – im Einvernehmen mit Montalembert vorgenommene – Nachträge zu beheben suchte, vgl. Heinrich Auer: Der junge Montalembert und sein Elisabeth-Buch. Zur Erinnerung an die hundertjährige Wiederkehr des Erscheinens der Erstausgabe: 1836. In: Caritas. Zeitschrift für Caritaswissenschaft und Caritasarbeit 41 (N. F. 15) (1936), S. 404–413, hier S. 410; Wilfried Mühlensiepen: Die Auffassung von der Gestalt der heiligen Elisabeth in der Darstellung seit 1795. Diss. Marburg 1949, S. 40.

62 Zur Rezeption der „Heiligen Elisabeth“ Montalemberts vgl. R. P. Lecanuet: Montalembert. Bd. 1: Sa jeunesse (1810–1836). 3. Aufl. Paris 1900, S. 465–472; Auer: Montalembert (wie Anm. 61), S. 410–414; Mühlensiepen: Elisabeth (wie Anm. 61), S. 40–43.

63 Vgl. Reinkens: Briefe (wie Anm. 34), Bd. 1, S. 584.

64 Joseph von Eichendorff: Brief an August Reichensperger vom 7.10.1856. In: Ders.: Briefe (wie Anm. 1), S. 419f., hier S. 419.

65 Er verweist in seiner „Heiligen Hedwig“ auf die „vortrefflichen Worte Montalemberts“ über die „Wunder der Heiligen“ (Eichendorff: Werke [wie Anm. 20], Bd. 5, S. 396).

unterzogen und bis zu seinem Tod im November 1857 kontinuierlich am „Leben der heiligen Hedwig" gearbeitet. Über den Stand, den die Arbeiten Ende 1857 erreicht hatten, sind wir nur durch einen kurzen Hinweis im Brief der Tochter Therese von Anfang Dezember 1857 unterrichtet: „Der Fürstbischof hatte ihn gebeten, doch das Leben der hl. Hedwig zu schreiben und er war eben mit dem Zusammentragen von Notizen beschäftigt, als ihn der Tod überraschte. Aus der hiesigen Gymnasialbibliothek hatte er zu diesem Zweck zwei Bücher entliehen. Als ich sie auf Begehren zurücksandte, habe ich mit heißen Tränen die von ihm hineingelegten Zeichen herausgezogen."[66] Um welche Bücher es sich hierbei handelte, ist heute nicht mehr zu ermitteln[67].

Ergänzend vermerkte der Sohn Hermann 1864 in seiner Lebensbeschreibung des Vaters: „Während der Johannesberger Tage war durch den Fürstbischof Förster in Eichendorff der Gedanke angeregt worden, das Leben der heiligen Hedwig, der Herzogin und Landespatronin von Schlesien, zu schreiben. Der Gegenstand hatte für Eichendorff viel Anziehendes, und er unterzog sich der Arbeit, die vorhandenen geschichtlichen Quellen sorgfältig zu Rathe ziehend, mit großer Liebe. Hedwig [...] sollte ganz in ihrer heroischen Größe, als strenge Heldengestalt und demüthige Büßerin, nach ihrem innern und äußern Wandel sowie in ihrer sittlichen und politischen Bedeutung für Schlesien dargestellt werden."[68]

Von Eichendorffs Beschäftigung mit Leben und Wirken der hl. Hedwig zeugt heute nur der postum veröffentlichte Entwurf des Vorworts „Die heilige Hedwig. Einleitung"[69], in dem der Dichter – ganz im Einklang mit dem Tenor der Hedwigspredigt Försters aus dem Jahre 1843 – für das Festhalten an der Heiligenverehrung auch und gerade in einer aufgeklärten und säkularisierten Welt plädiert[70]. In einer Zeit rationalistischen Hochmuts und materialistischer Einseitig-

---

66 Therese Besserer von Dahlfingen: Brief an Hermann von Eichendorff (Anfang Dezember 1857). In: Karl von Eichendorff: Begegnungen und Gespräche mit Eichendorff; Urteile über ihn. Zwölfte Lese. In: Eichendorff-Kalender für das Jahr 1923. Ein romantisches Jahrbuch 14, S. 33–41, hier S. 40.

67 Vielleicht waren es einzelne Bände aus Wolfgang Menzels „Die deutsche Literatur" (4 Bde. 2. verm. Aufl. Stuttgart 1836) oder Friedrich von Raumers „Geschichte der Hohenstaufen und ihrer Zeit" (6 Bde. Leipzig 1825), auf die Eichendorff in seiner „Heiligen Hedwig" wiederholt Bezug nimmt (Eichendorff: Werke [wie Anm. 20], Bd. 5, S. 396–398, 400 f., 403).

68 Hermann von Eichendorff: Joseph Freiherr von Eichendorff. Sein Leben und seine Schriften. In: Joseph Freiherrn von Eichendorff's sämmtliche Werke. 2. Aufl. Bd. 1. Leipzig 1864, S. 1–230, hier S. 207.

69 Erstveröffentlichung in: Joseph von Eichendorff: Historische, politische und biographische Schriften. Hg. von Wilhelm Kosch (Sämtliche Werke [wie Anm. 1] 10). Regensburg 1911, S. 129–140; zuvor Teilabdruck in: Eichendorff's sämmtliche Werke (wie Anm. 68), Bd. 1, S. 208–212.

70 Zum Hedwig-Vorwort vgl. zuletzt Beate Sophie Gros: Joseph Freiherr von Eichendorffs

keit („Die Welt hat nun einmal die Unschuld verloren."[71]) gelte es, von den Heiligen vor allem Demut und Liebe zu lernen: „Die Liebe und Demut ist es, die uns nottut. Die Aufgabe ist eine andere geworden, als sie im Mittelalter war. Damals war der Glaube noch stark und allgemein, und es galt nur, die überwiegende Sinnlichkeit zu brechen. Jetzt dagegen ist der Zweifel in die Welt geworfen, wir können ihn nicht ignorieren [...]. Es ist daher jetzt mehr ein geistiges Ringen mit der geistigen Welt in uns und außer uns."[72] – „Die ganze Sache ist der jetzt, wie niemals früher, heftig entbrannte Kampf zwischen Verstand und Gemüt, deren Versöhnung die Demut ist."[73] – „Dies alles soll nur andeuten, daß wir die alten Heiligen (des Mittelalters) nicht sklavisch, blind und materiell, sondern in dem Geiste, der sie trieb und der wesentl[ich] derselbe bleibt, nachahmen und nacheifern sollen und können. Und eben diesen ewigen Geist in dem Leben der heiligen Hedwig nachzuweisen ist die Aufgabe dieses Büchleins."[74]

Über das programmatische Vorwort hinaus scheint Eichendorff nur erste Notizen zur Gestaltung der Hedwigsvita angelegt zu haben, die vermutlich ebenso wie die in den Büchern zurückgelassenen Notizzettel verlorengegangen sind. Im Nachlaß des Dichters, der bis 1945 im Eichendorff-Museum in Neisse aufbewahrt wurde und seither zu großen Teilen verschollen ist[75], fand sich jedenfalls keine einschlägige Materialsammlung. Das vom ehemaligen Kustos des Neisser Museums Karl Willi Moser angelegte Handschriftenverzeichnis vermerkt nur zu Mappe V, H 82: „Die Geschichte der heiligen Hedwig. Seiten 1–14, paginiert"[76]; hierbei handelt es sich mit Sicherheit um das Manuskript des Vorworts zur Hedwigsvita.

Es stellt sich die Frage, warum Eichendorff nicht wenigstens einige Abschnitte seiner geplanten Hedwigsbiographie zu Papier gebracht hat. Die naheliegende Antwort, daß er durch seinen Tod daran gehindert wurde, erscheint wenig plausibel, wenn man in Rechnung stellt, daß der Dichter sich sehr wohl die Zeit

---

Fragment „Die heilige Hedwig". Ein Beitrag zur Heiligenverehrung im 19. Jahrhundert. In: Gussone (Hg.): Hedwig-Fragment (wie Anm. 24), S. 14–38.

71 Eichendorff: Werke (wie Anm. 20), Bd. 5, S. 403.

72 Ebd., S. 402.

73 Ebd., S. 403.

74 Ebd., S. 404.

75 Zu den in den letzten Jahren wiederentdeckten Beständen vgl. Detlef Haberland (Bearb.): Joseph von Eichendorff. Handschriften und Dokumente im Besitz der Eichendorff-Gesellschaft, Ratingen-Hösel. Katalog (Ausstellungskataloge Trierer Bibliotheken 23). Trier 1992; Sibylle von Steinsdorff: Zur Veröffentlichung nicht geeignet... Die Überlieferungsgeschichte des handschriftlichen Nachlasses Joseph von Eichendorffs. In: Aurora. Jahrbuch der Eichendorff-Gesellschaft für die klassisch-romantische Zeit 54 (1994), S. 36–52.

76 Karl Willi Moser: Die Eichendorff-Handschriftensammlungen. In: Neisser Heimatblatt 1980, Nr. 152, S. 14.

nahm, sein Vorwort fast bis zur Druckreife auszuarbeiten. Seine Zurückhaltung bei der Gestaltung des Hedwig-Stoffs hatte gewiß andere Gründe.

Bei der Hedwig-Biographie sah sich Eichendorff schon aufgrund der historischen Quellenlage vor eine ganz andere dichterische Aufgabe gestellt als seinerzeit Montalembert bei seiner „Heiligen Elisabeth“: Die Legende der hl. Elisabeth – im 13. Jahrhundert vor allem durch Caesarius von Heisterbach („Vita S. Elisabethae Lantgraviae“, um 1236/37) und Dietrich von Apolda („Vita Sanctae Elisabethae“, um 1290) in gültige Form gebracht – bietet, wie nach einer geheimen Dramaturgie eingerichtet, alle Ingredienzien, die ein Erzähler benötigt, um sein Publikum zu fesseln: edle Protagonisten, die Geburts- mit Seelenadel verbinden, und finstere, ränkeschmiedende Gegenspieler; weltliches Rittertum und fromme Kreuzfahrt; erfüllte Minne und tragische Trennung; höfischen Glanz und franziskanische Einfachkeit; selbstlosen Verzicht und schnöde Habgier; aufopfernde Nächstenliebe und krassen Egoismus; tiefste Erniedrigung und höchste Erhebung.

Montalembert zeigte sich fasziniert von der höheren Fügung der Geschehnisse und schloß sich weitgehend den chronologischen Vorgaben seiner mittelalterlichen Quellen an. Er zeichnete die Wendepunkte nach, lotete die Fallhöhe aus und durchlebte und durchlitt alle Lust und alles Leid seiner fürstlichen Heiligen, die er in beinahe minneritterlicher Manier verehrte und verherrlichte:

> Vor Gott mit Demuth und Frömmigkeit geschmückt war sie es nicht minder vor den Menschen mit allen Reizen des Körpers. Die Geschichtschreiber, die uns ihre Züge aufbewahrt, schildern sie als eine regelmäßige, vollkommene Schönheit. Ihre ganze Person ließ nichts zu wünschen übrig. Ihre Gesichtsfarbe war bräunlich und schön, ihr Haar schwarz, ihr Wuchs unvergleichlich schlank und voll Grazie, ihr Gang ernst, voll Adel und Majestät. Besonders schienen ihre Augen ein Sitz der Zärtlichkeit, der menschenfreundlichsten Liebe und Erbarmung, und leicht erkannte man in dieser irdischen Schönheit, wie in einem Spiegel, den hellen Abglanz der himmlischen Schönheit ihrer Seele[77].

Es sind daneben die Züge naiver Frömmigkeit und kindlicher Unbefangenheit (in der Tradition der heiligen Einfalt des Franz von Assisi), die Montalembert bei seiner Protagonistin bewundernd hervorhob:

> Von Herzen gerne gestehen auch wir, daß uns in dem Leben dieser Heiligen, dem wir mit so vieler Liebe unsere Forschungen zugewendet, Nichts rührender, Nichts bewunderns- und beneidenswerther scheint, als diese kindliche Einfalt, die bei Einigen vielleicht ein verächtelndes Lächeln erregen wird. Uns bieten dieses unbefangene Hingeben an alle Eindrücke, dieses öftere Lächeln und Weinen, diese mädchenhaften Freuden und Besorgnisse, diese unschuldigen Spiele einer im Schoße ihres himmlischen Vaters ruhenden Seele, ver-

77 Montalembert: Hl. Elisabeth (wie Anm. 37), S. 60 f.

> bunden mit so mühsamen Opfern, so ernsten Gedanken, so eifriger Andacht, so thätiger, überfließender, glühender Nächstenliebe, das reizendste, unwiderstehlichste Schauspiel dar[78].

Nicht ohne einen Blick auf Wirkung wird der Wendepunkt im Leben der hl. Elisabeth inszeniert. Die höfische Kulisse, die kostbaren Requisiten entschwinden; nun „muß diejenige, die so viel Elend gelindert, noch selbst die elendeste, verlassenste aller Kreaturen werden; muß täglich der Welt und allen ihren Gütern sterben“[79]:

> Elisabeth ist nicht mehr die junge, kindliche Gattinn, die in der unschuldigen Zärtlichkeit ihrer Seele die Andacht zu ihrem himmlischen Vater mit den süßesten Neigungen dieser Welt zu verschmelzen sucht; sie ist eine, aller Exaltation des ascetischen Lebens hingegebene Büßende, die über die Bahnen, welche der gemeinen Frömmigkeit der Gläubigen offen stehen, hinaufstrebt, und Alles, was neben Gott noch Raum in ihrem Leben und Herzen gehabt haben mochte, bis auf die letzte Wurzelfaser herausreißt und vernichtet. Sie ist die, bis zur höchsten Läuterung gesteigerte, sich mehr und mehr ihrer Selbst entäußernde christliche Wittwe, die endlich zu einem Grade von Selbstverläugnung und geistlicher Abtödtung gelangt, der unserem Geiste und Herzen, wie sie von Natur sind, innerlich widerstrebt, und um gewürdigt und begriffen zu werden, aller Stärke und Hingebung eines ungetrübten Glaubens bedarf[80].

Die Vita der hl. Elisabeth ist voller dramatischer Elemente, und so kam es vom 15. bis 20. Jahrhundert auch zu zahlreichen Bühnenbearbeitungen des Stoffs[81], von denen freilich keine die Qualität und Wirkung der mittelalterlichen Legenden oder des Montalembertschen Werks erreichte.

Ganz anders als für Montalembert stellen sich historischer Befund und Quellenlage für den Bearbeiter der Hedwigslegende dar. So gut wie alle Kenntnisse über Leben, Werke und Wunder der hl. Hedwig verdanken wir der „Legenda maior de beata Hedwigi“, einer um 1300 vornehmlich auf der Grundlage der Dokumente des Kanonisationsprozesses von einem unbekannten Autor verfaßten Lebensbeschreibung der Heiligen. Im Gegensatz zur Elisabeth-Vita liegt der „Legenda maior“ über weite Strecken kein chronologischer Abriß zugrunde, die Gliederung richtet sich vielmehr nach den Anforderungen des Heiligsprechungsprozesses (Einteilung nach Tugenden, Wundern und Werken der Nächstenliebe); stärker chronologisch geprägte Partien finden sich nur in den Abschnitten über

78 Ebd., S. 92.

79 Ebd., S. 213.

80 Ebd., S. 214 f.

81 Vgl. Hildegard Grunenberg: Die heilige Elisabeth in der dramatischen Dichtung. Diss. Münster 1928; Mühlensiepen: Elisabeth (wie Anm. 61).

Kindheit und Jugend sowie über Alter und Tod der Heiligen. Innerhalb der den einzelnen Tugenden (Demut, Geduld, Frömmigkeit, Barmherzigkeit etc.) gewidmeten Kapitel ist vom Autor keine chronologische Abfolge angestrebt.

Ähnlich den Verfassern frühchristlicher Evangelienharmonien sah sich der Autor einer nach modernen historischen Kriterien eingerichteten Hedwig-Biographie gezwungen, die ihm in den Quellen gebotenen undatierten Fakten in eine plausible zeitliche Ordnung zu bringen und den nur unter thematischen Aspekten verknüpften Informationen eine chronologische Struktur zu geben.

Aber nicht nur das Fehlen eines zeitlichen Rasters erschwerte den Zugriff des Biographen. Als hinderlich oder doch zumindest wenig förderlich erweist sich auch der Mangel an Spannung und Dynamik, an pittoresken Kontrasten und dramatischen Wendepunkten im Lebenslauf der schlesischen Heiligen (soweit wir ihn aus der „Legenda maior" kennen), ganz zu schweigen vom Fehlen höfisch-minniglicher Züge in Aussehen und Auftreten der Protagonistin, die seinerzeit Montalembert an ‚seiner' Heiligen fasziniert hatten.

Eichendorff scheint daher auch einen anderen Zugang zu seinem Thema gesucht zu haben. Wie es in der Biographie seines Sohnes heißt, sollte Hedwig „ganz in ihrer heroischen Größe, als strenge Heldengestalt und demüthige Büßerin, nach ihrem innern und äußern Wandel sowie in ihrer sittlichen und politischen Bedeutung für Schlesien dargestellt werden"[82]. Mit seinem Entwurf der „heroischen" und „strenge[n]" Heiligen stand der Dichter in der Tradition der Hedwigspredigt Heinrich Försters aus dem Jahre 1843, in der dieser Hedwig als Vorbild und Fürbitterin für die „im Wogendrange der Zeit" „kämpfende Kirche"[83] angerufen hatte. Eichendorff hielt nichts von publikumsgenehmer Verniedlichung und zeitgemäßer Verharmlosung der Heiligen: „Die Heiligen waren weit entfernt von der Sentimentalität des modernen Pietismus"[84]; sie waren für ihn „Heroen", „welche unmittelbar für den höchsten Zweck, durch Beispiel, Tat und Lehre gewirkt und nicht selten ihr Leben darangesetzt haben, ganze Völker dem Himmel zuzuwenden"[85].

Der Dichter begab sich hiermit auf einen steinigen Weg. Die in den mittelalterlichen Berichten gebotene Schilderung des bis ins Extreme getriebenen Tugendvirtuosentums der hl. Hedwig (Askese und Kasteiungen bis zur körperlichen

82 Hermann von Eichendorff (wie Anm. 68), S. 207. – Zur Konzeption des Bildes der „heroischen" und „strenge[n]" Heiligen vgl. auch die Anmerkung Eichendorffs in seinem um 1850 entstandenen Entwurf zu der (bislang unveröffentlichten) legendenhaften Verserzählung „Johannes von Gott": Der Heilige erscheint „gleich von Anfang u. überall nicht weich und sentimental, sondern d[urch]aus kühn u. kräftig, ja manchmal an Härte streifend" (Archiv der Eichendorff-Gesellschaft Ratingen: DLB 1990/65E).

83 Förster: Abschiedsgabe (wie Anm. 25), S. 481.

84 Eichendorff: Werke (wie Anm. 20), Bd. 5, S. 396.

85 Ebd., S. 393.

Entstellung) und das Insistieren auf der Wundertätigkeit der Heiligen waren eher dazu angetan, das moderne Publikum abzustoßen als anzuziehen. Eichendorff war sich dessen durchaus bewußt und vermerkte in seinem Hedwig-Vorwort: „Entrüstet wenden sich [...] sehr viele von der Kastigation der Heiligen, ihren Geißelungen etc. etc. Wir geben gern zu, daß diese Form der Frömmigkeit uns ganz fremd erscheint, daß sie zur Gottseligkeit nicht notwendig und daher auch von der Kirche nirgends vorgeschrieben ist."[86] – „Viele Wunder sind so historisch konstatiert als irgendeine andere Tatsache. [...] Ermüdend aber und völlig den beabsichtigten Zweck verfehlend ist in den Heiligenlegenden allerdings die angehäufte Aufzählung zahlloser gleichartiger und zum Teil nicht gehörig beglaubigter Wunder"[87].

Angesichts solcher Vorbehalte und Einschränkungen erscheint es fraglich, ob die Aufgabe, „das Leben der heiligen Hedwig [...] zu schreiben", für Eichendorff tatsächlich so „viel Anziehendes" besessen hat, wie sein Sohn Hermann behauptet[88]. Der Dichter wurde nicht wie einst Montalembert von ‚seiner' Heiligen in einem romantischen Entdeckungs- und Erweckungserlebnis ergriffen, sondern hat sich ihr unter den Bedingungen einer Auftragsdichtung angenähert, deren Reiz für ihn vermutlich weniger von der Gestalt Hedwigs als von der Person des Auftraggebers, des verehrten Fürstbischofs Heinrich Förster, herrührte[89]. Von daher mag sich auch das vorrangige Interesse Eichendorffs an der theoretischen Absicherung des Unternehmens im Rahmen der programmatischen Vorrede erklären. (Es ist kaum vorstellbar, daß Montalembert zunächst seine Einleitung und dann die Elisabeth-Vita geschrieben hätte.) Die Tatsache, daß der Dichter die gesamte ihm verbliebene Zeit auf den Entwurf des Hedwig-Vorworts verwandte und keine einzige Zeile der Hedwig-Biographie hinterließ, erklärt sich wohl in erster Linie aus einem ‚Unbehagen' angesichts der kaum lösbaren Aufgabe, die Lebensbeschreibung der hl. Hedwig in eine Form zu bringen, die poetischen wie historischen Ansprüchen gerecht werden und darüber hinaus dem Publikum etwas von der Montalembertschen „Begeisterung" vermitteln konnte.

Eichendorff starb im November 1857. Fortan war die Hedwigsvita wieder zur Bearbeitung freigegeben. Joseph Hubert Reinkens versäumte es nicht, seinen Bru-

---

86 Ebd., S. 395 f. Dies und das folgende Zitat beziehen sich auf die Heiligen des Mittelalters allgemein; die Kritik trifft aber in besonderem Maße auf die hl. Hedwig und ihre Vita zu.

87 Ebd., S. 396.

88 Vgl. oben S. 127.

89 Zu Eichendorffs von Verehrung und Freundschaft geprägtem Verhältnis zu Heinrich Förster vgl. die Briefe des Dichters an die Tochter Therese Besserer von Dahlfingen und an den Sohn Rudolf von Eichendorff aus den Jahren 1856 und 1857 (Eichendorff: Briefe [wie Anm. 1], S. 408 ff.).

der am 7. Dezember auf das Desiderat hinzuweisen: „Wie mich der Tod Eichendorffs betrübt, kannst du wohl denken. Das Leben der heiligen Hedwig gehört zu den vielen Aufgaben, die wir haben.“[90] Die Brüder Reinkens verzichteten jedoch darauf, diese Aufgabe wie 1854 noch einmal selbst anzugehen, und überließen das Feld einem Dritten: dem seinerzeit an der Corpus-Christi-Kirche in Breslau tätigen Kaplan August Knoblich (1833–1876). Dieser schloß drei Jahre später sein Werk, die „Lebensgeschichte der Heiligen Hedwig, Herzogin und Landespatronin von Schlesien. 1174–1243 [...] Nach den besten ältesten und neuesten Quellenschriften zum ersten Male ausführlich [...] chronologisch bearbeitet“, ab.

Knoblich, der sich schon vor Eichendorff mit der Geschichte der hl. Hedwig befaßt hatte, verwies ausdrücklich darauf, daß er – wie im Titel angezeigt – seine Biographie nach den „besten ältesten und neuesten Quellenschriften [...] chronologisch bearbeitet“ habe, und stellte sich damit in die Tradition des Elisabeth-Biographen Montalembert. Wenn er auch in realistischer Selbsteinschätzung zugeben mußte, daß er „sein Vorbild, den ritterlichen Grafen Mo[n]talembert in der Weise, wie er das Leben der Base Hedwigs beschrieben“[91], nicht erreichen konnte, so hielt er doch mit Genugtuung fest, daß er wenigstens über das Werk seines Vorgängers Görlich durch die „Ermittelung der [...] Zeitangaben“ und eine „anschaulichere Zergliederung und Eintheilung des großen Gegenstandes“[92] entscheidend hinausgelangt sei.

Seiner „Lebensgeschichte der Heiligen Hedwig“ legte Knoblich eine dreiteilige Großgliederung zugrunde:

> Erster Lebensabschnitt. 1174–1209. Von der Geburt der heiligen Fürstin Hedwig bis zu ihrem Gelübde der Enthaltung.
>
> Zweiter Lebensabschnitt. 1209–1238. Von dem Gelübde der Enthaltung bis zum Tode des Herzogs Heinrich des Bärtigen.
>
> Dritter Lebensabschnitt. 1238–1243. Von dem Tode Heinrichs des Bärtigen bis zum gottseligen Hinscheiden der heiligen Fürstin Hedwig[93].

---

90 Joseph Hubert Reinkens: Brief am Wilhelm Reinkens vom 7.12.1857. In: Reinkens: Briefe (wie Anm. 34), Bd. 2, S. 818 f., hier S. 819.

91 Augustin Knoblich: Lebensgeschichte der Heiligen Hedwig, Herzogin und Landespatronin von Schlesien. 1174–1243. Festtag den fünfzehnten October. Nach den besten ältesten und neuesten Quellenschriften zum ersten Male ausführlich, nebst kurzen Lebensumrissen der übrigen Glaubenshelden der Diöcese Breslau, chronologisch bearbeitet. Breslau 1860, S. XIV.

92 Ebd., S. XV.

93 Ebd., S. XXVII-XXIX.

Die den drei Lebensabschnitten zugeordneten Fakten lassen sich freilich nicht immer chronologisch exakt festlegen. Manches bleibt zeitlich undefiniert oder wird unter allgemeinen thematischen Gesichtspunkten zusammengefaßt – etwa in Kap. 21 „Wie die heilige Fürstin Hedwig durch besondere Begnadigung Gottes an sich die Zustände des mystischen Schwebens und der Vision erfuhr" oder Kap. 24 „Wie die heilige Fürstin Hedwig vielen Personen zukünftige Dinge voraussagte, oder dieselben zurechtwies [...]". Knoblich wußte um die Problematik seines Vorgehens und räumte ein, daß er „an vielen Stellen außer Stande gewesen" sei, „diese so schwierige Aufgabe zu Aller Zufriedenheit zu lösen"[94].

Mit Fleiß zog er sämtliche erreichbaren Schriften über das Leben und die Zeit der hl. Hedwig heran und versäumte es nicht, über die benutzten Quellen detailliert Auskunft zu geben[95]. Aber er verzichtete darauf, „mit großer Ausführlichkeit nach dem Vorgange der wortreichen Franzosen die Ereignisse ihrer Zeit und Umgebung"[96] zu schildern, d.h. wie Montalembert in seiner Biographie ein Tableau des Mittelalters zu entwerfen[97].

Mit seiner Hedwigsvita stellte sich Knoblich ausdrücklich in die Nachfolge Eichendorffs: „Möchte das Büchlein um des Gegenstandes willen nur einen Theil der Beachtung, da es so viel Nachsicht vonnöthen hat, Seitens der freundlichen Leser finden, welche ihm dieselben geschenkt hätten, wenn der Tod dem letzten Romantiker, Freiherrn Josef von Eichendorff, welcher auf den Wunsch des Hochwürdigsten Fürstbischofes von Breslau, Herrn Dr. Heinrich Förster, diese Arbeit übernommen, Zeit zu ihrer Vollendung gelassen hätte. Leider verschied er in der alten Bischofsstadt Neisse während der Vorstudien am 26. November 1857, um mit der Heiligen im Lande des ewigen Friedens selbst vereinigt zu werden. R i. p."[98]

Knoblich wurde dem Wunsch nach einer Verbindung von „historisch-wissenschaftliche[m]" und „religiöse[m] Interesse", wie er im Förster-Kreis formuliert worden war, gewiß über weite Strecken gerecht. Was dem Autor freilich fehlte, war die schwungvolle „Begeisterung", mit der der seinerzeit beinahe gleichaltrige Montalembert zu Werke gegangen war. Die „Lebensgeschichte der Heiligen Hedwig" bietet sich dar als eine erbaulich-fromme Paramentenstickerei, bei der jeder Faden sorgfältig geprüft und historisch abgesichert ist. Von Montalemberts troubadourhaftem Hymnus auf die hl. Elisabeth ist das fleißig recherchierte Werk

94 Ebd., S. XV.
95 Ebd., S. XVII-XXII.
96 Ebd., S. XV.
97 Statt dessen bietet er (S. VIII-X) den Abdruck einiger Passagen aus Friedrich Hurter: Geschichte Papst Innocenz des Dritten und seiner Zeitgenossen. 4 Bde. Hamburg 1834–1842 u. ö.
98 Ebd., S. XVI.

ebensoweit entfernt wie von dem, was Eichendorff geplant haben mag, als er die hl. Hedwig „in ihrer heroischen Größe, als strenge Heldengestalt und demüthige Büßerin“[99] vorstellen wollte.

Im Jahre 1863 wurde die Hedwigsvita ins Französische übersetzt[100]; eine Stellungnahme Montalemberts zu Knoblichs „Histoire de Sainte Hedwige“ ist nicht bekannt. Dokumentiert ist jedoch eine kurze Reaktion Joseph Hubert Reinkens auf die deutsche Ausgabe von 1860 (2. Aufl. 1864). In seinem Brief an den Bruder Wilhelm vom 8. März 1867 kam er en passant auf den Autor zu sprechen, den „Benefiziat[en] und Assessor des Generalvikariatsamts [...] Knoblich, welcher über das Leben der hl. Hedwig so miserabel geschrieben hat“[101]. Die Einschätzung des Werks als „so miserabel“ war sicherlich zu scharf und wohl teilweise von Breslauer innerkirchlichen Spannungen diktiert. Aus ihr sprechen aber auch die Enttäuschung über eine vertane publizistische Chance und die Resignation des Kreises um Heinrich Förster, daß die lange Suche nach einem schlesischen Montalembert für die hl. Hedwig erfolglos geblieben war, ja – wie die poetische Zurückhaltung Eichendorffs signalisiert – wohl letztlich erfolglos bleiben mußte.

---

99 Hermann von Eichendorff (wie Anm. 68), S. 207.

100 Histoire de Sainte Hedwige. Duchesse de Silésie et de Pologne (1174–1243). Par l'abbé Aug. Knoblich. Tournai 1863.

101 Reinkens (wie Anm. 34), Bd. 3, S. 1498.

Romuald Kaczmarek

Das Bild der heiligen Hedwig

Zeugnisse in der Kunst vom 13. bis zum 18. Jahrhundert

Der Zeitrahmen meines Themas erstreckt sich im wesentlichen über sechs Jahrhunderte, umfaßt jedoch auch einige Beispiele aus dem 19. und 20. Jahrhundert. Die territoriale Streuung der vorgestellten Werke reicht von Italien bis an die Ostgrenze des heutigen Polen, wobei Schlesien das Hauptgebiet ist. Zum Zeitpunkt der Ankunft der jungen Hedwig, Gräfin von Dießen-Andechs, in Schlesien um das Jahr 1190 regierte der schlesische Herzog Boleslaus der Lange, der Sohn des polnischen Herzogs Ladislaus II., das Land. Hedwigs Gemahl Heinrich der Bärtige übernahm die Macht im Jahre 1202 und wurde später auch Herzog von Krakau und Großpolen.

Mein Vortrag[1] geht etwas über das hinaus, was die Kunsthistoriker als Ikonographie bezeichnen. Er umfaßt neben den Bildnissen der Heiligen auch Baudenkmäler und plastische Werke, die von Hedwig gestiftet wurden, sowie Kunstwerke, die durch ihre Entstehungszeit oder der Legende nach mit ihrer Person verbunden sind. Natürlich ist es im hier vorgegebenen Rahmen nicht möglich, alle Beispiele zu nennen.

Die Zahl der architektonischen und plastischen Werke, die unmittelbar mit der Vita der hl. Hedwig verbunden sind, ist nicht gering. Ich gestatte mir dabei, die bayerische Heimat außer acht zu lassen, und beginne mit dem Kloster Trebnitz.

Die hl. Hedwig ist in der Tradition wie in der Forschung übereinstimmend als Mitinitiatorin der Stiftung des Trebnitzer Klosters anerkannt, obwohl ihr Name in den Stiftungsurkunden Heinrichs I. aus den Jahren 1201 und 1202 nicht erscheint. Die 1219 geweihte Klosterkirche und das Kloster selbst spielen in der Hedwigsvita eine wichtige Rolle. Hier verweilte Hedwig nach ihrem Gelübde der ehelichen Enthaltsamkeit um das Jahr 1209 und vor allem in der zweiten Hälfte

1 Der vorliegende Beitrag wurde am 21.10.1993 (außerhalb der Hedwig-Tagung) als Referat der öffentlichen Vortragsreihe des Hauses der Bayerischen Geschichte im Rahmen der Ausstellung „Herzöge und Heilige" in St. Bonifaz in München gehalten. Für die stilistische Korrektur des Manuskripts sei hier Dr. Beate Störtkuhl (Oldenburg) herzlich gedankt. Die Anmerkungen sind auf die Ergebnisse der neuesten Forschungen begrenzt.

ihres Lebens besonders oft. Man erwähnt sogar ein Häuschen der Herzogin im Kloster.

Der Baukörper der frühgotischen St. Bartholomäuskirche ist bis zum heutigen Tage mit geringen Veränderungen erhalten, lediglich der mächtige Westturm ist jüngeren Datums. Im 13. Jahrhundert nahm im Innenraum die Nonnenempore, die sich auf eine Reihe von Pfeilern entlang der Hauptschiffachse stützte, einen Großteil des Hauptschiffes ein[2]. Auf der Empore stand das Chorgestühl, welches in der Beschreibung der Demutswerke der hl. Hedwig erwähnt ist. Hier befand sich zweifellos einer ihrer beliebtesten Gebetsplätze. Die Empore war ebenso wie das westliche und nördliche Kirchenportal mit figürlichen Skulpturen geschmückt, deren Reichtum für eine Zisterzienserkirche außergewöhnlich war und sich nur durch den herzoglichen Charakter der Stiftung erklären läßt. Die zwei *in situ* erhaltenen Tympana und die zahlreichen skulpierten Fragmente, die während der Restaurierungsarbeiten vor und nach dem letzten Krieg gefunden wurden, lassen nur eine hypothetische Rekonstruktion des ursprünglichen Dekorationsprogramms zu. Die ausführenden Bildhauer kamen, wahrscheinlich unter der Vermittlung des dortigen Bischofs, des Bruders der hl. Hedwig, aus der Werkstatt des Bamberger Domes. Gewisse plastische Formen und Motive weisen auf die sächsische Schulung dieser Bildhauer, etwa in Magdeburg, hin[3].

Das mittelalterliche Trebnitzer Kloster kennen wir nur aus einer kurzen neuzeitlichen Beschreibung sowie aus den wenig ergiebigen Ausgrabungen. Die einzigen Überreste aus dem 13. Jahrhundert sind Fragmente des Ziegelfußbodens im Kreuzgang, die Basis eines Pfeilers und das Kapitell einer kleinen Säule. Glücklicherweise blieb eine Gruppe von Objekten erhalten, die zur Ausstattung der Trebnitzer Kirche und des Klosters in der ersten Hälfte des 13. Jahrhunderts gehörten und daher als Zeugnisse des Lebens und der Tätigkeit der hl. Hedwig gelten. Eines davon ist das silberne Rauchgefäß aus der Zeit um 1220–1230 mit der symbolischen Darstellung des Himmlischen Jerusalem, der vier Paradiesflüsse und der Evangelistensymbole. Auch eine Prachthandschrift, ein sogenanntes Psalterium Nocturnum, welches 17 ganzseitige Miniaturen enthält, ist Teil dieser Ausstattung. Es entstand um 1230–1240, also am Lebensende Hedwigs, unter dem Einfluß sächsisch-thüringischer Illustrationen im Skriptorium des Klosters Leubus. Die prächtige Dekoration deutet darauf hin, daß es sich um ein mit der Person der Herzogin in Verbindung stehendes Geschenk für das Kloster handelte. Aus ihrer Hofhaltung müssen auch die sogenannten Hedwigsgläser stammen, die

2 J. Rozpędowski: Die Architektur der Zisterzienserinnenkirche in Trebnitz. In: Zeitschrift für Ostforschung 36 (1987), S. 161–174.

3 Z. Świechowski: Die Skulpturen der Klosterkirche in Trebnitz und ihre Beziehung zu Bamberg. In: H. Krohn / Ch. Theuerkauff (Hg.): Festschrift für Peter Bloch. Mainz 1990, S. 77–90.

heute u. a. in Krakau, Neisse und Amsterdam aufbewahrt werden. Die in Ägypten im 11.–12. Jahrhundert hergestellten Gefäße brachten Pilger bei ihrer Heimkehr aus dem Heiligen Land mit nach Europa. Diese dicken, geschliffenen Gläser erhielten in späteren Zeiten zum Andenken an die hl. Hedwig kostbare Goldeinfassungen.

Hedwig war als Gemahlin des schlesischen Landesherren an dessen religiösen Stiftungen beteiligt. So waren Wohltätigkeitseinrichtungen wie die Kirche und das Spital für aussätzige Frauen in Neumarkt oder das Spital zum hl. Geist in Breslau wohl vor allem ihrer Anregung zu verdanken. Seit 1208 bestätigte Hedwig die von ihr ausgestellten Urkunden mit einem Siegel, welches ihr schematisches, ganzfigürliches Bildnis enthielt – es ist das einzige, das zu ihre Lebzeiten entstand. Im Siegelfeld ist die Herzogin im vornehmen Gewand mit Lilie und Apfel, den Wahrzeichen ihrer Macht, zu sehen. Das Bildnis unterscheidet sich grundsätzlich von allen späteren Darstellungen der Heiligen.

Erst nach der Kanonisation der schlesischen Herzogin durch Papst Clemens IV. in Viterbo am 26. März 1267 entwickelte sich in mehreren Schritten eine Ikonographie der Heiligen als Patronin Schlesiens. In der Hedwigskapelle, die bald nach der Kanonisation (Baubeginn 1268) an der Südseite des Presbyteriums der Trebnitzer Klosterkirche errichtet wurde, gab es zunächst kein Bildnis der neuen Heiligen. Mit der Kapelle wurde der Stil der klassischen Gotik französischer Herkunft in Schlesien eingeführt. Der lichtdurchflutete Raum mit seinen schlanken Proportionen und der am Außenbau hervortretende Baukörper bilden ein architektonisches Reliquiar für die Unterbringung des Grabmals mit den sterblichen Überresten der Heiligen. Das mittelalterliche Grabmal ist nicht erhalten. Die neuesten Forschungen und die Analyse der drei mittelalterlichen Darstellungen des Grabmals in den Bilderlegenden der hl. Hedwig aus den Jahren 1353, 1451 und 1504 haben erwiesen, daß es kein Hedwigs-Bildnis trug[4]. Das Grabmal hatte die Form einer figurlosen Steintumba mit einem vermutlich hölzernen Baldachin. Die Wiedergabe des Grabes mit der Figur der Heiligen im Kodex aus dem Jahre 1353 kann man damit erklären, daß man sich bemühte, den nach Trebnitz wallfahrenden Pilgern die Quelle der wundertätigen Kraft zu versinnbildlichen.

Die älteste bekannte Darstellung Hedwigs als Heilige, die nur in einer nicht sehr wirklichkeitstreuen Graphik überliefert ist, entstand überraschenderweise weit außerhalb Schlesiens. Zwischen 1271–1276 wurde in der Kirche S. Maria in Gradi (jetzt S. Francesco) in Viterbo das Grabmal für Papst Clemens IV. (1265–1268) errichtet. An der Rückwand, unter dem Baldachin über dem Sarkophag mit der Figur des Papstes, befand sich ursprünglich ein Madonnenbild, zu dem

4 R. Kaczmarek / J. Witkowski: Das Grabmal der Hl. Hedwig in Trzebnica/Trebnitz. In: Zeitschrift des Deutschen Vereins für Kunstwissenschaft 40 (1986), S. 69–91.

sich die kniende Figur einer Orantin mit Herzogshut und Aureole wandte. Die Begleitinschrift, welche in alten Beschreibungen überliefert ist, besagte, daß der hier bestattete Papst in dieser Kirche die Heiligsprechung der „Sancta Edwigis Polonie Ducissa" bekanntgegeben habe. Dies beweist, daß die kniende Figur als hl. Hedwig, die als Fürsprecherin Clemens' IV. vor die Mutter Gottes tritt, zu interpretieren ist[5]. Zweifelhaft ist dagegen die Bezeichnung einer Frauengestalt auf einem Freskenfragment der ehemaligen Klosterkirche bei Geislingen/Kr. Göppingen (jetzt Kinderheim Lindenhof) aus dem ersten Viertel des 14. Jahrhunderts als Hedwig[6]. Doch in jedem Fall stellt auch dieses Bildnis, ebenso wie das frühere aus Viterbo, einen völlig anderen Typus vor, als die später allgemeingültige und vor allem in Schlesien ausgebildete Ikonographie.

Hier ist es an der Zeit den ikonographischen Typus der hl. Hedwig zu skizzieren: Die Heilige wurde in einem langen Gewand dargestellt, über dem sie häufig den Fürstenmantel trug. Ihre ständigen Attribute sind das Modell der Trebnitzer Kirche und das Marienfigürchen, das sie zeit ihres Lebens bei sich trug. Seltener sind ihr Rosenkranz und Gebetbuch beigegeben, manchmal trägt sie ihre Schuhe in den Händen. Im 19. Jahrhundert erscheint sie - fälschlicherweise - manchmal im Nonnenkleid.

Die Entwicklung dieser ikonographischen Darstellung begann um die Mitte des 14. Jahrhunderts in Schlesien, nicht ohne Einfluß der Kunst am Prager Hof Karls IV. Die drei wichtigsten Mäzene, deren Stiftungen wir die ältesten ikonographischen Formulierungen des neuen Typus verdanken, sind: Ludwig I., Herzog von Liegnitz-Brieg, Johannes von Neumarkt, Kanzler Karls IV., des Königs von Böhmen und Herrschers von Schlesien, sowie Karl IV. selbst, der seit 1355 Römischer Kaiser Deutscher Nation war.

Herzog Ludwig I. verehrte seine heilige Vorfahrin außerordentlich. In seinem Schloß in Brieg errichtete er ihr eine Kapelle, er besaß ihre in Silber und Gold gefaßten Reliquien und ließ in seinen Gemächern ihre Bildnisse anbringen. Auf dem Tympanon der 1349 von ihm gestifteten Burgkapelle in Lüben erschien unter anderem die plastische Gestalt Hedwigs mit Kirche, Marienfigürchen und den Schuhen. Im Jahre 1353 wurde im Skriptorium in der Lübener Vorstadt für Herzog Ludwig der mit 61 Miniaturen umfangreichste Bilderzyklus zur Vita der hl. Hedwig vollendet. Er zeigt Szenen aus dem Leben der Heiligen, ihre Wundertaten und schließlich ihren Tod. Die Illuminationen hat ein Künstler angefertigt, der zweifellos die italienisierende böhmische Malerei der Mitte des 14. Jahrhunderts

5 A. M. D'Achille: Il monumento funebre di Clemente IV. In: J. Garms / A. M. Romanini (Hg.): Skulptur und Grabmal des Spätmittelalters in Rom und Italien. Wien 1990, S. 129–142.

6 J. Gottschalk: Hedwig von Andechs - Herzogin von Schlesien. Eine Botin des Friedens. Freiburg, Basel, Wien (o. J.), S. 17, 91.

gut kannte. Dabei hielt er sich ziemlich genau an den Text der „Legenda maior Sancte Hedwigis“. Kurz darauf wurde die Miniatur aus dem Kodex, welche die hl. Hedwig unter dem Baldachin darstellt, in einem Fresko in der Sakristei der St. Thomaskirche zu Prag ins Monumentale übertragen. Der Stifter dieser Freskomalerei war der oben erwähnte Johannes von Neumarkt, der eng mit Breslau sowie auch mit Prag verbunden war. Seine und des Bischofs von Breslau, Preczlaws von Pogarell, Vermittlung weckte vermutlich auch das Interesse Kaiser Karls IV. für den Hedwigskult. So befahl der Kaiser unter den 127 Heiligen-“Porträts“, die Meister Theodoricus in den Jahren 1365–1367 für die Kapelle zum hl. Kreuz auf dem Karlstein bei Prag malte, auch das Bildnis der schlesischen Heiligen unterzubringen. Als Attribut ist ihr hier nur das Kirchenmodell beigegeben. Nicht minder aussagekräftig ist jedoch ihre Kleidung, die auf Machtinsignien verzichtet und statt dessen ihren Ehe- und Witwenstand unterstreicht. Man sah darin den Einfluß der italienischen Traktate des Johannes Andree, der Johannes von Neumarkt als Autorität galt. Andree empfahl die Einordnung der Heiligen in bestimmte Hierarchien; so sollte die hl. Hedwig unter die heiligen Witwen eingereiht werden, die zur zweiten Kategorie der heiligen Frauen nach den jungfräulichen Märtyrerinnen gehörten. In fast identischer Weise wie auf der Burg Karlstein ist Hedwig um 1360 zwischen anderen Heiligen auf dem steinernen Altar der Kapelle im Kapitelsaal des Magdeburger Doms dargestellt. Auch auf dem schönen Schlußstein in den Formen des Weichen Stils am Gewölbe der Vorhalle der Unterkirche zum hl. Kreuz in Breslau ist Hedwig ohne Herzogshut zu sehen.

Erst im 15. Jahrhundert, und zwar nach den hussitischen Unruhen, verfestigte sich die Darstellung Hedwigs mit den Insignien ihres herzoglichen Standes, die bis ins 20. Jahrhundert gültig blieb. Damals, als die Glanzzeiten der Dynastie der schlesischen Piasten längst der Vergangenheit angehörten, wurde der Herzogshut neben dem Modell der Trebnitzer Kirche zum ständigen Attribut der Heiligen. Ein frühes Beispiel ist die Miniatur aus der Zeit um 1420–1430 in der Spätform des Weichen Stils, die nachträglich in das Große Liegnitzer Privilegienbuch eingeklebt wurde. In der Nachfolge des Weichen Stils steht auch noch die große Holzskulptur der hl. Hedwig in Trebnitz aus der Mitte des 15. Jahrhunderts. Diese Figur, die fast bis zum heutigen Tag zur Prozession getragen wurde, sollte eigentlich (1993) in der Andechser Ausstellung gezeigt werden. Auf Grund ihres Erhaltungszustandes konnte sie jedoch nicht verschickt werden, doch soll sie nun dank finanzieller Unterstützung aus Deutschland fachgemäß restauriert werden.

Die Zahl überlieferter Bildnisse der Patronin von Schlesien aus der zweiten Hälfte des 15. Jahrhunderts ist ziemlich hoch. Es gibt zwar nur wenige Einzeldarstellungen, wie z.B. an der Westvorhalle des Breslauer Doms aus den 60er Jahren des 16. Jahrhunderts, doch erscheint die hl. Hedwig nun immer häufiger zwischen anderen Heiligen auf Altären oder auf Bildepitaphien. Auf letzteren tritt sie meist gemeinsam mit den Patronen der Breslauer Diözese - Johannes dem Täufer, Johannes dem Evangelisten sowie dem hl. Vinzenz - oder als persönliche Patronin der Verstorbenen auf, etwa auf den Epitaphien der Hedwig Rinder aus der Elisabethkirche in Breslau (gest. 1513, Nationalmuseum Warschau), des Johannes Saurmann aus dem Breslauer Dom (gest. 1510, Diözesanmuseum Breslau) oder eines unbekannten Geistlichen vom Ende des 15. Jahrhunderts (Diözesanmuseum Breslau). Auf dem Epitaph des Herzogs von Liegnitz-Brieg, Johann II. (gest. 1495), erscheint sie gemeinsam mit dem hl. Bartholomäus als besondere Patronin des schlesischen Piastenhauses (Nationalmuseum Breslau)[7].

Ein spezielles Problem stellen die Bilderzyklen dar. Sie knüpfen in der komplexen Anordnung wie auch in der Komposition der einzelnen Szenen an das Urbild im sog. Schlackenwerther Kodex aus dem Jahre 1353 an. Ein Zeugnis des Hedwigskults und gleichzeitig des Ruhmes dieses Kodex ist dessen Kopie, die 1451 im Auftrag des Breslauer Patriziers Anton Hornig entstand. Kurz zuvor hatten die Miniaturen des Schlackenwerther Kodex die Vorbilder für die Malerei des großen Hedwigsaltars geliefert, der nach dem Ort seiner späteren Aufstellung der „bernhardinische" genannt wird. Es entstand eine erstaunliche Komposition aus 32 Bildfeldern, die den mittleren - verlorenen - Teil und die Flügel des Altars bedeckten. Die ungewöhnliche Form des Werkes erklärt sich möglicherweise durch die unlängst aufgestellte Hypothese, nach der dieser Altar ursprünglich in der Breslauer Franziskanerkirche stand, wo Heinrich der Fromme, der in der Schlacht bei Liegnitz 1241 gefallene Sohn der hl. Hedwig, bestattet wurde. Zwei Szenen jener Schlacht sind auf dem Altar dargestellt[8].

Im Jahre 1504 wurde in der Breslauer Druckerei des Konrad Baumgarten der jüngste der mittelalterlichen Bilderzyklen der hl. Hedwig gedruckt. Trotz der veränderten Formensprache sind die Holzschnitte in der Gestaltung der Szenen noch von den alten Vorbildern abhängig.

Wesentliche Unterschiede in der Auffassung der Szenen und der Details zeigt dagegen ein um 1450 im schwäbischen Raum entstandener Bilderzyklus. Die Illu-

---

7 R. Kaczmarek/J. Witkowski: Gotyckie epitafia obrazowe na Śląsku [Gotische Bildepitaphien in Schlesien]. In: Sztuki plastyczne na średniowiecznym Śląsku. Studia i materiały II. Wrocław, Poznań 1990, S. 5–36; dies.: Gotyckie epitafia obrazowe na Śląsku - cz. II - Zarys katalogu [Gotische Bildepitaphien. T. 2: Abriß des Kataloges]. In: Sztuki plastyczne [...] III. Wrocław, Poznań 1990, S. 87–118.

8 J. Kostowski/J. Witkowski: Książe Henryk Pobożny i bitwa legnicka w ikonografii XIII-XX w. [Die Ikonographie Herzog Heinrichs II. und der Schlacht von Wahlstatt vom 13. bis 20. Jahrhundert]. In: Bitwa legnicka. Historia i tradycja. Wrocław, Warszawa 1994, S. 283. Vgl. auch den Beitrag von J. Kostowski im vorliegenden Tagungsband.

strationen des Augsburger Kodex stützen sich ausschließlich auf den Text der Legenda maior und eventuell auf die Ikonographie anderer Heiliger[9].

Eine kleine ikonographische Inkorrektheit weisen einige außerhalb der schlesischen Tradition entstandene Figuren auf, etwa die bekannte Steinplastik aus dem Kloster Niedernburg bei Passau (um 1430) oder die hl. Hedwig an der Längsseite des spätgotischen Schein-Hochgrabes für Edith (gest. 946), die erste Gemahlin Kaiser Ottos I., in Magdeburg (um 1510). Hedwig trägt auf beiden Bildnissen die offene Königskrone anstatt des geschlossenen Herzoghutes. Auf dem Edith-Grabmal erscheint Hedwig zwischen heiligen Frauen aus dem Kreise der gekrönten Häupter - der hl. Adelheid, der hl. Kunigunde - und der hl. Elisabeth. Diese außergewöhnliche Zusammenstellung sollte den Bezug zur Person Ediths unterstreichen. Vom Standpunkt der schlesischen Ikonographie der hl. Hedwig aus ungewöhnliche Darstellungen finden sich auch im Osten Schlesiens, nämlich in der polnischen Kunst. Die Deckenmalerei in den Formen der Frührenaissance der kleinen Holzkirche in Grębień (1520-1531) zeigt die hl. Hedwig als Patronin des Königreiches Polen. Noch interessanter ist der dortige barocke Nebenaltar (1678, 1696): Das Hauptbild ist eine Kopie des wunderbaren Bildnisses der Schwarzen Madonna von Tschenstochau, im oberen Feld des Altars erscheint das Bild der „Hl. Hedwig im Gebet". Grębień lag am Pilgerweg, der die Wallfahrer aus dem nordöstlichen Schlesien nach Tschenstochau führte und der umgekehrt von den polnischen Trebnitz-Pilgern benutzt wurde. Auf der Freskomalerei von Michelangelo Palloni aus den Jahren 1707-1708 in der Pfarrkirche in Węgrów östlich von Warschau ist die hl. Hedwig im großen Kreis der weiblichen Heiligen und Seligen Polens schwer zu identifizieren. Seit dem 18. Jahrhundert kam es im übrigen vor, daß die hl. Hedwig von Schlesien mit der seligen Hedwig, der Königin von Polen und Gemahlin des Ladislaus Jagiełło, verwechselt wurde.

Bevor ich endgültig zu den Beispielen der barocken Ikonographie übergehe, möchte ich mit den Reliquiaren und den sogenannten Sekundärreliquien der hl. Hedwig noch zwei besondere Objektgruppen besprechen. Die Reliquiare bergen Partikel der sterblichen Überreste der Heiligen. Die Sekundärreliquien dagegen enthalten kein unmittelbares Andenken an die Person Hedwigs, doch sind sie infolge der durch die Jahrhunderte entstandenen Legenden und Traditionen eng mit ihr verbunden und Bestandteil des populären Bildes der Heiligen.

Das älteste bekannte Reliquiar der hl. Hedwig wird in der Geistlichen Kammer in Wien aufbewahrt. Es entstand um 1350-1360 und ist nur mit einer Ritzzeich-

9 E. Grunewald: Das Bildprogramm des Augsburger Hedwigskodex I.3.2° 7. Vortrag, gehalten auf dem Internationalen Symposium „Święta Jadwiga w dziejach i kulturze Śląska [Die hl. Hedwig in der Geschichte und Kultur Schlesiens]", Breslau, 21.-23. September 1993 (im Druck).

nung dekoriert, auf der ein kniender Atlant eine Inschriftenrolle mit dem Namen Hedwigs hält. Interessanter sind die Reliquiare in sogenannten sprechenden Formen, die die Gestalt der ganzen Person oder des jeweiligen Körperteiles, aus dem die Reliquie stammt, annehmen. Das wertvollste Ensemble derartiger Reliquiare stellte Andreas Heidecker 1512–1513 für die Kollegiatkirche zum hl. Kreuz in Breslau her. Heidecker gehörte zu den besten Breslauer Goldschmieden, wenn auch seine Formensprache etwas traditionell war. Das Büstenreliquiar dieser Gruppe weist ein bemerkenswertes Detail auf, das Bezug auf die Stellung Hedwigs als Herzogin von Schlesien und Polen nimmt: Es trägt zwei emaillierte Wappen, das polnische mit dem weißen gekrönten Adler auf rotem Feld und das schlesische mit dem schwarzen Adler auf goldenem Feld. Das zweite Reliquiar aus der Garnitur ist ein Armreliquiar, dessen Hand ein Marienfigürchen trägt, so wie es die Vita Hedwigs beschreibt – die drei Finger der linken Hand, mit denen die Heilige ihre Marienstatuette hielt, waren bei der Graböffnung gut erhalten. Das dritte Reliquiar aus der Kirche zum hl. Kreuz hat die Form einer Hedwigsstatuette mit ihren typischen Attributen. Im Jahre 1773 wurde es auf Bitten Friedrichs des Großen zur Einweihung der Hedwigskirche nach Berlin übersandt, wo es sich bis heute befindet.

Das bedeutendste Reliquiar, das Kopfreliquiar der Heiligen, wird in der Trebnitzer Klosterkirche aufbewahrt. Es hat die Form eines Ziboriums, dessen Fuß und Behälter mit kleinen Figuren Christi, Mariens und Heiliger, darunter auch der hl. Hedwig, dekoriert sind. Stilistisch steht dieses Reliquiar am Übergang zwischen Gotik und Renaissance. Sein Schöpfer war vermutlich der Breslauer Goldschmied und Kaiserliche Münzmeister Lorentz Westermehr, der sich an nürnbergischen Vorbildern des ersten Viertels des 16. Jahrhunderts orientiert hatte.

Unter den übrigen Reliquiaren ist das manieristische Armreliquiar im Breslauer Dom von Fabian Nitsch aus dem Jahre 1607 beachtenswert. In Trebnitz werden zwei kreuzförmige Reliquiare aufbewahrt, ein frühbarockes Werk des Posener Goldschmiedes Jan Brożek aus den 40er Jahren des 17. Jahrhunderts sowie das Rokoko-Reliquiar von Johann Gottfried Haase aus dem Jahre 1783[10].

Die Sekundärreliquien, die unter anderem mit den legendären Aufenthaltsorten der hl. Hedwig verbunden sind, stellen ein besonderes Problem dar. Ihre Zahl ist hoch und umfaßt nicht nur Goldschmiedewerke, sondern auch zahlreiche Steine, Wege, Brunnen und Wiesen. Ich möchte hier nur einige Objekte aus dem Bereich der Kunst nennen. Neben den schon erwähnten Hedwigsgläsern, die tatsächlich zu Lebzeiten der Heiligen in Gebrauch waren, existieren auch sogenannte Hedwigsgläser, die offensichtlich aus späteren Epochen stammen. Ein

---

10 R. Kaczmarek / J. Witkowski: Dzieje relikwii i relikwiarze św. Jadwigi [Geschichte der Reliquien und Reliquiare der hl. Hedwig]. In: Święta Jadwiga Śląska (ok. 1174–1243). W 750 rocznicę śmierci. Wrocław 1993. S. 31–91.

Beispiel ist das Hedwigsglas in Trebnitz mit einer Einfassung aus dem Jahre 1653. Der Legende nach hatte Hedwig in diesem Glas während eines Gastmahls mit Heinrich dem Bärtigen Wasser in Wein verwandelt. Die Darstellungen auf der Einfassung zeigen jedoch lediglich Szenen aus dem Leben Mariens und Christi.

Nicht weniger berühmt war die Wiege des Jesuskindes, mit der Jesus Hedwig auf ihr Bitten hin seine Geburtsstunde angezeigt haben soll. Die Wiege fertigte Paul Hedelhofer aus Breslau im Jahre 1665, und auch das Tonfigürchen ist lange nach Hedwigs Lebzeiten entstanden.

Viele Quellennachrichten existieren auch über den Hedwigsmantel, aus dem der Legende nach später Meßgewänder hergestellt wurden. Eines dieser Meßgewänder, aus fernöstlichem Brokatstoff gefertigt, wird im Herz-Jesu-Kloster in Hall/Tirol aufbewahrt. Die Reste einer anderen Kasel (um 1250) stammen aus dem Kloster Heinrichau in Schlesien. In Trebnitz befindet sich ein aus der zweiten Hälfte des 17. Jahrhunderts stammender Mantel, der im 18. und 19. Jahrhundert als Fürstenmantel der hl. Hedwig gezeigt wurde.

Nach der Reformationszeit und dem 30jährigen Krieg kann man in Schlesien eine Neubelebung des Hedwigskults feststellen. Neue Kunstwerke wurden vor allem in Trebnitz gestiftet. Am Anfang der zweiten Hälfte des 17. Jahrhunderts entstanden das oben erwähnte Gläschen und die Wiege. Im Jahre 1653 stiftete Schwester Margaretha Benedicta Rayskin einen neuen Hauptaltar in der Hedwigskapelle, von dem nur das Bild im jetzigen, etwas jüngeren Altar erhalten ist. Die Gestalt der Heiligen, die in dieser Form auch in der Graphik auftritt, ziert auch verschiedene kunsthandwerkliche Gegenstände, wie etwa die Trebnitzer Hostiendose aus dem Jahre 1671. Kleine silberne Plaketten mit dem Bildnis der hl. Hedwig wurden an Kelchfüßen angebracht; Beispiele aus Trebnitz sind die Kelche des Ch. Mentzel d. Ä. aus dem letzten Viertel des 17. Jahrhunderts, des M. Sbarasky, um 1700, sowie des Goldschmieds „CLB“ von 1713.

Eine wichtige Rolle als Kunstzentrum spielte auch das Leubuser Zisterzienserkloster. Sein bedeutender Abt, Arnold Freiberger (1636–1672), war der Stifter des Gemäldezyklus, der das Leben und die Wundertaten der hl. Hedwig darstellte. Diese Ölbilder schmückten ehemals die Wände um das mittelalterliche Grab der Heiligen in der Trebnitzer Hedwigskapelle. Unlängst gelang es zu beweisen, daß es sich dabei um Frühwerke Michael Willmanns handelt, die noch unter starkem Einfluß des Rembrandtkreises entstanden[11]. Die Anregungen für die Komposition der Hedwigsbilder übernahm Willmann nicht aus den Illustrationen der mittelal-

11 R. Kaczmarek/J. Witkowski: Michała Łukasza Leopolda Willmanna trzebnicki cykl żywota i cudów św. Jadwigi [Das Leben und Wundertaten der hl. Hedwig – ein Bilderzyklus von Michael Lukas Leopold Willmann in der Trebnitzer Klosterkirche]. Vortrag, gehalten auf dem Internationalen Symposium „Die hl. Hedwig“ (wie Anm. 9) (im Druck).

terlichen Hedwigslegenden, sondern vor allem aus dem deutschen Text der Legenda maior in Baumgartens Buch aus dem Jahr 1504. Alle Szenen zeigen jedoch das individuelle Gepräge der Kunst Willmanns.

Am meisten machte sich in der zweiten Hälfte des 17. Jahrhunderts die Trebnitzer Äbtissin Christina Katharina von Würben-Pawłowska (1673–1699) um den Hedwigskult verdient[12]. Dank ihrer Initiative wurde 1680 der Patronin Schlesiens in der Hedwigskapelle ein neues Grabmal errichtet. Die Marmorarchitektur des Denkmales wurde bei Krakauer Steinmetzen bestellt. Die Holzbekrönung des Baldachins mit der Figur des Erzengels Michael ist mit der Werkstatt des Matthias Steinl in Leubus verbunden, die Sockelfiguren wurden von Breslauer Bildhauern gefertigt. Die ursprüngliche Hedwigsfigur dieses Grabmals befindet sich seit dem 18. Jahrhundert nicht mehr unter dem Baldachin. Sie lag separat in der Kirche, so daß man zeitweise sogar annahm, daß sie aus dem mittelalterlichen Grabmal stamme; heute wird sie in der Johanneskapelle aufbewahrt. Ihre Stelle nimmt eine Alabasterfigur (um 1750) des Bildhauers Franz Joseph Mangoldt ein, der auch bei der Barockisierung der Breslauer Universität und der Zisterzienserklöster von Leubus und Trebnitz mitwirkte. Seine Darstellung der Heiligen im Moment ihres Todes schöpft aus Vorbildern der römischen Skulpturen des Gian Lorenzo Bernini. Die Äbtissin Pawłowska, die wie viele Äbtissinen des Klosters am Fuße des Grabmals der hl. Hedwig begraben wurde, stiftete auch die Marmorplatte aus dem Jahre 1695 für den Ort der – wie man damals meinte – ersten Hedwigsbestattung, ferner liturgische Gewänder wie etwa das mit einer Hedwigsfigur bestickte Velum.

Die Kunst des 18. Jahrhunderts brachte für die Hedwig-Ikonographie keine besonderen Innovationen. Aus künstlerischer Sicht läßt sich die große Stuckfigur der hl. Hedwig (F. J. Mangoldt) am Triumphbogen in der Trebnitzer Klosterkirche hervorheben, deren Pendant eine ähnlich gestaltete Figur der hl. Elisabeth bildet. Aus dieser Gegenüberstellung erklärt sich wohl auch die jeweilige Zuordnung eines Armen, der von der Heiligen ein Almosen empfängt. Das gemeinsame Auftreten der hl. Hedwig und ihrer ebenfalls heiliggesprochenen Nichte hat im übrigen eine mittelalterliche Tradition, ebenso wurden die hl. Hedwig und hl. Anna Selbdritt in ihrer Rolle als vorbildliche Mütter häufig gemeinsam dargestellt.

Mit dem 18. Jahrhundert setzt auch die Reihe der Votiv- und Pilgerbilder der hl. Hedwig ein. Ihr Spektrum reicht von volkstümlicher Hinterglasmalerei über Graphik bis hin zu Ölgemälden, beispielsweise das Bild Ferdinand Anton Tzipkos aus dem Jahre 1757 in Trebnitz.

---

12 R. Kaczmarek / J. Witkowski: Die Trebnitzer Äbtissin Christina Katharina von Würben Pawlowska als Förderin der Kunst. In: Archiv für schlesische Kirchengeschichte 44 (1986), S. 134–145.

Wesentliche Neuerungen in der Darstellung der hl. Hedwig brachte das 19. Jahrhundert. Eine genaue Analyse dieser Werke würde umfassendere Ausführungen zur Kulturgeschichte der Zeit erfordern. Als Beispiele seien daher nur der Zyklus des deutschen Monogrammisten JK, welcher 1877–1880 in Rom entstand und von dem vier Bilder im Diözesanmuseum Breslau aufbewahrt werden, sowie eine kleine Ölskizze aus dem letzten Viertel des 19. Jahrhunderts angeführt. Innerhalb des Zyklus taucht die in Hedwigs Lebenslauf und ihrer bisherigen Ikonographie nicht belegte Szene der Übergabe der fürstlichen Insignien an die Zisterzienserinnen auf, die das Eintreten der Fürstin in den Orden symbolisieren soll – eine ahistorische Darstellung. Die Ölskizze verbildlicht zwei eng miteinander verflochtene Ideen. Zunächst wird Hedwigs Rolle als deutsche Heilige betont, indem sie zwischen die beiden Patrone von Deutschland, den hl. Bonifaz und den hl. Otto, zu stehen kommt. Da diese beiden Heiligen Missionsbischöfe waren, wird der Tätigkeit der hl. Hedwig zugleich der Charakter einer Mission zugeschrieben. Im Hintergrund erscheint dazu die Darstellung des Schlosses in Liegnitz, in dessen Umgebung Hedwigs Sohn im Kampf gegen die Mongolen für das Christentum den Tod fand; über den Heiligen ist die Silhouette der Berliner Hedwigskirche erkennbar.

Am Ende dieser kurzen Einführung in die Problematik der Darstellung der hl. Hedwig in der Kunst möchte ich noch ein Bildnis vorstellen, das vielleicht von allen bisher vorliegenden Bildern der deutsch-polnischen Heiligen der Wahrheit am nächsten kommt. Es wurde vor kurzem von einem Anatomen und von Anthropologen auf der Basis der neuesten Untersuchungen der sterblichen Überreste der Heiligen rekonstruiert. In Zukunft soll dieses Werk der zeitgenössischen Gelehrten in der Nähe des Grabmals der hl. Hedwig, neben den alten Kunstwerken, die von ihr Zeugnis geben, aufgestellt werden[13].

---

13 T. Krupiński / B. Kwiatkowska: Szczątki kostne świętej Jadwigi w ujęciu antropologicznym [Die Knochenreste der hl. Hedwig in anthropologischer Sicht]. In: Święta Jadwiga (wie Anm. 10), S. 7–21; Z. Rajchel: Rekonstrukcja czaszki i głowy świętej Jadwigi [Rekonstruktion des Schädels und des Kopfes der hl. Hedwig]. – Ebd., S. 23–29.

1. Drei Frauen mit Gebetbüchern. Fragment einer Archivolte aus der Trebnitzer Klosterkirche, um 1220–30. Foto: R. Kaczmarek

2. Grabdenkmal des Papstes Clemens IV. in der St. Franziskuskirche in Viterbo mit der Darstellung der hl. Hedwig, um 1271–76 (D'Achille: Il monumento funebre di Clemente IV.)

3. Meister Theodoricus: Die hl. Hedwig. Burg Karlstein, um 1365–67. Repr.: R. Kaczmarek

4. Figur der hl. Hedwig. Trebnitz, um 1450. Foto: M. Łanowiecki

5. Andreas Heidecker: Reliquiar der hl. Hedwig, 1513. Berlin, Hedwigskathedrale. Foto: Denkmalpflege, Berlin

6. Lorentz Westermehr (?): Kopfreliquiar der hl. Hedwig, 1553. Klosterkirche Trebnitz.
Foto: M. Łanowiecki

7. Grabmahl der hl. Hedwig in der Klosterkirche in Trebnitz, 1676–80. Foto: M. Łanowiecki

8. Michael Willmann: Tod der hl. Hedwig. Gemälde aus dem Trebnitzer Bilderzyklus. Foto: M. Łanowiecki

9. Franz Joseph Mangoldt: Figur der hl. Hedwig vom Triumphbogen der Trebnitzer Klosterkirche, um 1748. Foto: M. Łanowiecki

10. Die hl. Hedwig mit den Heiligen Bonifaz und Otto. Gemälde im Erzdiözesanmuseum Breslau, letztes Viertel des 19. Jahrhunderts. Foto: R. Kaczmarek

11. Der von Prof. Zbigniew Rajchel rekonstruierte Kopf (neben dem Schädel) der hl. Hedwig, 1993. Foto: R. Kaczmarek

Jakub Kostowski

Das Breslauer Triptychon der Hedwigslegende

Herkunft und Ikonographie

Das Triptychon mit der Darstellung der Hedwigslegende (Abb. 1) entstand etwa 1440 und wird dem anonymen Meister des Triptychons aus Langendorf (Kr. Gleiwitz)/Wielowieś zugeschrieben[1]. Die Malerei wurde in Tempera mit Kreide-Leim-Grundierung auf einem Untergrund aus Lindenholz, der mit Leinwand beklebt war, ausgeführt. Die Mitteltafel (die 1945 unter ungekärten Umständen verlorenging) ist in sechzehn (Abb. 2), die Vorderseiten der Flügel, die sich seit 1946 im Warschauer Nationalmuseum befinden, sind in je acht annähernd gleichgroße Rechteckfelder von etwa 60 x 48 cm unterteilt. In den Feldern sind Szenen aus dem Leben der hl. Hedwig dargestellt, die durch Inschriften in schwarzen gotischen Minuskeln erläutert werden (Abb. 3)[2]. In vier Feldern des linken Flügels

---

1 Dieser Artikel erscheint in etwas veränderter Form unter dem Titel „Wrocławski tryptyk z Legendą Św. Jadwigi. Pochodzenie i ikonografia" auch im Tagungsband: Święta Jadwiga w dziejach i kulturze Śląska [Die hl. Hedwig in der Geschichte und Kultur Schlesiens], Wrocław - Trzebnica, 21.-23.9.1993. Er entstand in Fortsetzung meiner ikonographischen Forschungen zur Kunst Mitteleuropas der nachhussitischen Zeit, die ich seit 1987 betreibe.

2 Tadeusz Dobrzeniecki: Malarstwo tablicowe. Katalog zbiorów. Muzeum Narodowe w Warszawie. Warszawa 1972, S. 194–203, Nr 63; Wolfgang Braunfels: Die Kunst im Heiligen Römischen Reich Deutscher Nation. Bd. 5: Grenzstaaten im Osten und Norden. Deutsche und slawische Kultur. München 1985, S. 195–196, Abb. 196; Herzöge und Heilige. Das Geschlecht der Andechs-Meranier im europäischen Hochmittelalter. Katalog zur Landesausstellung im Kloster Andechs (13.7.-24.10.1993). München 1993, S. 247–248 und 202, Kat.-Nr. 101, Abb. S. 157.
In den folgenden Anmerkungen beziehe ich mich lediglich auf die neuesten Bearbeitungen, die in den meisten Fällen die grundlegende Literatur zum Thema enthalten. Dagegen basieren alle Bemerkungen zur Maltechnik und zum Erhaltungsstand des Triptychons (vgl. auch Anm. 8) auf meiner eigenen Anschauung der beiden Flügel (linker Flügel - 25.10.1993 während des Abbaus der Ausstellung „Herzöge und Heilige" im Kloster Andechs/Bayern; rechter Flügel - 14.11.94, in der Restaurierungswerkstätte für mittelalterliche Kunst des Warschauer Nationalmuseums, während der Restaurierungsarbeiten) sowie auf den mir von der Abteilung für mittelalterliche Kunst und der Restaurierungswerkstätte für mittelalterliche Kunst des Warschauer Nationalmuseums überlassenen Forschungsergebnissen der 1993/94 durchgeführten chemischen

finden sich Darstellungen, die thematisch mit der Schlacht von Wahlstatt 1241 verbunden sind[3]. Diese Darstellungen stehen im Mittelpunkt der folgenden Ausführungen.

Feld 5: Schlacht bei Wahlstatt (Abb. 4). Zwei sich gegenüberstehende bewaffnete Kriegergruppen bekämpfen einander. Über ihnen wehen ihre Banner: das hussitische mit einem eisernen Hut auf der linken, das mit dem schlesischen Adler auf der rechten Seite. Die Symbole wiederholen sich auf den Schilden der im Vordergrund kämpfenden Ritter. Auf den Schilden zweier anderer Ritter sind zwei weitere schlesische Wappen, das der von Rothkirch und das der von Busewoy, zu erkennen. Um diese Szene ist die Inschrift: „hie streyt herzog henrich sand hedwig[is] son mit den Tatt[er]n vff dem felde das gna[n]t ist wolstt" geführt.

Feld 6: Der Tod Heinrichs II. des Frommen. Im Vordergrund rechts liegt leblos der gefallene Herzog Heinrich II. der Fromme, neben sich das Banner mit dem schlesischen Adler und den ebenso geschmückten Schild. Links verschlingt der Schlund Leviathans die Ungläubigen. Darüber streiten die beiden Heere miteinander: links die Angreifer unter der Standarte mit dem eisernen Hut, rechts, direkt oberhalb des Körpers des Herzogs, die schlesischen Ritter – einer von ihnen trägt auf seinem Schild das Wappen der von Rothkirch. Über den Kämp-

---

Untersuchungen und den Ergebnissen der Restaurierungsarbeiten, denen beide Flügel kürzlich unterzogen wurden (linker Flügel: Februar – Mai 1993; rechter Flügel: seit November 1994). Die daraus gewonnenen Erkenntnisse widerlegen die Angaben, die Dobrzeniecki, op. cit., S. 194 und 197 zu diesem Thema machte.

3 Jakub Kostowski: Sztuka śląska wobec husytyzmu. T. 1–2. Wrocław 1987 (Masch. Arbeit in der Bibliothek des Instituts für Kunstgeschichte der Universität Wrocław), S. 28–32, 85–88 (Anm. 128), 112–116 (Kat. 1), Abb. 1–8; ders.: Aktualizacja historyczna w przedstawieniu bitwy legnickiej na Tablicy bernardyńskiej. Referat, gehalten am 8.4.1989 in Wrocław auf der Tagung „Kultura i etos rycerski oraz ich recepcja w późniejszych epokach"; ders.: Wrocławski obraz Jana Kapistrana a wczesna ikonografia Świętego. Poznańskie Towarzystwo Przyjaciół Nauk, Wydział Nauk o Sztuce. Sprawozdania Nr. 106 za 1988 r. Poznań 1989, S. 180–181; ders.: Sztuka śląska wobec husytyzmu. Późnogotyckie świadectwa malarskie. In: Artium Quaestiones 5, Poznań 1991, S. 40–42, Abb. 11; ders.: Die Verehrung des hl. Johannes von Capestrano in Schlesien. Zeugnisse der spätgotischen Malerei. In: Tagungsband „Heilige und Heiligenverehrung in Schlesien", Würzburg 28.-30.10.1991 (im Druck); ders.: Die schlesische Kunst und der Hussitismus. Ein Beitrag zur spätgotischen Malerei. Referat, gehalten am 9.2.1994 im Rahmen der Ringvorlesung „Ereignisse und Gestalten der schlesischen Geschichte, Kultur und Wissenschaft" im Gerhard-Möbus-Institut für Schlesienforschung an der Universität Würzburg e.V. im Wintersemester 1993/94; ders.: „Capistranus triumphans". Z badań nad wczesną ikonografią świętych Bernardyna ze Sieny i Jana Kapistrana na północ od Alp. In: Biuletyn Historii Sztuki 57 (1995), Nr. 1–2 (im Druck). Alle erschienenen Arbeiten enthalten die vollständige Literatur zum Thema.

fenden, in der Himmelssphäre, trägt ein Engelpaar die Seelen der gefallenen Christen empor. In deren Mitte sitzt Heinrich der Fromme mit dem Herzogshut, seine Hände sind zum Gebet gefaltet. Die Inschrift zu dieser Szene lautet: „hie wirt enthowpt der gna[n]te herczog henrich Sand hedwigen son vo[n] den Tat[er]n des zele off[ert]".

Feld 7: Die Belagerung der Burg von Liegnitz (Abb. 5). Auf der linken Seite steht eine Schar von Kriegern mit spitzen, oben leicht gebogenen Helmen vor der Liegnitzer Burg. Sie tragen das Banner mit dem eisernen Hussitenhut und den auf einer Stange aufgespießten Kopf Heinrichs des Frommen mit sich. Rechts verteidigen Kanonen und Ambrustschützen die von Graben und Mauer umgebene Burg. Die Inschrift dazu: „hie wirt gefurt desselbin fursten houpt· henrichs des sones sa[n]d hedwig[is] vf der glefe vor das sloz legnicz".

Feld 8: Der Traum der hl. Hedwig. Über der schlafenden Hedwig erscheint, von zwei Engeln getragen, ihr Sohn Heinrich der Fromme. Er ist als Halbfigur im fürstlichen Gewand und mit Banner dargestellt, seine Hände hat er zum Gebet gefaltet. Die Inschrift lautet: „hie syth jm trowme Sand hedwig dy zele ires sones h[er]czog hey[n]richs fure[n] vo[n] den engiln i[n] hy[me]l"[4].

Das ikonographische Vorbild für diese Darstellungen war der sog. Lübener Kodex (früher: Schlackenwerther Kodex), der 1353 im Auftrag Ludwigs I. von Brieg, einem direkten Nachfahren Heinrichs des Frommen, entstand. Im Kodex befinden sich zwei Miniaturen mit der Darstellung der Schlacht: der Augenblick des Zusammenstoßes des christlichen und des heidnischen Heeres sowie der Tod Heinrichs des Frommen. Die erste dieser Miniaturen zeigt Heinrich in voller Rüstung als Heerführer, der zu Pferd unter dem Banner des schlesischen Adlers kämpft. Die zweite dagegen vereint drei Szenen in einem Bild: den Sturz des tödlich getroffenen Herzogs vom Pferd, den ausgestreckt am Boden liegenden Leichnam Heinrichs und die Aufnahme seiner Seele, die von Engeln emporgetragen wird, in den Himmel.

Das Bild der Schlacht auf dem Breslauer Triptychon, obwohl weit konventioneller als in der Schlackenwerther Handschrift, bietet eine Fülle realistischer Details, die zugleich Hinweise für eine eindeutige Interpretation des Gemäldes liefern.

Die Bewaffnung entspricht den Formen des 15. Jahrhunderts. Das „tatarische" Heer mit Helmen des Typs Schallern mit Visier, in voller gotischer Rüstung mit Brustpanzern, verwendet Lanzen. Die schlesischen Ritter, erkennbar am herzoglichen Adler und den Wappen der von Busewoy und von Rothkirch, mit Helmen vom Typ Schallern und „Froschmaul", in voller Rüstung, kämpfen mit Lanzen und ein- oder zweischneidigen Schwertern, mit Beilen und Streitkolben. Anstelle

4 Vollständige Wiedergabe aller Inschriften bei Ludwig Burgemeister / Günther Grundmann: Die Kunstdenkmäler der Stadt Breslau. Bd. I,2. Breslau 1933, S. 192 f. (Abb. 87).

des bärtigen Hauptes mit Krone ist auf dem Banner der Tataren der eiserne Hut der Hussiten dargestellt, der als Emblem konsequent auf allen Feldern, die die Schlacht illustrieren, erscheint. Heinrich II. kämpft hier also nicht mit den Tataren, sondern mit den Feinden der Kirche in der Entstehungszeit des Triptychons, mit den Hussiten.

Die Darstellung der zweihundert Jahre zurückliegenden Schlacht von Wahlstatt erhält durch die historische Aktualisierung und die Zurschaustellung eschatologischer und moralisierender Bezüge einen deutlich umrissenen ideell-politischen Sinn. Die Charakterisierung des Herzogs als Märtyrer und als schlesischer Held, der für den Glauben gefallen ist und dafür in die Seligkeit eingeht, sollte die Zeitgenossen zum Kampf gegen die neuen Feinde des Glaubens und der Kirche auffordern. In der ersten Hälfte des 15. Jahrhunderts waren dies die Hussiten, zu Beginn des folgenden Jahrhunderts bedrohten die Türken das christliche Europa. Ihr Bild wurde zur rhetorischen Figur in der wortgewaltigen Propaganda, für die Glaube und Religion eingespannt wurden, um gleichzeitig die bestehende Gesellschaftsordnung zu erhalten[5].

Meiner Ansicht nach steht das Hedwig-Triptychon und die Übermalung der Seitenflügel als sekundäre Nutzung in Zusammenhang mit der Einweihung der ersten Berhardinerkirche in Breslau im Jahre 1453. Die Hedwigslegende und besonders die Episode der Schlacht von Wahlstatt und die Darstellung ihres Sohnes, der als wahrer „miles Christi pro defensione fidei et suae gentis" (wie Papst Innozenz IV. in seiner Bulle aus dem Jahre 1248 schrieb) fiel, eigneten sich hervorragend als Thema für einen Altar in einer Kirche, die in einer Zeit fanatischer Predigtkampagnen, in denen der Kampf zur Verteidigung des damals einzig wahren Glaubens die Hauptrolle spielte, gegründet wurde[6].

Das wenige Jahre zuvor entstandene Retabel erhielt sicherlich zu dieser Zeit durch die Übermalung der Flügelaußenseiten eine neue Funktion, möglicherweise diente es zunächst sogar als Hauptaltar. Die einst auf den Außenseiten erhaltenen Spuren der früheren Teilungslinien in acht Felder zur Fortsetzung der Legende[7] (analog zu den Innenseiten) zeugen möglicherweise von einer eiligen Ausführung der Übermalung. Diese erfolgte sicherlich bereits nach der Ankunft des Johannes von Capestrano in Breslau am 13. Februar 1453, und vor der Einweihung der gerade errichteten, noch in Fachwerk ausgeführten Kirche am 28. September

5 Kostowski: Sztuka śląska (wie Anm. 3), S. 41 f. Zum Vergleich mit einer dem Breslauer Triptychon zeitgenössischen Darstellung der Hussitenschlacht siehe Peter Schmid: Die Große Schlacht. Ein Historienbild aus der Frühzeit des Kupferstichs. Wiesbaden 1992.

6 Kostowski: Wrocławski obraz Jana Kapistrana (wie Anm. 3), S. 180 f.; ders.: Die Verehrung des hl. Johannes von Capestrano (wie Anm. 3); ders.: „Capistranus triumphans" (wie Anm. 3).

7 Heinz Braune / Erich Wiese: Schlesische Malerei und Plastik des Mittelalters. Kritischer Katalog der Ausstellung in Breslau 1926. Leipzig 1929, S. 82.

1455. Die allgemeinen Stilmerkmale der heute nicht mehr existierenden Malereien scheinen diese Datierung zu bestätigen[8].

Die Illustrationen auf den Außenseiten der Flügel standen ideel mit dem vorgesehenen neuen Aufstellungsort des Triptychons (Abb. 7) in Zusammenhang. Sie zeigten nicht nur die Stigmatisation des hl. Franziskus und weitere Heilige aus dem Franziskanerorden, was höchstwahrscheinlich noch auf den ursprünglichen Aufstellungsort Bezug nahm (davon später), sondern vor allem auch den hl. Bernhardin von Siena, den Patron der Breslauer Bernhardinerkirche. Seine Darstellung „mit tzween brudern" (wie die frühere Inschrift besagte) könnte mit der Aussendung zweier Mönche nach Breslau durch Johannes von Capestrano, noch vor seinem Aufenthalt in Breslau 1453, zusammenhängen, welche einen Platz zum Bau des Klosters und der Kirche ausfindig machen sollten. Die übrigen Illustrationen (dazu später) führten dagegen das Thema des Triptychons logisch weiter und schlossen zugleich den Hauptzyklus ab, in dem – wie gesagt – unter den 32 Darstellungen, die dem Muster des Kodex von 1353 mit der illustrierten Hed-

---

8 Ebd., S. 81 f., Nr. 177, Taf. 181. Angesichts des sehr schlechten Erhaltungszustands des Triptychons wurden die Malereien der beiden Flügelvorderseiten 1927–1929 (in den Restaurierungswerkstätten des damaligen Schlesischen Museums der Bildenden Künste in Breslau) auf neue Holzuntergründe aufgebracht, die auf der Rückseite mit Holzleisten verstärkt wurden; vgl. Braune/Wiese (wie Anm. 7), S. 81; Bericht des Provinzial-Konservators der Kunstdenkmäler der Provinz Niederschlesien über die Tätigkeit vom 1. Januar 1927 bis 31. Dezember 1929. Breslau (1930), S. 7, 10 f.; Schlesische Heimatpflege. Bd. 2. Breslau 1939, S. 215; Kostowski: Sztuka śląska (wie Anm. 3), S. 114 f.; Herzöge und Heilige (wie Anm. 2), S. 202. Zunächst wurden wahrscheinlich die Malereien der rechten Flügelvorderseite übertragen, indem man sie mit Stärkeleim mit einer geringen Zugabe von Eiweiß (Kasein?) dublierte. Da dieses Vorgehen nicht den gewünschten Erfolg brachte, wandte man bei der Dublierung des linken Flügels die traditionelle Methode mit einer Masse aus Wachs und Harz an. In beiden Fällen wurden alle erhaltenen Malschichten übertragen (einschließlich der in zwei Etappen erfolgten Übermalungen und Ergänzungen aus den 60er Jahren des 19. Jahrhunderts) mit der Kreide-Leim-Grundierung und der ursprünglichen Leinwand, wobei die Malereien auf ihrer Rückseite mit einer dünnen Baumwollgaze beklebt wurden. Damals wurden, höchstwahrscheinlich aus konstruktiven Gründen, auch die Rahmen der beiden Flügel dubliert, wobei lediglich ihre ursprünglichen Vorderseiten bis zu einer Dicke von 4 cm belassen wurden. Auf der Rückseite wurden sie mit Holzleisten von 3 cm Dicke verstärkt, die fast über die gesamte Länge der Rahmen reichten. Erhalten blieben lediglich ihre oberen Teile (die ursprünglichen Eckleisten wurden leider auch durch neue ersetzt) mit heute nur noch schwach lesbaren Inschriftenfragmenten, die auf beiden Flügeln den Angaben bei Braune und Wiese (wie Anm. 7) entsprechen. Obwohl dies schier unglaublich erscheint, muß man angesichts des Fehlens späterer Angaben zu den Flügelrückseiten (mit Ausnahme der Inventare: Burgemeister/Grundmann [wie Anm. 4], Dobrzeniecki [wie Anm. 2]) annehmen, daß sie während der Übertragung zerstört wurden.

wigslegende folgten, drei Bildfelder des linken Flügels durch Darstellungen der Schlacht von Wahlstatt aktualisiert wurden.

In diesem Kontext läßt sich die Szene des Abschieds Heinrichs des Frommen von der hl. Hedwig hervorragend erklären, die vermutlich im Zusammenhang mit der Übertragung des Altars aus der Franziskanerkirche in das neue, vom hl. Johannes von Capestrano gegründete Breslauer Bernhardinerkloster auf den beiden oberen Feldern der Außenseiten des Triptychons angebracht wurde. Diese Darstellung vervollständigt zum einen das Programm der Malereien des geöffneten Altars mit den Szenen aus dem Leben der hl. Hedwig und dem Tod Heinrichs des Frommen. Die Abschiedsszene in den beiden oberen Feldern ergänzt jedoch zugleich die Reihe der franziskanischen Heiligen der alten - und, was wichtiger ist - der neuen Observantenregel. Heinrich wird dabei als Kreuzritter und Wohltäter der Franziskaner zum Kreis der Heiligen und Patrone des Ordens gezählt, welcher im Einklang mit der antihussitischen und antitürkischen Agitation des hl. Johannes Capestrano einen ideellen Kreuzzug gegen die Ungläubigen führte.

Dieses ungewöhnliche ikonographische Programm hat meines Wissens keine Vorbilder. Man kann nur versuchen, Ikonographie und Komposition mit der biblischen Szene des Abschieds von Christus und Maria in Bethanien zu vergleichen, was den ideellen Gehalt der Darstellung zweifellos unterstreicht. Diese These erhält auch durch den Umstand Bestätigung, daß die Abschiedsszene zwischen Heinrich und seiner Mutter in der Literatur erst etwa ein Vierteljahrhundert später in der „Kronika" des Jan Długosz und danach erst wieder im Breslauer Baumgarten-Druck von 1504 auftaucht. Weitere, thematisch ähnliche Darstellungen, die sich im übrigen hauptsächlich an den Text von Długosz anlehnten, entstanden erst im 19. Jahrhundert[9].

Der wichtigste inhaltliche Aspekt der Abschiedsszene zwischen Christus und Maria, die Veranschaulichung der Notwendigkeit des Opfertods, wurde für das Retabel zweifellos aus didaktischen Gründen aufgegriffen[10]. Die Abschiedsszene ist in den Lebenszyklen Christi und Mariens schließlich der Auftakt zur Passionsgeschichte; so wird durch diese augenscheinliche Parallele die Bedeutung der frommen Tat des Fürsten herausgestellt, Hedwig wird mit Maria verglichen (*compassio Mariae*!), Heinrich der Fromme mit ihrem Sohn Christus („hostia immolatur"[11]).

---

9 Jakub Kostowski/Jacek Witkowski: Książę Henryk II Pobożny i bitwa legnicka w ikonografii (XIII-XXw.). In: Bitwa legnicka. Historia i tradycja. Pod red. Wacława Korty. Wrocław, Warszawa 1993, S. 293-294. Zur Frage der vermutlichen Herkunft des Triptychons aus der Breslauer Franziskanerkirche vgl. Anm. 3.

10 Tadeusz Dobrzeniecki: Scena w Betanii. Ze studiów nad ikonografią sztuki polskiej XVI wieku. In: Ze studiów nad sztuką XVI wieku na Śląsku i w krajach sąsiednich. Wrocław 1968, S. 98.

11 Die Bezeichnung Heinrichs des Frommen stammt aus der „Kronika książąt polskich" [„Chronik der polnischen Fürsten"], die Piotr von Byczyna (?) zwischen 1382 und

Die Art der Darstellung auf dem Breslauer Triptychon ist direkt aus der zeitgenössischen kölnischen Malerei ableitbar, wobei wir es hier mit einer interessanten Form der Übernahme rheinischer Bildprägungen zu tun haben, die durch die Gruppe von Frauen und Aposteln erweitert ist (Inschrift: „Sand hedwig herzogin in Slesien mit erem gesinde“ und „herzog Heynrich sand Hedwig mit erem gesinde“). Der Abschied Christi von Maria erscheint in der rheinischen Tafelmalerei stets in Verbindung mit ausgedehnten Passionszyklen, was durch die zeitgenössische Frömmigkeit und die wachsende Marienverehrung bedingt war. Die in den Passionsmysterien des 13. Jahrhunderts gespielte Szene des schmerzlichen Abschieds von Mutter und Sohn wurde im folgenden Jahrhundert von der Kirche durch die „Meditationes vitae Christi“ des Pseudo-Bonaventura sowie das „Marienleben“ von Philipp dem Kartäuser sanktioniert und eben durch die Minoritenbrüder verbreitet. Das Motiv des „Abschieds von Christus und Maria“, das durch die Dialogform suggestiv auf die Religosität des durchschnittlichen Betrachters wirkte, benutzten die Franziskaner für ihre Predigertätigkeit weiterhin mit Vorliebe[12].

Eine solche Interpretation der Szenen erlaubt uns die Ikonographie Heinrichs des Frommen. Diese entwickelte sich bereits im Mittelalter an Hand von Quellen und Chroniken des 13. und 14. Jahrhunderts, welche häufig unter dem Einfluß der schlesischen Piasten entstanden und das Ziel hatten, den Kult Heinrichs des Frommen zu verbreiten und seine Heiligsprechung zu erwirken. Auch die Kirche und insbesondere die Orden unterstützten diese Bemühungen.

Alle heute bekannten Darstellungen Heinrichs des Frommen stellen historische oder religiös-kultische Züge in den Vordergrund. Sie zeigen den Herzog vor allem als Heerführer und christlichen (Kreuz-)Ritter; als Helden der Schlacht von Wahlstatt und Märtyrer, der für den Glauben fiel; als schlesischen und polnischen Herzog; als Sohn der hl. Hedwig und berühmten Ahnherren der Piasten der Liegnitz-Brieger Linie; als Seligen der katholischen Kirche; als Stifter und Wohltäter des Franziskaner- und Zisterzienserordens.

So hat sich (auch nach den frühesten literarischen Quellen) in der Erinnerung der Nachfahren dieses Bild Heinrichs des Frommen erhalten, und die ersten Darstellungen Heinrichs erscheinen bereits im Mittelalter. Die älteste überlieferte Darstellung – neben dem sehr schematischen Bildnis, das der Herzog zu Leb-

---

1386 für Herzog Ludwig I. von Brieg verfaßte (vgl. Monumenta Poloniae Historica. Bd. 3. Lwów 1878, S. 489).

12 Vgl. Reallexikon zur deutschen Kunstgeschichte. Bd. 1. Stuttgart 1937, Sp. 102–104; Hans Aurenhammer: Lexikon der christlichen Ikonographie. Bd. 1. Wien 1959–1967, S. 29f.; Lexikon der Marienkunde. Bd. 1. Regensburg 1967, Sp. 28–30; Lexikon der christlichen Ikonographie. Bd. 1. Freiburg im Breisgau 1968, Sp. 35f.; Gertrud Schiller: Ikonographie der christlichen Kunst. Bd. 4,2: Maria. Gütersloh 1980, S. 53f.; Marienlexikon. Bd. 1. St. Ottilien 1988, S. 20.

zeiten auf seinen Siegeln gebrauchte – ist die Miniatur am Ende einer Handschrift mit der Vita der schlesischen Herzogin Anna. Diese Miniatur, die vermutlich im ersten Viertel des 14. Jahrhunderts entstand, zeigt Heinrich und seine Frau Anna von Böhmen als Gründer des Breslauer Klarissenklosters. Ein Vierteljahrhundert später findet sich das Bildnis des Herzogs auch auf Altären.

Weitere Darstellungen enthalten die illustrierten Hedwigslegenden. Vorbild für all diese Bilder war selbstverständlich der Hedwigs-Kodex von 1353, wobei man annehmen kann, daß es früher mehrere Handschriften dieser Art gab. In den Illustrationen dieser mittelalterlichen Legenden ist Heinrich der Fromme vor allem als Sohn der hl. Hedwig und als schlesischer Herzog ausgewiesen; er wird stets mit den Herrscherinsignien (Herzogshut, Schwert und Schild mit dem schlesischen Adler) gezeigt[13]. Auch auf den Außenseiten des Triptychons war er mit dem Herzogshut und dem Mantel in Form einer Pellerine, die von einem Rittergürtel zusammengehalten wurde, dargestellt und trug den Schild mit dem Wappen des Herzogtums und das Schwert in der Hand[14].

Zeugnis der Verehrung, die der Person Heinrichs seitens der Breslauer Klarissinnen und Franziskaner entgegengebracht wurde, ist die Plastik eines heiligen Ritters von ca. 1380, die aus eben diesem Kloster stammt und nach der Überlieferung, die sich mindestens bis in die Barockzeit hielt, Heinrich den Frommen darstellen soll.

Diese Art des Herzogbildnisses leitet sich aus der Darstellungstradition ab, an deren Beginn das Grabmal Heinrich des Frommen in der Breslauer Franziskanerkirche St. Jakob steht. Es wurde etwa in der Mitte der 80er Jahre des 14. Jahrhunderts vermutlich im Auftrag der Franziskaner von einem namentlich nicht bekannten böhmischen Bildhauer geschaffen und zeigt Heinrich in voller Rüstung mit den Herrscherinsignien, wie er mit der Lanze auf einen Tataren unter seinen Füßen einsticht. Das letztgenannte Motiv leitet sich aus den Darstellungen der Psychomachia ab und symbolisiert den moralischen Triumph des herzoglichen Kreuzritters über die Heiden[15].

Kehren wir nun zurück zur bislang ungeklärten Frage der Herkunft des Triptychons. Nach der Beschreibung Breslaus aus der Feder des Bartholomäus Stein befanden sich im Jahre 1512 in der Bernhardinerkirche 18 Altäre, in der Hl. Geist-Kirche weitere sieben Altäre[16]. Daher erscheint auch der oftmals zitierte Bericht des

---

13 Kostowski/Witkowski (wie Anm. 9), S. 277–283, 302 f., Abb. 1 auf S. 282. Siehe auch Braune/Wiese (wie Anm. 7), S. 20, Nr. 30, Taf. 24 (vermutliche Darstellung des Herzogs auf dem Altarflügel).

14 Zur repräsentativen herzoglichen Kleidung schreibt Krystyna Turska: Ubiór dworski w Polsce w dobie pierwszych Jagiellonów. Wrocław 1987, S. 41 f., 71, 81.

15 Kostowski/Witkowski (wie Anm. 9), S. 288, 291 und Abb. 2 (S. 284) und 3 (S. 286).

16 H. Markgraf: Barthel Steins Beschreibung von Schlesien und seiner Hauptstadt Breslau 1512/13. Breslau 1902, S. 64 f. Auf diese Beschreibung berufen sich auch Burgemeister/Grundmann (wie Anm. 4), S. 176.

Nikolaus Pol über die Überführung eines nicht näher beschriebenen Altars im Jahre 1597 aus der Hl. Geist-Kirche in die Bernhardinerkirche zwar als schlüssiges, aber keinesfalls ausreichendes Argument, um diese Herkunft des Triptychons zweifelsfrei zu beweisen. Da vor allem unklar bleibt, um welchen der genannten sieben Altäre aus der Hl. Geist-Kirche es sich dabei handelte, ist die sehr allgemeine Bezeichnung „Altar", die der Chronist benutzt, nicht aussagekräftig : „[...] in August [1597] Altar, Orgel, Predigtstuhl, Stühle und Bänke, Epitaphia, Grabsteine, Glocken und alles ausgeräumet die Kirche zu St. Bernhardin damit stattlich gebessert"[17].

Auf diese Stelle beruft sich Schmeidler, der die „Hedwigs-Tafel" unter anderen Werken, die aus der Hl. Geist-Kirche übertragen wurden, erwähnt[18]; Lutsch hat diese Herkunftsbestimmung stillschweigend übernommen[19]. Troche stützt sich ähnlich wie Schmeidler auf den Bericht Pols und hält den dort genannten „Altar" – der seiner Meinung nach der Hauptaltar der Hl. Geist-Kirche war – für identisch mit dem Hedwig-Triptychon[20]. Er geht allerdings nicht darauf ein, weshalb das Triptychon übermalt worden sein soll – immerhin läßt sich das Bild „Sand Bernhardine mit tzween brudern" aus der Zeit nach 1453 kaum in einer Kirche erklären, die erst seit 1525 unmittelbar mit den Bernhardinern verbunden war[21]. Auch der Aufenthalt des hl. Johannes von Capestrano im Jahre 1453 ist keine ausreichende Begründung für eine kostspielige Übermalung eines erst rund 15 Jahre früher entstandenen Altars, der sich, wie man annehmen kann, in ausgezeichnetem Zustand befand. Tunk und Karłowska-Kamzowa wiederholen in diesem Zusammenhang nur die früheren Thesen[22]. Allein Luchs nimmt an, daß angesichts der Darstellung des hl. Bernhardin auf den Flügelrückseiten das Triptychon von Anfang an für die

---

17 Nikolaus Pol: Jahrbücher der Stadt Breslau. Bd. 4. Breslau 1823, S. 183.

18 Johannes Carl Hermann Schmeidler: Urkundliche Geschichte der evangelischen Haupt- und Pfarrkirche zu St. Bernhardin in Breslau, von den ersten Gründung derselben bis auf die heutige Zeit. Breslau 1853, S. 60.

19 Hans Lutsch: Verzeichnis der Kunstdenkmäler der Provinz Schlesien. Bd. 1: Die Stadt Breslau. Breslau 1886, S. 76.

20 Ernst Günter Troche: Das erste Jahrhundert schlesischer Tafelmalerei. In: Die Hohe Straße. Bd. 1. Breslau 1938, S. 134. (Die Darstellung Heinrichs I., des Gatten der hl. Hedwig, auf den Flügelrückseiten versteht er als Bildnis des Kirchenstifters.)

21 Lutsch: Verzeichnis (wie Anm. 19).

22 Walter Tunk: Die Schlacht bei Wahlstatt im Bilde des Mittelalters. In: Jomsburg 5, H. 2. Leipzig 1941, S. 200; Alicja Karłowska-Kamzowa: Fundacje artystyczne księcia Ludwika I Brzeskiego. Studia nad rozwojem świadomości historycznej na Śląsku XIV-XVIII w. Wrocław 1970, S. 108; dies.: Zagadnienie aktualizacji w śląskich wyobrażeniach bitwy legnickiej 1353–1504. In: Studia Źródłoznawcze XVII, 1972, S. 101; dies.: Idea fundacyj Ludwika I w śląskiej tradycji społecznej u schyłku średniowiecza. In: Funkcje dzieła sztuki. Warszawa 1972, S. 126.

Bernhardinerkirche, und nicht für die Hl. Geist-Kirche, bestimmt war. So dachte auch Landsberger, doch beider Datierung[23] ist nach dem heutigen Stand der Forschung abzulehnen[24].

Möglicherweise sollten die sekundären Malereien auf den beiden Flügelrückseiten auf den ursprünglichen Bestimmungsort des Triptychons - die Kirche der Breslauer Franziskaner - Bezug nehmen. Auf ihnen waren unter anderem die Stigmatisation des hl. Franziskus und, neben dem hl. Hieronymus, die beiden franziskanischen Heiligen Ludwig von Toulouse und Antonius von Padua dargestellt. Schließlich war die Breslauer Franziskanerkirche die Grabstätte des Herzogs und die ideelle Bedeutung der Aufstellung seines Grabmals *in medio chori* entsprach der zeitgenössischen Bewertung Heinrichs II., dessen Tod als Verteidiger des Christentums besonders hervorgehoben wurde[25]. Die Klosterbrüder propagierten eifrigst seinen Kult, der bereits an Heiligenverehrung grenzte. Auch andere überlieferte mittelalterliche Darstellungen charakterisierten Heinrich II. nicht nur als Herzog Schlesiens, Ritter und Heerführer, sondern in gleichem Maße als frommen und gottgesegneten Sohn der hl. Hedwig. Angesichts der offenkundigen Verbindungen der beiden Orden konnten die Franziskaner den Altar der neu entstehenden Bernhardinerkirche übertragen - damals standen die beiden Klöster noch nicht in Konkurrenz zueinander.

Die Gemeinsamkeiten der ideellen Programme beider, möglicherweise von den Ordensbrüdern selbst getätigten Stiftungen erlauben die Annahme, daß dieser Gleichklang nicht zufällig war. Und obgleich dies sicherlich nicht das wichtigste Argument ist, sprechen dafür auch die Ausmaße des Presbyteriums der Franziskanerkirche und die Maße des vermutlich dafür angefertigten Triptychons, die zugleich mit den Überresten der mittelalterlichen Altarmensa zusammenstimmen, die dort während der letzten Restaurierungsarbeiten entdeckt wurden[26].

*

23 Datierung auf die Jahre um 1460/70 und nach 1453; vgl. Hermann Luchs: Ueber die Bilder der Hedwigslegende (im Schlackenwerther Codex von 1353, dem Breslauer Codex von 1451, auf der Hedwigstafel in der Breslauer Bernhardinkirche und in dem Breslauer Drucke von 1504). Breslau 1861, S. 25; Franz Landsberger: Ein Kapitel schlesischer Malerei. In: Die Kunst in Schlesien. Berlin 1927, S. 250. Diese Ansicht teilte auch Maria Otto-Michałowska: Gotyckie malarstwo tablicowe w Polsce. Warszawa 1982, Taf. 7.

24 Vgl. Anm. 3.

25 Janusz Kębłowski: Treści ideowe i zagadnienie fundacji nagrobka księcia Henryka Pobożnego. In: Roczniki Sztuki Śląskiej 6 (1968), S. 42–51; ders.: Treści ideowe gotyckich nagrobków na Śląsku. Poznań 1970, S. 35 und 114–118; ders.: Pomniki Piastów śląskich w dobie średniowiecza. Wrocław 1971, S. 162–167.

26 Aus eigener Anschauung in den Jahren 1989–1991 gewonnene Erkenntnisse.

Zum Abschluß noch einige Erwägungen: Das ikonographische Programm der Rückseiten des Triptychons gleicht frappierend dem eines Altars, der um 1500 für die Franziskanerkirche der neuen Observantenregel in Brühl bei Köln entstand und dessen Darstellungen in außergewöhnlich deutlicher Form die Verbindungen mit den klösterlichen Reformbestrebungen hervorheben[27]. Neben Szenen aus dem Leben des hl. Franziskus und anderen franziskanischen Heiligen zeigte der Altar den hl. Bernhardin von Siena (1380–1444, 1450 heiliggeprochen) und den hl. Johannes von Capestrano (1386–1456, erst 1690 heiliggesprochen), die zu dieser Zeit in jenem Teil Europas nur sehr selten auf Bildern erscheinen[28].

Einer Neubewertung muß meiner Meinung nach auch die Tätigkeit der Werkstatt des Meisters des Triptychons von Langendorf (so genannt nach dem Hauptwerk seiner Werkstatt) unterzogen werden, dem neben dem Triptychon mit der Hedwigslegende weitere Arbeiten zugeschrieben werden (Abb. 8)[29]. Schon ein oberflächlicher Vergleich mit der kölnischen Malerei dieser Zeit ist Anlaß genug, dort wenn nicht die Ursprünge seines Stils, so zumindest die Inspirationsquellen des anonymen Meisters zu suchen. Dies gilt insbesondere für die charakteristische Form der Komposition der Erzählzyklen. Dabei sei nur an die lange Reihe der zwischen 1370/80 und 1450/60 entstandenen Altartafeln dieser Art erinnert (Abb. 9)[30]. Ihre für die Kölner Malerei dieser Zeit charakteristischen Bilderfolgen

---

27 Rainer Budde: Köln und seine Maler 1300–1500. Köln 1986, S. 130–132, 256, Kat.-Nr. 87, Abb. 111 f.; Wallraf-Richartz-Museum Köln. Vollständiges Verzeichnis der Gemäldesammlung. Köln 1986, S. 61 f., Abb. 199 a-c auf S. 163; Wallraf-Richartz-Museum Köln. Von Stefan Lochner bis Paul Cezanne. 120 Meisterwerke der Gemäldesammlung. Köln 1986, S. 92 f.; Frank Günter Zehnder: Gotische Malerei in Köln. Altkölner Bilder von 1300–1550. Wallraf-Richartz-Museum Köln. Bildhefte zur Sammlung. Köln 1989, S. 102 f., Nr. 161 und Abb. 15 auf S. 38; ders.: Katalog der altkölner Malerei (Kataloge des Wallraf-Richartz-Museums 11). Köln 1990, S. 520–528, Nr. 193, 194 und 531, Abb. 315–319.

28 Kostowski: Sztuka śląska (wie Anm. 3), S. 26–28, 55–58, 149 f. (Kat. 17), Abb. 104, 121–123; ders.: Wrocławski obraz Jana Kapistrana (wie Anm. 3), S. 181 f.; ders.: Die Verehrung des hl. Johannes von Capestrano (wie Anm. 3); ders.: „Capistranus triumphans“ (wie Anm. 3).

29 Braune/Wiese (wie Anm. 7), S. 80, Nr. 174, Taf. 173 f.; Alfons Nowack: Führer durch das Erzbischöfliche Diözesanmuseum in Breslau. Breslau 1932, S. 10 f., Nr. 24, Taf. 10; Dobrzeniecki: Malarstwo tablicowe (wie Anm. 2), S. 192–194, Nr. 62.

30 Zehnder: Katalog (wie Anm. 27), S. 116–120, Nr. 6, Abb. 85–87 (um 1370/80); S. 335–340, Nr. 38–45, Abb. 213–221 (um 1420); S. 361–365, Nr. 91–94, 759 f., 794 f., 876 f., Abb. 240 (um 1430); S. 365–368, Nr. 90, Abb. 241–243 (um 1430/35); S. 151–154, Nr. 3606, Abb. 112 f. (um 1450/60); Gemäldegalerie Berlin. Staatliche Museen Preußischer Kulturbesitz. Katalog der ausgestellten Gemälde des 13.-18. Jahrhunderts. Berlin-Dahlem 1975, S. 216 f., Nr. 1224 (um 1410/20); Alle schilderijen van het Rijksmuseum te Amsterdam. Volledig geïllustreerde catalogus. Amsterdam 1976, S. 674, Nr. A 1491 (um 1435; wird auch zu diesem Umkreis gezählt).

stellen stets Szenen aus dem Leben oder aus der Passion Christi dar. In der Regel bestehen diese Zyklen - ähnlich wie die des Breslauer Altars - aus streifenförmig angeordneten, langen Reihungen von aufeinanderfolgenden Einzelszenen, die in einheitlichen, nicht besonders großen Rechteckfeldern untergebracht und in einem Altaraufbau (meist relativ großen Ausmaßes) zusammengefaßt sind[31]. Häufig ist dabei die Struktur des Triptychons[32]; diese tritt in Köln in Varianten auf, die dem Breslauer Retabel gleichen. Unter den in der Art der Strukturierung der Erzählszenen verwandten Altären lassen sich besonders diejenigen aus der Werkstatt des Meisters der Kleinen Passion (tätig in Köln bis ca. 1420) oder des Meisters der Passionsszenen (tätig ebendort bis ca. 1440) hervorheben (Abb. 10)[33]. Wichtig festzuhalten ist, daß einige dieser Altäre - wie eben das Triptychon mit der Kleinen Passion, auf dessen Feldern im übrigen das Attribut des hl. Bernhardin von Siena (als Hintergrundmuster) erscheint - aus Franziskanerinnenkirchen stammen. Und mehr: In ihrem Umkreis erscheint auch zum ersten Mal die Abschiedsszene in der Version, wie wir sie von den Rückseiten des Breslauer Triptychons kennen: Sohn und Mutter, die sich verabschieden, stehen sich gegenüber und reichen sich die Hände (Abb. 9, 10). Die nächsten Darstellungen dieser Art treten erst einige Jahrzehnte später in den Niederlanden auf, allerdings bereits in veränderter Bildform[34]. Kurz nach 1500 kehren sie auch in die deutsche Kunst zurück[35].

Eine abschließende Bewertung erfordert meiner Meinung nach auch der bemerkenswerte Zusammenhang zwischen Wort und Bild auf dem Breslauer Triptychon, wobei die Beschreibung der streifenförmig angeordneten Einzelszenen und die Beschränkung auf typologisch wichtige und in der Tradition verankerte

---

31 Wie oben; ebenso Zehnder: Gotische Malerei (wie Anm. 27), S. 35 f., 40; Stefan Lochner Meister zu Köln. Herkunft - Werke - Wirkung. Eine Ausstellung des Wallraf-Richartz-Museums Köln. Hg. von Frank Günter Zehnder. Köln 1993, S. 314.

32 Zehnder: Gotische Malerei (wie Anm. 27), S. 30.

33 Stefan Lochner (wie Anm. 31), S. 48. Es sind dies: Meister der Kleinen Passion: Sog. Kleine Passion, um 1420 (Zehnder: Katalog [wie Anm. 27], S. 335–340, Nr. 38–45, Abb. 213–221); Meister der Passionsfolgen: Passion Christi in 20 Bildern, um 1430 (ebd., S. 361–365, Nr. 91–94, 759 f., 794 f., 876 f., Abb. 240) und Leben und Leiden Christi in 31 Bildern, um 1430/35 (ebd., S. 365–368, Nr. 90, Abb. 241–243).

34 Hierzu u. a.: Max J. Friedländer: Early Netherlandish Painting. Vol. 6,2: Hans Memlinc and Gerard David. Leyden, Brussels 1971, S. 102, Nr. 168–170, Taf. 184 f. (Gerard David) und S. 105, Nr. 198, Taf. 204 (ders.) ; ebd., Vol. 10: Lucas van Leyden and Other Dutch Masters of His Time. Leyden, Brussels 1973, S. 78, Nr. 82, Taf. 69 (Cornelis Engelbrechts) und S. 86, Supl. 161, Taf. 122 (Master of Delft); ebd., Vol. 11: The Antwerp Mannerists. Adriaen Ysenbrant. Leyden, Brussels 1974, S. 19, Taf. 207 (Jan de Beer).

35 Z. B. Peter Murray: Zwei Gemälde des Abschieds Christi aus dem Dürerkreise. In: Wallraf-Richartz-Jahrbuch 16 (1954), S. 209–212.

Szenen noch den frühmittelalterlichen Versionen der Biblia pauperum nahestehen[36]. Weiterer Untersuchungen bedarf auch die Verbindung der kommentierenden Inschriften mit den eindeutig an Miniaturen erinnernden Malereien des geöffneten Altares, deren geringe Ausmaße eine aufmerksame Betrachtung der Einzelszenen der frommen Legende erfordern. Die zur Nachahmung und zur individuellen Andacht auffordernden Darstellungen präsentierten sich dem Betrachter lediglich während der Feiertage bei geöffnetem Triptychon als wirklichkeitsnahe und zugleich faszinierende Erzählung; an den übrigen Tagen blieben sie unzugänglich[37]. Ihre Struktur und der offensichtliche didaktische Anspruch lassen an die an hohen Fasttagen in den Kirchen aufgehängten Fastentücher denken[38]. Doch dies ist ein Thema, das den Rahmen dieses Aufsatzes weit überschreitet[39].

---

36 Vgl. Robert Suckale: Süddeutsche szenische Tafelbilder um 1420–1450. Erzählung im Spannungsfeld zwischen Kult- und Andachtsbild. In: Text und Bild, Bild und Text. DFG-Symposion 1988. Stuttgart 1990, S. 18, 29.

37 Wolfgang Pilz: Das Triptychon als Kompositions- und Erzählform in der deutschen Tafelmalerei von den Anfängen bis zur Dürerzeit. München 1970, S. 28, 31, 32.

38 Glossarium artis. Bd. 4: Paramente und Bücher der christlichen Kirchen. München 1982, S. 53 (velum quadragesimale).

39 Forschungen zur Ikonographie der Abschiedsszene zwischen Christus und Maria konnte ich im November 1993 am Kunsthistorisch Instituut Rijks Universiteit Leiden, dank eines Stipendiums der Universität Wrocław und der Rijks Universiteit Leiden, anstellen. Die dort gewonnenen Erkenntnisse konnte ich glücklicherweise dank eines zweimonatigen Forschungsstipendiums am Zentralinstitut für Kunstgeschichte in München im Sommer 1994 erweitern und um ausgewählte Fragen zur mittelalterlichen Bilderzählung ergänzen. Selbstverständlich bedürfen diese weiterer Vertiefung, deren Ergebnisse Thema einer späteren Ausarbeitung sein werden.

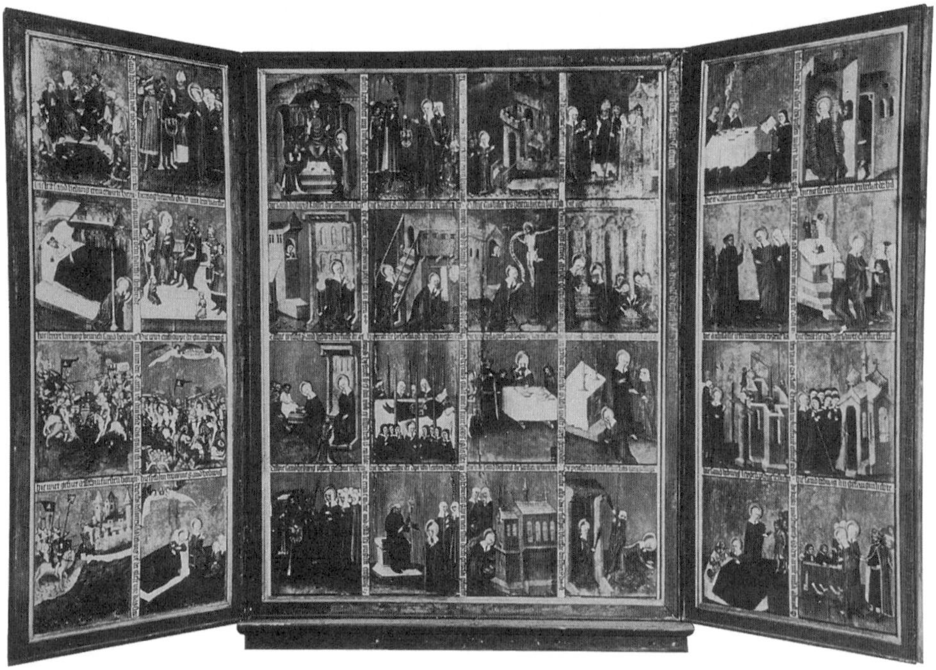

1. Triptychon der Hedwigslegende, um 1440. Ehemals wahrscheinlich in der Breslauer Franziskanerkirche St. Jakob. Danach, ab 1455, in der Breslauer Bernhardinerkirche St. Bernhardin von Siena. Zustand vor 1945. Foto: Zentralinstitut für Kunstgeschichte München

2. Triptychon der Hedwigslegende, um 1440. Mitteltafel. 1945 verlorengegangen. Zustand 1926. Foto: Jakub Kostowski (nach: Braune/Wiese)

3. Triptychon der Hedwigslegende, um 1440. Flügelvorderseiten, seit 1946 Nationalmuseum Warschau / Muzeum Narodowe w Warszawie. Zustand vor der letzten Restaurierung. Foto: Muzeum Narodowe w Warszawie

4. Triptychon der Hedwigslegende, um 1440. Linke Flügelvorderseite, Felder 5 und 6: Schlacht bei Wahlstatt; Tod Heinrichs des Frommen. Foto: Muzeum Narodowe w Warszawie (vor 1972)

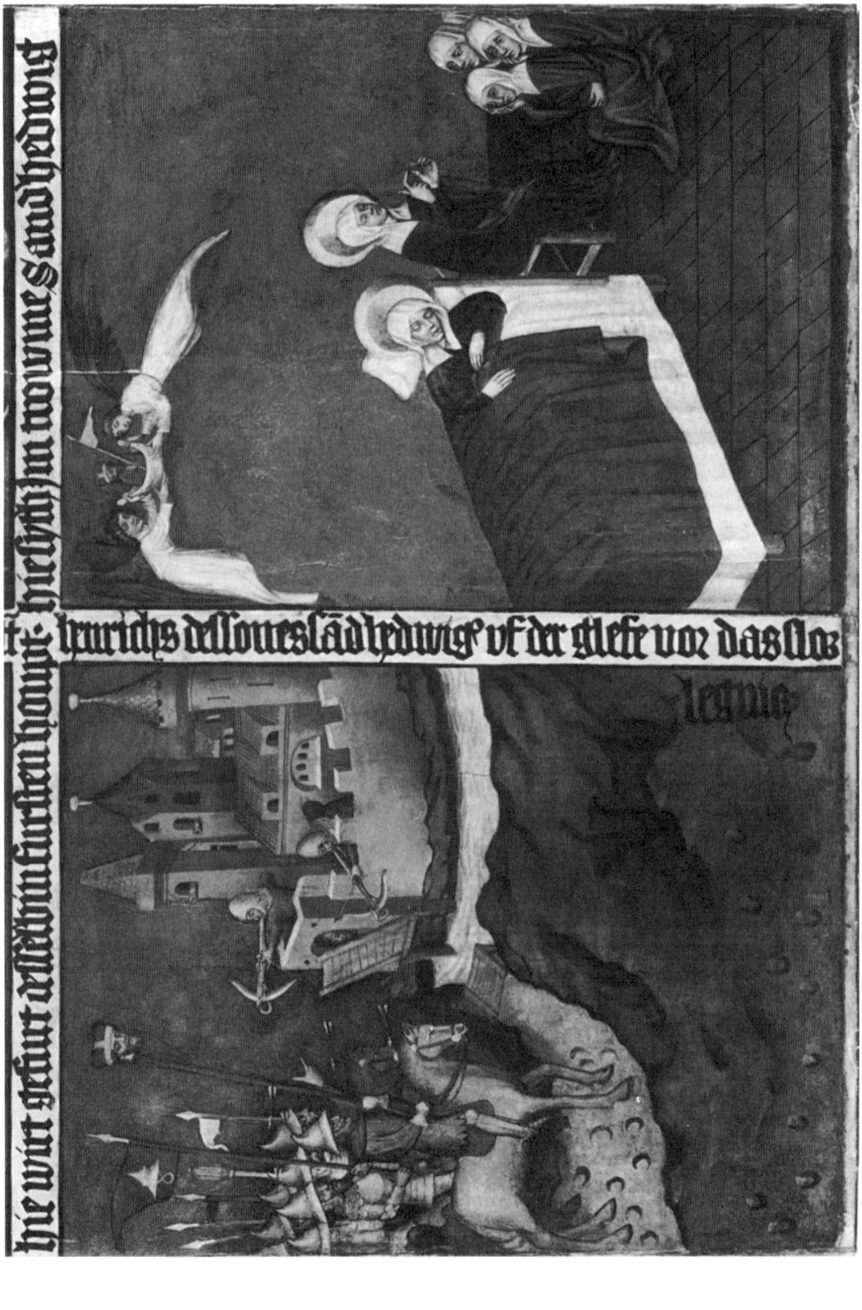

5. Triptychon der Hedwigslegende, um 1440. Linke Flügelvorderseite, Felder 7 und 8: Belagerung des Liegnitzer Schlosses; Traum der hl. Hedwig. Foto: Muzeum Narodowe w Warszawie (vor 1972)

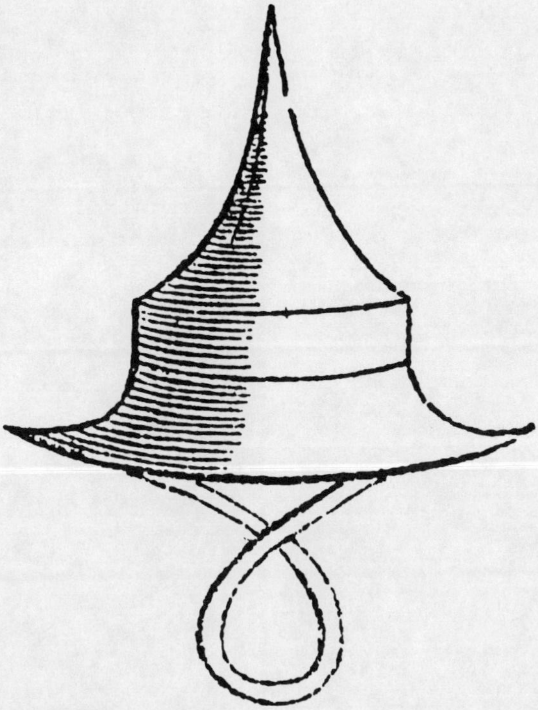

6. Triptychon der Hedwigslegende, um 1440. Hussitischer Eisenhut auf der „Tatarenfahne". Foto: Jakub Kostowski (nach: Luchs)

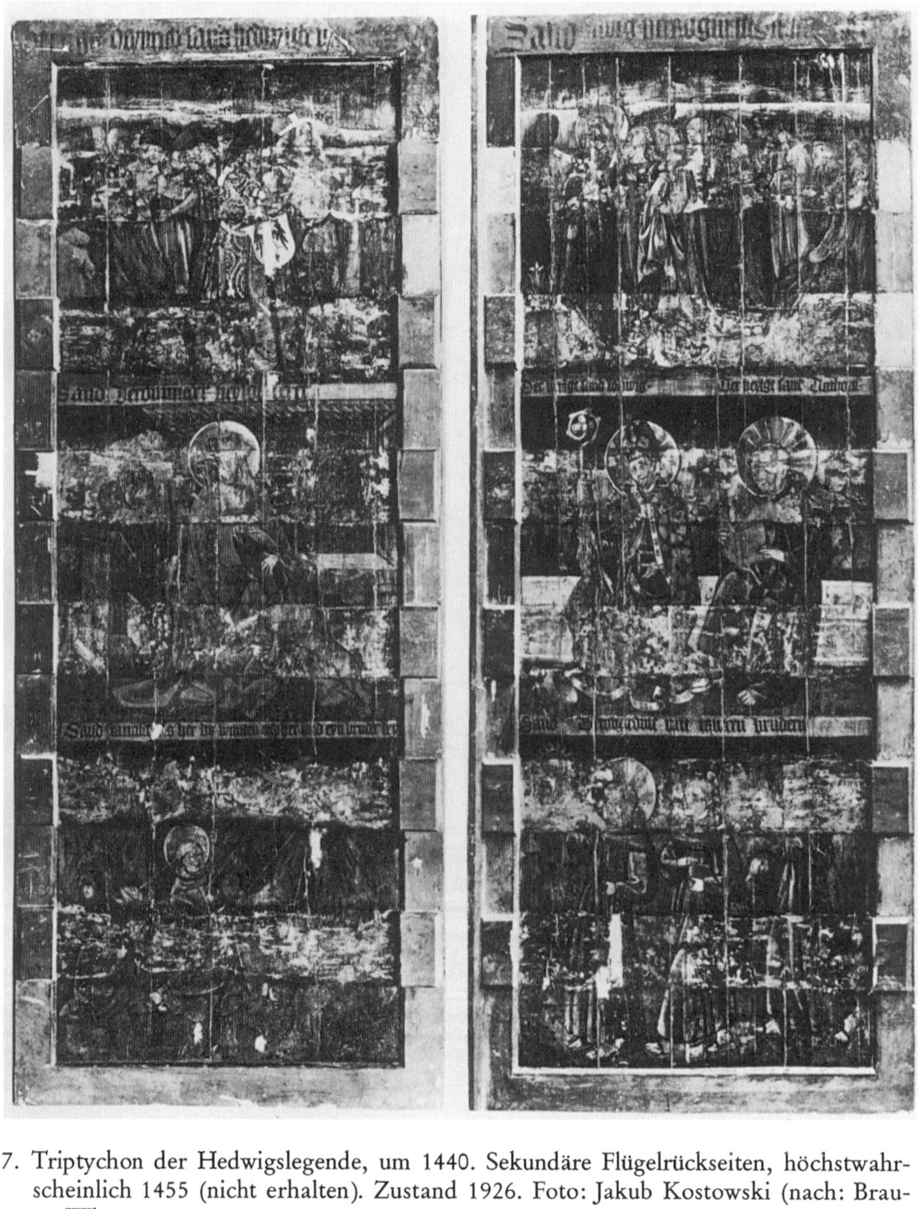

7. Triptychon der Hedwigslegende, um 1440. Sekundäre Flügelrückseiten, höchstwahrscheinlich 1455 (nicht erhalten). Zustand 1926. Foto: Jakub Kostowski (nach: Braune/Wiese)

8. Fragment eines Flügels des Triptychons der Legende der hl. Martha, um 1440. Aus der Pfarrkirche in Langendorf (Kr. Gleiwitz)/Wielowieś, seit 1946 im Nationalmuseum Warschau/Muzeum Narodowe w Warszawie. Foto: Muzeum Narodowe w Warszawie

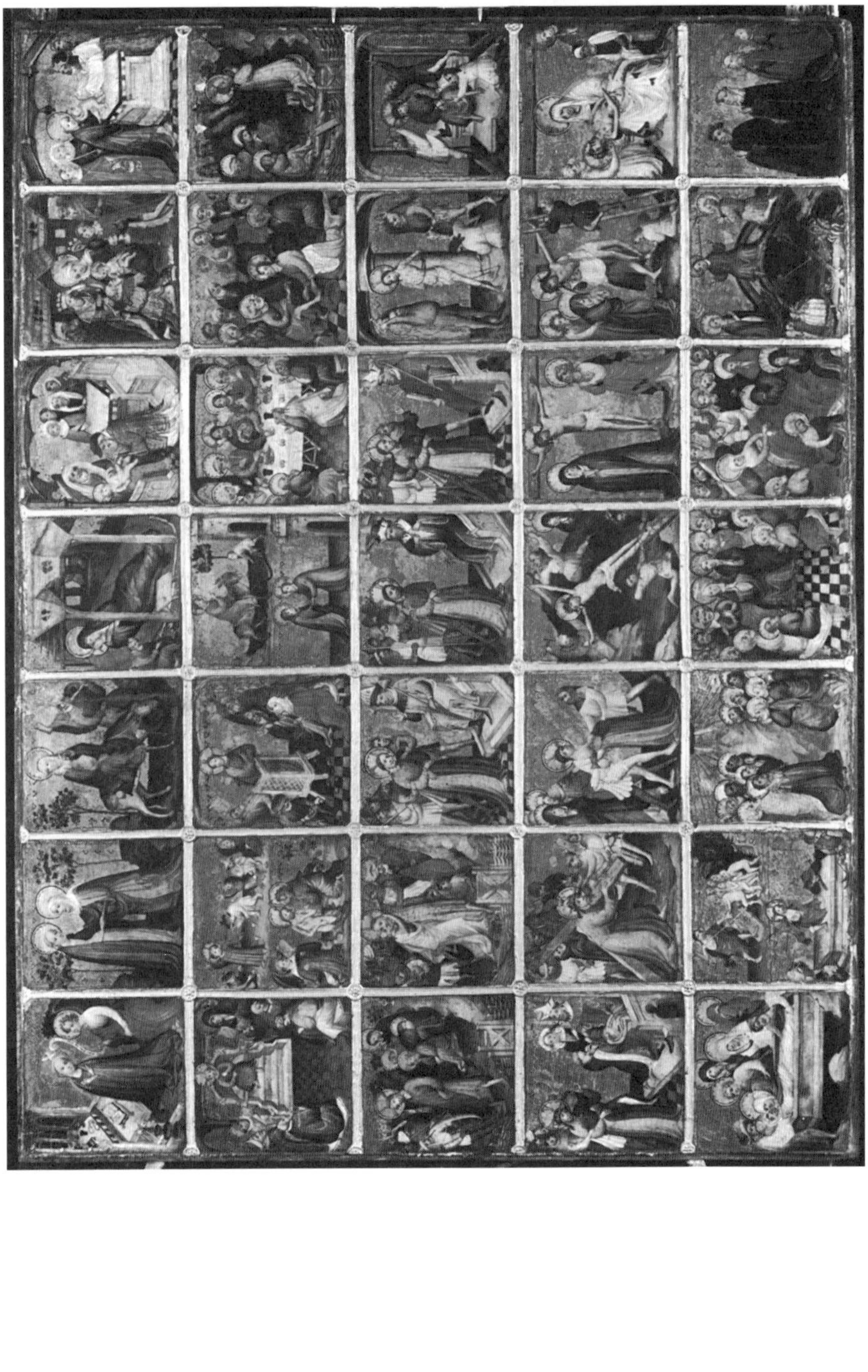

9. Das Leben Christi in 35 Bildern. Kölner Meister, um 1410/20. Gemäldegalerie Berlin-Dahlem. Foto: Jörg P. Anders

10. Passion Christi in 20 Bildern. Kölner Meister der Passionsfolgen, um 1430. Wallraf-Richartz-Museum Köln. Foto: Rheinisches Bildarchiv Köln

Jan Gromadzki

Die Miniaturen des Hedwig-Bilderzyklus im sog. Hornig-Kodex der Breslauer Universitätsbibliothek

Die in der Universitätsbibliothek Breslau/Wrocław unter der Signatur IV F 192 aufbewahrte illustrierte Handschrift der Hedwigslegende steht nach wie vor im Schatten des berühmten und als Vorlage für eine ganze Reihe weiterer Illustrationsfolgen geltenden sog. Lübener (oder Schlackenwerther) Kodex von 1353 (jetzt im John Paul Getty Museum in Malibu, Kalifornien, USA)[1] und wurde noch nicht monographisch bearbeitet, obgleich sie im Prinzip in allen Untersuchungen zur mittelalterlichen Malerei Schlesiens und allen Arbeiten über die Auswirkungen des Hedwigskults auf die Kunst angeführt wird. Der wichtigste Bestandteil beider Werke ist ein aus 60 Illustrationen bestehender Bilderzyklus zur Vita der hl. Hedwig, eine in Schlesien und seinen Nachbarländern sehr seltene Erscheinung. Während aber der heute berühmte Lübener Kodex bis zur Veröffentlichung durch Wolfskron im Jahre 1846 verkannt in einer provinziellen Bibliothek schlummerte, übte das Breslauer Manuskript einen direkten Einfluß sowohl auf den Kult der Heiligen als auch auf die schlesische Kunst aus.

Die Handschrift entstand 1451, zwischen dem 22. Februar (Abschluß der Übersetzung) und dem 19. August (Beendigung der Abschrift) als eine Stiftung des Breslauer Patriziers Antonius Hornig (†1464)[2]. Von dem Stadtschreiber Peter Freytag aus Brieg geschrieben und von Breslauer Künstlern illustriert, enthält sie den Text in deutscher Übersetzung, wodurch sie eine breitere Wirkung als die lateinische Legende erreichen konnte. Schon nach kurzer Zeit wurde der Miniaturenzyklus dieser Handschrift auf der sog. Hedwigstafel, einem Triptychon in

1 Faksimile dieser Handschrift: Wolfgang Braunfels (Hg.): Der Hedwigs-Codex von 1353. Sammlung Ludwig. Bd. 1: Faksimile der vollständigen Handschrift. Bd. 2: Texte und Kommentare. Berlin 1972; dort und in Joseph Gottschalk: Die älteste Bilderhandschrift mit den Quellen zum Leben der hl. Hedwig, im Auftrage des Herzogs Ludwig I. von Liegnitz und Brieg im Jahre 1353 vollendet. In: Aachener Kunstblätter 34 (1967), S. 61–161 mit weiterer Literatur.

2 Oskar Pusch: Die Breslauer Rats- und Stadtgeschlechter in der Zeit von 1241 bis 1741. Bd. 2. Dortmund 1987, S. 236 f.; der Autor schlägt für den Namen des Auftraggebers die Form Hörnig vor.

der gerade entstandenen Bernhardinkirche in der Breslauer Neustadt, kopiert[3]. Im Gegensatz zu dem Kodex, der vermutlich nur den Bekannten des Besitzers zugänglich war, besaß das Triptychon eine viel größere Ausstrahlungskraft. 1504 wurden Text und Bilder des Hornig-Kodex in etwas modifizierter Form durch Konrad Baumgarten im Druck veröffentlicht[4].

Schon eine flüchtige Durchsicht der Genealogien der Breslauer Patriziergeschlechter von Oskar Pusch zeigt, daß der Hedwigskult im 15. Jahrhundert seinen Höhepunkt erreichte[5], denn nahezu jede Familie hatte in jeder Generation über das ganze Jahrhundert hinweg eine Vertreterin dieses Namens. Die Heilige der Dynastie wurde damals auch eine Heilige des Volkes (zumindest seiner Oberschichten). Dies wird auch durch die große Zahl von Kunststiftungen bestätigt. Die Reformation schränkte den Hedwigskult zwar erheblich ein, aber auch aus dieser Zeit besitzen wir Spuren der Popularität des Hornig-Textes: In den Sammlungen der Breslauer Universitätsbibliothek befindet sich eine 1582 für Hedwig, geb. Kalckreitter, die Ehegattin Georgs von Oppersdorff, gefertigte Abschrift des offensichtlich damals schon seltenen Baumgarten-Drucks[6]. Schon sehr früh, d.h. in der Mitte des 18. Jahrhunderts, begannen sich die Forscher schlesischer Altertümer für den Kodex zu interessieren. 1750 fertigte Wolf Erdmann von Seydlitz eine Abschrift des Baumgarten-Drucks mit Kopien seiner Illustrationen an[7]. Mit den Arbeiten dieses Forschers steht vermutlich auch die in der Biblioteka Śląska in Kattowitz/Katowice[8] aufbewahrte erste Kopie der Miniaturen des Hornig-Kodex in Zusammenhang. Aus dem 18. Jahrhundert stammen außerdem zwei Abschriften des Textes der Handschrift[9]. Die modernen Forschungen über den Ko-

3 Hermann Luchs: Ueber die Bilder der Hedwigslegende im Schlackenwerther Codex von 1353, dem Breslauer Codex von 1451, auf der Hedwigstafel in der Breslauer Bernhardinkirche und in dem Breslauer Drucke von 1504. Breslau 1861; Jan Gromadzki: Średniowieczne cykle obrazowe z legendą o św. Jadwidze. In: Bitwa Legnicka. Historia i Tradycja. Wrocław, Warszawa 1994, S.310–318 (mit deutscher Übersetzung).

4 Von diesem sehr seltenen Druck besitzt die Breslauer Universitätsbibliothek zwei Exemplare. – Faksimileausgabe: Die große Legende der heiligen Frau Sankt Hedwig [...]. Faksimile nach der Originalausgabe von Konrad Baumgarten Breslau 1504. Text und Bilddeutung von Joseph Gottschalk. Bd. 1: Faksimileband. Bd. 2: Textband. Wiesbaden 1963.

5 Pusch: Ratsgeschlechter (wie Anm. 2), Bd. 1–5. Dortmund 1986–1991.

6 Universitätsbibliothek Breslau, Handschriftenabteilung, Sign.: IV F 192a; die in Neisse hergestellte Abschrift ist nicht illustriert.

7 Universitätsbibliothek Breslau, Handschriftenabteilung, Sign. B 1650; in diese Handschrift wurde ein Teil der Originalgraphiken aus einem verbrauchten Exemplar eingeklebt.

8 Sign.: R 303. IV.

9 Universitätsbibliothek Breslau, Sign.: R 823 (1. Hälfte des 18. Jahrhunderts) und R 824 (2. Hälfte des 18. Jahrhunderts).

dex eröffnete ein Beitrag von Johann Gustav Büsching, der die erste wissenschaftliche Beschreibung des Hornig-Kodex vorbereitete[10].

Der Pergamentkodex IV F 192 hat ein Format von 29,7 × 20 cm (die auseinandergefalteten Seiten jeweils 29,6–7 × 40,5 cm); das Pergament ist für hiesige Verhältnisse von guter Qualität. Die Handschrift enthält 12 Lagen mit je 10 Blatt; hierzu kommt noch eine Pergamentseite am Anfang mit einer Kreuzigungsdarstellung, die etwas älter als der Kodex selbst zu sein scheint (wohl um 1430 entstanden), ihm aber von Anfang an angehörte, sowie ein in der zweiten Hälfte des 16. Jahrhunderts zugefügtes Papierblatt mit dem Hornig-Wappen. Vor der ersten Nachkriegsrestaurierung war diese Seite im Kodex verkehrt eingefügt, so daß sich das Wappen auf der Rückseite befand. Bei der Restaurierung wurden fünf neue Schutzseiten und ein moderner Ledereinband mit Klammer ergänzt, die mittelalterlichen Beschläge aus graviertem Messingblech blieben erhalten.

Die Texte des Kodex wurden von einer Hand – von Peter Freytag, wie wir aus dem Kolophon wissen – in sehr regelmäßiger und klarer gotischer Kursivschrift geschrieben. Die Seiten sind zweispaltig; die Schriftfelder sind 22 × 14,4–14,6 cm groß und fassen 34–38 (meist 35) Zeilen; die Spaltenbreite beträgt 6,3–6,6 cm. Den Text zieren rote Überschriften und abwechselnd rote und blaue filigrangeschmückte Majuskelinitialen; auch die *pagina viva* am Oberrand, die Kolophone und die Miniaturentitel sind von Freytag mit roter Tinte geschrieben. Die Blattnumerierung (Bleistift, arabische Ziffern) wurde erst im 20. Jahrhundert angebracht und berücksichtigt nur die zwölf Lagen des Grundmanuskripts. Der Erhaltungszustand der Handschrift ist nicht gut; die originale Bindung ist verloren. Aufgrund von Feuchtigkeitseinwirkung, vermutlich noch vor dem Jahre 1600, zersetzten sich die Bindemittel der Tinte, so daß diese fast völlig abgebröckelt ist, weshalb vom ursprünglichen Text nur die ins Pergament eingeätzten Spuren in schwacher gelb-brauner Färbung übriggeblieben ist. Die rot geschriebenen Textpartien liefen etwas aus, erhielten sich aber verhältnismäßig gut, ebenso die Federzeichnungen, die mehr durch Abschürfungen litten. In jüngerer Zeit versuchte ein Schreiber die Spuren der abgebröckelten Buchstaben mit neuer Tinte nachzuziehen, aber seine Geduld reichte nur bis fol. 34^{r}, wonach er seine nicht sehr sorgfältige Tätigkeit aufgab. Wegen der Durchnässung kam es auch zu einem Durchschlagen der Pigmente der Seite mit der Kreuzigungsszene und der ersten Textinitiale auf die nächstfolgenden Seiten. Nach dem Feuchtigkeitsschaden wurde die Handschrift neu gebunden und dabei stark beschnitten. Vermutlich geschah das in der zweiten Hälfte des 16. Jahrhunderts, als man der Handschrift auch

10 Johann Gustav Büsching: Beschreibung einer noch unbekannten deutschen Handschrift des Lebens der heiligen Hedewig, mit Federzeichnungen. In: Litterarische Beilage zu den Schlesischen Provinzialblättern auf das Jahr 1811, S. 179–189, 215–222.

die Seite mit dem Hornig-Wappen beigab. Das Blatt mit der Kreuzigungsdarstellung beschnitt man getrennt, um einen mehr oder weniger gleich breiten Rand um die Miniaturrahmung herum zu erreichen. Ein Vergleich der Position dieser Miniatur mit ihrem Abdruck auf der Gegenseite zeigt, daß die Handschrift ursprünglich 2 cm breiter war. Vermutlich war das Manuskript ursprünglich auch ca. 3 cm höher, so daß seine Originalmaße mindestens 32–33 x 22 cm betrugen.

Das auf der Innenseite des Vorderdeckels befindliche Exlibris des kaiserlichen ‚consiliarius status' für Schlesien, Wilhelm von Wirz und Burg, dokumentiert, daß die Handschrift in der zweiten Hälfte des 17. Jahrhunderts ihren Besitzer wechselte. Wann sie danach in die Bibliothek des Franziskanerkonvents bei St. Dorothea in Breslau kam, ist nicht bekannt. Auf jeden Fall gelangte sie 1810 nach der Aufhebung des Klosters mit dessen Buchbestand in die Universitätsbibliothek; hierüber informiert eine vom vorhergehenden Einband übernommene und in den jetzigen Einband vorn eingeklebte Notiz eines Bibliothekars vom Ende des 19. Jahrhunderts.

Die Handschrift hat folgenden Inhalt:

Fol. 1ra–4vb: Speculum genealogiae S. Hedwigis

Hie hebit sich an eyne handelunge adir Spigil des geslechtis des geburt sandte hedwigen etwann herczoginne in Slezien.

Czu dirkennen etczlichin mozss von welchir worczile bekomen ist der edle stam sandte hedwigen … > < … frawen Constancien aptisschin in dem Clostir zu Trebnicz etc.

Fol. 7ra–95va: Legenda maior

Alhie begynnet sich an eyne korcze vorrede von dem leben Sandte hedwigen, etczwenn herczogin in Slezien. Czum irsten von der liebe der keusscheit und enthaldunge

Des ewigin scheynes geberer und das ungebrechliche licht […] (fol. 7vb:) *Hedwigis itczund in den hymmelen … > < … hin fure czur geselschaft der engile der do lebit und konigreichet ymmer an ende. Amen.*

Fol. 95va–101va: Legenda minor

Alhie hat eyn ende dy grosse lekczin schreibunge von sand hedwigen. Nw folgit dy cleyner dorumme gekorczit, das sie gerichte ist zu undirweisen dye lesinden und das die Armen deste geringlichir sie mogin geczewgen, des mag man dy korcze wen is lustit czu tissche lezin und hebit sich also an

Das licht des lichten und der born … > < … in den hymmelisschen wonungen durch Cristum Jhesum unsirn herren … an ende. Amen.

Alhie hat eyn ende die grosse und cleyne lekcze adir legende von sandt hedwigen noch gotis geburt tawsunt dreyhundert (fol. 101va:) jare im achczigsten jore volendit am newen jares obinde und geczewgit durch den hochgebornen fursten und hern Ruprecht in Slezien herczogen und hern zu lignicz czu eren sand hedwigen etwenn herczogin in Slezien und zu gancz Polen etc.

Fol. 101^{va-vb}: Das Gebet des Autors zur hl. Hedwig

Eyn gebethe folgit.

Frawe mein sand hedwig, Ich bekenne mich williclich ... > < ... *und des ewigen lebins tröste und frewdin dorch Cristum unsirn herren. Amen.*

Fol. 101vb–109va: Kanonisationsurkunde des Papstes Clemens IV.

Hie hebit sich an die Bobistliche Bulle von dem lebin und preysunge Sand hedwigen, die der erenwirdige Bisschoff Clemens der vierde bobist (fol. 102:) ... hat getichtit und dy gesant In das Clostir ken Trebnicz noch dezir weise schreybunge.

Clemens Bisschof knecht der knechte gotis ... > < ... *lossen wir barmherciclich ledig. Gegebin czu Viterbien sebindin kalendin des mondin Aprilis unsers bischtumes im dritten jare etc.*

Fol. 109vb–114va: Kanonisationspredigt des Papstes Clemens IV.

Die Predigen Rede herren Clementis von der heylig nennunge sand hedwigen.

Gebit ir von der frucht irer hende ... [Proverb. 31,31] *In dezin worten des allirweysesten Salomonis mit wirdigen loben dirhoet wirt dy heylikeit sand hedwigin* ... > < ... *des bobisthumes herren Clementis des fierden im dritten jare etc.*

Fol. 114va–116va: Brief Nicolaus von Posen an Fürst Ludwig von Brieg

Hie hat eyn ende die predige des allirheiligisten in gote vaters herrn Clementis des fierden bobistis ...; Vorbas folgit.

Der wecze eczwenn in engsten der vorwunderunge uffgeczogin so wer kan finden eyn starckis weip ... > < ... *mit sand hedwigen in der heyligen geselschafft ir bekommet czu dem ewigen Furstenthum. Amen.*

Versus: Hedwig du heylige reyne/ Bete vor uns gemeyne.

Fol. 116va–117rb: Kolophon

Hie hat nw eyn ende das leben Sand Hedwigen unt den wondirczeichin mit irer heyligunge vnd dirhebunge Vnd Böbistlichin briefe doröbir vnd am lecztin eyn Brieff der Epistel die do der wol vorstendige herr Nicolaus von Posenaw obirste schreybir ... > < ... *Dezis Buchis schreibung ende Ist gescheen vnd des mehe gnanten Erbarn Anthonien hornigis czewgung Noch gotis geburt Tawsunt fier hundirt Im eynvnd funfczigisten Jare Am donrstage nestfolginde noch Assupcionis marie Geschrebin durch des gnanten herrn willigen dienern Petrum Freytag von Bri^{e}ge die selbe czeit czu Breslaw etwenn Firdung schreiber doselbist etc.*

Got sey vns allen gnedig vnd barmherczig dorch die vorbetunge Sand hedwigen vnd geniche vns zugebin noch dezim lebin das ewige leben Amen

Fol. 117va–120vb: Hymnen (in deutscher übersetzung)
O decus Trebnicie etc. ... >< ... Versiculus: Maria Roseleyn reyne ane stachils dorn / wende von uns deynis kyndis czorn[11].

Das Manuskript enthält fast die gleiche, sogar gleich angeordnete Textsammlung wie der Lübener Kodex von 1353, es fehlen nur das kurze, später hinzugefügte Kapitel über die Etymologie des Namens der Heiligen sowie die nicht unmittelbar zur Hedwigssammlung gehörenden Predigten des hl. Bernhard. Das ungewöhnlich ausführliche Kolophon informiert darüber, daß der Hornig-Kodex eine treue Übersetzung des lateinischen Buches ist, welches 1380 für den Liegnitzer Fürsten Ruprecht, den Neffen Ludwigs I. von Brieg, des Auftraggebers des Lübener Kodex geschrieben wurde. Sogar das Kolophon des Ruprecht-Manuskripts wurde übersetzt (fol. 101^{rb-va}). Man kann also annehmen, daß nur das große Kolophon (fol. 116va–117rb) und die Hymnen der letzten Seiten (fol. 117va–120vb) Erweiterungen gegenüber der Vorlage sind. Diese Feststellung ist deshalb wichtig, weil unter den bekannten Handschriften der Hedwigsvita nur die Codices ‚Lubeniensis' und ‚Hornigoviensis' und der verlorene Kodex des Fürsten Ruprecht diese Textzusammenstellung enthalten. Hieraus ergibt sich der Schluß, daß diese in einem genetischen Verhältnis zueinander stehen.

Die Ikonographie des Bilderzyklus des Hornig-Kodex bietet keine größeren Probleme, denn sie nutzt überwiegend einfache, in der christlichen Kunst seit Jahrhunderten angewandte Schemata. Darüber hinaus unterscheidet sie sich nicht wesentlich von dem Zyklus des Lübener Kodex, zu dem eine umfangreiche Literatur vorliegt[12]. Wir können uns also hier auf die Beschreibung der auffälligsten Unterschiede beschränken. Bezeichnend ist, daß trotz der nur mittelbaren Abhängigkeit der Handschriften voneinander 40 Miniaturen nahezu identisch sind, bei den anderen der unterschiedliche architektonische Hintergrund die größte Abweichung darstellt und nur zwei Miniaturen bedeutender divergieren, aber dabei eine ähnliche Komposition bewahren. Die beiden abweichenden Miniaturen sind Nr. 6 mit der Darstellung des Todes Heinrichs des Frommen in der Schlacht von Wahlstatt und Nr. 59, welche (übereinstimmend mit dem Titel) die Herausnahme von Reliquien aus dem Hedwigsgrab zeigt, während die Zeichnung aus dem 14. Jahrhundert die Öffnung des Grabs der Heiligen darstellt. Bei der Darstellung der Schlacht von Wahlstatt kommt es bei der Heraldik zu entscheidenden Veränderungen: Anstelle der acht Wappen in der Illustration von 1353 werden

---

11 Handschriftlicher Katalog der ehemaligen Universitätsbibliothek Breslau (sog. Göber-Katalog; Sign.: Akc. 1967/2), Bd. XI, S. 610–614.

12 Besonders detailliert wird diese Frage erörtert in: Der Hedwigs-Codex von 1353 (wie Anm. 1), Bd. 2, S. 14–22 und Josef Krása: Česke iluminované rukopisy 13.–16. století. Praha 1990.

allein die beiden Wappen Busewoy (nur dieses tritt in beiden Miniaturen auf) und Rothkirch dargestellt, das fürstliche Wappen, die Kreuzfahrerzeichen und die anderen Wappen aber weggelassen. Entgegen dem ersten Eindruck ist auch die Komposition beider Szenen unterschiedlich. Im Lübener Kodex ist es eine simultane, epische Erzählung, im Hornig-Kodex hingegen wurde ein aus der Darstellung des Todes Rolands[13] bekanntes Kompositionsschema angewandt, daß im Vordergrund den Körper des erschlagenen Fürsten überproportional groß zum Schlachtengetümmel im Hintergrund zeigt. Ob diese Unterschiede Ausdruck der Einwirkung einer anderen Tradition sind, ist heute schwer zu entscheiden. Bei den Wappen wurden sicherlich jeweils in etwas anderer Zusammenstellung die Wappen der mit den die Handschriften in Auftrag gebenden Fürstenhöfen (der Hornig-Kodex überliefert die Wappen der Handschrift des Fürsten Ruprecht) verbundenen Familien, die sich zu den Wahlstatt-Traditionen bekannten, dargestellt. Die vier sich auf die Schlacht beziehenden, den bildnerischen Narrationsfluß sprengenden und keine Begründung im Text findenden Miniaturen können auf jeden Fall als Zeugnis für die Existenz eines dem Lübener Kodex noch vorausgehenden Darstellungszyklus gewertet werden. Die Unterschiede im architektonischen Hintergrund der beiden Zyklen sind das Ergebnis der Stil- und Zeitunterschiede.

Die Bebilderung der „Legenda maior“ des Hornig-Kodex besteht, wie die des Lübener Kodex, aus 60 halbseitigen Miniaturen und der schon erwähnten Kreuzigungsszene sowie einer kleinen C-Initiale (3,2 × 3,2 cm) mit der Halbfigur der hl. Hedwig zu Beginn des Textes. Die beiden letztgenannten Miniaturen besprechen wir hier nur kurz, weil sie nicht zum eigentlichen Bilderzyklus gehören. Beide wurden mit Deckfarben gemalt und gehören vermutlich nicht der gleichen Werkstatt an wie die anderen Darstellungen. Die Initiale ist durch Abschabungen so undeutlich geworden, daß man kaum etwas Sicheres über sie aussagen kann. Sie ist gewissermaßen die Entsprechung der ganzseitigen Darstellung der hl. Hedwig im Lübener Kodex, die in der Hornig-Handschrift fehlt und offensichtlich auch dem für Fürst Ruprecht angefertigten Exemplar nicht angehörte. Der 60 Darstellungen umfassende Bilderzyklus der Legende entstand in etwa gleichzeitig mit dem Text, kaum zu bestimmen, ob etwas früher oder etwas später, auf jeden Fall aber vor dem Binden der Handschrift (die erste Miniatur reicht bis an den Falz). Die Bildertitel wie auch die anderen Überschriften wurden nach dem Text und den Bildern eingetragen. Die halbseitigen Miniaturen wurden als schwarze Federzeichnungen ausgeführt. Die Modellierung erfolgte, wie damals üblich, durch Kreuzschraffuren. In einigen Fällen verwandte man noch zusätzlich Un-

13 Alicja Karłowska-Kamzowa: Importance des apports français pour le developpement de l’art gothique en Pologne. In: Les relations artistiques entre la Pologne, la France, la Flandre et la Basse Rhénanie du XIIIe au XVe siècle. Poznań 1981, S. 27–35.

termalungen mit grauer Farbe, und nur bei der Miniatur 15 (Christus segnet die hl. Hedwig vom Kreuz herab) beschränkte man sich ausschließlich auf Lasuren. Die meisten Miniaturen litten geringfügig durch Beschneidung, am meisten wohl die erste Szene (Berthold von Meranien mit Gattin und Kindern), bei der Heinrich, einer der Brüder der hl. Hedwig, völlig abgeschnitten wurde.

Vermutlich beteiligte sich an der Ausschmückung des Kodex eine ganze Werkstatt, ein Meister mit seinen Schülern, mindestens drei Personen, die große fachliche Fähigkeiten besaßen, wovon schon die Tatsache zeugt, daß auf keinem der Bilder Hilfsskizzen festgestellt werden konnten. Die Zeichnungen wurden sofort mit der Feder ausgeführt und etwaige Fehler durch die Modellierung geschickt kaschiert. Zwischen den einzelnen Miniaturen lassen sich trotz der Anwendung ein und derselben Technik Unterschiede im künstlerischen Niveau feststellen, die nicht immer mit Übereilung beim Zeichnen erklärt werden können. Am sorgfältigsten wurden die ersten zehn Kompositionen ausgeführt, die übrigen meist flüchtiger. Wiederholt sind dies Werke eines deutlich schwächeren Künstlers, der den Anforderungen des ‚weichen' Stils nicht gerecht wurde: z. B. die Zeichnungen Nr. 25 (Hedwig hört der Tischlesung zu), Nr. 27 (Kaplan Martin führt Hedwig einen Konversen als Priester zu) und Nr. 29 (Bau des Trebnitzer Klosters). Die stilistische Einordnung des Zyklus bringt gewisse Probleme mit sich. Während man die ersten zehn und zahlreiche weitere Miniaturen auf den ersten Blick dem ‚weichen' Stil zurechnen kann, lassen sich die o. g. drei Zeichnungen und auch Nr. 11 (Hedwig lädt Pilger in das von ihr gebaute Hospiz ein) stilistisch nicht so eindeutig festlegen. Im ganzen Zyklus fehlen bei den Draperiezeichnungen die für den ‚schönen' Stil typischen Lösungen, wie sie z. B. die Miniaturen des sog. Meisters der Bank-Bibel und seiner Mitarbeiter, der zweifellos besten schlesischen Miniaturenwerkstatt des zweiten Viertels des 15. Jahrhunderts, oder das Schaffen eines anderen bedeutenden Anonymus, des sog. Langendorfer Meisters, zeigen.

Die Draperiezeichnungen der Miniaturen des Hornig-Kodex lenken unseren Blick auf die europäische Malerei des internationalen ‚weichen' Stils des letzten Viertels des 14. Jahrhunderts, wo man in der burgundischen (z. B. dem „Marientod" im Louvre, einer eine nicht erhaltene Malerei aus Bourges kopierende Pergamentzeichnung[14]) oder auch der böhmischen Malerei (z. B. in den Werken der für König Wenzel IV. arbeitenden Prager Miniaturmaler, dem Braunschweiger Skizzenbuch usw.[15]) ohne Schwierigkeiten Analogien für sie findet. Aus dem letzten Viertel des 14. Jahrhunderts stammen auch die kostümgeschichtlichen Details,

14 Georg Troescher: Burgundische Malerei. Maler und Malwerke um 1400 in Burgund, dem Berry mit der Auvergne und in Savoyen mit ihren Quellen und Ausstrahlungen. Berlin 1966, Tf. 64.

15 Krása: České iluminované rukopisy (wie Anm. 12), S. 100–179; Dějiny českého výtvarného umìní. Bd. 1.2. Praha 1984, S. 420 f., Abb. 297–305.

vor allem der Männermode: die kurzen, oben engen Kutten, die tief auf der Hüfte getragenen massiven Gürtel, die durch große Kugelknöpfe auf der Schulter zu knöpfenden Mäntel (vgl. Miniaturen Nr. 2, 10).

Trotz insgesamt hohem künstlerischen Niveau der ersten zehn Miniaturen kommen dort erstaunlich viele Verzeichnungen vor, die sich bei den folgenden, überwiegend schwächeren Kompositionen, nicht wiederholen. In der Miniatur Nr. 2 (Hedwigs Vermählung) stimmt das im Kuttenschlitz sichtbare Bein Heinrichs des Bärtigen nicht mit der restlichen Gestalt überein, und auch die benachbarten Beine lassen sich nicht eindeutig den dargestellten Personen zuordnen. Die unnatürliche Krümmung der linken Hand Heinrichs des Bärtigen in der Miniatur Nr. 4 (Heinrich und Hedwig mit ihren Kindern) könnte man mit der mangelnden Fähigkeit, unkonventionelle Gesten darzustellen, erklären, obgleich das wenig überzeugt und eher für die schwächere Komposition Nr. 24 (Hedwig zwingt ihre Dienerin, sie zu geißeln) zutreffen könnte. Schwerlich kann man aber auf diese Weise die freie Fläche zwischen den Mantelbahnen Heinrichs des Bärtigen, wo seine rechte Körperhälfte sichtbar werden müßte, in Szene Nr. 10 (Hedwig bittet beim Fürsten für die Armen) erklären; auch bei den Beinen treten hier wieder rechnerische Probleme auf (der hinter dem Fürsten plazierte Beamte steht nur auf einem Bein). Am leichtesten ließen sich diese Erscheinungen durch die Annahme einer wortwörtlichen, aber etwas flüchtigen Kopierung der Vorlagen erklären. Von einer verhältnismäßig engen Anlehnung zeugt die kleine Zahl ikonographischer Abweichungen von der Lübener Handschrift, der mittelbaren Vorlage, und die Aussparung von Freistellen für Text in den einzelnen Kompositionen, was am deutlichsten bei der Miniatur Nr. 48 (Tod Hedwigs und Heilung der Schwester Martha) zu beobachten ist: Die Textfläche überschneidet zu einem großen Teil die Figur des an Hedwigs Bett stehenden Heiligen.

Aufgrund der im Kolophon gebotenen Informationen ist davon auszugehen, daß im Hornig-Kodex eine Kopie der 1380 für Fürst Ruprecht angefertigten Handschrift vorliegt, wobei der Bilderzyklus von 1451 an vielen Stellen eine geradezu wörtliche ikonographische Wiedergabe dieses verlorengegangenen Manuskripts zu sein scheint. Dessen Auftauchen in Breslau um 1450 könnte mit der Krise der Liegnitzer Piasten in Zusammenhang stehen, die 1449 mit dem Tod der Witwe Ludwigs II. in direkter Linie ausstarben. Jetzt begann der Kampf um das zurückgefallene Lehen, das der deutsche König anfänglich den sächsischen Fürsten übergab. Unter diesen Umständen ist eine Verschleuderung des Besitzes der Liegnitzer Piasten sehr wahrscheinlich und könnte etwa durch die Geldbedürfnisse beim Kampf um die Wiedererringung des Fürstentums hervorgerufen worden sein. Hinsichtlich des Bildschmucks der verschollenen Handschrift, eines für die schlesische Kunstgeschichte zweifellos äußerst wichtigen Denkmals, sind wir ausschließlich auf Vermutungen angewiesen. Immerhin wissen wir, daß am Hof des Fürsten Ruprecht eine ganze Reihe illuminierter Handschriften mit dem

Magdeburger Recht entstand[16], deren früheste allerdings erst 1386 angefertigt wurden. Ruprechts Hedwig-Manuskript, dessen Spuren im Hornig-Kodex greifbar sind, wäre also das erste im Rahmen der Kunstförderung dieses Fürsten entstandene Werk und vielleicht einer der frühesten Vertreter des internationalen ‚weichen' Stils in Schlesien.

Um auf die Miniaturen des Hornig-Kodex zurückzukommen: Hier muß nochmals auf die Analogien zwischen diesem Werk und dem Schaffen zweier bedeutender anonymer Maler, des sog. Meisters der Bank-Bibel (ehem. Stadtbibliothek Breslau, R 162; nach 1430; verschollen) und des Meisters des Langendorfer Altars (Langendorf/Wielowieś bei Gleiwitz/Gliwice) und ihrer Werkstätten hingewiesen werden. In der Hedwigslegende kann man geradezu ikonographische Zitate aus den Miniaturen des Meisters der Bank-Bibel finden, z. B. in den Miniaturen Nr. 2 (Hedwigs Vermählung), Nr. 21 (Hedwig erhält auf wunderbare Weise Schuhe) und 32 (Hedwig bittet für die Gefangenen) die Gestalt des unmittelbar hinter dem Fürsten stehenden Würdenträgers (in der Zeichnung Nr. 2 steht er hinter dem Fürsten von Meranien), die detailliert dem Mann mit einer ebensolchen Pelzmütze in der Kreuzigungsdarstellung (am Rahmen) der Bank-Bibel (fol. 1^{v}) entspricht. Analoge Darstellungen von Personen, vor allem Frauen, und vergleichbare Hintergrundarchitektur finden wir in den Miniaturen des Antiphonars, das dieser Meister 1446 für die Augustiner in Sagan schuf (Universitätsbibliothek Breslau, I F 396: fol. 26^{r} (Hiob), 51^{r} (der Reiche und Lazarus) usw.[17]. Für dessen Schaffen ist eine konsequente Durchführung der Prinzipien des ‚schönen' Stils charakteristisch. Beim Meister des Langendorfer Altars beobachten wir den idealisierten, mandelförmigen, aus der böhmischen Malerei des ‚schönen' Stils (z. B. der „Marientod" im Erzdiözesanmuseum in Breslau[18]) herstammenden Gesichtstyp. Im Hornig-Kodex sind die Gesichtsdarstellungen differenzierter und weichen von den Stilkonventionen ihrer Zeit ab (obgleich sie nicht den für die Spätgotik charakteristischen expressiven ‚Realismus' erreichen), aber dafür sind die Parallelen bei den Draperien und Gesamtkompositionen frappierend.

Die Berechtigung der Suche nach Verbindungen zwischen den Illustratoren des Hornig-Kodex und dem Meister des Langendorfer Altars und seiner Werkstatt ergibt sich schon aus der künstlerischen Form der eingangs erwähnten sog. Hed-

16 Ernst Kloss: Die schlesische Buchmalerei des Mittelalters. Berlin 1942, S. 79–94; Alicja Karłowska-Kamzowa: Sztuka Piastów śląskich w średniowieczu. Warszawa, Wrocław 1991, S. 61–63.

17 Gegen Kloss: Buchmalerei (wie Anm. 16), S. 142, der dieses Manuskript als eine Werkstattarbeit ansieht, bin ich der Meinung, daß zumindest ein Teil der Darstellungen vom Bank-Meister selbst angefertigt worden ist.

18 Heinz Braune / Erich Wiese: Schlesische Malerei und Plastik des Mittelalters. Leipzig [1929], Tf. 173 f. (Katalog Nr. 174); Ernst Günther Troche: Das erste Jahrhundert schlesischer Tafelmalerei. In: Die Hohe Straße 1 (1938), S. 119–121.

wigstafel, eines Triptychons, das die Miniaturen der Hornig-Handschrift wiederholt und rund zehn Jahre nach dieser entstanden ist. Die Hedwigstafel gilt als ein Werk eines Schülers des Langendorfer Altarmeisters[19] und ist in der Tat malerisch schwächer als die anderen Werke dieses Künstlers. Die meisten der 32 Bilder des Triptychons sind genaue Kopien der Hornig-Miniaturen, und zwar so weitgehend, daß ein Werkstattzusammenhang zwischen den beiden Werken angenommen werden muß. Die Beteiligung des Altarmalers an der Ausschmückung der Hedwigslegende des Anton Hornig ist sehr wahrscheinlich. Die Entscheidung, den Kodex durch Zeichnungen zu schmücken, sowie die besprochenen Modifikationsversuche der Technik wären in diesem Falle also ein Ausdruck der Tatsache, daß man Maler ohne größere Erfahrungen auf dem Gebiet der Miniaturmalerei beschäftigte.

Die Zugehörigkeit der Zeichnungen des Hornig-Kodex zum ‚weichen' Stil war unter den spezifischen schlesischen Verhältnissen kein völliger Anachronismus. Sowohl in der Tafel- als auch der Miniaturmalerei entstanden Werke mit bedeutenden Reminiszenzen an den ‚schönen' Stil in dieser Region noch verhältnismäßig häufig im dritten Viertel des 15. Jahrhunderts (z. B. die Hedwigsaltartafel aus der Bernhardinkirche in Breslau[20], das Epitaph des Nicolaus Werder aus dem Jahre 1456[21], die Verkündigungsszene im Breslauer Kodex I F 88 von 1472[22] u. a. m.). Das lange Überdauern dieser Stilrichtung und die langsame Übernahme von Impulsen aus den europäischen Kunstzentren erklärt sich zu einem gewissen Grad aus der schwierigen Situation in der Zeit der Hussitenkriege und der Kämpfe um das Erbe der Luxemburger. Auf jeden Fall sind die Illustrationen des Hornig-Kodex im schlesischen Kontext ein bedeutendes Werk; sie erheben sich in Bildauffassung und künstlerischer Durchführung weit über das regionale Kunstschaffen ihrer Zeit.

(Übersetzung aus dem Polnischen: Rainer Sachs)

---

19 Braune / Wiese (wie Anm. 18), Tf. 178–184; Troche: Jahrhundert (wie Anm. 18), S. 131–134.

20 Luchs: Bilder (wie Anm. 3).

21 Troche: Jahrhundert (wie Anm. 18), S. 140; Tadeusz Dobrzeniecki: Malarstwo Tablicowe. Katalog zbiorów Muzeum Narodowego w Warszawie. Warszawa 1972, S. 206.

22 Kloss: Buchmalerei (wie Anm. 16), S. 157, 190.

Rudolf Walter

Musikalische Kompositionen zur Verehrung der heiligen Hedwig aus Schlesien

Im Fragment „Die heilige Hedwig", von dem nur die Einleitung formuliert ist, schrieb Joseph von Eichendorff: „Wir wissen recht gut, daß seit der Reformation in Deutschland ein grobes Vorurteil, ja aus lauter Vernunftglauben eine höchst unvernünftige Abneigung gegen die Verehrung der Heiligen herrschend geworden. [...] Das Vorurteil aber besteht [...] in der seltsamen Meinung, daß wir Katholiken (die Mitglieder der Kirche) die Heiligen anbeten, mithin gewissermaßen einem Götzendienst verfallen sind. Ein Blick in die Religionshandbücher und in die Litaneien, wo zu Christus: erbarme dich unser, zu den Heiligen aber: bitte für uns gesagt wird, lehrt indes, daß wir die Heiligen nicht um unmittelbare Hilfe, sondern lediglich um ihre Fürbitte bei Gott anflehen. Was ist hiebei Verkehrtes? Es wäre trostlos, wenn das Diesseits vom Jenseits durch eine undurchdringliche Schranke, wie zwei ganz fremde Welten, geschieden wäre. Das Christentum lehrt vielmehr einen fortwährenden mystischen Zusammenhang zwischen Erde und Himmel"[1].

Sankt Hedwig wird seit Jahrhunderten, seit der Zeit um 1300, als Landespatronin von Schlesien verehrt; Patrona Silesiae lautet ihr Ehrentitel. Sie ist nicht Patronin des Bistums Breslau, diese Stelle nimmt Johannes der Täufer ein. Landespatrone verehrt man auch in anderen europäischen Gebieten. Beispiele aus Schlesiens südlicher Nachbarschaft sind die hl. Ludmila, Patronin von Böhmen (sie ruht in St. Georg in der Prager Burgstadt), und der hl. Leopold, Landespatron von Österreich (er ist in Klosterneuburg beigesetzt). Zur Verehrung der hl. Ludmila entstanden die Sequenz „Pleno canto cordis oris"[2], das Reimoffizium „Ecce jubar matutinum veri solis previum" (um 1300)[3] und das Oratorium „Svatá Ludmila" von Antonín Dvořák (1886). Im Zusammenhang mit der Heiligsprechung

---

1 J. von Eichendorff: Die heilige Hedwig. In: Ders.: Historische, politische und biographische Schriften. Hg. von W. Kosch (Sämtliche Werke. Historisch-kritische Ausgabe. Bd. 10). Regensburg 1911, S. 129 ff., hier S. 130 f.

2 Musik in Geschichte und Gegenwart (= MGG). Bd. 10. Kassel u. a. 1962, Sp. 1595.

3 Dieses Reimoffizium erschien gedruckt in: Etudes Grégoriennes 21 (1986), S. 75 ff. Herrn David Eben, Prag, dankt der Verfasser für den freundlichen Hinweis.

des hl. Leopold 1485 wurden vier Leopold-Offizien veröffentlicht. Das Klosterneuburger Leopold-Offizium beginnt „Austria letare vere felix“[4]. In späterer Zeit entstand der Hymnus „Austrides gentes“ für vier Stimmen und Orgel[5], Leopold-Messen von Georg Reutter d.J. (1753)[6], Georg Albrechtsberger (um 1790)[7], Michael Haydn (1805)[8]. Als Kirchenlieder lassen sich nennen: „O Diener Gottes, Leopold, du Schützer unsrer Lande“[9] und „Sankt Leopold, dich rufen wir als dein Volk und Land“[10].

Die Entwicklung der Hedwigsverehrung stellte Joseph Gottschalk kenntnisreich dar. Dabei wies er u.a. nach, daß König Ottokar II. von Böhmen (1253–1278) sich wegen der Hedwigsverehrung an die Generalkapitel der Zisterzienser von 1276 und 1278 wandte. Er erreichte, daß das Fest in den Ordenshäusern Polens, zu denen die schlesischen Zisterzen gerechnet wurden, mit eigenem Festoffizium gefeiert werden durfte[11]. Gesangliche Belege aus dieser frühen Zeit scheinen sich in Schlesien nicht erhalten zu haben.

Musikalische Belege und Titel der Hedwigsverehrung lassen sich aus Schlesien in fünf musikalischen Gattungen aufweisen. Zeitlich reichen sie vom 14. bis zum 20. Jahrhundert. Die Gattungen sind:

a) Gesänge des gregorianischen Chorals,
b) Gesänge des landessprachlichen Kirchenlieds,

---

4 R. Flotzinger: Geschichte der Musik in Österreich. Graz u.a. 1988, S.64f.

5 Komponiert von J. G. Albrechtsberger für vierstimmigen Chor und Orgel ex D. Gedruckt in: Jahrbuch des Stiftes Klosterneuburg 2 (1909), S.272f.

6 N. Hofer: Thematisches Verzeichnis der kirchenmusikalischen Werke von G. Reutter jun. Wien 1915, S.26.

7 D. Schröder: Die geistlichen Vokalkompositionen J. G. Albrechtsbergers. Thematischer Katalog. Hamburg 1987, S.68ff.

8 Thematischer Katalog der kirchenmusikalischen Werke von M. Haydn. In: Denkmäler der Tonkunst in Österreich. Bd.62. Wien 1925, S. VI.

9 Betende Gemeinde. Wien [11]1948, Nr.156.

10 Diözesan-Anhang der Erzdiözese Wien zum „Gotteslob“. Wien 1993, Nr.037. – Für die freundliche Mitteilung der Leopoldslieder dankt der Verfasser Herrn P. Prof. Dr. H. Dopf, Wien.

11 J. Gottschalk: St. Hedwig, Herzogin von Schlesien (Forschungen und Quellen zur Kirchen- und Kulturgeschichte Ostdeutschlands 2). Köln, Graz 1964, S.285ff. – Der gleiche Autor wies noch 26 Belege nach im Aufsatz „Mittelalterliche Hedwigs-Hymnen“, darunter die dritte Hedwigs-Sequenz „Alma mater gratiosa“. Diese besitzt vier Doppelversikel, ist jedoch in Schlesien nicht belegt. Von den fünf in Schlesien nachgewiesenen weiteren Hymnen sind in unserem Zusammenhang erwähnenswert: „Fulget in orbe dies“ (4 Strophen) in Antiphonaren aus Breslau, Trebnitz, Heinrichau, Kamenz und „Haec caeli felicitas“ (5 Strophen), eingetragen in Handschriften aus Breslau, Neisse, Sagan. Die restlichen stehen in Brevieren ohne Melodien (J. Gottschalk: Mittelalterliche Hedwigs-Hymnen. In: Archiv für Schlesische Kirchengeschichte 8 [1950], S.26ff., bes. S.33ff.).

c) Figuralmusik für den Gottesdienst,
d) Geistliche Musik für Volksandachten und außergottesdienstliche Anlässe,
e) Bericht über Orgelspiel und Variationen über *ein* Hedwigslied[12].

Nicht geringe Schwierigkeiten bereitet die Quellenlage. Von mehreren einschlägigen Kompositionen kennen wir den Titel aus einem Werkverzeichnis, aus einer Verlagsanzeige oder aus einer Zeitschriftenbesprechung. Nach den Verlusten durch den Zweiten Weltkrieg und nach der Vertreibung läßt sich indessen kein Exemplar mehr finden. Die betreffenden Werke nicht zu erwähnen, wäre wohl ungerecht. In solchen Fällen können wir jedoch nur wenige oder keine Einzelheiten anfügen.

Durch die Heiligsprechung der 1243 in der Trebnitzer Klosterkirche beigesetzten Herzogin Hedwig durch Papst Clemens IV. am 26. März 1267 wurde ihr Todestag nicht Fest für die ganze Kirche. Die Heiligsprechungsurkunde war nur an den Erzbischof von Gnesen und die Bischöfe der Gnesener Kirchenprovinz gerichtet[13]. Bei den gregorianischen Choralgesängen dürfte für die Tagesmesse eine sogenannte Commune-Messe verwendet worden sein, im gegebenen Fall eine Commune-Messe für Witwen, und lediglich die Orationen für das spezielle Fest formuliert worden sein. Einige Jahre später wurde ein eigenes Alleluja mit Vers notiert und vertont, gleichzeitig, vielleicht auch später, eine Hedwigs-Sequenz auf eine vorhandene Sequenzmelodie gedichtet. An herausgehobenem Platz, in der Schloßkirche der Piasten in Brieg, am Ort der unmittelbaren Nachkommen der Heiligen, kam zum Wechseln oder trat anstelle der bisherigen eine weitere Sequenz hinzu. Diese durfte nicht kopiert werden, sie blieb der Schloßkirche vorbehalten. Das kann zur Zeit von Herzog Ludwig I. von Liegnitz und Brieg (um 1311–1398) gewesen sein, der den sog. Schlackenwerther Kodex von 1353 in Auftrag gab[14].

So oder ähnlich dürfen wir uns das Entstehen der drei überlieferten Gesänge für die Tagesmesse der hl. Hedwig vorstellen. Sie konnten rund zwei Jahrhunderte benutzt werden. Das Concilium Tridentinum in der Mitte des 16. Jahrhunderts regte die Reform des Meßbuchs an. Daraufhin wurden manche Texte neu formuliert und die Sequenzen eliminiert außer fünf (für Ostern, Pfingsten, Fron-

12 Die Variationen stammen von einer nicht-schlesischen Autorin.

13 Vgl. J. Gottschalk: Die Kanonisationsurkunde der hl. Hedwig. In: Archiv für schlesische Kirchengeschichte 22 (1964), S. 120 ff.; Hedwig von Andechs, eine deutsch-polnische Heilige – Jadwiga z Andechs, polsko-niemiecka Swięta. Hg. vom Haus der Bayerischen Geschichte und der Stiftung Kulturwerk Schlesien. München 1992, S. 41.

14 Gottschalk: St. Hedwig (wie Anm. 11), S. 292 f. – Vgl. auch A. Grzybkowski: Die Schloßkapelle in Brieg. In: Archiv für schlesische Kirchengeschichte 51/52 (1994), S. 183 ff., bes. S. 184–186.

leichnam, das Fest Sieben Schmerzen Mariä und die Totenmesse). Die drei Eigengesänge bildeten:

a) Das Alleluja mit dem Vers „O felix Hedwigis / gaudens in celis / solamen pauperum / intercede pro nobis ad Dominum."

Sein Text ist gereimt, eine im Mittelalter auch bei gregorianischen Gesängen beliebte Sprachform, die nach dem Tridentinum weithin in den Meßformularen in Prosatexte geändert wurde. Die Melodie steht im VII. Ton und weist einen Umfang von einer Undezime auf. Ihr Jubilus (die Vokalise auf der Schlußsilbe -ja) ist reich ausgebildet, doch klar gegliedert. Die Weise des Versus beginnt und endet mit dem Alleluja-Ansatz, die Form des Alleluja-Gesangs besitzt demzufolge eine deutliche Formung[15]. Dieses Alleluja wurde in das Graduale der Praemonstratenser von 1319, Breslau, nachgetragen. Die Zisterzienser von Leubus und Kamenz und die Pfarrkirche St. Elisabeth, Breslau, übernahmen es in ihre Gradualien.

b) Die verbreitete Sequenz „Consurge jubilans". Diese wurde auf die Melodie der französischen Sequenz für die Adventszeit „Mittit ad virginem" verfaßt. Wie die französische Sequenz weist „Consurge jubilans" fünf Doppelversikel und eine schließende Einzelstrophe auf. Die Vertonung ist so gestaltet, daß der letzte Vers als eine Art Coda behandelt wird. Er beginnt wie die Versikel 9/10, wird aber steigernd weitergeführt und geschlossen. Die Tonart von „Consurge jubilans" ist der transponierte V. Modus, der Tonumfang beträgt gleichfalls eine Undezime[16].

c) Die zweite Sequenz „Letetur ecclesia". Im Graduale der Brieger Schloßkirche ist diese *vor* der traditionellen Sequenz „Consurge jubilans" eingetragen. Die Tonart ist ebenfalls der V. Modus, der Tonumfang der sechs Doppelversikel beträgt wiederum eine Undezime. Die ersten, dritten, fünften und sechsten Doppelversikel weisen hier gleiche Schlüsse auf, man kann sie als musikalische Schlußreime bezeichnen. Zu Beginn des sechsten Doppelversikels „O beata domina" besitzt die Melodie einen klaren Höhepunkt. Die Schlüsse des zweiten und dritten Doppelversikels mit Aufstieg von der Unterquarte zur Oberquarte und Rückkehr zum Grundton erinnern an den Beginn der Sequenz „Consurge jubilans". Ein beschließendes Amen fehlt. Ob der Schreiber das gleiche Amen für beide Sequenzen für geeignet hielt oder den Schluß einzutragen vergaß, läßt sich nicht entscheiden. Vers- und Reimstruktur dieser Sequenz bilden stets 7 + 7 + 7 + 4

---

15 Gedruckt in: F. Feldmann: Musik und Musikpflege im mittelalterlichen Schlesien. Breslau 1938, S. 77. Vgl. Notenanhang Nr. 1. – In Monumenta Monodica Medii Aevi VIII. Kassel 1987, S. 321, ist zum selben Text eine andere Melodie im V. Ton aus einem Graduale deutscher Provenienz des 15. Jahrhunderts mitgeteilt.

16 Enthalten in: Missale Vratislaviense. Erzbischöfliches Archiv, Breslau, Ms. 141. Vgl. Notenanhang Nr. 2.

Silben bzw. die Reimfolge a, a, a, b, außer im vierten Versikel, der aus viermal sieben Silben besteht[17].

Das Offizium des Hedwigsfestes (die Gesänge für das Stundengebet) ist ebenfalls gereimt. Doch folgt es keinem Reimschema (wie die Reimoffizien des Julian von Speyer)[18]. Bei Julian ist das Offizium des hl. Franziskus in jambischen, das des hl. Antonius in trochäischen Versen formuliert[19]. Im Hedwigsoffizium sind die Verse wiederholt unterschiedlich betont und verschieden lang gestaltet. Beispiele sind (links vom Text die Silbenzahl, rechts das Reimschema):

I. Vesper, 3. Antiphon

10	Solaris dum volvitur orbita	a
8	Votiva recurrunt festa	a
7	In quibus et Domini	
8	Recitantur magnalia	a
4	Et Hedwigis	
7	Retractantur merita.	a

II. Nocturn, 1. Antiphon

7	Nivis in algoribus	a
8	Incedens nudis gressibus	a
6	Christum insequendo	b
8	Leprosis et debilibus	a
9	Elemosynam tribuendo.	b

Laudes, 2. Antiphon

10	Jubilate Deo omnis terra	a
9	Quia Christo ista famula	a
8	Conregnat super aethera	a
7	Cui laus et gloria	a
8	Per infinita saecula.	a

Die Vertonungen der Antiphonen sind im Vergleich zum traditionellen Choral länger und melismenreicher. Man vermißt, daß wenigstens die eine oder andere knapper formuliert und syllabisch vertont ist. Der Unterschied zu den Responsorien der Matutin[20] ist dadurch weithin eingeebnet[21].

---

17 Gedruckt in: Feldmann: Musik (wie Anm. 15), S. 59. Vgl. Notenanhang Nr. 3.

18 Entstanden um 1260 (MGG 4. 1955, Sp. 832).

19 P. Wagner: Gregorianische Formenlehre. Bd. 1. Hildesheim ^{5}1970, S. 312.

20 Kürzere Texte und weniger melismatische Melodien weisen die Antiphonen zur Matutin im Ludmila-Reimoffizium auf (Etudes Grégoriennes 21 [1986], S. 77 f.).

21 Vgl. die Reproduktion aus einem Antiphonale in Notenanhang Nr. 4.

Tonartlich findet sich dreimal die numerische Folge der Modi. In der I. Vesper sind für die fünf Psalmenantiphonen und die Magnificatantiphon der I. bis VI. Modus gewählt; in der Matutin stehen die neun Antiphonen im I. bis VIII. und erneut I. Ton; in den Laudes verwenden die fünf Antiphonen zu den Psalmen den II. bis VI. Modus, die Antiphon zum Canticum „Benedictus Dominus Deus Israel" den V. Ton. Der Choralforscher Peter Wagner beurteilte dies in ähnlichem Zusammenhang als künstliche Spielerei[22]. Indessen ist zu bedenken, daß beim Vertonen der mehr als 30 Gesänge des Hedwigs-Reimoffiziums der Gefahr vorzubeugen war, gleiche oder ähnliche Melodiewendungen zu wiederholen. Durch die Wahl verschiedener Tonarten in aufeinander folgenden Gesängen wurde leichter genügend Verschiedenheit erreicht. Denn der Choralkomponist hatte gelernt, bei den verschiedenen Modi nicht nur den zugehörigen Tonraum, sondern die jedem Modus typischen Wendungen zu beachten.

Vergleicht man die erste Antiphon der I. Vesper „Laetare, Germania" mit der Eingangsantiphon der I. Vesper von Weihnachten „Rex pacificus", fällt der Unterschied in Textlänge und Vertonungsstil sogleich auf. Die Weihnachtsantiphon besteht aus neun Worten, die Hedwigsantiphon aus 28. Die Vertonung von „Rex pacificus" ist syllabisch mit einigen Zweiergruppen angelegt, die Vertonung von „Laetare, Germania" überwiegend melismatisch mit Zweier-, Dreier- und Vierergruppen ausgeführt.

Im älteren Choralrepertoire wird gewöhnlich nur die Canticum-Antiphon melismatisch strukturiert. An Weihnachten geschieht das für die I. Vesper in „Cum ortus fuerit" mit 17 Worten und für die II. Vesper in „Hodie Christus natus est" mit 23 Worten. Die herausgehobene Stellung des Canticum wird dadurch auch in der zugehörigen Antiphon verdeutlicht. Die erste Magnificat-Antiphon des Hedwigsoffiziums besteht aus 46 Worten.

Das Hedwigsoffizium dürfte nach Fritz Feldmann um 1350 entstanden sein, rund 100 Jahre nach dem Tod der Heiligen. Im Jahr 1360 richtete nämlich Kaiser Karl IV. (1346–1378) an Papst Innozenz VI. das Gesuch, daß das Hedwigsoffizium in den Konventen der Franziskaner und Klarissen Sachsens eingeführt werden möge. Als Begründung ließ der Kaiser nennen, daß dieses in den Kathedralen jenes Landes verwendet würde[23].

Schlesische Eigenart läßt sich im Hedwigs-Reimoffizium und in der Sequenz „Letetur ecclesia" schwer nachweisen. Feldmann verglich die Vertonungen jener Antiphonen, deren Texte aus dem rheinischen Gertrud-Offizium übernommen sind, miteinander und schloß daraus, daß die rheinische Gestaltung knapper und deutlicher gegliedert erscheine, während die schlesische durch häufigere Melismierung gewisse Einzelworte betone und dadurch den Melodiefluß verlangsame.

---

22 Wagner: Formenlehre (wie Anm. 19), Bd. 3. Hildesheim ^{3}1970, S. 318.
23 Feldmann: Musik (wie Anm. 15), S. 94.

Domkapellmeister Paul Blaschke hielt dem die Fülle unterschiedlicher Antiphonen im römischen Antiphonar entgegen, die eine landschaftliche Deutung kaum erlaube[24]. Nach Meinung des Verfassers dürfte zudem der anonyme Komponist Mönch, mindestens Priester gewesen sein, dessen geistig-geistliche Ausbildung auf die Weltkirche, nicht auf die Heimatdiözese ausgerichtet war.

Das Reimoffizium der hl. Hedwig war bis 1662 für Chordienst und Breviergebet in der Diözese Breslau gültig. Als Papst Innozenz XI. (1676–1689) im Jahr 1680 die Feier des Hedwigsfestes für die ganze Kirche gestattet und die Ritenkongregation 1706 die pflichtmäßige Feier im Range semiduplex verfügt hatte, wurden schlichtere Offiziumsgesänge ausgesucht und angeordnet. Die von der Diözese Breslau erbetene Ausnahme, das diözesaneigene Formular beibehalten zu dürfen, wurde von der römischen Kurie nicht gewährt[25].

Aus Kloster Trebnitz ist eine „Antiphona de S. Hedwige" mit Melodie überliefert. Diese steht in der Choralschule „Introductiones breves in cantum choralem", die drei Mönche von Kloster Leubus 1796 verfaßten. Dort findet sie sich in der Abteilung „Suffragia" an fünfter Stelle; sie dürfte ein Spezialgebet der Trebnitzer Nonnen gewesen sein. Der Text lautet:

Sancta Hedwigis, intercede pro miseris,
ad te confugientibus, apud Christum,
piissimum Regem atque Dominum,
ut det nobis veniam peccatorum,
et emendationem morum,
et gaudium sempiternum.
Alleluja.

Die Melodie im IV. Modus scheint der Tradition zu entstammen, also keine mittelalterliche Komposition zu sein. Der Umfang von einer Oktave und die Binnenkadenzen auch auf der zweiten und siebten Stufe machen das wahrscheinlich. Die bisher wohl übersehene Antiphon teilen wir als Notenanhang Nr. 5 mit.

Die Verbreitung des Reimoffiziums der hl. Hedwig in der Diözese Breslau belegen nicht nur sieben erhaltene Antiphonare, die u. a. aus Breslau, Sagan, Waldenburg und Neisse stammen. Zusätzlich dokumentieren es musikalische Handschriften, in die einzelne Gesänge daraus übernommen wurden: das Neu-

---

24 P. Blaschke: Das Reimoffizium der hl. Hedwig. In: Cäcilia 44 (1937), S. 86. – Vgl. den Beginn des Hedwigsoffiziums aus einem schlesischen Antiphonar (geschrieben wahrscheinlich in Leubus) des 15. Jahrhunderts in der Notenbeilage von Cäcilia 44. – In L. Petry, J. J. Menzel und W. Irgang (Hg.): Geschichte Schlesiens. Bd. 1. Sigmaringen [5]1988, ist als Bild 31 der Anfang des Hedwigsoffiziums aus einem Saganer Antiphonale reproduziert.

25 J. Jungnitz: Das Breslauer Brevier und Proprium. Breslau 1893, S. 38.

markter Cantional und das Glogauer Liederbuch. Beide stammen aus dem Ende des 15. Jahrhunderts (um 1470/1480).

In das Neumarkter Cantional, die Gebrauchshandschrift eines Kantors an Schule und Kirche dieser Stadt, wurden folgende drei Antiphonen übernommen[26]:

a) Hedwigis sancta inclita	3. Antiphon der 3. Nocturn in der Matutin,
b) Hedwigis Dei laudibus	1. Antiphon der Laudes,
c) O felix et beata	3. Antiphon der Laudes.

Im Glogauer Liederbuch findet sich die Magnificat-Antiphon der I. Vesper „O decus Trebniciae". Das ist keine bloße Übernahme, sondern ein kunstreicher dreistimmiger Satz im Stil der Zeit, bestehend aus den Stimmen Discant, Tenor und Contratenor. Die Choralmelodie ist dem Discant anvertraut, bei den gliedernden Kadenzen sind die zeitüblichen Formeln eingesetzt. Das Besondere dieses Satzes liegt darin, daß die Choralmelodie nicht ausschließlich im Discant vorgetragen wird, sondern wiederholt in den Tenor, die Mittelstimme, wechselt[27].

Die Textverteilung bei der in zwei Abschnitte gegliederten Komposition – zweiter Abschnitt ab „Tu tot signis radians" – ist folgendermaßen gegliedert (D = Discant, T = Tenor):

D	O decus Trebnicie,	D	Tu tot signis radians,
	Hedwigis, mater gracie,	T	in te plebs fidelis glorians
T	concivis milicie	D	totius Polonie,
D	celestis patrie,	T	digna memorie,
T	tribue credentibus		asta posteris,
D	solamen tuis precibus,		mater Hedwigis
	et da frui laudibus	D	humilis, nobis petens veniam
	cum celi patribus.		et celi patriam.

Beachtenswert ist die Erweiterung der cantus firmus-Melodie beim Wort „credentibus" (5. Vers). Diese steigert die Melodie an jener Stelle um eine Terz, überschreitet aber nicht den Spitzenton f^1 der Choralmelodie. Das Wort „credentibus" (den Gläubigen) erhält dadurch eine Hervorhebung. Im zweiten Abschnitt fällt die Stellung des Wortes „humilis" (demütig) auf. Es gehört zu Vers 14, ist durch den Wechsel der cantus firmus-Stimme jedoch Vers 15 zugeteilt. Der Komponist wollte dadurch „humilis" vernehmbar mit „petens veniam et celi patriam" zusammenstellen (erflehe uns demütig Vergebung und die himmlische Heimat).

---

26 Neumarkter Cantional im Erzbischöflichen Archiv Breslau, Ms. 58, fol. 190^v, 191^v und $191^v/192^r$.

27 Vgl. Notenanhang Nr. 6.

Ein *Hedwigsruf* oder ein *Hedwigslied* kann bereits im letzten Drittel des 13. Jahrhunderts (nach der Heiligsprechung 1267) entstanden sein. Um diese Zeit setzten die Wallfahrten zu Hedwigs Grab in der Klosterkirche Trebnitz ein, und zu Wallfahrten gehört seit eh und je ein entsprechendes Lied. Erhalten scheint sich nichts zu haben. Denkbar ist, daß ein Text mit austauschbarem Heiligennamen oder ein allgemeines Wallfahrtslied verwendet wurde. Wilhelm Bäumker teilte aus dem Beuttnerschen Gesangbuch mit: „Sanct N[ominanda], du reine Magd". Ferner wies er auf das „uralte Wallfahrtslied" „In Gottes Namen fahren wir" hin, das sich in Zitaten bis ins 13. Jahrhundert zurückverfolgen läßt[28].

Als frühester Beleg ist ein Hedwigslied im Exemplar der Breslauer Universitätsbibliothek von „Catholische Kirchengesänge und geistliche Lieder", Neisse 1625, zu nennen. Hierauf verwies Alois Schirdewahn (1870–1946), der dieses Exemplar 1926 in den „Neisser Heimatblättern" charakterisierte. Leider teilte er das Lied nicht mit, erwähnte nicht einmal die Anfangsworte. Er schrieb lediglich: „am 15.10.1665 ist ein Lied von der hl. Hedwig eingefügt"[29]. Das Exemplar des Gesangbuchs gehört zu den Verlusten des Zweiten Weltkriegs[30].

Im Jahr 1629 führten die Jesuiten in Neisse als Schulspiel „Die heilige Hedwig, Patronin Schlesiens" auf[31]. Überliefert ist, daß es etwa 5000 Zuschauer erreichte. Wahrscheinlich kam darin ein gemeinsames Lied zur Landespatronin vor. Das im Gesangbuch von Neisse nachgetragene Lied mag mit der Aufführung von 1629 oder mit einer späteren Wiederholung des Spiels zusammengehangen haben. Ein Jahrhundert später (1722) führte das Jesuitengymnasium Glatz ein Hedwigsspiel auf. Wegen des starken Interesses der Bevölkerung wurde es mehrmals wiederholt[32].

In Kloster Grüssau wurde 1677 die Chorglocke als Hedwigs-Glocke getauft. Der überlieferte Eintrag im Taufbuch von Grüssau lautet: „1677, den 19. Augusti sindt die 3 Glocken getaufet worden [...] die große Glocke Joseph, die mittlere Bernardus, die kleine Hedwig. Johann Schrötter hat sie gemacht zu Liegnitz"[33]. Auch bei diesem Anlaß kann ein Hedwigslied erklungen sein. In zwei älteren Hedwigs-Druckschriften befinden sich Hedwigslieder. Ob nur Texte oder auch

---

28 W. Bäumker: Das katholische deutsche Kirchenlied in seinen Singweisen. Bd. 1. Freiburg 1886, S. 162 und 575.

29 A. Schirdewahn: Ein altes Neisser Gesangbuch aus dem Jahre 1625. In: Heimatblätter des Neissegaus 2 (1926), S. 11.

30 Vgl. Répertoire International des Sources Musicales B/VIII,1 (Das deutsche Kirchenlied). Kassel u. a. 1975, S. 209.

31 J. Thamm: Musikalische Chronik der Stadt Neisse. Dülmen 1974, S. 62.

32 R. J. Alexander: Zum Jesuitentheater in Schlesien. Eine Übersicht. In: Funde und Befunde zur schlesischen Theatergeschichte. Hg. von B. Rudin. Dortmund 1983, S. 55.

33 P. A. Rose: Abt Bernardus Rosa von Grüssau. Stuttgart 1960, S. 76.

Melodien gedruckt wurden, konnte nicht geklärt werden. Die Titel der Drucke lauten:

Abt Bernhard Rosa: Tugendreiches Leben und vortreffliche Wunderthaten vor, bey und nach dem Ableben der hochheilig- und hochmächtigen Himmels-Fürstin Hedwigis, unserer allergnädigsten Schutz-Frauen und allgemeinen Mutter aller Bedürfftigen. A. Pega. Glatz 1686.

Fürstin Eleonora Philippina, verwitw. Pfalzgräfin bey Rhein: Kurze Lebensbeschreibung der hl. Hedwig. Breslau 1774[34].

Die frühesten erreichbaren Drucke von Hedwigsliedern stammen aus dem 19. Jahrhundert. In der dritten umgearbeiteten und erweiterten Auflage des „Gesangbuchs für den katholischen Gottesdienst" rückte Moritz Brosig „O schöne Perle, edler Stein" ein. Dieses Lied finden wir auch in den Breslauer Diözesangesangbüchern von 1892 und 1925, in den „Katholischen Kirchengesängen der Fürstbischöflichen Delegatur Berlin", Berlin 1906, und im „Gesangbuch für das Bistum Berlin", Berlin 1939. Als Melodienquelle ist Heinrich Bones Gesangbuch „Cantate", 1852, verzeichnet. Die Melodie geht auf eine wesentlich ältere Quelle zurück, auf ein Psalmenlied in Caspar Ulenbergs „Die Psalmen Davids in allerlei teutsche gesangreimen bracht", Köln 1582[35].

Der nächste Druck mit Hedwigsliedern ist das „Wallfahrtsbüchlein für Verehrer der hl. Hedwig", Breslau 1874, von Joseph Jungnitz. Dieses bietet fünf Liedtexte, doch keine einzige Melodie, nicht einmal einen Hinweis auf eine Melodiequelle. Neben dem genannten „O schöne Perle, edler Stein" (6 Strophen) finden sich hier: „Vereint in Gottes Heiligtum" (8 Strophen), „Hedwig war ein starkes Weib" (6 Strophen), „Ihr Kinder säumet nicht" (7 Strophen) und „Jetzt Christen, stimmet an" (17 Strophen). Davon wurde das durch Kehrreim „O Sankt Hedwig" und hohe Strophenzahl als echtes Wallfahrtslied ausgewiesene „Jetzt, Christen, stimmet an" nachgedruckt im Breslauer Diözesangesangbuch von 1925, in Franz Hoffbauers Gesangbuch „Friede sei mit dir", Oppeln 1928, und in „Der schlesische Wanderer. Ein Liederbuch", Rodenkirchen 1959. Zur Herkunft der Melodie vermerkten Karl Kastner „offenbar eine alte Volksweise"[36], Franz Hoffbauer „schlesische Volksweise"[37] und „Der schlesische Wanderer" „Volksweise"[38]. Hier dürfte „Volksweise" zutreffen, ob „schlesische Volksweise", muß offenbleiben;

34 Trotz intensiver Bemühungen gelang es nicht, von den nur in ausländischen Bibliotheken vorhandenen Drucken rechtzeitig Ablichtungen zu erhalten.

35 Quellenangabe zu Nr. 110 im Breslauer Diözesangesangbuch 1892.

36 K. Kastner: Quellennachweis des neuen Breslauer Diözesangesangbuchs. Breslau 1931, S. 28.

37 F. Hoffbauer: Friede sei mit dir. Ausgabe 1936, S. 393.

38 Der schlesische Wanderer. Rodenkirchen 1959, S. 6. Vgl. Notenanhang Nr. 7.

denn Joseph Gabler, Priester der Diözese St. Pölten in Nieder-Österreich, publizierte in „Geistliche Volkslieder“, Regensburg ^{2}1890, Nr. 126, eine ähnliche Melodie zu „Ihr Christen, sehet an“[39].

Im Jahre 1912 druckte die ostdeutsche, in Breslau redigierte Kirchenmusikzeitschrift „Cäcilia“ in ihrem 20. Jahrgang als Notenbeilage „Ein altes Lied zu Ehren der hl. Hedwig, *neu* komponiert von Paul Kindler“. Kindler (1841–1916) wirkte 1871–1907 als Lehrer und Kantor im Wallfahrtsort Trebnitz. Er hatte bei Domkapellmeister Moritz Brosig Privatunterricht in Kirchenkomposition genommen und mehrere lateinische Messen verfaßt, darunter die vierte „zu Ehren der hl. Hedwig“[40]. Den Text mag er dem „Wallfahrtsbüchlein“ von Jungnitz entnommen haben, denn Inhalt und Strophenzahl stimmen überein, kleine Änderungen in der Wortwahl können Trebnitzer Tradition sein oder von Kindler stammen. Die in vierstimmigem Chorsatz gedruckte Melodie belegt mit siebentaktigen Perioden (drei und vier Takte), Ausweichungen zu Dominante und Parallele sowie klarem Höhepunkt bei den Worten „o Fürstin“ die gediegene Schulung des Verfassers. Das Lied mag in Trebnitz durch Jahre erklungen sein. In ein Kirchengesangbuch ist es nicht übernommen worden.

Als jüngster Beleg eines Hedwigsliedes kann „Freue dich, du deutsches Land“ aus der Hedwigs-Vesperandacht von Heino Schubert (geb. 1928) genannt werden. In den 1965 entstandenen Gesängen bildet es den Hymnus (5 Strophen). Wie bei „Jetzt, Christen, stimmet an“ bestehen die Strophen aus je fünf Zeilen, wovon die letzte als Kehrreim dient („Freue dich, du Christenheit“). Die Weise ist im mixolydischen Modus geformt und aus einem zweitaktigen Motiv entwickelt. Dieses Lied wurde nachgedruckt in „Unterwegs, Gesang- und Gebetbuch der Vertriebenen der Erzdiözese Breslau“, Dülmen 1969.

Als Hedwigslied in polnischer Sprache sei „Jadwiga święta“ erwähnt und im Liedanhang mitgeteilt. Der vierzeilige Text hat mehrere Strophen, weist aber keinen Kehrreim auf. Die Dur-Melodie ist durch das rhythmische Schema

vereinheitlicht. Gedruckt steht das Lied in der Kirchenliedersammlung „Droga do nieba“ (Weg zum Himmel), Ratibor 1920 u. ö.

Lateinische Messen zu Ehren der hl. Hedwig lassen sich aus dem 18. bis 20. Jahrhundert belegen. Aus dem 18. Jahrhundert sind dies Kompositionen von Carl Sedlack (vor 1761), dem Weltpriester Haâse (nach 1773) und dem Servitenpater

---

39 Bäumker: Kirchenlied (wie Anm. 28), Bd. 4. Freiburg 1911, S. 263.

40 Verlag Schwann, Düsseldorf o. J. (vergriffen). Der Verfasser konnte ein Exemplar der schlichten Arbeit in der Kirchenmusikschule Regensburg einsehen.

Cajetan Vogel (kopiert 1781). Sedlack (1730–1787), dessen Bruder als Mönch im Kloster Heinrichau lebte, wirkte um die Mitte des 18. Jahrhunderts als Schulmeister und Organist in Trebnitz (danach in Alt-Heinrichau). Der aus der Grafschaft Glatz stammende Priester Haâse (er ließ sich weder in den Weihekatalogen von Prag noch von Breslau feststellen) lebte um die gleiche Zeit in Breslau und stand in Verbindung mit den Augustinerinnen auf der Sandinsel. Der Prager Servit Vogel (1750–1794) aus Konoged bei Leitmeritz hatte das Jesuitengymnasium Breslau besucht und sich als Altist, später als Organist betätigt. Ordenseintritt und Theologiestudium fanden in Prag statt, wo er als Regens chori an der Ordenskirche St. Michael, nach deren Aufhebung durch Kaiser Joseph II. als deutscher Prediger an der Dreifaltigkeitskirche wirkte. In den Breslauer Gymnasialjahren hatte ihn möglicherweise der spätere Organist von St. Clara, Breslau, Joseph Debisch, kennengelernt. Dieser kopierte 1781 die Hedwigsmesse Vogels für den Chor von St. Clara.

Aus dem 19. Jahrhundert lassen sich Hedwigsmessen um die Jahrhundertmitte von Ernst Bröer und Ignaz Reimann, gegen Jahrhundertende von Franz Bürke und Paul Kindler nennen. Bröer (1809–1886) war als Chorleiter an St. Clara und als Musiklehrer am Matthiasgymnasium tätig; Reimann (1820–1885) stammte aus dem Wallfahrtsort Albendorf und wirkte nach der Lehrerausbildung in Breslau u. a. als Lehrer und Kantor in Rengersdorf bei Glatz. Reimann, der Komponist des Dorfkirchenchores, „berücksichtigte die tatsächlichen Verhältnisse für ländliche Kirchenchöre und erreichte eine Volkstümlichkeit ohnegleichen“ (Georg Amft).

Aus der ersten Hälfte des 20. Jahrhunderts existieren Hedwigsmessen von Max Filke (1855–1911), Hermann Buchal (1884–1961), Paul Blaschke (1885–1969), Fritz Seidel (1890–1972) und Johannes Kobeck (1891–1974). Filkes Hedwigsmesse hat Domkapellmeister Paul Blaschke von 1926 bis 1944 regelmäßig singen lassen. Das belegen die im „Archiv für schlesische Kirchengeschichte“ 27 (1969) und 29 (1971) publizierten Aufführungsnachweise.

Georg Reichert wies 1935 in seiner Dissertation „Zur Geschichte der Wiener Messenkomposition in der 1. Hälfte des 18. Jahrhunderts“ nach, daß Widmungen nicht selten ausgetauscht wurden. Benötigte der Regens chori zu speziellem Anlaß eine Festmesse, so änderte er den Titel einer ihm geeignet erscheinenden Komposition seines Repertoires[41]. Franz Seidel, der letzte Kantor von Trebnitz, schrieb 1937 zu Max Filkes Hedwigsmesse, op. 122, „mit unserem Hedwigsfest hat die Messe außer der Widmung keinerlei Berührung“[42].

41 G. Reichert: Zur Geschichte der Wiener Messenkomposition in der 1. Hälfte des 18. Jahrhunderts. Wien 1935, S. 5. Reichert fügte hinzu: Die Abweichung in der Benennung einer an mehreren Orten erhaltenen Messe ist die Regel.

42 F. Seidel: Jetzt, Christen, stimmet an. In: Cäcilia 44 (1937), S. 89.

Thematische Verwendung von Gesängen zur hl. Hedwig läßt sich nur in zwei der genannten Messen nachweisen. Das ist einmal die Hedwigsmesse für Soli, Chor, Orchester und Orgel ex d/D von Franz Bürke. Beim Hedwigsfest 1893 erklang sie in Trebnitz erstmals. Bürke (um 1840–1913) wirkte als Musiklehrer der Schlesischen Blinden-Unterrichtsanstalt und als Chorrektor von St. Matthias (der Universitätskirche) in Breslau. Die thematische Beziehung bildet ein Zitat des Hedwigsliedes „Jetzt, Christen, stimmet an" im Hosanna des Benedictus der Messe. Dazu ist kritisch anzumerken: Dieses Zitat hätte Bürke wenigstens am Ende des „Dona nobis pacem" wiederholen sollen, denn nach dem Sprichwort macht eine Schwalbe noch keinen Sommer.

Den zweiten, überzeugenderen Beleg bildet die „Missa in honorem S^ctae^ Hedwigis" ex G von Paul Blaschke. Die Widmung lautet „Dem Trebnitzer Kirchenchor zum 700. Todestag der in Trebnitz ruhenden hl. Hedwig" (anläßlich dieses Jubiläums erhob Papst Pius XII. die Klosterkirche Trebnitz zur päpstlichen Basilika). Die Messe ist gleichfalls im Stil der sogenannten „Breslauer Schule der Domkapellmeister" für Soli, Chor, Orchester und Orgel gesetzt und wurde im Oktober 1943 in Trebnitz uraufgeführt. Thematisch liegen Kyrie, Gloria, Sanctus und Agnus Dei das Lied „Jetzt, Christen, stimmet an", dem Credo die Melodie der ersten Antiphon aus der I. Vesper des Hedwigsoffiziums „Laetare, Germania" zugrunde.

Max Filkes Hedwigsmesse ex F[43], die in mehreren Fassungen für gemischten oder Frauenchor mit Orchester oder mit Orgel allein gedruckt vorliegt, wurde gewiß häufig gesungen. Sie ist eingängig gesetzt, doch ohne Bezug auf ein Hedwigs-Thema. Die „Missa in honorem S^ctae^ Hedwigis, Patronae Silesiae" für sechsstimmigen Chor a cappella ex e et G von Johannes Paul Kobeck[44] besitzt eine minimale thematische Beziehung. Ihr liegt das Anfangsmotiv des Introitus „Gaudeamus omnes" von Allerheiligen zugrunde. Doch bedeutet das wohl weniger als das einmalige Zitat des Hedwigsliedes bei Bürke. Hermann Buchals Hedwigsmesse für vierstimmigen Chor und Orgel ex F, 1951/52 verfaßt, ist dem Chor der St. Hedwigs-Kathedrale Berlin gewidmet (Berlin gehörte von 1820 bis 1930 zum Bistum Breslau, danach als Suffragan zum Erzbistum Breslau). Vom Widmungsträger wurde sie am Fest Christi Himmelfahrt 1952 in der Heilig Kreuz-Kirche, Berlin, uraufgeführt. Wie die weiteren fünf Messen Buchals ist sie über eigene Themen des Komponisten gesetzt, enthält keine übernommene Thematik und kein Zitat[45]. Diese Feststellungen bedeuten kein Werturteil über die genannten

43 Verlag Böhm, Augsburg.
44 Verlag Hoppe, Neheim-Hüsten.
45 Vgl. R. Walter: Hermann Buchals kirchenmusikalische Werke. In: Geistliche Musik in Schlesien. Dülmen 1988, S. 141 ff.

Messen. Sie konstatieren lediglich, daß sie unser Thema nicht oder gering berühren.

Paul Blaschkes nicht gedruckte Hedwigsmesse, deren Partitur im Institut für ostdeutsche Musik, Bergisch Gladbach, aufbewahrt wird, ist im Zusammenhang mit der Verarbeitung von Volks- und Kirchenliedern in der Kunstmusik der ersten Hälfte des 20. Jahrhunderts zu sehen. In der Instrumentalmusik geschah das in Kompositionen von Igor Strawinsky, Zoltán Kodály, Bela Bartók, Paul Hindemith u. a. Hindemith bot auch einen vokalen Beleg in der Oper „Mathis, der Maler“[46]. Für das Kirchenlied liegen Belege (Messen) u. a. von Wilhelm Kurthen über „Es ist ein Ros entsprungen“, von Ernst Tittel über „O heil'ge Seelenspeise“, von Heinrich Lemacher über „Ein Haus voll Glorie schauet“ und eine weitere Messe über „Großer Gott, wir loben dich“ vor. Blaschke setzte seine zwei Belege über heimatliche Kirchenlieder. Sein erster Beitrag war die „Jubelmesse“ von 1939 über ein Kirchenlied aus Hultschin, Kreis Ratibor, seiner Geburtsstadt. Seine zweite Ausarbeitung stellte die Hedwigsmesse von 1942/43 dar.

Wie erwähnt, legte Blaschke vier Sätzen das Hedwigslied, dem Credo hingegen die 1. Antiphon aus dem Reimoffizium der hl. Hedwig zugrunde. Damit knüpfte er bei Werken wie Franz Liszts „Missa choralis“, Carl Thiels Missa „Agnus redemit oves“ und Hermann Schroeders „Missa dorica“ über die Pfingstsequenz „Veni, Sancte Spiritus“ an und setzte die Übernahme eines Choralthemas in seiner eigenen „Missa cujus imperium“ fort[47]. Doch barg die Wahl einer Liedmelodie des 18. Jahrhunderts und eines Choralthemas des 14. Jahrhunderts als thematisches Material ein stilistisches Problem, das er unterschätzt zu haben scheint. Das geht daraus hervor, daß er unterließ, zwischen den beiden cantus firmi eine Beziehung herzustellen, was im Mittelabschnitt des Credo bei „Et incarnatus est“ oder „Crucifixus“, auch bei „Et unam sanctam Ecclesiam“ möglich gewesen wäre. Dadurch entstand innerhalb des Ordinarium-Zyklus ein stilistischer Bruch: Die Rahmensätze über die Volksweise des 18. Jahrhunderts und das Credo über das Choralthema des 14. Jahrhunderts gehören unterschiedlichen Stilen an.

Kompositionen des Graduale und Offertorium der am Hedwigsfest seit 1662 vorgeschriebenen Commune-Messe „Cognovi“ und des Vesperhymnus „Fortem virili pectore“ lassen sich von in Schlesien tätigen Musikern mehrfach belegen. Diese Texte sind nicht personaltypisch, weil die Heilige nicht genannt wird und

---

46 Im Festheft zur Uraufführung in Zürich 1938 schrieb P. Hindemith: „Was die Hauptpersonen singen, ist nicht durchweg freie Erfindung: Alte Volkslieder, Streitgesänge aus der Reformationszeit und der gregorianische Choral bilden den nährenden Boden für die Mathis-Musik“. U. a. werden zitiert das geistliche Volkslied „Es sungen drei Engel ein' süßen Gesang“ und das weltliche Volkslied „Es wollt ein Maidlein waschen gehn“.

47 Gedruckt Leobschütz 1932.

die gleichen Gesänge an Festen anderer heiliger Witwen eingesetzt werden können. Einschlägige Kompositionen bilden: Graduale „Diffusa est gratia" von J. I. Schnabel, B. Hahn, M. Brosig; Offertorium „Diffusa est gratia" von M. Brosig, C. Thiel, P. Blaschke; Hymnus „Fortem virili pectore" von J. J. Pohl (um 1696–1775) und J. I. Schnabel.

In das Musikalieninventar des Breslauer Domchors von 1761 trug Johann Georg Clement (1710–1794) als Offertorium seine Komposition „Hedwigis sancta inclyta" ein. Nach verbreitetem Brauch des 18. Jahrhunderts wählte dieser Domkapellmeister nicht den liturgischen, sondern einen ihm passend erscheinenden Text. Das war die 9. Antiphon der Matutin aus dem Hedwigs-Reimoffizium. Die Textwahl erweist, daß dieses Reimoffizium in der Mitte des 18. Jahrhunderts zwar nicht mehr praktiziert werden konnte, doch an der Kathedrale bekannt geblieben war.

Aus St. Clara, Breslau, blieb als „Motetto solemne in honorem S. Hedwigis", eine Komposition „Laudate Deum" von Augustinus Schenkirsch OSB (1736–1796), Prag, erhalten. Schenkirsch hatte das Benediktinergymnasium Braunau in Nordböhmen absolviert und mag dort die Verehrung der hl. Hedwig kennengelernt haben. Kopiert hat die Motette 1781 wiederum Joseph Debisch, der damalige Organist von St. Clara.

Eine Hedwigsmesse auf deutschen Text verfaßte Heino Schubert. Diese 1962 entstandene Komposition berücksichtigt nicht das Ordinarium, sondern das Proprium Missae. Der Titel lautet „Eigengesänge zur Missa votiva S^{ctae} Hedwigis ex proprio Wratislaviensi" für Chor, vier Bläser und Gemeinde; Orgel ad libitum. Den Bestrebungen des Zweiten Vatikanischen Konzils folgend, bezieht es bei den Kehrversen (den Antiphonen) den Gemeindegesang ein. Nur der Gesang zwischen den Lesungen „Selig die Frau, die den Herrn fürchtet" (Verse aus dem Buch der Sprüche, Kap. 31) erscheint für vierstimmigen Chor a cappella gesetzt.

Dieses Proprium Missae stellt eindeutig „Musik zur Verehrung der hl. Hedwig" dar. In den Kehrversen und im Alleluja-Vers ist Hedwig genannt. Allerdings entstand die Komposition nicht in Schlesien, sondern wurde von einem vertriebenen Schlesier in Westdeutschland verfaßt.

An Vespern zum Hedwigsfest in deutscher Sprache wurden nach 1945 *zwei* gedruckt. Das Hedwigswerk, eine kirchliche Vereinigung vertriebener Schlesier, regte diese an. Komponisten waren Schlesier verschiedener Generationen.

1953 abgeschlossen und 1955 gedruckt[48] wurde „St. Hedwigs-Vesper für Vorsänger und Gemeindegesang" von Franz-Joseph Hoffbauer (1883–1953), dem Verfasser des Gesang- und Gebetbuchs „Friede sei mit dir". Diese beruht auf dem Vespertyp jenes Gesangbuchs, wurde jedoch nach der Vesperordnung des

---

48 Verlag St. Hedwigswerk, Lippstadt/Westfalen 1955.

Zweiten Vatikanischen Konzils auf drei Psalmen und Canticum beschränkt. Neu formuliert sind drei Leitstrophen (Antiphonen), die auf die gleiche Melodie zu singen sind, sowie ein fünfstrophiger Lobgesang (Hymnus). Letzterer beginnt mit den Worten „Am heut'gen Tag, dem freudevollen, die Seelen aller jubeln sollen".

Die zehn Jahre später, im Jahre 1965, entstandene St. Hedwigs-Vesperandacht von Heino Schubert[49] bezieht neben Vorsänger und Gemeinde den Chor in der Technik von Falsibordoni bei Psalmen und Magnificat und einer Liedvariation beim Hymnus ein. Die Kehrverse zu den Psalmen 109, 126, 147, der Hymnus und der Kehrvers zum Canticum nennen die hl. Hedwig oder charakterisieren ihr karitatives Wirken. Der erste Kehrvers lautet „Fürstliche Frau, du Mutter des Volkes, Vorbild der Güte, Sankt Hedwig von Schlesien, hör' unser Rufen im himmlischen Licht". Den Hymnus bildet das im Notenanhang mitgeteilte Lied „Freu dich, du deutsches Land, daß St. Hedwig dir erstand" im Wechsel von Chor und Gemeinde.

Eine umfängliche *Kantate,* in der auch die hl. Hedwig gewürdigt ist, dichtete für das 600jährige Jubiläum des Stiftes Trebnitz 1803 der damalige Stiftskanzler Ignaz Gründler (um 1746–1804). Diese wurde vom Weltpriester Aloysius Bach (1770–1845), Hauslehrer bei Gründler, vertont. Bach, Lehrerssohn aus der Grafschaft Glatz, hatte das Gymnasium in Glatz absolviert und beim kompositorisch tätigen Organisten Johann Franz Otto (1732-1805)[50] Privatunterricht in Tonsatz genommen. Durch erhaltene Kirchenkompositionen in schlesischen und böhmischen Archiven ist Bach als versierter Tonsetzer ausgewiesen. Den Text der Festkantate publizierte er in seiner historischen Studie „Geschichte und Beschreibung des Klosters Trebnitz"[51]. Die Texte von fünf Gesängen dieser Kantate wurden in der ostdeutschen Kirchenmusikzeitschrift „Cäcilia" 1937 nachgedruckt[52]. Die Komposition von Aloysius Bach ging verloren.

Für eine Cäcilienvereinstagung in Trebnitz um 1920 komponierte Domkapellmeister Siegfried Cichy, Breslau (1865–1925), einen „Festhymnus zu Ehren der hl. Hedwig". Den von Klara Behunek verfaßten Text „Die Erdennot ist hoch gestiegen" setzte Cichy für gemischten Chor mit Orgelbegleitung ex c/C. Das war eine mehrteilige Anlage, die der Trebnitzer Kantor Franz Seidel knapp charakterisierte[53]. Der Breslauer Schulmusiker Waldemar Matysiak trug sie in seiner Dissertation in Cichys Werkverzeichnis als op. 28 ein (nach Notizen der Witwe

49 Verlag Orbis, Münster/Westfalen 1965.

50 Vgl. R. Walter: Johann Franz Otto, ein Komponist der Grafschaft Glatz. In: Musik des Ostens 12 (1992), S. 239 ff.

51 Hg. von A. Kastner. Neisse 1859.

52 Cäcilia 44 (1937), S. 81 f.

53 Ebd., S. 88.

Cichys)[54]. Wie die meisten ungedruckten Kompositionen Cichys ging dieses Opus verloren.

Wohl in den 20er Jahren unseres Jahrhunderts vertonte Georg Amft (1873–1937), der verdiente Volksliedforscher der Grafschaft Glatz, die Legende „Sankt Hedwigs Brautgruß" für Sopran- und Alt-Solo, gemischten Chor und Orgel. Die Legende schildert St. Hedwigs von einem Engel begleiteten Gang durch eine Frühlingslandschaft. Eine junge Braut, der sie dabei begegnet, ersucht sie um ihre Fürbitte. Hedwig erteilt dieser Ratschläge für ihr Ehe- und Familienleben. Die 97-taktige Komposition ist geschickt gegliedert. Den Rahmen bilden die Anfangs-Verse als Chor-Unisono. Die Worte der Braut sind einer Altistin in den Mund gelegt, daran schließt sich ein vierstimmiger choralartiger Teil „St. Hedwig nimmt von ihrem Haupt der Krone goldnes Rund". Eine Sopranistin singt schließlich Hedwigs mütterliche Empfehlungen an die Braut. Georg Amft dürfte die Komposition für eine Volksandacht am Hedwigsfest bestimmt haben[55].

Als fünfte Gattung von Musik zur Verehrung der hl. Hedwig haben wir *Orgelspiel und Orgelkomposition* zu referieren. Die gefundenen Belege liegen zeitlich weit auseinander. Sie stammen aus dem 14. und aus dem 20. Jahrhundert.

In der um 1300 aufgezeichneten „Vita Sancte Hedwigis" wird von der Feier in Trebnitz nach der Heiligsprechung (der Translation) berichtet: „Vox exultacionis et salutis audiebatur in templo, decantabant enim dulci sono melodie: gloriam in altissimis deo, non solum viri et femine seculares ac religiose persone, sed eciam sonitus organorum laudes domini resonabant, quibus fidelium corda excitabantur ad devocionem et ad leticiam spiritalem"[56]. (In der Kirche hörte man frohlockende und preisende Stimmen, denn es sangen nicht allein weltliche Männer und Frauen und geistliche Personen im süßen Ton der Melodie „Ehre sei Gott in der Höhe", sondern auch der Klang der Orgel ließ das Lob erschallen, wodurch die Herzen der Gläubigen zu Andacht und geistlicher Freude angeregt wurden.) Die Verwendung einer möglicherweise positivartigen Orgel in Altarnähe bei diesem für ganz Schlesien bedeutsamen Anlaß erscheint nicht ausgeschlossen[57]. In einem aus Trebnitz stammenden Psalterium der zweiten Hälfte des 14. Jahrhunderts findet sich eine Miniatur, die den harfespielenden König David neben einer urtümlichen neunpfeifigen Orgel zeigt[58].

---

54 W. Matysiak: Breslauer Domkapellmeister von 1831–1925. Düsseldorf 1934, S. 48.

55 Die Komposition erschien im Verlag Coppenrath, Regensburg, o. J. Im Verlagsarchiv sind lediglich die Gesangsstimmen erhalten.

56 Scriptores rerum Silesiacarum oder Sammlung schlesischer Geschichtschreiber. Hg. von G. A. Stenzel. Bd. 2. Breslau 1839, S. 98.

57 1255, mehr als ein Jahrzehnt vor Hedwigs Heiligsprechung, wird von der Prager Kathedrale berichtet: „eodem anno organa nova facta sunt in ecclesia Pragensi". Dabei ist „nova" wohl so zu verstehen, daß bereits vorher eine Orgel existiert hatte.

58 G. Jensch: Musikgeschichte der Stadt Breslau. Breslau 1919, S. 70.

Als jüngster Beitrag von Musik zur Verehrung der hl. Hedwig figuriert eine Orgelkomposition über das Lied „Jetzt, Christen, stimmet an". Man hätte erwarten dürfen, daß Breslauer Domorganisten, Trebnitzer Kantoren oder schlesische Seminarmusiklehrer ein Choralvorspiel zu diesem Wallfahrtslied zu Papier gebracht und publiziert hätten. Doch war es üblich, solche Einleitungen - meist in knappster Ausprägung - aus dem Stegreif zu erfinden.

Die Variationen über das Wallfahrtslied verfaßte und publizierte 1979 Monika Brückner. Die Komposition stammt nicht aus Schlesien oder von einer schlesischen Autorin in Westdeutschland, sondern von einer westdeutschen Komponistin. Nach deren liebenswürdiger Mitteilung suchte sie für ein Orgelopus ein geistliches Volkslied, das „vom Text und Charakter in eine Kirche paßte und eine getragene, eingängige Melodie besaß - volkstümlich klang"[59]. Der Titel lautet: „Nenoitairav. Variationen über ‚Jetzt, Christen, stimmet an' für Orgel Solo"[60]. Die krebsgängige Schreibung der Formbezeichnung will andeuten, daß hier Variationen in umgekehrter Reihenfolge geboten werden. „Im Gegensatz zu herkömmlichen Variationen steht kein ‚Thema' am Anfang, sondern die fertige Melodie taucht erst am Schluß auf, entwickelt sich nach und nach aus kleinen melodischen ‚Bausteinen': Variation rückwärts, sozusagen."

Die 148 Takte lange und ca. zwölf Minuten dauernde Spielfolge bietet eine neuartige Darstellung des Hedwigs-Wallfahrtsliedes: Die Motive werden vereinzelt, in gerader, umgekehrter und krebsgänger Weise zitiert, sind rhythmisch verändert und in multitonale Bezüge gestellt. In neun Abschnitte gegliedert, nähert sich die Bearbeitung mehr und mehr der zugrunde liegenden Melodie. Erst in den letzten 18 Takten erklingt das Lied in originaler Gestalt.

Solche unerwarteten Tonvorgänge zu erkennen, bedarf es mehrmaligen Hörens, möglichst mit der Liedmelodie vor Augen und Ohren. In den Überblick von Musik zur Verehrung der hl. Hedwig bringen diese Orgelvariationen eine bisher nicht vertretene Ausprägung. Sie bestätigen gleichzeitig, was der Überblick über Hedwigslieder in den Kirchengesangbüchern ergab, daß „Jetzt, Christen, stimmet an" das bisher einprägsamste Hedwigslied darstellt.

Überblicken wir die knapp vorgestellten Kompositionen zur Verehrung der hl. Hedwig, die mit wenigen Ausnahmen aus Schlesien oder von Schlesiern stammen, können wir uns über deren Vielfalt freuen. Wahrscheinlich lassen sich noch das eine oder andere Lied, die eine oder andere Motette, die eine oder andere weltliche Komposition ergänzen. Schmerzlich zu vermissen ist das Hedwigs-Oratorium, die musikalische Großform zur Verehrung der Patrona Silesiae.

---

59 Brief von Frau Brückner vom 30. November 1994.

60 Im Titel ist das Wort „Variationen" von rechts nach links geschrieben. Gedruckt wurde die Komposition 1979 in Berlin. Vgl. Notenanhang Nr. 8.

In der „Vita Sancte Hedwigis" (um 1300) finden sich entsprechende Stoffquellen[61]: Hedwigs Geburt in Bayern, ihre Erziehung im Kloster Kitzingen, ihr tugendhaftes Leben als Ehefrau und Mutter, ihr caritatives Wirken als Landesmutter, die Gründung des Zisterzienserinnenklosters Trebnitz zusammen mit ihrem Gemahl Heinrich I., schließlich ihre Witwenjahre im Trebnitzer Kloster, das ihre Tochter Gertrud als Äbtissin leitete, sind historische Tatsachen. Sie bieten ein Gerüst, aus dem ein Oratorientext entwickelt werden könnte.

Nachdem die begonnene Schrift Joseph von Eichendorffs über die Landespatronin durch dessen Ableben Torso geblieben war, nachdem über das Leben ihrer Nichte Elisabeth von Thüringen mindestens zwei Oratorien verfaßt sind (1862 von Franz Liszt, 1931 von Joseph Haas), hätte es im 20. Jahrhundert Ehrenpflicht eines schlesischen Schriftstellers sein sollen, einen Oratorientext über die Patrona Silesiae zu erarbeiten. In Hermann Buchal (1884–1961), Franz Kauf (1883–1945) und Gerhard Strecke (1890–1968) besaß Schlesien in den 20er Jahren erfahrene Komponisten, die ein solches Oratorium hätten vertonen können[62]. In Domkapellmeister Paul Blaschke, Breslau, in Chorrektor Joseph Thamm, Neisse, und in Chorrektor Franz Kauf, Gleiwitz, wies das Bistum Chorleiter auf, die in vergleichbaren Aufführungen die Fähigkeit bewiesen hatten, ein solches abendfüllendes Werk gültig darzustellen. Doch das schlesische Volksoratorium „Die heilige Hedwig" blieb und bleibt Wunsch und Aufgabe der Zukunft!

---

61 Ediert in: Scriptores rerum Silesiacarum (wie Anm. 56). Deutsche Übersetzung der „Legenda maior": K. und F. Metzger: Das Leben der heiligen Hedwig. Breslau 1927 (erneut, mit einer Einleitung von W. Nigg, Düsseldorf 1967).

62 H. Buchal, F. Kauf und G. Strecke hatten die Akademie für Kirchen- und Schulmusik, Berlin, absolviert und zusätzlich Komposition studiert. An der Akademie war einer ihrer Lehrer der Schlesier Carl Thiel (1862–1939) gewesen.

1. Alleluja für das Hedwigsfest, aus einem Graduale des Klosters St. Vincenz, Breslau

2. Sequenz „Consurge jubilans", aus einem Graduale des Breslauer Doms

3. Sequenz „Laetetur ecclesia“, aus einem Graduale der Kollegiatkirche Brieg (16. Jahrhundert)

4. Beginn des Hedwigs-Reimoffiziums (1. Antiphon zur I. Vesper), aus einem schlesischen Antiphonale (15. Jahrhundert)

5. "Antiphona de Sancta Hedwige" aus Kloster Trebnitz. Aus: Choralschule (1796)

Antiphona „O decus Trebniciae" de Sancta Hedwige

6. Magnificat-Antiphon der I. Vesper in dreistimmigem Satz, aus dem „Glogauer Liederbuch" (um 1480). Aus: Erbe deutscher Musik. Bd. 85 (1981)

30
- - - ti - bus so - la - men tu - - is pre - ci -
- - - ti - bus so - la - men tu - is pre - - ci -
35
40
bus, et da fru - i lau - - - di - bus
bus, et da fru - i lau - di - bus cum
45
cum cae - li pa - - - - tri - bus
san - ctis pa - - - tri - bus
50
Tu tot si - - gnis ra - di - ans, in te
Tu tot si - gnis ra - di - ans, in
Tu tot signis radians
55
plebs fi - - de - lis glo - - ri -
te plebs fi - de - - lis glo - - ri -
60
ans to - ti - - us Po - - lo - -
ans to - - ti - us Po - lo -

- ni - ae, di - gna me - mo - ri - ae,
- - - ni - ae, di - gna me - mo - ri - ae,
a - sta po - - - ste - ris,
a - sta po - ste - - - ris, ma -
ma - ter Hed - wi - gis hu - mi - lis , no -
ter Hed - - wi - gis hu - mi - lis , no - - bis
bis pe - - - tens ve - ni -
pe - - - - tens ve - ni - - -
- - - am et
- am et cae - li
cae - li pa - - - - tri - am.
pa - - - - - tri - am.

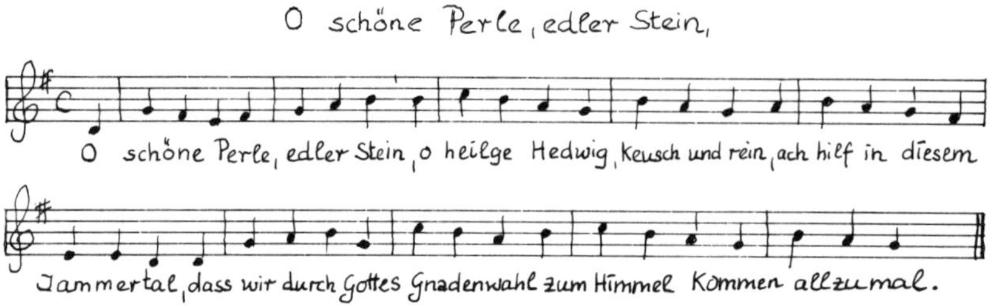

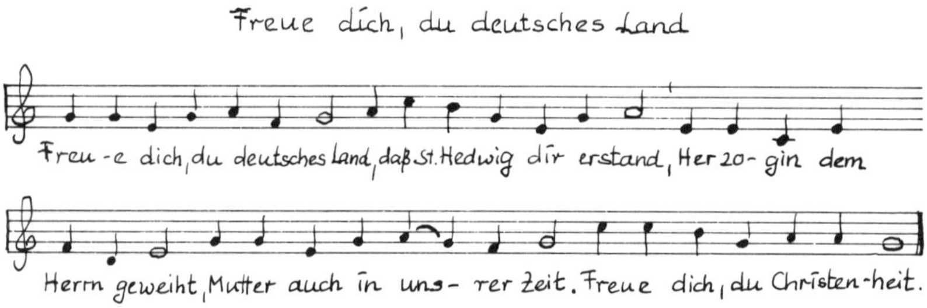

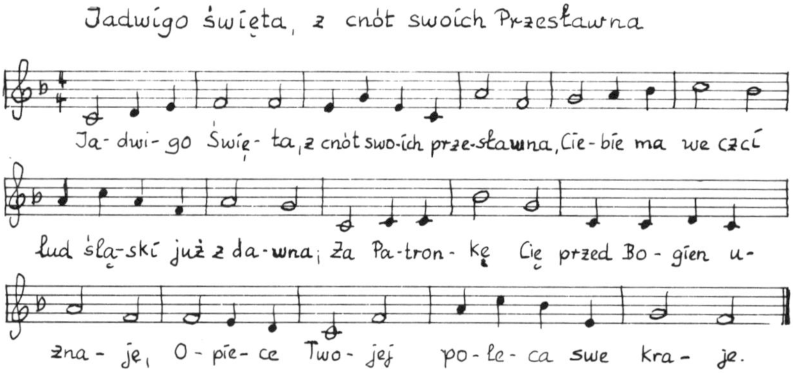

7. Vier landessprachliche Hedwigslieder, drei in deutscher, eins in polnischer Sprache

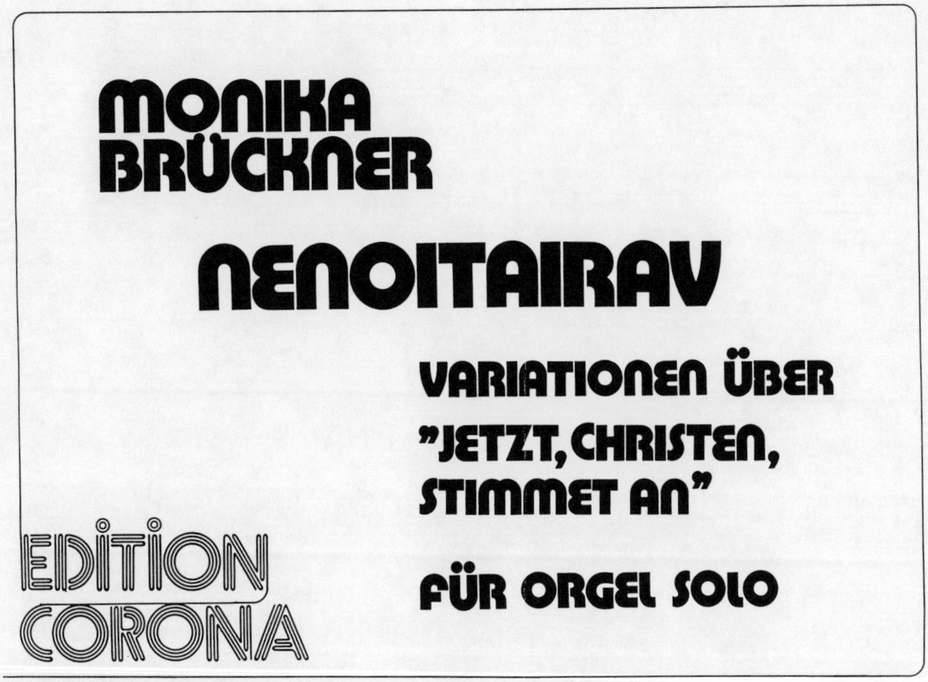

8. Orgelvariationen „Jetzt, Christen, stimmet an“ von Monika Brückner. Berlin 1979 (Umschlagtitel)

Kurt Dröge

Zur Entwicklung des Hedwigsbildes in den Hedwigskreisen von 1947 bis 1993

Die nachfolgenden Beobachtungen zum Hedwigsbild in der Gegenwart möchten diese nicht als linearen Zeitschnitt verstanden wissen, sondern als in Entwicklung befindlichen Zeitraum im Sinne einer kleinen historischen Epoche, beginnend mit dem Ende des Zweiten Weltkrieges. Die leitende Frage lautet: Wo und in welcher Form findet man, gleichsam aus dem Kirchentor heraustretend, bis heute die hl. Hedwig im Bereich der gesellschaftlichen Öffentlichkeit, aber auch im Alltagsleben, im sozialen und karitativen Umfeld etwa, beim einzelnen Individuum, in familialen Verbänden, nachbarschaftlichen Gruppierungen oder im Verein. Diese Frage kann, wenn überhaupt, das mag vorausgeschickt sein, hier nur exemplarisch beantwortet werden, ausgehend von und festzumachen an relativ wenigen Einzelbeispielen, denn eine repräsentative Untersuchung hätte einen ungleich größeren Aufwand erfordert, als er an dieser Stelle im Vorfeld möglich war.

Die Bandbreite der Bilder und Vorstellungen, in denen die hl. Hedwig insgesamt auftritt, reicht, stark vergröbernd formuliert, vom personifizierten Vorbild eines einfachen, christ-frohen Lebens über die Brückenheilige bis zur Patronin Schlesiens und Schutzfrau des deutschen Ostens oder gar des christlichen Abendlandes. Auf recht verschiedenen Ebenen ist die hl. Hedwig seit dem Ende des Zweiten Weltkriegs mit vielfältigen, aber durchaus zusammenhängenden Definitionen bezeichnet und Begriffen belegt worden: als Integrationsfigur, Mittlerin oder Verständigungsmedium, als Landesmutter natürlich, als Vertreibungssymbol.[1] Mit der jeweiligen Vorstellung, die ja immer eine eigene Geschichte hat, verbinden sich Werte, die je nach historischer und gesellschaftlicher Situation durchaus Veränderungen unterworfen gewesen sind. Die Vorstellungen können aber auch mit Funktionen im Sinne einer Instrumentalisierung verknüpft sein, die ebenfalls einem Wandel unterliegen. Dem Gesamtkomplex soll nun ein wenig nachgegangen werden.

Die populäre Literarisierung der hl. Hedwig von der Lebensbeschreibung über den historischen Roman bis zur Hedwigslyrik, daneben aber auch in den Texten

1 Heute nur noch selten: „Hedwigs-Kreis heißt ‚Vertreibung'".

der Hedwigslieder, bildet im übrigen in diesem Zusammenhang ein Thema, das wohl noch nicht weitergehend behandelt worden ist, wobei aus volkskundlicher Sicht die Rezeption und die Wirkung solcher Hedwigsliteratur in der Bevölkerung und etwa auch im Schulunterricht der Vergangenheit den interessantesten und am weitesten führenden, gleichzeitig aber auch den schwierigsten Aspekt darstellen würden.

Einen Ort der Hedwigsrezeption, der als Institution sogar nach der Heiligen benannt ist, und offenbar auch der Hedwigsverehrung stellen die Hedwigskreise dar. Sie sollen nachfolgend als Ausgangspunkt und gleichzeitig bis zu einem gewissen Grade als Untersuchungsgegenstand dienen für die Betrachtung von Vorstellungen und Funktionen der hl. Hedwig in einem eingegrenzten gesellschaftlichen und historischen Umfeld.

Die Hedwigskreise sind, ein kurzer historischer Abriß sei vorausgeschickt, in der unmittelbaren Nachkriegszeit seit 1947 rasch, d.h. in wenigen Jahren in Vereinsform entstanden. Ihre Genese ist eng mit der Flüchtlings- und Vertriebenenseelsorge der katholischen Kirche verknüpft, die bereits 1946 in organisierter Form einsetzte und in der Nachfolge der Katholischen Osthilfe etwa zu der „Arbeitsgemeinschaft der katholischen Vertriebenenorganisationen" führte[2]. In den Rahmen dieser Seelsorge gehörten unter anderem die regionalen Hedwigswerke, die in den Diözesen Osnabrück, Paderborn, Münster, Essen und Freiburg[3] begründet wurden, in Hildesheim etwas später unter dem Namen „Kardinal-Bertram-Werk"[4].

Das Hedwigswerk als generelle Einrichtung der Kirche nahm, mit den Worten Georg R. Schroubeks, „eine Mittelstellung zwischen religiösem Verein und offizieller kirchlicher Stelle ein"[5] und verstand sich von Beginn an als Heimat- und Glaubenswerk der Vertriebenen, später und mit zunehmender Tendenz auch als Kulturwerk. Es initiierte vor Ort unter maßgeblicher Mitwirkung von vertriebenen, meist schlesischen Priestern rasch und in immer größerem Umfang die Gründung von lokalen Hedwigskreisen, deren Bedeutung für die neuen Bevölkerungsgruppen katholischen Glaubens, insbesondere für katholische Schlesier, als nicht

---

2 Winfried König: Der Aufbau der katholischen Vertriebenenarbeit und ihr Anteil an der Versöhnung mit den Völkern Ostmitteleuropas. In: Christof Dahm (Hg.): Verständigung der deutschen Vertriebenen mit den östlichen Nachbarn. Vergangenheit und Zukunft. Bonn 1992, S. 39–47.

3 Das Freiburger Hedwigswerk bleibt hier beiseite, diejenigen in Münster und Essen haben bei weitem nicht die Bedeutung erlangt wie das Osnabrücker und Paderborner bzw. wurden bald wieder aufgelöst.

4 Joseph Gottschalk/Karl Schodrok: Die neuere Hedwigs-Literatur. In: Schlesien 3/1958, S. 177–180.

5 Georg R. Schroubek: Wallfahrt und Heimatverlust. Ein Beitrag zur religiösen Volkskunde der Gegenwart. Marburg 1968, S. 271.

gering eingeschätzt werden sollte. Dienten deren Zusammenkünfte anfänglich noch weitgehend Zielen der Sicherung der persönlichen Existenz in den Notjahren der Nachkriegszeit durch gegenseitige Hilfe und Solidarität, also fast im Sinne eines Sozialwerks, so entwickelten sich die zentralen satzungsmäßigen Aufgaben, nämlich den Vertriebenen „eine neue Heimat und religiöse Geborgenheit" zu vermitteln und dabei „die Werte der Heimat und des Glaubens in Treue zu bewahren"[6], immer stärker zum wesentlichsten Inhalt der Arbeit in den Hedwigskreisen, im Sinne eines religiösen Kultur- und Bildungswerks.

Dieser Arbeit vorausgegangen waren die Gründung der „Deutschen Hedwig-Stiftung" am 20. Oktober 1946 in Marienthal bei Wesel und die Tätigkeit der „Katholischen Osthilfe", die etwa in Lippstadt in NRW bereits 1947 das Hedwigsfest an drei „Hedwigstagen" feierlich beging[7]. Mit der Gründung des St. Hedwigswerkes u. a. in der Diözese Osnabrück, die nun beispielhaft näher betrachtet werden soll, am Jahresende 1947 setzte dann auch die Entstehung der Hedwigskreise als „Abteilungen" des Werkes ein, vornehmlich in solchen Pfarreien, in denen eine größere Anzahl von Ostvertriebenen wohnte[8]. Zum Präses eines jeden Hedwigskreises wurde nach Möglichkeit der jeweilige Ortspfarrer bestellt; an dieser Praxis hat sich grundsätzlich bis heute wenig geändert. Seit 1952 ist das Hedwigswerk Osnabrück in das Vereinsregister eingetragen und wird von einem gewählten Laienvorstand in Zusammenarbeit mit dem bischöflich eingesetzten Diözesanpräses geleitet[9].

In der Diözese Osnabrück bestanden bereits 1948, ein Jahr nach der Begründung des Hedwigswerkes, 50 Hedwigskreise. Zwei Jahre später waren 4.500 Vertriebene als Mitglieder in 61 Kreisen organisiert, und bereits im Folgejahr 1951 wurde mit 88 Hedwigskreisen, die unter Einschluß der Familien sicherlich 15.000 bis 20.000 Menschen erreichten, ein numerischer Höchststand erreicht, der danach in einem sehr langen Prozeß stetig zurückging. Dieser Prozeß dauert bis heute an. 1958 gab es 66 Kreise, 1965 nur noch 60, und heute gehören dem Osnabrücker Hedwigswerk noch etwa 25 aktive Hedwigskreise an. Bei deutlich höheren Gesamtzahlen ist diese Tendenz auch in der benachbarten Erzdiözese Paderborn bis zur Gegenwart zu beobachten. In beiden Diözesen, deren Hedwigswerke dankenswerterweise unterstützend tätig waren, wurde im Frühsommer 1993 eine Fragebogen-Erhebung durchgeführt, die eine generelle Bestandsaufnahme der noch heute existierenden Kreise zum Ziel hatte. Das durch die Befragung zusammengekommene, hier als Basis und Rahmen dienende Material kann durch

---

6 25 Jahre St.-Hedwigs-Werk der Diözese Osnabrück. 1947–1972. Eine Dokumentation. Osnabrück 1972, S. 10.

7 Ebd., S. 13.

8 Ebd., S. 10.

9 Ebd., S. 18.

gezielte Befragungen und die Auswertung von Vereinsunterlagen wie Protokollbüchern in verschiedenen thematischen Richtungen noch ergänzt und erweitert werden.[10]

Die Hedwigskreise haben recht schnell bestimmte Kulturformen entwickelt, die vom allgemeinen bürgerlichen Vereinswesen beeinflußt sind, gleichzeitig Traditionen kirchlicher Vereinigungen weiterführen und zum dritten aus der Heimatbewegung stammen. Neben der allgemeinen Struktur des Vereinslebens und dem am Kirchenjahr orientierten Fest-Repertoire gehören zu dieser durchaus eigenständigen Kultur vor allem der standardisierte Ablauf der Zusammenkünfte sowie eine Vereinssymbolik, die sich etwa auch in materiellen Zeugnissen fassen läßt. Die Struktur und Zusammensetzung der Hedwigskreise, ihre Verbreitung und allgemeine Entwicklung, ihre Ziele und die dahinter stehenden Werte bilden ein interessantes volkskundliches Thema, das über Betrachtungen zur hl. Hedwig weit hinausgehen müßte. An dieser Stelle mag das Thema eingeschränkt und konzentriert werden auf jene Fragestellungen, die einen mehr oder weniger deutlich sichtbaren Bezug zur hl. Hedwig erkennen lassen.

Die Frage nach der Bedeutung und Funktion der hl. Hedwig in den Hedwigskreisen kann nicht zuletzt angegangen werden über die Art und Weise, ob und wie das St.-Hedwigs-Fest in den einzelnen Kreisen gefeiert wird oder wurde. In der Umfrage lautete der entsprechende Fragen-Komplex: „Wird das St.-Hedwigs-Fest in Ihrem Kreis regelmäßig auf besondere Weise begangen? Falls ja, wie? Gemeinsam mit der ganzen Gemeinde?“

Die Antworten weisen aus, daß gegenwärtig nur noch bei etwa einem Drittel der in Westfalen und Niedersachsen bestehenden Hedwigskreise anläßlich des Hedwigsfestes ein besonderes Festhochamt zelebriert wird. Es ist aber offenkundig, daß diese Hedwigsmesse ursprünglich in praktisch allen Hedwigskreis-Gemeinden stattgefunden hat und heute auf die größeren noch existenten Kreise beschränkt bleibt, die in der Mehrzahl bereits - anders als in den ersten Jahrzehnten - die ganze örtliche Kirchengemeinde mitbeteiligen. In den kleineren Kreisen ist nach und nach ganz darauf verzichtet worden, oder das Hedwigsfest wird bei der turnusmäßigen Zusammenkunft im Oktober in einer besonderen, mehr weltlich als sakral beeinflußten Weise begangen, meist durch Lieder, Vorträge und Lesungen. Einige kleinere, dem Bistumssitz Osnabrück benachbarte

10 Als Überblick vgl. Kurt Dröge: Hedwigskreise. Religiöse Vereinsformen der Nachkriegszeit in Nordwestdeutschland. In: Rheinisch-westfälische Zeitschrift für Volkskunde 39 (1994), S. 67–86. Auf der Auswertung örtlicher Hedwigskreis-Unterlagen basiert: ders.: Zwischen Familie und Kirche, Verein und Gesellschaft. Die Nischenkultur der Hedwigskreise in Hamburg. In: Jahrbuch für deutsche und osteuropäische Volkskunde 38 (1995) (im Druck).

Hedwigskreise nehmen dort stattdessen auch nach wie vor am alljährlichen Hedwigstag teil.

Einige weitere Festelemente, die den Gottesdienst größerer Hedwigskreise bis heute umrahmen, weisen auf den Stellenwert zurück, den das Fest der hl. Hedwig zu den Zeiten der aktiven und mitgliederstarken Hedwigskreis-Bewegung im Jahresprogramm besessen hat: etwa ein gemeinsames Frühstück, ein Gedenk-, Fest- oder Heimatnachmittag oder eine „Festversammlung" mit außergewöhnlichem, hedwigbezogenem Programmablauf. Vereinzelt wird in der Gegenwart von einer Agape berichtet, gelegentlich in Verbindung mit der Ehrung verdienter Mitglieder. Der zahlenmäßige Rückgang der besonderen Hedwigsfeiern um den 16. Oktober sollte grundsätzlich, das erweisen die Befragungen in ihrer Gesamtheit, nicht so verstanden werden, daß die Betonung der hl. Hedwig innerhalb des Vereinslebens der noch verbliebenen Hedwigskreise geringer geworden wäre, eher im Gegenteil. Mit zunehmender Tendenz sind die einzelnen Kreise aufgrund ihrer personellen Situation jedoch nicht mehr in der Lage, besondere Festlichkeiten und Programmabläufe zu organisieren oder in der örtlichen Kirchengemeinde zu initiieren.

Die nachfolgenden Betrachtungen beziehen sich parallel auf zwei Ebenen, die Kultur und das Bewußtsein in den Hedwigskreisen selbst, vermittelt über die Fragebogen-Erhebung und freundlicherweise überlassene Vereinsunterlagen, sowie die kirchlichen Intentionen bei und nach der Gründung des Hedwigswerkes, die aus dessen Satzung und aus dem reichhaltigen Schrifttum zur Arbeit und zu den Zielen des Hedwigswerkes hervorgehen. Als Quellen dienen insbesondere der zwischen 1953 und 1968 herausgegebene Hedwigskalender[11], eine jeweils etwa 140 Seiten umfassende belehrende, zur Andacht anhaltende und auch unterhaltende Broschüre, die übrigens auch eine lohnende Quelle für Betrachtungen zur Popularisierung der hl. Hedwig im bildnerischen Schaffen abgeben könnte, sowie das bis heute erscheinende und gleichsam als Vereinszeitschrift der Hedwigskreise anzusehende kirchliche Monatsblatt der katholischen Vertriebenen mit dem Titel „Heimat und Glaube". Dieses wird auch intensiv zur Selbstdarstellung der Kreise genutzt und besitzt gerade in volkskundlicher Hinsicht interessanten und an dieser Stelle bei weitem nicht ausgeschöpften Quellenwert.

Generell gibt es zum Phänomen der Hedwigskreise (mindestens) vier mögliche volkskundliche Zugänge, die man als Ausgangspunkte im Rahmen der bisherigen volkskundlichen Forschung festmachen kann. Zum einen ist dies die bereits angesprochene Betrachtung der Hedwigskreise als Vereinsform, nunmehr gleichsam individuell vor Ort, nämlich im Rahmen von Untersuchungen, die sich einer

11 1953 begründet als „Heimat und Glaube. Jahrbuch der katholischen Heimatvertriebenen", 1954 bis 1966 als „Hedwigskalender", 1967 als Festschrift zum Hedwigsjahr, 1968 wieder als „Hedwigs-Jahrbuch".

lokalen Vereinsstruktur widmen oder gar der Alltags- und Festkultur einer ganzen Kommune im Sinne einer Gemeindestudie.

Zum zweiten und damit eng zusammenhängend bildet die anfangs so genannte und später in „ostdeutsche Volkskunde" (seit kurzem: „deutsche und osteuropäische Volkskunde") umbenannte Vertriebenenvolkskunde einen Forschungsrahmen, in den die Hedwigskreise als konfessionell und regional geprägte Kulturgruppen von Vertriebenen unbedingt hineingehören. Dieser Rahmen, den man auch, etwas allgemeiner, als volkskundliche Flüchtlingsforschung definieren kann, ist allerdings für den Untersuchenden heute längst nicht mehr so gut greifbar wie etwa vor 30 oder 40 Jahren, da die gesellschaftlichen Verhältnisse sich mit den häufig apostrophierten, aber zumindest volkskundlich nicht häufig genug untersuchten Eingliederungs- und Integrationsprozessen seit der unmittelbaren Nachkriegszeit stark gewandelt haben. Dieser Rahmen dürfte jedoch, unabhängig von seiner Benennung, als zentrales Forschungsfeld unvermindert wichtig und relevant sein, da mit den Migrationsprozessen der Gegenwart Parallelen und Unterschiede im Akkulturationsverhalten der Eingesessenen und Zugezogenen so deutlich und gut faßbar werden (könnten) wie vielleicht niemals zuvor[12].

Ein dritter volkskundlicher Zugang besteht in der Erforschung der Volksfrömmigkeit im weiteren und in der Wallfahrtsforschung im engeren Sinne. Letztere hat in der deutschsprachigen Volkskunde eine heftige Kontroverse hinter sich, die nicht selten in fatal polarisierender Weise auf die Diskussion der Relevanz der sogenannten „sozialen Frage" im Rahmen von Wallfahrtsuntersuchungen verkürzt worden ist[13], statt sich dem sehr notwendigen Diskurs der gesellschaftlichen, historischen und regionalen Einbindung von Wallfahrt zu widmen.

Im Hinblick auf diesen Diskurs vorbildlich und richtungweisend sind die umfassenden Untersuchungen von Georg R. Schroubek, die der Entstehung und Entwicklung der Vertriebenen-Wallfahrten bald nach Kriegsende und bis etwa 1960 gewidmet waren. Allein das dokumentarische Material, das Schroubek zusammengetragen und aufbereitet hat, bleibt für jede weitere Forschung von unschätzbarem Wert, da es nicht nur auf schriftlichen Quellen fußt, sondern in großem Umfang mündliche Berichte sowie das einschlägige Material aus dem Archiv von Alfred Karasek-Langer einschließt. Heute kann – oder besser: könnte – die Wallfahrts-Dokumentation Schroubeks, die ja auch die hl. Hedwig einschloß, um weitere gut 30 Jahre fortgeschrieben werden. Hinsichtlich der Hedwigskreise als Träger von Vertriebenenwallfahrten vermag eine solche Fortschrei-

12 Dazu jetzt Kurt Dröge (Hg.): Alltagskulturen zwischen Erinnerung und Geschichte. Beiträge zur Volkskunde der Deutschen im und aus dem östlichen Europa. München 1995.

13 Zusammenfassend Wolfgang Brückner / Gottfried Korff / Martin Scharfe: Volksfrömmigkeitsforschung. Würzburg, München 1986.

bung interessante Kontinuitäten aufzuzeigen bis hin zu einer Zäsur, die in unseren Tagen stattzufinden scheint. So sind, bereits Mitte der sechziger Jahre konnte Schroubek diese Entwicklung absehen, zahlreiche Wallfahrtsorte in Nordwestdeutschland inzwischen aufgegeben worden, andere haben mehr oder minder stark an Bedeutung verloren und nur wenige im wesentlichen Diözesanwallfahrtsorte sind im Zuge eines Konzentrationsprozesses übriggeblieben.

Der analytische Teil des so wichtigen Buches von Schroubek über „Wallfahrt und Heimatverlust", erschienen 1968, vermag am gegebenen Beispiel die Verbindung und das Wechselspiel in der Erfahrung des Religiösen und des Heimatlichen[14] eindrucksvoll zu schildern, indem gerade die Doppelfunktion der Vertriebenen-Wallfahrt, die „über spirituelle Erfahrungen hinaus den Gläubigen temporär auch ein Stück Heimat schuf (und damit bewußt oder unbewußt ein Heilmittel gegen das Heimweh anbot)"[15], besonders für die Anfangszeit nach dem Kriegsende betont wird. Hier lassen sich einige wörtliche Aussagen von Hedwigskreis-Mitgliedern aus dem Jahre 1993 anschließen, die das bis heute starke und beharrende Element in dieser Funktion von Wallfahrt verdeutlichen können: „Eine Wallfahrt ist Heimat für uns", „man fühlt sich wieder daheim", „unsere Wallfahrt ist ein Bekenntnis zur Heimat" oder in einem etwas längeren Zitat: „Die Menschen leben nach diesen Wallfahrten richtig auf. Viele treffen Menschen aus ihren Heimatdörfern und schon sind diese wieder in Gedanken in ihrer alten Heimat." Bis heute sind denn auch die Orts- und Heimattreffen ein praktisch unverzichtbarer Bestandteil im Programmablauf aller Vertriebenenwallfahrten geblieben, ja ihre Bedeutung dürfte sich gegenüber der Untersuchungszeit Schroubeks noch erhöht haben.

Der vierte volkskundliche Zugang, den man wohl am besten pauschal als „Erforschung der Hedwigsverehrung" betiteln kann, soll an dieser Stelle nur als ein direkter Einstieg dienen für die konkretere Betrachtung der hl. Hedwig im Umfeld der Hedwigskreise.

In den letzten etwa 100 Jahren hat sich die Volkskunde gelegentlich mit der hl. Hedwig beschäftigt, ohne jemals ein Hauptaugenmerk auf sie zu richten. In Überblicksdarstellungen ist immer wieder mit Recht betont worden, daß die Hedwigsverehrung im Westen Deutschlands bis zum Zweiten Weltkrieg nur von untergeordneter Bedeutung gewesen und erst in den letzten Jahrzehnten spürbar größer geworden ist.[16] Unausgesprochen implizierten solche Aussagen nicht selten

14 Grundlegend dazu jetzt Oliva Wiebel-Fanderl: Religion als Heimat? Zur lebensgeschichtlichen Bedeutung katholischer Glaubenstraditionen. Wien, Köln, Weimar 1993.

15 Helge Gerndt: „... an der Korrektur nationaler Präjudize mitzuwirken". Zu Georg R. Schroubeks 70. Geburtstag. In: Bayerisches Jahrbuch für Volkskunde 1992, S. 105–111, hier S. 106.

16 St. Hedwig. Botschafterin des Friedens für Ost und West. Ein Lobpreis der Heiligen anläßlich der 700. Wiederkehr ihrer Heiligsprechung. Köln 1967, S. 122.

die Feststellung, daß in allen ostdeutschen katholischen Landschaften - sowie auch in Polen - die hl. Hedwig allgemein verehrt wurde. Daß dies so allgemein nicht zutrifft, bedarf keiner weiteren Betonung, wird aber im vorliegenden Zusammenhang interessant dadurch, daß nicht wenige Mitglieder von Hedwigskreisen angeben, die Heilige in ihrer schlesischen Heimat überhaupt nicht näher gekannt zu haben[17]. Für Menschen aus der ehemaligen Grafschaft Glatz und aus Oberschlesien trifft dies praktisch durchgängig zu, dort stand bekanntermaßen die Marienverehrung bzw. die der hl. Anna im Vordergrund.

Für niederschlesische Gebiete weisen noch heute mündliche Befragungen in eine andere Richtung, denn, so ein Hedwigskreis-Mitglied, „meine Eltern fuhren vor dem Krieg jedes Jahr mit einem Sonderbus von Leubus nach Trebnitz am 15.10. Im Wohnzimmer im Herrgottswinkel stand eine Hedwigsstatue, die immer mit frischen Blumen geschmückt wurde." Entsprechendes wird mehrfach von Breslau berichtet, wo noch bis in den Zweiten Weltkrieg hinein die alte Fußwallfahrt nach Trebnitz praktiziert worden ist. Es scheint jedoch so gewesen zu sein, daß eine weitergehende, Wallfahrten einschließende Hedwigsverehrung in der ersten Hälfte des 20. Jahrhunderts auf bestimmte Teile Niederschlesiens beschränkt oder zumindest konzentriert gewesen ist. Leider fehlen dazu nähere Untersuchungen; in vielen einschlägigen volkskundlichen Schriften sucht man Hedwig zudem vergeblich[18]. Das Hedwigsbild der Patronin Schlesiens, der Landesmutter, des „Vollbildes der schlesischen Frau und Mutter"[19] nach Karl Schodrok sowie, vielleicht am wichtigsten, der Beschützerin Schlesiens und des christlichen Abendlandes scheint bis 1945 in Schlesien verbreiteter und populärer gewesen zu sein als das der Caritas-Heiligen mit einer festen, lebensbegleitenden Bedeutung in der persönlichen wie kollektiven Frömmigkeit. Hierzu paßt die wissensmäßig offenbar zum Allgemeingut zählende, mehrfach gehörte Erinnerung älterer Schlesier, sie hätten in der Schule über Hedwig im wesentlichen gelernt, daß sie Europa vor dem Ansturm der Tataren gerettet habe.

Im vorliegenden Zusammenhang ist im Anschluß daran wichtig, daß seitens der Kirche das Hedwigswerk und die Hedwigskreise als allgemeine ostdeutsche Einrichtung begründet wurden. Damit kamen viele Menschen, übrigens von Beginn an zwar schwerpunktmäßig, aber nicht nur aus Schlesien, sondern etwa auch aus dem Ermland, näher mit der hl. Hedwig in Berührung, die sie zuvor nicht

17 Von 21 Hedwigskreisen wurden 1993 noch Namen von Gewährspersonen genannt, die aufgrund ihres hohen Alters über die vor dem Zweiten Weltkrieg in Schlesien ausgeübten Formen der Hedwigsverehrung Auskunft geben könnten.

18 Bei Will-Erich Peuckert: Schlesische Volkskunde. Leipzig 1928, wird sie auf S. 175 kurz erwähnt. Gleiches gilt für Georg Schreiber (Hg.): Wallfahrt und Volkstum in Geschichte und Leben. Düsseldorf 1934, S. 160 und 165.

19 Gottschalk/Schodrok (wie Anm. 4), S. 180.

aktiv verehrt hatten. Daß, wie Karl Schodrok schrieb, „die katholischen Schlesier die St.-Hedwigs-Verehrung als kostbare geistige Habe aus der alten Heimat mitbrachten und nun im kirchlichen Leben der Bundesrepublik populär machten“[20], greift also nicht weit genug, sondern beschränkt sich im Hinblick auf die Verknüpfung von Frömmigkeitsverhalten und Heimatlichkeit auf den innerkirchlichen Aspekt, der den Charakter der Hedwigskreise nicht hinreichend umschreiben kann. Für die Menschen aus Böhmen und dem Glatzer Land, aus Oberschlesien und dem Ermland, aber auch für viele aus niederschlesischen Teillandschaften ging es im Zuge ihres Beitritts zu den Hedwigskreisen nicht um die Fortsetzung einer persönlichen Hedwigsverehrung, sondern um den Zusammenschluß von Gruppen gleicher Schicksalserfahrung unter dem Dach der gemeinsamen Konfession. Für nicht wenige, vielleicht sogar die meisten war die hl. Hedwig dabei, überspitzt formuliert, so etwas wie eine fremde Heilige in einem fremden Land, die dennoch, das klingt fast paradox, Nähe und Zusammenhalt zu schaffen offenbar in der Lage war.

Damit erreichten die Intentionen der katholischen Kirche bei und mit der Gründung des Hedwigswerkes bereits zu Beginn eines ihrer Ziele, die neben der Hedwigsverehrung im religiösen Sinne, um, so die Satzung des Hedwigswerkes, „die katholischen Heimatvertriebenen vor dem Entgleiten aus der Kirche zu bewahren“, die monatliche Veranstaltung von Gottesdiensten mit heimatlichen Liedern und religiösem Brauchtum sowie darüber hinaus die Abhaltung von monatlichen Heimatabenden beinhalteten. Aus beidem hat sich als Reliktform die bis heute gepflegte monatliche nachmittägliche Zusammenkunft, meist im Pfarrgemeindeheim, entwickelt.

„Als Patronin des neuen Kulturwerkes“, so wiederum die Satzung, „wurde die heilige Hedwig erwählt. Die heilige Hedwig wird als die große deutsche Heilige verehrt, welche über den schlesischen Kulturraum hinauswächst, in dem sie geschichtlich gewirkt hat. Voll Zuversicht schaut zu ihr auf der christliche Mensch des deutschen Ostens, von Ostpreußen, Danzig, Westpreußen, Pommern, Schlesien, Oberschlesien bis zum Sudetenland.“ Diese satzungsmäßig festgeschriebenen Aussagen stellen mehr ein Arbeits- oder kirchliches Bildungsprogramm dar als eine Zustandsbeschreibung der Situation um 1950. Den Schmerz und die Bitterkeit der Vertriebenen in den Notjahren aufgreifend und das überlieferte Bild überhöhend wurde die hl. Hedwig zur „Caritas-Königin des deutschen Ostens“, zur Galionsfigur eines kirchlich-gesellschaftlichen Programms, zum Symbol gemacht, um notwendig gewordene neue Strukturen zu schaffen, insgesamt eingebunden in die Vertriebenenpolitik der unmittelbaren Nachkriegszeit.

---

20 Ebd.

Dabei scheint die Frage nach der integrierenden oder desintegrativen Funktion der hl. Hedwig im Prozeß der kulturellen Eingliederung der katholischen Vertriebenen etwa in Diaspora-Gebieten nur sehr schwer zu beantworten zu sein. In der Anfangszeit – die Neubürger wurden überall wahrlich nicht mit offenen Armen empfangen – haben die Hedwigskreise mit Sicherheit keine zusätzlich abschottende oder desintegrierende, sondern eine Wirkung gehabt, die Sicherheit, Halt und unabdingbare neue Bindungen im Rahmen einer neuen Gruppenbildung beinhaltete. Inwieweit – oder besser: seit wann – die Aufgabe einer „Neubeheimatung", die das Hedwigswerk in Verbindung mit Akkulturationsforderungen satzungsmäßig festschrieb, überhaupt neben den Hoffnungen auf Rückkehr bestehen konnte, die im Gebet „St. Hedwig steh uns bei, führ uns zurück" ihren Ausdruck fanden, bildet einen eigenen Untersuchungskomplex, für den weitere Tiefeninterviews unerläßlich sind.

Die Hoffnung auf Rückkehr, nicht die sich zum Teil später anschließenden Forderungen nach Rückgabe, hat bis weit in die fünfziger Jahre hinein auch das Bild der hl. Hedwig in den Hedwigskreisen geprägt, beeinflußt von persönlicher emotionaler Not und Heimatlosigkeit, zumindest zum Teil kollektiv empfunden in einer neukonstituierten Gemeinschaft. Bis etwa 1960 herrschte von offizieller Seite und in den Medien die Propagierung eines Hedwigsbildes vor, das vornehmlich in einer Tröstung vor dunklen Ängsten aufgrund bitterer Erfahrung und in einer Linderung des Leidens bestand, eines Bildes, das man als defensiv, zuweilen auch als resignativ bezeichnen könnte. Es ging um 1960 im Zuge des Kalten Krieges in der internationalen Politik über in das Bild der schlesisch-deutschen Leitfigur, die als Brückenheilige ausschließlich Deutsche, Vertriebene und Verbliebene, miteinander verband und sich offensiv, um dieses Bild fortzuführen, und in ideologisierter Form gegen den Osten Europas wandte, dem die Zugehörigkeit zum Christentum abgesprochen wurde[21]. Nach dieser Politisierung[22], die mit dem Briefwechsel zwischen den polnischen und deutschen Bischöfen Ende 1965 zwar nicht beendet, aber rasch in sehr viel ruhigere Bahnen gelenkt wurde, begann sich im Publikationswesen und in den Hedwigskreisen langsam ein Hedwigsbild zu entwickeln, das insbesondere nach 1989 immer klarere Konturen gewinnt: das der Brückenheiligen, die jenseits aller Ethnien-Probleme zur „Patronin der Völkerversöhnung", so Joseph Gottschalk, geworden ist.

21 Vgl. den Vergleich der Weltkriegs-Vertreibung mit der „ersten Vertreibung der Schlesier beim Tataren-Einfall 1241", die „Bedrohung der christlichen Heimat" durch den Osten und insbesondere „Sowjetrußland mit seinem asiatischen Gesicht"; so mehrfach in der zeitgenössischen Hedwigsliteratur.

22 Im Hedwigskalender wurden im Vorwort nur in den Jahren 1963 bis 1966 die „geraubten ostdeutschen Grenzgebiete" beklagt. Auch politische Parolen wie „Schlesien ist und bleibt deutsch" finden sich überwiegend in dieser Zeit.

Das Verhältnis des Hedwigswerkes zum Bund der Vertriebenen war seit der Anfangszeit durchaus eng, dabei aber auf eine klare Trennung bedacht und nicht frei von Konflikten. Interkonfessionalität und politische Radikalisierung wurden als Gefahren angesehen, welche die Einhaltung eines Abstandes erforderten. Die Hedwigskreise konnten mit den jeweiligen Ortsgruppen des Bundes der Vertriebenen, etwa durch die personelle Verquickung von Funktionsträgern, zum Teil eng verbunden sein, waren und sind aber keine landsmannschaftlichen Gruppierungen im engeren Sinne. Von Anfang an spiegeln sie in ihrer Mitgliederstruktur die Ausrichtung der Ansiedlungspolitik etwa in Nordwestdeutschland wieder, die eine Erhaltung ehemaliger geschlossener oder wenigstens zusammenhängender Siedlungsverbände weitestgehend ausschloß. Als verbindende Elemente in den neuen Hedwigskreisen wurden also nicht die alten Heimatorte eingebracht, sondern eine schlesische bzw. sogar eine ostdeutsche Herkunft, die rasch und in grundsätzlicher Form identitätsbildend wirken sollte. Zahlreiche Hedwigskreise finden sich in ländlicher Umgebung, vor allem im nordwestlichen Niedersachsen; ein solcher agrarischer Kontext bildet aber kein Konstituens, denn mit der bald einsetzenden Wanderung vieler Vertriebener etwa von Niedersachsen nach Nordrhein-Westfalen bildeten sich auch in verstädterten Regionen große und zum Teil sehr mitgliederstarke Hedwigskreise.

Die Schwerpunkte der Verbreitung waren von Beginn an von der Konfessionalität der Aufnahmeregionen bestimmt, denn in protestantischen Gebieten formierten sich Hedwigskreise nicht nur häufiger, sondern auch fester und, dies läßt sich in der Rückschau sagen, dauerhafter als in Landschaften mit vorwiegend katholischer Bevölkerung, in denen man grundsätzlich von einem schnelleren und wirkungsvolleren Anpassungsprozeß auch im Hinblick auf die Strukturen der Volksfrömmigkeit und des kirchlichen Gemeindelebens auszugehen hat. Dies heißt jedoch nicht, daß es in katholischen Regionen überhaupt keine Hedwigskreise gegeben hat, denn sie finden sich etwa im Emsland ebenso wie im ehemaligen Hochstift Paderborn oder im kurkölnischen Sauerland, wo sich – in Grafschaft bei Schmallenberg – im übrigen auch das größte Hedwigsreliquiar im Westen Deutschlands befindet[23], das längere Zeit Ziel einer Hedwigswallfahrt aus westfälischen Orten gewesen ist.

Für die nordwestdeutschen Regionen sollte man grundsätzlich betonen, daß es auch vor den bekannten und großen Vertriebenenwallfahrten gebietsweise ein ausgeprägtes Wallfahrtswesen gegeben hat und gleichzeitig nicht ganz Nordwestdeutschland als Diaspora angesehen werden darf. Vielmehr gibt es insbesondere in Nordrhein-Westfalen und in Teilen von Niedersachsen ein in Teillandschaften gegliedertes Nebeneinander der beiden großen christlichen Konfessionen, in der

---

23 Vgl. auch das in Heinsberg bei Aachen (Joseph Gottschalk: Hedwig von Andechs – Herzogin von Schlesien. Eine Botin des Friedens. Freiburg 1982, S. 92).

Diözese Osnabrück sogar ein traditionell gemischtkonfessionelles Gebiet, in dem sich übrigens niedersächsische Hedwigskreise in größerer Zahl am längsten und zum Teil bis heute erhalten haben.

Hinsichtlich der Entstehung des Vertriebenenwallfahrtswesens und seiner Typologie, vom Übergang von der volkstümlichen zur rein kirchlich gestalteten Wallfahrt über die teilweise Wiederbelebung bereits erloschener Gnadenstätten, die sogenannten Wallfahrtstreffen und die Seelsorgewallfahrten als Peripherie-Formen bis hin zu den Spätformen der Vertriebenenwallfahrt, den „Wallfahrtsausflügen", und den Gründen für das Abkommen von der Wallfahrt kann nach wie vor auf die umfassenden Ausführungen Schroubeks verwiesen werden[24]. Die bereits 1965 erkennbaren Konzentrationsprozesse haben sich seitdem fortgesetzt, und es sind nur wenige Wallfahrten und Pilgerziele übriggeblieben, deren Besuch samt und sonders überregional organisiert wird. Es erscheint an dieser Stelle wichtig, daß generell die Hedwigswerke als Dachorganisationen, im einzelnen aber die örtlichen Hedwigskreise diese Prozesse sehr stark beeinflußt und gesteuert haben. Seitdem viele der sogenannten „psychologischen Voraussetzungen" für Vertriebenenwallfahrten weggefallen sind (dies war bereits in den sechziger Jahren der Fall), konnten – oder mußten – Vereinigungen wie die Hedwigskreise noch stärker als zuvor in ihre Rolle als Träger von Wallfahrten hineinwachsen, um diese überhaupt weiter stattfinden lassen zu können. Diese Funktionen und Tätigkeiten betreffen sowohl die religiöse und emotionale Einstimmung auf die Wallfahrt innerhalb der Gruppe als auch die rein äußerliche Organisation der gemeinsamen Bewältigung des Weges sowie die praktische Realisierung selbst (so etwa zu einem Detail eine Gewährsperson): „Besonders die älteren Mitglieder legen Wert darauf, die Wallfahrt gemeinsam im Bus zu machen."

In den Antworten auf die 1993 gestellte Frage nach den Wallfahrten der Hedwigskreise vermischen sich vergangene Verhältnisse der ja schon sehr früh als „traditionell", also traditionsbildend empfundenen Nachkriegswallfahrt mit der tatsächlichen Situation in der Gegenwart. Nach wie vor steht im Bewußtsein der Pilger das gemeinschaftliche Tun im Mittelpunkt, im eigentlichen Wallfahrtsbrauchtum wie in den anschließenden bzw. eingeschobenen Heimat- und Ortstreffen. Nach wie vor werden die Heimatverbundenheit oder die „Pflege der Heimattreue" als Hauptbeweggrund für die Teilnahme angegeben. Es überwiegen allerdings immer stärker solche Aussagen, die das Wiedersehen mit alten Bekannten aus der Heimat als wesentlichsten oder gar einzigen Anlaß für eine Wallfahrt bezeichnen, das Wallfahrtsziel also nahezu vollständig seiner religiösen Bedeutung entkleiden und nur noch als Treffpunkt definieren: „Man trifft viele Landsleute, die auch in einem Hedwigskreis sind."

---

24 Schroubek: Wallfahrt (wie Anm. 5), S. 242 ff.

Die empirische Beobachtung heutiger Hedwigswallfahrten erbringt über die Konstatierung des kontinuierlichen zahlenmäßigen Rückgangs der Pilger hinaus die Feststellung, daß das Gemeinschaftliche des Wallfahrtstages im Sinne der überkommenen volkstümlichen Formen, von der Verabschiedung in der heimatlichen Pfarrkirche über die Andachten auf dem Weg bis zur Einholung und zum Einzug am Gnadenort sowie dem dortigen weiteren Verlauf, sich auf einen Kern reduziert hat, der sich veränderten Freizeitbedürfnissen und -erfordernissen immer stärker anpassen mußte. Heute bildet die gemeinsame Busfahrt bereits eher die Ausnahme, zumeist geschieht die Anfahrt individuell im Pkw, nicht selten allerdings noch in kleinem Rahmen koordiniert von den örtlichen Hedwigskreisen.

Die Bedeutung und Funktion der hl. Hedwig und deren Wandel können im Rahmen der Wallfahrten noch näher in den Blick kommen, ausgehend wiederum von den an die Hedwigskreise gestellten Fragen als gleichsam unterster Rezeptionsebene der Gegenwart und retrospektiv auch der vergangenen 45 Jahre. In den Diözesen Paderborn und Osnabrück sind wenige Wallfahrten übriggeblieben, für die westfälischen Hedwigskreise vornehmlich diejenige nach Werl, aber auch die nach Haltern im Münsterland, für die niedersächsischen die nach Rulle bei Osnabrück, für beide, aber in geringerem Maße, die ebenfalls bis heute stattfindende Hedwigswallfahrt nach Telgte.

Im Rahmen eines Versuches, diese Anlässe und Gnadenorte zusammenfassend zu betrachten, erscheint ihnen und auch den einheimischen und den vertriebenen Pilgern gemeinsam die große und dominante Bedeutung der Marienverehrung, der die Hedwigsverehrung mit dem Aufkommen der Vertriebenenwallfahrten an die Seite gestellt worden ist: durchaus in dem Sinne, daß letztere an der Peripherie verblieb. Die befragten Mitglieder der Hedwigskreise gaben durchweg die Marienverehrung, insbesondere das Singen schlesischer Marienlieder als bedeutungsvoll an, das in den Anfangsjahren auch das Besondere und Neue der Vertriebenenwallfahrten darstellte.

Sowohl im generellen Wallfahrtsprogramm, das in Rulle etwa aus dem Festhochamt mit Predigt, der Gebetsstunde, dem offenen Singen weltlicher Lieder und der Marienfeierstunde mit Predigt besteht, als auch im liturgischen Ablauf selbst taucht die hl. Hedwig nur am Rande auf. Das Ruller Wallfahrtsbüchlein ist fast zur Gänze der Schmerzhaften Mutter Gottes von Rulle gewidmet und enthält neben dem Hedwigs-Ruf lediglich die beiden Hedwigslieder, das ältere „Jetzt Christen, stimmet an“[25] und das von Alfred Schürmann aus dem Jahre 1948. Sein Titelblatt jedoch wird geschmückt durch eine farbige St.-Hedwig-Illustration, und diese dürfte symbolische Bedeutung besitzen für die Funktion, die der hl. Hedwig nach wie vor oder möglicherweise immer stärker zugekommen

25 „Jetzt Christen, stimmet an / es singe, wer da kann / Schutzfrau des ostdeutschen Lands / Krone des Fürstenstands / o Sankt Hedwig.“

ist: Sie stellt ein Zeichen oder eine Art Wegweiser dar, unter dem sich eine Gemeinschaft neu gebildet hat. Die Tatsache ihrer Heiligkeit hat dieser Funktion eine deutlich größere Autorität und Dauerhaftigkeit verliehen, ohne selbst in der Frömmigkeit des Einzelnen tiefer zu wirken oder gar eine eigene, über die Formelhaftigkeit der allgemeinen kirchlichen Verehrung hinausgehende Ausbildung von Andachtskultur zu begründen.

Man könnte hier von einer „verordneten Heiligen" sprechen, in der und mit der die gesamte katholische Vertriebenenarbeit zusammengefaßt worden ist im Sinne einer Namensgeberin und programmatischen Leitfigur. Dies würde jedoch zu kurz greifen. Denn die Verehrung einer Heiligen, selbst einer solchen, die als stark weltlich geprägte gruppenbildende Leitfigur in der engeren Volksfrömmigkeit nur sekundäre Bedeutung besitzt, kann sich nicht, mit den Worten Joseph Gottschalks, allein „durch Verfügung entwickeln". Die das Programmatische der Hedwigsarbeit initiierende Steuerung durch die Kirche bedurfte stattdessen der mit Recht als optimal angesehenen überlieferten Konstellation der Mittlerrolle Hedwigs zwischen geschichtlicher und heimatlicher Identität im Sinne einer historischen Figur und kirchlicher Treue im Sinne der sakralen Persönlichkeit. Mit einem letzten Blick auf die Hedwigskreise mag dieses Wechselspiel anhand eines konkreten Beispiels noch in knapper Form illustriert werden.

Aus dem bürgerlichen Vereinswesen haben die Hedwigskreise gewisse Elemente übernommen, die das interne Vereinsleben auf der einen Seite und das Auftreten der Gruppen in der Öffentlichkeit auf der anderen Seite betreffen. Zu den das interne Vereinsleben mehr oder weniger formal prägenden Elementen gehören ein festliegendes Inventar an Tagesordnungspunkten bei den in der Regel monatlichen Zusammenkünften, Berichte des Vorstandes, bestimmte ritualhafte Abläufe der Zusammenkünfte selbst, die Protokollierung der Treffen im Sinne der Vereinsgesetzgebung sowie Ehrungen verdienter oder langjähriger Mitglieder. Insgesamt handelt es sich hierbei mehr oder weniger um Reliktformen, deren Genese hier zu weit führen würde, Stichworte wie ehemalige Hedwigschöre, vormals aktive Ortsgruppen der katholischen ostdeutschen Jugend oder die Aufführung von Hedwigsspielen mögen als Hinweise genügen. Eine wenn auch sparsame materielle Kultur der Hedwigskreise, etwa der gelegentlich auf dem Vorstandstisch befindliche Hedwigswimpel, Ehrenurkunden oder Treueabzeichen des Hedwigswerkes, signalisiert als äußere Form die Standardisierung des knapp 50jährigen Hedwigskreis-Wesens und weist bereits auf den Bereich der Repräsentation in der Öffentlichkeit hin.

Diese Öffentlichkeit ist von Anfang an sehr beschränkt geblieben und war und ist auf die Teilnehmerschaft von Gläubigen bei kirchlich und/oder religiös bestimmten Anlässen wie Wallfahrten konzentriert. Den sichtbaren Ausdruck des organisierten Hedwigskreis-Wesens bilden dabei die Hedwigsbanner, die von jedem einzelnen Kreis mitgeführt werden. Sie sind weitgehend einheitlich gestaltet und tragen als wesentlichstes Erkennungszeichen das Symbol des Hedwigswerkes, eine aus den Buchstaben H, W und dem Kreuz graphisch schlicht und gleichzeitig unverwechselbar gestaltete Krone, die sich als stilisierte Herzogskrone in selten geglückter Form sowohl auf Hedwig als Kirchenheilige als auch auf die schlesische Landesmutter beziehen läßt.

Die Hedwigsbanner haben aber nicht nur bei Wallfahrten respektive innerhalb deren Liturgie ihren festen Platz. In zahlreichen Hedwigskreisen werden sie bis heute bei der Beerdigung eines Mitgliedes mitgeführt, seltener aus diesem Anlaß in der Kirche aufgehängt bzw. aufgestellt. Neben allgemeinen „besonderen Anlässen und Festen" wurden in der Hedwigskreis-Umfrage daneben auch mehrfach die Fronleichnamsprozession und Jubiläen in der Gemeinde als anlaßgebend für die Mitführung und Präsentation des Banners genannt, seltener Erntedankfeiern, Maiandachten, Patronatsfeste, Primizfeiern, Hedwigsfeste und Hochzeiten. Mit der Teilnahme der Banner an allen Prozessionen im Jahreslauf haben diese und mit ihnen die Hedwigskreise selbst in Einzelfällen eine öffentliche Wirkung im Ort oder in der Kleinregion erlangt, die über die rein innerkirchliche oder -gemeindliche noch ein wenig hinausgeht.

Insgesamt sind die Hedwigskreise, betrachtet man sie einmal ausschließlich von dieser Seite ihrer repräsentativen Symbolik, in ihrer Bedeutung im kirchlichen Festleben immer auf bestimmte Anlässe und Termine begrenzt geblieben. Heute werden die Hedwigsbanner immer häufiger von jugendlichen Gläubigen getragen in Ermangelung geeigneter Träger aus den Vertriebenengenerationen. Korrespondiert dies einerseits mit der Überalterung der Hedwigskreise und der damit verbundenen sinkenden Bedeutung als aktive Gruppierungen, so signalisiert es andererseits, daß die Hedwigskreise in vielen Kirchengemeinden in einer gewissen institutionalisierten Form ihren festen Platz gefunden haben, der von ihrem aktuellen Bestehen im Sinne lebendiger Vereinigungen wenigstens zum Teil unabhängig geworden ist, oder wiederum anders formuliert: Die Hedwigskreise sind zum gegenwärtigen Zeitpunkt im Begriff, Geschichte zu werden.

Damit wird die hl. Hedwig in den Hedwigskreisen ihrer Funktionen entledigt, ohne daß an dieser Stelle zu entscheiden ist, ob es sich dabei insgesamt mehr um integrative, identitätsstiftende oder desintegrierende oder gar separierende gehandelt hat. Das Hedwigsbild wird in den Kreisen, die nicht länger Bestand haben, zu einem retrospektiven, erinnerungsgeprägten, abgeschlossenen, in denjenigen aber, die sich in den letzten Jahren geöffnet haben für die ganze Pfarrgemeinde oder sogar darüber hinaus, zu einem perspektivreichen und weiterführenden. Damit könnte sich ein Kreis schließen, der auch im vorliegenden Kontext das so oft apostrophierte Ende der Nachkriegszeit signalisieren würde. Bereits in den fünfziger Jahren ist in der Hedwigsliteratur gelegentlich im Rahmen des Bekenntnisses zum Christentum von einem geeinten Europa zur Überwindung des Nationalismus gesprochen worden. Hedwig als Brückenheilige, als schlesische Lieblingsheilige ohne eine nationale oder ethnische Einschränkung scheint prädestiniert dafür zu sein, Verständigungsfunktionen auszuüben, nachdem sie geholfen hat, viele Wunden zu schließen. Aus einem Hedwigskreis im Hochstift Paderborn wird aktuell berichtet: „In Veranstaltungen wird oft auf den Lebensweg der hl. Hedwig hingewiesen und dadurch auf die Besiedlung von Schlesien. Außerdem berichten mehrere Schlesier von ihren Aufenthalten in der alten Heimat und von ihren z.T. sehr guten Kontakten zu den jetzigen Bewohnern. Einladungen gehen hin und her! Der Geist der Völkerverständigung und Versöhnung ist auf privater Seite besser ausgeprägt als auf politischer."

Diese Aussage kann ich als Protestant, der in den Hedwigskreisen durchweg offene und freundliche Aufnahme erfahren hat, dankbar und freudig bestätigen.

Wallfahrtsbüchlein

für die Wallfahrt des St.-Hedwigs-Werkes der Diözese Osnabrück nach Rulle

1. Wallfahrtsbroschüre des Hedwigswerkes Osnabrück für die Wallfahrt nach Rulle

2. Festhochamt in Rulle 1993

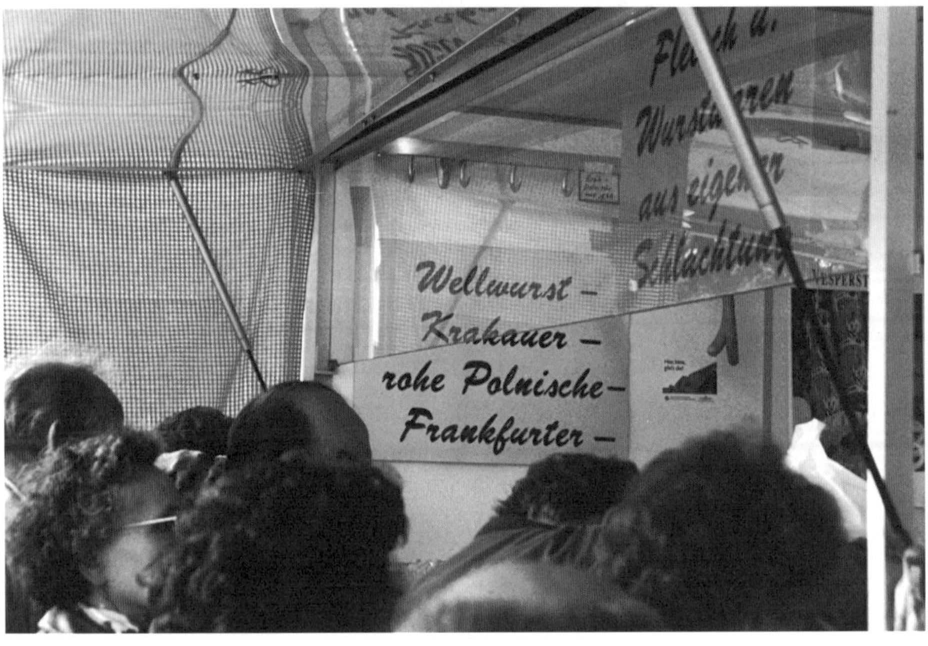

3. Würstchenstand auf der Wallfahrt in Rulle 1993

4. Hedwigsbild und Hedwigsfahne in Rulle

5. Hedwigsbanner der Osnabrücker Hedwigskreise während der Mittagspause in Rulle 1993

6. Hedwigsbanner mit Widmung

7./8. Hedwigsbanner und Hedwigskreisteilnehmer auf der Fronleichnamsprozession in Letmathe (Kr. Iserlohn) 1951

Paul Mai

Die Entwicklung der Hedwigswallfahrten in Deutschland nach 1945

Der von Hitler entfesselte Zweite Weltkrieg bedeutete mit seinem Ende 1945 für die Deutschen in den ehemaligen deutschen Ostgebieten durch Vertreibung und Verschleppung noch eine besondere Katastrophe: Mehrere Millionen Menschen verloren ihre Heimat und ihr Vermögen. Aus Schlesien wurden bis 1950 rund 3,2 Millionen Deutsche vertrieben: 2 Millionen hiervon schlugen sich in die Bundesrepublik Deutschland durch, 1,2 Millionen verblieben im Gebiet der ehemaligen DDR und in Ostberlin[1].

Menschen sind in Zeiten besonderer Not dem Religiösen gegenüber besonders aufgeschlossen. Wallfahrten sind eine traditionelle Frömmigkeitsform, in der der einzelne bedrängte Gläubige seine Anliegen der besonderen Fürbitte einer verehrten Heiligengestalt oder dem allmächtigen Gott direkt anvertraut und sich besondere Hilfe dadurch erhofft.

Es ist ein Phänomen, daß sich nach 1945 in Westdeutschland bzw. der Bundesrepublik Deutschland sehr schnell Wallfahrtsbewegungen von Flüchtlingen und Vertriebenen herausbildeten. Um dies zu verstehen, muß man einen Blick auf die religiöse Haltung der Schlesier vor ihrer Vertreibung und auf das Wallfahrtswesen in ihrer alten Heimat werfen.

Schlesien besitzt ein blühendes Wallfahrtswesen mit jahrhundertealter Tradition. Die bedeutendsten Zentren waren und sind:

- Trebnitz mit dem Grab der hl. Hedwig, der älteste Wallfahrtsort Schlesiens, vielbesucht seit der Heiligsprechung Hedwigs 1267;
- Wartha, eine Marienwallfahrt mit einer Gnadenstatue aus dem 12. Jahrhundert, in Blüte seit etwa 1500;
- der Annaberg bei Groß-Strehlitz (Oberschlesien) zur hl. Mutter Anna, ebenfalls ab etwa 1500 ein Mittelpunkt schlesischer Frömmigkeit. Hierher strömten in

1 Vgl. Gerhard Reichling: Die deutschen Vertriebenen in Zahlen. Teil 1: Umsiedler, Verschleppte, Vertriebene, Aussiedler 1940–1985. Bonn 1986, S. 61.

den Jahren vor Ausbruch des Zweiten Weltkriegs die Pilger in Massen, so 1938 im Beisein des Breslauer Kardinals Adolf Bertram über 120.000 Gläubige[2];
- Albendorf im Glatzer Land, das „schlesische Jerusalem", eine Marienwallfahrt, sehr bekannt seit der Barockzeit.

Insgesamt wies das Bistum Breslau in den 1930er Jahren 40 Wallfahrtsorte, davon 20 Marienwallfahrtsorte auf[3]. Die schlesische Frömmigkeit drückte sich durchaus - wie die großen Zahlen der Wallfahrer vor dem Krieg beweisen - in einer besonderen Vorliebe zum Wallfahren aus.

Aus dieser Vorkenntnis heraus ist es dann auch nicht besonders erstaunlich, daß Schlesier nach 1945 sehr bald in Westdeutschland unter Wallfahrern zu finden sind bzw. daß sich sogar ganz typische Schlesierwallfahrten entwickelten. Es lassen sich drei Hauptgruppen von Wallfahrten unterscheiden, auf die insgesamt kurz eingegangen werden soll, weil die Hedwigswallfahrten nur einen Teilaspekt innerhalb des Gesamtphänomens „Flüchtlings- und Vertriebenenwallfahrten" bilden.

1. Wallfahrten zu bestehenden Marienwallfahrtsorten in Westdeutschland

Schlesien wird ob seiner besonders ausgeprägten Marienverehrung - über die Hälfte der Wallfahrtsorte im Bistum Breslau waren (wie oben erwähnt) Marienheiligtümer - gerne auch als „Marienland" bezeichnet; die „Grüssauer Marienrufe" sind Belege dieser Frömmigkeit[4]. Verständlich ist es daher, daß die schlesischen Flüchtlinge sich in ihrer Not an Maria in den bestehenden Marienwallfahrtsorten in Westdeutschland wandten. Altötting, Bayerns bekanntester Marienwallfahrtsort, zog die Heimatlosen als erster an. Die erste Großwallfahrt am 6. Juni 1946, organisiert von der Kirchlichen Hilfsstelle für Heimatvertriebene in München, sah rund 8.000 Pilger, vor allem Sudetendeutsche, aber auch viele Schlesier[5]. Diese Wallfahrt wurde beispielgebend für künftige Großwallfahrten von Vertriebenen, vor allem durch den Geist, der sie trug: Die Altöttinger Wallfahrer sprachen zum erstenmal das vom Augustiner-Eremiten P. Paulus Sladek aus Prag verfaßte „Gelöbnis der Vertriebenen", das - mit lokalen Abwandlungen

---

2 Vgl. Heimatbrief der Katholiken des Erzbistums Breslau 8 (1981), Nr. 4, S. 60.

3 Vgl. Alfons Nowack: Schlesische Wallfahrtsorte älterer und neuerer Zeit im Erzbistum Breslau. Breslau 1937; Christian Schreiber: Wallfahrten durchs deutsche Land. Eine Pilgerfahrt zu Deutschlands heiligen Stätten. Berlin 1928, S. 61–71.

4 Vgl. Nowack (wie Anm. 3), S. 57–60.

5 Georg R. Schroubek: Wallfahrt und Heimatverlust. Ein Beitrag zur religiösen Volkskunde der Gegenwart. Marburg 1968, S. 25.

– zum Stammgebet fast aller Wallfahrten wurde. Darin heißt es im Anruf des allmächtigen Gottes:

> Unser Leben legen wir in Deine Hand. Wir wollen es wieder ernst nehmen mit unseren Christenpflichten. Gedanken der Rache und neuer Vergeltung sollen nicht Macht gewinnen über unsere Herzen. Dir wollen wir unsere Sache anheimstellen, der Du Herr über alle Völker bist und alle vor Dein Gericht rufst[6].

Mit solchem Verzicht auf Rache und Vergeltung, bei späteren Wallfahrten oft von 20.000 bis 50.000 Menschen gesprochen, wurde – lange vor der „Charta der Vertriebenen" – ein Leitmotiv angeschlagen, das als christliches Denken auch Basis der Politik werden konnte.

Mehr noch als Altötting entwickelte sich Werl, ein Marienwallfahrtsort in Westfalen (Diözese Paderborn) zu einem Wallfahrtsort der Heimatvertriebenen: Ja, Werl wurde zum wichtigsten Heimatvertriebenen-Wallfahrtsort überhaupt. Nach bescheidenen Anfängen im Jahr 1946 stiegen in den folgenden Jahren die Teilnehmerzahlen der Wallfahrer hierher sprunghaft an. 1947 wurde in Werl mit Flüchtlingsbischof Maximilian Kaller die Gründung des St. Hedwigswerks beschlossen. Dieses St. Hedwigswerk organisierte in Zukunft die Wallfahrten nach Werl.

Bei der Schlesierwallfahrt 1953 mit Josef Kardinal Frings als Zelebrant des Festgottesdienstes und Bundeskanzler Dr. Konrad Adenauer als Hauptredner der nachmittäglichen Kundgebung erreichte die Wallfahrt nach Werl mit 60.000–70.000 Teilnehmern eine Höchstmarke, die seitdem nicht mehr übertroffen wurde. Hier zeigte sich auch der doppelte Charakter besonders eklatant, der den Vertriebenen-Wallfahrten von Anfang an innewohnte: der einer religiösen Veranstaltung mit dem Festgottesdienst am Vormittag und der einer politischen Veranstaltung am Nachmittag, wo durch das Auftreten von Rednern aus politischen Parteien die Interessen der Vertriebenen politisch und publizistisch äußerst wirkungsvoll dargestellt werden konnten. Bemerkenswert ist auch, daß in Werl durch Einführung einer Lichterprozession am Vorabend des Wallfahrtstages eine Albendorfer Tradition aufgenommen wurde[7].

Eine ähnlich große Bedeutung wie Werl für den norddeutschen, erreichte der Marienwallfahrtsort Schönenberg in Württemberg (Diözese Rottenburg) für den südwestdeutschen Raum. Bereits ab 1946 fanden sich Schlesier hier ein, ab 1950 begann hier die Tradition der großen Heimatvertriebenen-Wallfahrten der Diözese Rottenburg. Die Pilgerzahlen schnellten beim Auftreten von Rednern wie

---

6 Gedruckt bei Hans Joachim von Merkatz (Hg.): Aus Trümmern wurden Fundamente. Düsseldorf 1979, S. 250 f.

7 Vgl. Schroubek: Wallfahrt (wie Anm. 5), S. 204–209.

Dr. Kurt Georg Kiesinger, Dr. Alois Hundhammer oder Dr. Konrad Adenauer in den 1950er und 1960er Jahren auf 30.000 bis 50.000 empor[8].

Als weitere Marienwallfahrtsorte mit besonderer Anziehungskraft auf Vertriebene, insbesondere Schlesier, seien genannt: Bethen im Oldenburger Land, Maria Veen im Westfälischen (mit einer Kopie des Gnadenbildes der Muttergottes von Wartha), Telgte, ein bevorzugter Wallfahrtsort der Glatzer Katholiken - alle drei genannten Orte gehören zur Diözese Münster; Bad Wimpfen am Neckar (Diözese Mainz), seit 1947 neue Heimat des vertriebenen Benediktinerkonvents Grüssau, wo eine Kopie des Gnadenbildes der Muttergottes von Grüssau aufgestellt wurde; Violau in Schwaben (Diözese Augsburg); Vierzehnheiligen in Oberfranken (Diözese Bamberg)[9].

2. St. Anna- oder St. Annabergswallfahrten

In Erinnerung an ihre alte Heimat und die dort gepflegte Verehrung der hl. Mutter Anna auf dem Annaberg suchten vertriebene Schlesier im Westen mit besonderer Vorliebe auch Anna-Wallfahrtsstätten auf.

Der Annaberg bei Haltern (Diözese Münster) wurde ob seiner Ähnlichkeit mit dem Annaberg in Oberschlesien nach 1945 von den Schlesiern als wichtiger Wallfahrtsort auserkoren. In der Gnadenkapelle wurde eine Kopie des Annabildnisses vom schlesischen Annaberg angebracht[10].

Diese Annaberg-Wallfahrt ist kraftvoll bis in die Gegenwart. 1981 beispielsweise nahmen circa 12.000 Oberschlesier daran teil, in diesem Jahr wurde dort eine bronzene Säule mit dem Bild der Anna Selbdritt enthüllt[11]. 1983 pilgerten sogar ca. 14.000–15.000 Oberschlesier dorthin[12].

Eine Annawallfahrt auf den Mariahilfberg Amberg gibt es seit 1947. Obwohl Amberg-Mariahilfberg eigentlich eine Marienwallfahrt ist, haben sich manche Züge der oberschlesischen Annaverehrung hierher übertragen, angeregt wohl durch die ähnliche Berglage des Heiligtums[13].

Ein echtes, seit dem Mittelalter bezeugtes Annenheiligtum mit Wallfahrt liegt in St. Anna bei Sulzbach-Rosenberg vor. Dieses wird seit 1946 auch von Oberschlesiern - meist aus dem Bistum Regensburg - aufgesucht[14].

8 Vgl. ebd., S. 175–177.
9 Vgl. ebd., S. 40–42, 46, 134 f., 189, 191 f.
10 Vgl. ebd., S. 84 f.
11 Vgl. Heimatbrief der Katholiken des Erzbistums Breslau 8 (1981), Nr. 4, S. 60.
12 Vgl. Heimatbrief der Katholiken des Erzbistums Breslau 10 (1983), Nr. 4, S. 60.
13 Vgl. Schroubek: Wallfahrt (wie Anm. 5), S. 30–32.
14 Vgl. ebd., S. 170.

Ebenso ist Sankt Annen bei Riemsloh in Niedersachsen (Diözese Osnabrück) ein vorreformatorisches Annenheiligtum. Die dortige erloschene Wallfahrt wurde durch einen Aufruf des St. Hedwigwerks ab 1952 zu neuem Leben erweckt[15].

3. St. Hedwigswallfahrten

Kommen wir nun zur dritten Gruppe der schlesischen Vertriebenen-Wallfahrten, den St. Hedwigswallfahrten, dem eigentlichen Gegenstand dieses Beitrags.

Hedwig ist die Landespatronin Schlesiens, der Wallfahrtsort Trebnitz mit dem Grab der Heiligen ein Zentrum schlesischer Frömmigkeit. Nach dem Verlust dieser Hauptkultstätte mußte in der Fremde nach Ersatz Ausschau gehalten werden, denn die Anrufung und Verehrung der Landespatronin war vielen Schlesiern ein Herzensbedürfnis. Naheliegenderweise richteten sich die Blicke der Schlesier zunächst auf den Geburtsort der hl. Hedwig:

3.1 Wallfahrt nach Andechs/Oberbayern, Diözese Augsburg

Die hl. Hedwig stammte – was hier nicht eigens betont werden muß – aus dem Geschlecht der Grafen von Andechs. Sie war um 1174 auf der Burg Andechs geboren.

1929 hatte der Breslauer Kardinal Bertram dem Benediktinerkloster auf dem Berg Andechs eine Schädelreliquie der hl. Hedwig geschenkt. Sie wurde vom ehemaligen König August von Sachsen, der wie Hedwigs Mutter einst dem Wettinergeschlecht entstammte, hierher gebracht. Damit wurde das Andenken an die heilige Hedwig auf Kloster Andechs, das bis dahin weitgehend in Vergessenheit geraten war, entscheidend belebt. Die Andechser Rokokokirche berücksichtigte Hedwig in ihrer Ausstattung nicht. 1943 wurde anläßlich der 700-Jahrfeier des Todestages der hl. Hedwig bei einem Pontifikalgottesdienst durch Kardinal Faulhaber die jährliche Wallfahrt von St. Bonifaz in München nach Andechs auch zur Hedwigswallfahrt erklärt. Für die heimatvertriebenen Schlesier war die Hedwigsreliquie in Andechs ein Stück Heimat, an das sie nach ihrer gewaltsamen Entwurzelung anknüpfen konnten, wo sie Halt und Trost fanden.

Der Charakter des bisherigen Marien- und Drei-Hostien-Wallfahrtsorts Andechs wandelte sich ab 1946: Andechs wurde auch ein Zentrum der Hedwigsverehrung. Die erste große Schlesierwallfahrt fand am 13. Oktober 1946 mit Teilnahme von 3.000 Pilgern und 20 Geistlichen statt. Flüchtlingsbischof Maximilian Kaller hatte eine eigene Botschaft übersandt. Begründer und Leiter dieser An-

15 Vgl. ebd., S. 170.

dechser Schlesierwallfahrt war der Augsburger Studienrat Ettweiler, der zusammen mit Pfarrer Ellgut die Vertriebenenseelsorge der Diözese Augsburg wahrnahm. Bei dieser Wallfahrt zeigte sich eine Nebenfunktion, die dieses Treffen der Heimatvertriebenen auch hatte: Es wurden die Namen der in Andechs weilenden Geistlichen bekanntgegeben, um Seelsorgsgespräche mit diesen früheren Heimatpfarrern zu ermöglichen und um Nachrichten über Vermißte austauschen zu können.

Der Ablauf des Wallfahrtstages war folgender: Ankunft der Pilger am Berg und Einholung durch die Klostergeistlichkeit, wie in Schlesien früher üblich; feierlicher Vormittagsgottesdienst durch einen hochrangigen Geistlichen – so in den ersten Jahren etwa mit Weihbischof Ferche (Breslau-Köln), dem Abt von Ottobeuren, dem Abt Hugo Lang von München-St.Bonifaz, dem Bischof von Augsburg, Joseph Freundorfer; am Nachmittag Hedwigsandacht mit Aussetzung der Hedwigsreliquie, die am Schluß auch den Gläubigen zum Kuß dargereicht wurde; in manchen Jahren (1946 und 1948) Aufführung des Schauspiels „Spiel von der hl. Hedwig“ von Marie Louise Thurmair-Mumelter. Der Termin der großen Andechser Schlesierwallfahrt wurde ab 1947 auf den Sonntag um den 25. August, den Gedenktag der feierlichen Erhebung der Gebeine Hedwigs 1267, festgesetzt.

Zwischen 1946 und 1950 belief sich die Zahl der Wallfahrtsteilnehmer auf 2.000–3.000[16]. Die Schlesierwallfahrt nach Andechs ist lebendig geblieben bis in die Gegenwart, wenn auch später wieder mit Verschiebung der Termine. Im Jubiläumsjahr 1993 fand sie am 26. September statt, Hauptzelebrant des Festhochamts war der Apostolische Visitator der Priester und Gläubigen aus dem Erzbistum Breslau, Winfried König[17].

Von dieser allgemeinen Schlesier-Wallfahrt ist zu unterscheiden eine von der Landsmannschaft Schlesien jährlich im Oktober organisierte Andechs-Wallfahrt. Ihre Besonderheit war die, daß sich anfangs auch protestantische Schlesier beteiligten.

Auch kleinere Gruppen, wie die Schlesischen Malteserritter (1952) oder verschiedene Eichendorffgilden, z.B. aus Regensburg, pilgerten gerne nach Andechs[18]. 1986 organisierte der Münchner Schlesierverein seine 35. Andechsfahrt und ist bis heute in Andechs präsent[19].

Am Pfingstmontag 1955 (30. Mai) wurde im Rahmen der Schlesierwallfahrt in Andechs eine als Schutzmantelheilige gestaltete Hedwigsstatue des oberschlesi-

---

16 Vgl. ebd., S.32–36.

17 Vgl. Heimatbrief der Katholiken aus dem Erzbistum Breslau 20 (1993), Nr.4, S.53.

18 Vgl. Schroubek: Wallfahrt (wie Anm.5), S.35f.

19 Vgl. Heimatbrief der Katholiken des Erzbistums Breslau 5 (1982), Nr.5, S.79; 13 (1986), S.82; 18 (1991), Nr.6, S.94f.

schen Künstlers Gomille geweiht. Sie steht seit der 700-Jahrfeier der Heiligsprechung Hedwigs 1967 in der eigens eingerichteten Hedwigskapelle[20]

1967 auch wurde auf Veranlassung des St. Hewigswerks Osnabrück ein Gedenkstein mit Hedwigsrelief am Aufgang der Klosterkirche angebracht[21].

3.2 Wallfahrt nach Hildesheim

Eine Hedwigswallfahrt entwickelte sich auch nach Hildesheim. Dem dortigen Bischof gelang es 1949, eine Hedwigsreliquie zu erhalten. Hildesheim ist der Geburtsort des 1945 verstorbenen Breslauer Kardinals Adolf Bertram. Zur Reliquienübertragung am 28. September 1949 nach St. Godehard fanden sich mehrere Tausend Gläubige ein, darunter viele Schlesier. Am Hedwigsfest 1960 wurde die Reliquie dann in den Mariendom übertragen, wo sie seither in einer eigenen Hedwigskapelle aufbewahrt wird. Die Heimatvertriebenen-Wallfahrt nach Hildesheim nahm allerdings schon vor Erwerb der Hedwigsreliquie, am Sonntag nach Mariä Himmelfahrt 1945, als Domwallfahrt ihren Anfang. Hier war eine Marien-Gnadenstatue das Ziel, doch verband sich die Marienwallfahrt – aufgrund des Vorhandenseins einer Anna- und Hedwigskapelle im Dom – mit dem Annen- und Hedwigskult. Zum Träger der Wallfahrt wurden das Kardinal-Bertram-Werk bzw. die Vertriebenenseelsorge der Diözese Hildesheim.

Die größte Heimatvertriebenen-Wallfahrt war die vom 16. August 1953; damals feierte der Diözesanbischof das Pontifikalamt, die Predigt hielt ein schlesischer ehemaliger Annabergprediger, und bei der Nachmittagskundgebung sprach Bundeskanzler Dr. Konrad Adenauer, ein Umstand übrigens, der zu nachträglichen Pressepolemiken führte. Etwa 30.000 bis 40.000 Heimatvertriebene nahmen an der Großveranstaltung teil.

Nachdem bei der Vertriebenen-Wallfahrt am 15. August 1954 in der Nachmittagsveranstaltung in scharfer Form gegen die Einheitsschule Stellung bezogen worden war, daraufhin schärfste Pressepolemiken folgten und in den Folgejahren die Pilgerzahl spürbar abbröckelte, entschloß man sich, auf diese politischen Kundgebungen zu verzichten. Im Nachmittagsprogramm stehen seit 1957 Treffen der einzelnen Landsmannschaften und eine gemeinsame Marienandacht im Dom[22].

Im Jahr 1993 lud ein Plakat anläßlich des Doppeljubiläums „750-Jahrfeier des Todes der hl. Hedwig" und „1000-Jahr-Feier der Weihe des hl. Bischofs Bernward" die Gläubigen von Stadt und Bistum Hildesheim zu einer St. Hedwig-

20 Vgl. Schroubek: Wallfahrt (wie Anm. 5), S. 34.
21 Vgl. Heimatbrief der Katholiken des Erzbistums Breslau 18 (1991), Nr. 6, S. 95.
22 Vgl. Schroubek: Wallfahrt (wie Anm. 5), S. 88 f.

Wallfahrt in den Mariendom in Hildesheim ein. Beim Festgottesdienst am 17. Oktober im überfüllten Dom war auch die Hedwigsreliquie auf dem Hauptaltar ausgesetzt.

3.3 St. Hedwigswallfahrt nach Heinsberg

Aus Heinsberg (Bistum Aachen), nahe der holländischen Grenze, stammte Mathilde, eine Großmutter der hl. Hedwig. Auf Grund dieser historischen Verknüpfung hatte der Propst von St. Gangolf in Heinsberg, Pfarrer Krüppel, 1967 – 700 Jahre nach der Heiligsprechung der schlesischen Landesfürstin – eine Reliquie der hl. Hedwig besorgt. Zwar wurde diese samt einem Teil des Reliquiars bei einem Diebstahl entwendet, doch konnte der damalige Apostolische Administrator für das Erzbistum Breslau, Prälat Hubert Thienel, der Gemeinde Heinsberg am 20. Oktober 1974 bei einem feierlichen Gottesdienst eine neue Hedwigsreliquie übergeben; diese war ein Geschenk der jetzt im Kloster Grafschaft im Sauerland niedergelassenen Trebnitzer Borromäerinnen[23].

Bei der Heinsberg-Wallfahrt 1975 forderte Prälat Thienel mit Hinweis auf die friedensstiftende Vermittlungstätigkeit Hedwigs gegenüber Herzog Konrad von Masowien, daß in unserer Zeit „zu einer Versöhnung – ohne Kapitulation nur eines Volkes – beide Seiten ihre Schuld einsehen müßten“[24].

Mit der Hedwigsreliquie in Heinsberg erhielt die Hedwigsverehrung auch im nordwestdeutschen Raum einen Mittelpunkt und die Schlesier – insbesondere des Bistums Aachen – „ein Stück Heimat in der Vertreibung“, so Prälat Thienel bei der Wallfahrt am 24. Oktober 1976 vor den versammelten Wallfahrern[25]. Die Heinsberger Hedwigswallfahrt ist lebendig bis heute, zuletzt wurde für 10. Oktober 1993 dorthin eingeladen[26].

3.4 St. Hedwigswallfahrt zum Kölner Dom

Eine Hedwigsreliquie besitzt auch der Kölner Dom, allerdings erst seit 1986: Diese Reliquie war als Geschenk von Kardinal Kopp über die Gräfin de Haussenville an den Pfarrer der Sandkirche in Breslau, Kanonikus Kaleve, gelangt. Letzterer hatte sie mit in den Westen genommen. Dann gelangte sie in die USA. Durch die Bemühungen von Prälat Thienel gelang es, die wertvolle Reliquie

---

23 Vgl. Heimatbrief der Katholiken aus dem Erzbistum Breslau 1 (1974), Nr. 4, S. 13; 2 (1975), Nr. 5, S. 15.

24 Vgl. Heimatbrief der Katholiken aus dem Erzbistum Breslau 2 (1975), Nr. 5, S. 15.

25 Vgl. Heimatbrief der Katholiken aus dem Erzbistum Breslau 3 (1976), Nr. 5, S. 15.

26 Vgl. Heimatbrief der Katholiken aus dem Erzbistum Breslau 20 (1993), Nr. 1, S. 2.

Hedwigs der „Friedensbotin“ zurückzubekommen und als Geschenk der Diözesanseelsorge für die Heimatvertriebenen im Erzbistum Köln zur Verfügung zu stellen[27].

Eine Vertriebenenwallfahrt zum Kölner Dom, die wegen damit verbundener Hedwigsfeiern bald als ausgesprochene Hedwigswallfahrt galt, bildete sich aber schon lange vorher heraus, und zwar erstmals am 17. Oktober 1948. Damals kamen 15.000 Pilger. Anlaß der Wahl des Kölner Doms als Stätte dieser neuen Hedwigsverehrung war das Wirken von Weihbischof Joseph Ferche, früher Breslau, und Erzpriester Prälat Oskar Golombek hier in Köln. Die Beteiligung war anfangs außerordentlich stark, schon 1948 kamen 15.000 Pilger[28]. Später nahm die Zahl der Wallfahrer ab, doch pendelte sie sich seit den 1980er Jahren bei 3.000 bis 4.000 ein[29].

Daß Wallfahrten auch einen bedeutenden Anteil bei der Integration der Flüchtlinge und Vertriebenen in der neuen Heimat hatten, muß nicht eigens betont werden. Wallfahrten boten geistigen und religiösen Halt in der Fremde, halfen, die schrecklichen Erlebnisse der Vergangenheit zu verarbeiten und die neue Lage zu akzeptieren. Wallfahrten forderten auch auf, aus der gegebenen Situation das Beste zu machen. So bat etwa der Kölner Diözesanvertriebenenseelsorger, Pfarrer Günther Bursy, die Pilger, „die religiöse Kultur, die sie aus der Heimat in ihr neues Zuhause mitgebracht haben, hier aktiv in ihr jetziges Leben einzubringen“[30].

3.5 Hedwigsfeier im Frankfurter Kaiserdom

Als weiterer Ort in Westdeutschland kann auch der Frankfurter Bartholomäus-Dom seit 1976 eine Hedwigsreliquie sein eigen nennen. Sie steht in goldener Kapsel bzw. Reliquienmonstranz auf dem Altar im Mittelpunkt der Hedwigsfeiern im Oktober eines jeden Jahres, die die Eichendorffgilde Frankfurt seit 1956 regelmäßig abhält. Hedwig wurde dabei als „Friedensstifterin“, „Brückenbauerin“ und „große Patronin für die Versöhnung der Völker“ – so Prälat Dr. Wolfgang Grocholl (1986) – in den Predigten herausgestellt[31].

Bei den Hedwigsfeiern im Frankfurter Dom handelt es sich allerdings – soweit aus den Meldungen im „Heimatbrief“ zu beurteilen – um keine größere Wall-

---

27 Vgl. Heimatbrief der Katholiken aus dem Erzbistum Breslau 13 (1986), Nr. 5, S. 78.

28 Vgl. Schroubek: Wallfahrt (wie Anm. 5), S. 98 f.

29 Vgl. Heimatbrief der Katholiken aus dem Erzbistum Breslau 12 (1985), Nr. 5, S. 81; 13 (1986), Nr. 5, S. 78; 14 (1987), Nr. 5, S. 77; 15 (1988), Nr. 5, S. 78.

30 Vgl. Heimatbrief der Katholiken aus dem Erzbistum Breslau 15 (1988), Nr. 5, S. 78.

31 Vgl. Heimatbrief der Katholiken aus dem Erzbistum Breslau 4 (1977), Nr. 1, S. 14 f.; 6 (1979), Nr. 5, S. 15; 13 (1986), Nr. 5, S. 77.

fahrtsbewegung, die Teilnahme beschränkt sich regional auf die Schlesier in Frankfurt und Umgebung.

3.6 Hedwigswallfahrten und Hedwigsverehrung an sonstigen Orten

In Rulle, Diözese Osnabrück, wurde die alte Heiligblut- und Schmerzensmutter-Wallfahrt in der Nachkriegszeit überformt zu einer Hedwigswallfahrt. Seit 1948 lud das St. Hedwigswerk der Diözese Osnabrück hierher alljährlich zu Diözesanwallfahrten für Heimatvertriebene ein, 1948 wurde ein Hedwigsbild in der marianischen Gnadenkapelle angebracht. 5.000–6.000 Pilger strömten in vielen Jahren hierher, meist Schlesier, aber auch Glatzer und Ermländer[32].

Am Wallfahrtsort Samarei im niederbayerischen Landkreis Vilshofen (Diözese Passau) hat sich eine kleinere, dauerhafte Schlesierwallfahrt herausgebildet. Erstmals im Jahre 1945 und in den ersten Jahren zweimal jährlich, nämlich am 1. Mai und – als Hedwigswallfahrt – am 15. Oktober durchgeführt, wird sie bis heute alljährlich am 1. Mai abgehalten[33].

Zu Hedwigsfeiern lud die Eichendorffgilde Passau in das Kloster Niedernburg vor der berühmten gotischen Hedwigsfigur ein[34].

Jährliche Hedwigsfeiern im Oktober haben seit langem – organisiert vom Heimatwerk Schlesischer Katholiken – eine gute Resonanz in der Heilig-Geist-Kirche zu Ulm-Kuhberg[35].

Desgleichen fanden Hedwigsfeiern in der St. Hedwigskirche in Stuttgart – so 1982 mit Prälat Herbert Mischkowsky – statt[36].

Die Liste derartiger Feiern ist keineswegs vollständig.

Schlußbetrachtung und Ausblick

Wenn man sich die verzweifelte Lage der Millionen von Flüchtlingen aus deutschen Ostgebieten nach 1945 vor Augen hält, so hatten für sie die neuen Wallfahrten – auch die Hedwigswallfahrten – hier im Westen eine wichtige Funktion in vielerlei Beziehung:

---

32 Vgl. Schroubek: Wallfahrt (wie Anm. 5), S. 167–169.

33 Vgl. ebd., S. 169 f.

34 Vgl. Heimatbrief der Katholiken aus dem Erzbistum Breslau 9 (1982), Nr. 2, S. 30.

35 Vgl. Heimatbrief der Katholiken aus dem Erzbistum Breslau 5 (1978), Nr. 5, S. 79; 7 (1980), Nr. 5, S. 81 f.; 8 (1981), Nr. 5, S. 79; 9 (1982), Nr. 5, S. 78 f.; 10 (1983), Nr. 5, S. 79; 11 (1984), Nr. 5, S. 78; 12 (1985), Nr. 5, S. 83.

36 Vgl. Heimatbrief der Katholiken aus dem Erzbistum Breslau 9 (1982), Nr. 2, S. 30.

- Sie halfen den Flüchtlingen – in Rückerinnerung an die geliebten heimischen Wallfahrten – den Glauben bewahren;
- sie retteten manchen in schier aussichtsloser Lage vor Verzweiflung;
- mit ihrer Wallfahrtsbegeisterung belebten die Vertriebenen auch das z. T. schon stark zurückgegangene Wallfahrtswesen der Einheimischen;
- die Wallfahrten ließen die Flüchtlinge in Ausübung alten Brauchtums auch in der Fremde Wurzeln fassen;
- sie ermöglichten die anfangs von den Alliierten verbotenen landsmannschaftlichen Kontakte;
- die Priester und Bischöfe machten sich auf den Wallfahrten zum Fürsprecher der Nöte der Vertriebenen;
- die Wallfahrten wurden in einem weltlichen Veranstaltungsteil zur politischen Plattform der Vertriebenen;
- die Wallfahrten dienten der Identitätsbewahrung der Vertriebenen;
- sie dienten aber auch der wirtschaftlichen, gesellschaftlichen und politischen Integration der Vertriebenen in die neue Heimat;
- die Wallfahrten dienten der Völkerverständigung, zumal der religiös begründete Verzicht auf Rache und Vergeltung von den Wallfahrern schon sehr früh, z. B. in Altötting 1946, in einem „Gelöbnis der Vertriebenen" formuliert wurde.

Mit dem völligen Umschwung der politischen Verhältnisse im Osten seit 1989/90 ist auch der Zugang zu den alten Wallfahrtsheiligtümern in Schlesien wieder ohne Probleme möglich. So organisierten beispielsweise das Heimatwerk Schlesischer Katholiken und die Apostolische Visitatur Breslau im Mai 1991 eine Pilgerfahrt zu den großen schlesischen Wallfahrtsorten in der alten Heimat[37]. Ob die neuen, nach 1945 entstandenen Hedwigswallfahrtsstätten in der Bundesrepublik gegen die Zugkraft des alten Hedwigsheiligtums in Trebnitz sich behaupten werden, ist eine Frage, die die Zukunft beantworten wird.

---

37 Vgl. Heimatbrief der Katholiken des Erzbistums Breslau 18 (1991), Nr. 4, S. 51–56.

SCHRIFTEN DES BUNDESINSTITUTS FÜR OSTDEUTSCHE KULTUR UND GESCHICHTE

R. Oldenbourg Verlag München

Band 1

Quellenbuch zur Geschichte der evangelischen Kirche in Schlesien
Hg. von GUSTAV ADOLF BENRATH, ULRICH HUTTER-WOLANDT, DIETRICH MEYER, LUDWIG PETRY † und HORST WEIGELT
1992. 558 Seiten, 29 Abbildungen
ISBN 3-486-55916-8

Band 2

DETLEF BRANDES
Von den Zaren adoptiert
Die deutschen Kolonisten und die Balkansiedler in Neurußland und Bessarabien 1751-1914
1993. 549 Seiten
ISBN 3-486-56014-X

Band 3

JOACHIM BAHLCKE
Regionalismus und Staatsintegration im Widerstreit
Die Länder der Böhmischen Krone im ersten Jahrhundert der Habsburgerherrschaft (1526-1619)
1994. 571 Seiten
ISBN 3-486-56046-8

Band 4

DETLEF BRANDES, MARGARETE BUSCH, KRISTINA PAVLOVIĆ
Bibliographie zur Geschichte und Kultur der Rußlanddeutschen
Bd. 1: Von der Einwanderung bis 1917
1994. 370 Seiten
ISBN 3-486-56070-0

Band 5

HANS-JÜRGEN BÖMELBURG
Zwischen polnischer Ständegesellschaft und preußischem Obrigkeitsstaat
Vom Königlichen Preußen zu Westpreußen (1756-1806)
1995. 549 Seiten
ISBN 3-486-56127-8

Band 6

KURT DRÖGE (Hg.)
Alltagskulturen zwischen Erinnerung und Geschichte
Beiträge zur Volkskunde der Deutschen im und aus dem östlichen Europa
1995. 278 Seiten
ISBN 3-486-56131-6

Band 7

ECKHARD GRUNEWALD, NIKOLAUS GUSSONE (Hg.)
Das Bild der heiligen Hedwig in Mittelalter und Neuzeit
1996. 257 Seiten
ISBN 3-486-56178-2

Band 8

MICHAEL GARLEFF (Hg.)
Zwischen Konfrontation und Kompromiß
Oldenburger Symposium „Interethnische Beziehungen in Ostmitteleuropa als historiographisches Problem der 1930er/1940er Jahre"
1995. 263 Seiten
ISBN 3-486-56047-6

IN VORBEREITUNG

GENERALDIREKTION DER STAATLICHEN ARCHIVE POLENS
NACZELNA DYREKCJA ARCHIWÓW PAŃSTWOWYCH
Die Bestände des Staatsarchivs Breslau / Archiwum Państwowe we Wrocławiu. Przewodnik po zasobie archiwalnym
1996. Ca. 520 Seiten